In eigener Sache

Sébastien Bonset

Online Marketing und Social Media für Kreative

Rheinwerk
Design

Wir hoffen, dass Sie Freude an diesem Buch haben und sich Ihre Erwartungen erfüllen. Ihre Anregungen und Kommentare sind uns jederzeit willkommen. Bitte bewerten Sie doch das Buch auf unserer Website unter **www.rheinwerk-verlag.de/feedback**.

An diesem Buch haben viele mitgewirkt, insbesondere:

Lektorat Ariane Podacker
Korrektorat Joram Seewi, Königswinter
Herstellung Maxi Beithe
Typografie und Layout Christine Netzker
Einbandgestaltung Mai Loan Nguyen Duy
Kapitelillustrationen Medford Torr
Satz Markus Miller, München
Druck Media-Print Informationstechnologie GmbH, Paderborn

Dieses Buch wurde gesetzt aus der Meta Correspondence (9,8 pt/13,75 pt) in InDesign CC 2017. Gedruckt wurde es auf mattgestrichenem Bilderdruckpapier (115 g/m²). Hergestellt in Deutschland.

Bibliografische Information der Deutschen Nationalbibliothek:
Die Deutsche Nationalbibliothek verzeichnet diese Publikation in der Deutschen Nationalbibliografie; detaillierte bibliografische Daten sind im Internet über *http://dnb.d-nb.de* abrufbar.

ISBN 978-3-8362-4421-3

1. Auflage 2017
© Rheinwerk Verlag, Bonn 2017

Informationen zu unserem Verlag und Kontaktmöglichkeiten finden Sie auf unserer Verlagswebsite **www.rheinwerk-verlag.de**. Dort können Sie sich auch umfassend über unser aktuelles Programm informieren und unsere Bücher und E-Books bestellen.

LIEBE LESERIN, LIEBER LESER,

das Internet ist für Kreative der perfekte Ort, um sich und die eigenen Arbeiten zu präsentieren. Hier werden Kontakte geknüpft und Aufträge gewonnen. Doch was tut man, um unter Millionen Kreativen aufzufallen? Schon allein Plattformen für Kreative gibt es viele, welche ist aber die richtige für Ihre Arbeit? Wie kombinieren Sie Facebook, Behance, Instagram, Twitter und Co.? Und wie erstellen Sie ein ausdruckstarkes Online-Portfolio?

Sébastien Bonset zeigt Ihnen, welches soziale Netzwerk sich für wen besonders gut eignet und unterstützt Sie bei der strategischen Konzeption und Umsetzung wirksamer Social-Media-Maßnahmen. Dabei lernen Sie, wie Sie ein passendes Social-Media-Konzept entwickeln, wie Sie online Kunden finden und von Kunden gefunden werden und wie Sie die sozialen Medien für Ihre Akquise nutzen. Sie erfahren, wie Sie sich als Experte auf Ihrem Gebiet positionieren und mit welchen Alleinstellungsmerkmalen Sie sich gegen Mitbewerber durchsetzen können. Auch auf die wichtigen Themen Zielgruppenfindung und Suchmaschinenoptimierung (SEO) geht der Autor ein und beschreibt darüber hinaus, wie Sie Ihren Online-Auftritt mit einem inhaltsstarken Blog ergänzen können.

Besonders empfehlen möchte ich Ihnen zudem Kapitel 7, »Rechtliche Aspekte«, das Ihnen zeigt, wie Sie juristische Probleme im Netz vermeiden und eigene Ansprüche durchsetzen können.

Nun bleibt mir noch, Ihnen viel Erfolg auf Ihrem Weg zur eigenen Online-Strategie zu wünschen! Sollten Sie Anregungen, Fragen oder Kritik zum Buch haben, so freue ich mich über Ihre Nachricht.

Ihre Ariane Podacker
Lektorat Rheinwerk Design

ariane.podacker@rheinwerk-verlag.de
www.rheinwerk-verlag.de
Rheinwerk Verlag • Rheinwerkallee 4 • 53227 Bonn

INHALT

No. 3
RICHTIG KOMMUNIZIEREN UND NETZWERKEN

SOZIALE MEDIEN UND PLATTFORMEN FÜR DESIGNER: EIN ÜBERBLICK

No. 5

ZUR MARKE WERDEN: ERSTE SCHRITTE ZUR SOCIAL-MEDIA-STRATEGIE

No. 7

RECHTLICHE ASPEKTE

No. 8
ERFOLGE MESSEN

No. 1

Einführung

EINFÜHRUNG

»Schwer ist's, einen guten Ruf zu gewinnen, noch schwerer, ihn zu verdienen, und am schwersten, ihn zu bewahren.« – Friedrich Martin von Bodenstedt

Das Internet hat die Art und Weise, in der Menschen sich informieren, revolutioniert. Darüber hinaus hat das Netz aber auch verändert, wie Menschen ihre Wirkung auf andere selbst gestalten können. Das Internet ist daher Segen und Fluch zugleich. Nie zuvor war es möglich, mit so geringem Aufwand eine so große Zahl potenzieller Kunden zu erreichen. Nie zuvor war es so einfach, für Kunden am anderen Ende der Welt zu arbeiten und auch große Projekte in entfernten Ländern umzusetzen. Nie zuvor waren die Abstimmungsmöglichkeiten bei der Umsetzung eines Projekts oder Auftrags so effizient und so schnell. Nie zuvor war es so leicht, sich so beeindruckend selbst zu präsentieren. Und nie zuvor konnten kreative Dienstleister ihre Arbeiten auf so ansprechende Art und Weise ausstellen.

Auch wenn Kreative aus unterschiedlichen Bereichen oft nicht ausschließlich digital arbeiten, kommen sie an einem Online-Auftritt nicht mehr vorbei. (Foto: Brad Neathery auf Unsplash)

Allerdings war auch die Konkurrenz, mit der sich kreative Dienstleister messen lassen müssen, nie so groß. Vorbei sind die Zeiten, in denen es schon ausreichte, der einzige Designer in der Kleinstadt zu sein, da potenzielle Auftraggeber gar keine andere Wahl hatten. Als kreativer Dienstleister müssen Sie sich online nicht nur mit Mitbewerbern aus anderen Städten, sondern auch aus anderen Ländern messen. Dabei vergleichen potenzielle Auftraggeber nicht nur die Qualität Ihrer Arbeit, sondern natürlich auch die Preise.

DAS INTERNET ERMÖGLICHT KREATIVEN, DAS BILD, DAS ANDERE VON IHNEN HABEN, SELBST ZU BEEINFLUSSEN!

Egal ob eigene Website oder Profile in sozialen Netzwerken – das Internet ermöglicht Ihnen, das Bild, das andere von Ihnen haben, selbst zu beeinflussen. Das ist für kreative Dienstleister ein Riesenvorteil, denn potenzielle Kunden können bereits vor dem ersten persönlichen Kontakt vom Kreativen und der Qualität seiner Arbeit überzeugt werden. Nutzen Sie diese Chance! Wer als Designer, Fotograf, Grafiker oder in einem anderen kreativen Beruf tätig ist, sollte seine Arbeiten online zur Schau stellen, um potenzielle Auftraggeber oder Arbeitgeber auf sich aufmerksam zu machen.

AUCH KREATIVE BRAUCHEN EINE ONLINE-STRATEGIE

Auch die Kommunikation – und insbesondere die Kommunikation mit Kunden und Auftraggebern – hat sich durch das Internet extrem verändert. Reichten früher noch Anzeigen, Flyer, Telefon und Fax, so müssen sich Kreative heute via E-Mail, soziale Netzwerke, Messenger und andere Kanäle mit Kunden und Kollegen austauschen. Daraus ergeben sich allerdings nicht nur Vorteile, sondern auch ganz neue Regeln und Probleme.

Ohne die richtige Strategie verpuffen jegliche Bemühungen, online Kunden zu finden und erfolgreich mit ihnen zu kommunizieren. Wer kreativ tätig ist, sollte nicht nur eine Auswahl seiner Arbeiten online präsentieren, sondern auch in sozialen Netzwerken aktiv sein. Ihr beruflicher Erfolg hängt stark davon ab, wie gut es Ihnen gelingt, sich online eine Reputation aufzubauen.

Der Druck ist aber nicht nur beim Wettbewerb größer geworden; auch *nach* dem Zuschlag für ein Projekt können Sie nicht unbedingt durchatmen. Die Kommunikationskanäle sind online viel unmittelbarer, und Kunden erwarten eine schnelle Reaktion sowie die proaktive Information über Fortschritte, Verzögerungen und andere projektrelevante Aspekte. Und selbst nach Abschluss eines Projekts geht es weiter, denn nie zuvor war es so einfach, Feedback zu geben und auch zu kritisieren. Wer einmal erlebt hat, wie ein unzufriedener Kunde seinem Ärger in sozialen Medien Luft gemacht hat, der weiß, wie geschäftsschädigend das sein kann. Dabei ist es völlig unerheblich, ob die Kritik berechtigt oder unberechtigt ist – fest steht, dass ein kreativer Dienstleister ein derartiges Problem nicht einfach ignorieren kann und viel Arbeit und Zeit in die Aufklärung der öffentlichen Anprangerung stecken muss.

Auch manche Verstöße gegen rechtliche Vorschriften – egal ob wissentlich oder unwissentlich geschehen – sind für jedermann öffentlich einsehbar. Einige Anwälte haben sich darauf spezialisiert, auch ohne Mandat Betreiber von Websites abzumahnen, die zum Beispiel ein fehlerhaftes Impressum auf Ihrer Seite haben oder keine Datenschutzerklärung vorhalten.

Neben den vielen Vorteilen existieren also auch diverse Nachteile, die sich aus der geschäftlichen Nutzung des Internets ergeben. Deshalb allerdings das Thema »Online« zu ignorieren, ist keine Option. Egal in welchem Bereich Sie kreativ tätig sind – wenn Sie damit Ihren Lebensunterhalt verdienen, kommen Sie am Internet nicht mehr vorbei. Wie Sie dabei die Vorteile des Mediums optimal nutzen während Sie zugleich Probleme vermeiden, ist das Thema dieses Buches.

DAS INTERNET IST EIN MARKTPLATZ

Sie verkaufen eine Dienstleistung, und häufig werden Sie dazu das Internet nutzen. Es ist wichtig zu begreifen, dass das Internet in vielen Belangen einem Marktplatz ähnelt und dass viele Schritte zum Erfolg dem Vorgehen auf einem ganz klassischen Marktplatz ähneln.

Wenn Sie online erfolgreich sein wollen, müssen Sie zuerst den Markt und Ihre Konkurrenz analysieren. Es gilt, die Nachfrage für relevante, kreative Dienstleistungen zu bewerten, Ihr Angebot zu definieren, sich über Ihre Zielgruppe klarzuwerden und im besten Fall mit Hilfe von Alleinstellungsmerkmalen eine Nische zu besetzen. Diese Regeln gelten sowohl in der analogen als auch in der digitalen Welt.

Ein Stoffhändler, der im antiken Rom seine Waren auf einem Marktplatz verkaufen wollte, wird viele Überlegungen getroffen haben, die auch Sie beim Feilbieten Ihrer Dienstleistung im Internet beschäftigen. Auch die Faktoren für den geschäftlichen Erfolg weisen eine frappierende Ähnlichkeit auf, selbst wenn über tausend Jahre dazwischen liegen: Im antiken Rom war derjenige Händler am erfolgreichsten, der im Vergleich zu seiner Konkurrenz die attraktivsten Preise, die beste Qualität seiner Waren und den besten Standort auf dem Marktplatz aufweisen konnte.

Kreative, die ihre Dienstleistungen online anbieten, müssen ganz ähnlich vorgehen wie Händler auf einem Markt.

Auch wenn sich der Arbeitsalltag eines heutigen Kreativen grundlegend vom Arbeitsalltag eines Händlers in der Antike unterscheidet und sich der heutige Arbeitsalltag durch das Internet nochmals grundlegend verändert hat, bleiben die eben genannten Grundlagen die gleichen. Sie müssen sich ein genaues Bild vom Markt machen und aufmerksam beobachten, was Mitbewerber treiben. Bewerten Sie, wo für Sie der beste (virtuelle) Standort auf dem Marktplatz ist, auf welchen Plattformen sich die meisten potenziellen Kunden bewegen, was genau Ihre Mitbewerber anbieten, wie sich die Qualität dieser angebotenen Dienstleistungen gestaltet, wie sie präsentiert wird, welche Verkaufsargumente Ihre Konkurrenz anführt und welche Preise sie abruft. Dank sozialer Medien können Sie sogar einen Einblick in die Kundenkommunikation Ihrer Mitbewerber erhalten.

Etwas, das Sie als *Onliner* von unserem antiken Händler unterscheidet, ist die Tatsache, dass sich der römische Händler nur um eine Zielgruppe kümmern musste, während Sie es mit unterschiedlichen Zielgruppen zu tun bekommen. Das liegt einfach daran, dass Sie gleichzeitig auf mehreren Kanälen aktiv sind.

Mit Ihrem Online-Portfolio werden Sie sich beispielsweise an andere Menschen richten als mit einer Infografik, die Sie auf Facebook teilen. Außerdem sind die Informationen, die potenzielle Kunden heutzutage online erwarten dürfen, weitaus komplexer und umfassender. Dem sollten Sie offen und mit Eigeninitiative begegnen. Informieren Sie Besucher Ihres virtuellen Marktstandes proaktiv und beantworten Sie deren Fragen vorausschauend: Welche Dienstleistungen werden hier angeboten? Kann mein Problem hier gelöst werden? Welche Fähigkeiten kann ich erwarten? Wurden in der Vergangenheit von diesem Dienstleister bereits ähnliche Probleme wie meines gelöst? Welche Referenzen hat der Dienstleister? Was würde mich das Ganze kosten?

VERTRAUEN IST WICHTIG

Referenzen und Empfehlungen haben schon auf den Marktplätzen des antiken Rom eine Rolle gespielt, aber im Internet sind beide Aspekte noch viel wichtiger. Immerhin können sich Menschen nur ein Bild von Ihnen machen, indem sie Ihre Seite und Ihre Profile in sozialen Netzwerken besuchen. Niemand kann Ihnen ins Gesicht sehen und so entscheiden, ob Sie vertrauenswürdig sind. Daher sind Empfehlungen im Internet so wertvoll. Es ist häufig nicht genug, wenn Sie ein potenzieller Auftraggeber im Internet findet. Damit dieser auch wirklich zum Kunden wird, müssen Sie alles dafür tun, sein Vertrauen zu gewinnen. Darum sind Bestandskunden und Bekannte so wichtig – besonders in Verbindung mit sozialen Medien.

Bei potenziellen Kunden können Sie online auf ganz unterschiedliche Weise Vertrauen erzeugen. Eine gute Möglichkeit sind beispielsweise Blog-Beiträge, mit denen Sie unter Beweis stellen, dass Sie ein Experte auf Ihrem Gebiet sind und genau wissen, was Sie tun. Mit einem Blog können Sie sowohl Bestandskunden auf dem Laufenden halten als auch neue Kunden gewinnen. Es spricht auch nichts dagegen, ab und an auf einer der großen Plattformen ein Video zu veröffentlichen, das einen Einblick in Ihren Schaffensprozess gibt. Auch auf diese Weise lässt sich Vertrauen bei Menschen wecken, die Sie noch nicht kennen und die daran interessiert sind, Sie mit einem Auftrag zu betrauen.

DAS NETZWERK IN »SOZIALE NETZWERKE«

Im Gegensatz zu den Marktplätzen im antiken Rom ist Marketing im Internet keine Einbahnstraße mehr. Statt sich in Bezug auf die Lautstärke gegenseitig zu übertreffen, müssen Händler und Dienstleister heute auch selber zuhören. Außerdem sollten Sie nicht einfach Ihre Dienstleistung anpreisen, sondern mit Ihrer Zielgruppe kommunizieren. Überlegen Sie sich, was Ihre Kontakte interessiert, was sie unterhält und welche Informationen für Ihre Zielgruppe nützlich sind.

Soziale Netzwerke sollten Sie nicht als einen weiteren Verkaufskanal für Ihre Dienstleistung verstehen. Vielmehr sollten Sie den Fokus auf das Soziale legen. Bei jedem Netzwerk geht es immer primär um Kontakte, Kommunikation und gegenseitige Unterstützung durch Wissensaustausch. Besonders die letzten beiden Aspekte werden von Nutzern häufig für das Verbreiten von Mundpropaganda genutzt. Das ist an Unternehmen nicht vorbeigegangen, die diesen Umstand gezielt für ihr Marketing instrumentalisieren. Das sollten auch Sie nicht ignorieren, denn die Empfehlung durch einen Freund, ein Familienmitglied oder einen anderen Bekannten weckt viel mehr Vertrauen als eine bloße Werbebotschaft. Lassen Sie durch gute Arbeit, freundliche Kommunikation und Hilfsbereitschaft andere für Sie sprechen.

BEI NETZWERKEN GEHT ES IMMER UM KONTAKTE, KOMMUNIKATION UND GEGENSEITIGE UNTERSTÜTZUNG DURCH WISSENSAUSTAUSCH.

Sie sollten soziale Netzwerke in erster Linie als Weg verstehen, mit Kunden, Geschäftspartnern und anderen Menschen in Kontakt zu kommen und zu bleiben. Achten Sie darauf, dass Sie Ihre Profile bei Facebook, Twitter und Co. nicht als Werbeschleuder missbrauchen. Kommunikation geht in beide Richtungen, und daher sollten Sie nicht nur Sender, sondern auch Empfänger sein. Hören Sie Ihren Kontakten zu, gehen Sie auf sie ein und reagieren Sie auf Fragen und Feedback. Versuchen Sie, in sozialen Medien generell uneigennützig zu sein.

ÜBERALL ERREICHBAR

Sowohl privat als auch beruflich ist es inzwischen nicht unüblich, dass Menschen sich auf unterschiedlichen Kanälen miteinander austauschen, teilweise parallel. Das ist zum einen praktisch, es ist zum anderen aber auch aufwändiger. Bevor es das Internet gab, da reichten noch Telefon und Fax, aber heutzutage müssen Kreative für Kunden über E-Mail, Messenger und soziale Netzwerke erreichbar sein.

Das Problem der neuen Kommunikationsformen ergibt sich daraus, dass wir heute in einer Flut an Informationen unterzugehen drohen. Vieles wird nur noch überflogen oder gar nicht gelesen. Wichtige Informationen konkurrieren mit Unterhaltung und Banalem. Die Kommunikation ist dank des Internets zwar in vielen Belangen einfacher geworden, aber in mindestens ebenso vielen Belangen ist sie komplizierter geworden. So praktisch die digitalen Kommunikationskanäle auch sein mögen, ersetzen sie doch das persönliche Gespräch nicht komplett. Das sollten Sie besonders in den Momenten bedenken, in denen ein Projekt mal nicht so läuft wie geplant. Wichtige Dinge sollten Sie, wenn möglich, immer persönlich klären, damit es nicht zu Missverständnissen kommt.

Dank des Internets müssen Kreative heute über ganz unterschiedliche Plattformen mit ihren Kunden kommunizieren. Automatisierte und standardisierte Nachrichten sollten Sie vermeiden, und manchmal führt kein Weg an einem persönlichen Gespräch vorbei.

Ein Bereich, in dem das Internet die Kommunikation extrem erleichtert, ist die Projektarbeit. Dank E-Mail, Messenger und Videokonferenzen ist es heute viel leichter, Projekte mit verteilten Teams umzusetzen. Dazu kommen diverse Tools, die das Projektmanagement optimieren und erleichtern. Die digitalen Kommunikationskanäle und entsprechende Software ermöglichen kreativen Dienstleistern und insbesondere Freiberuflern, ortsunabhängig und viel flexibler als früher zu arbeiten.

WERDEN SIE ZUR MARKE

Das Internet setzt Sie einer riesigen Konkurrenz aus, denn potenzielle Auftraggeber können frei aus einer unvorstellbaren Masse von Freiberuflern und Kreativagenturen wählen. Aus diesem Grund müssen Sie sich deutlich von Ihren Mitbewerbern abheben. Das klappt nur, indem Sie selbst zur Marke werden. Das bedeutet, dass Sie sich in Ihrer Nische so etablieren müssen, dass Ihre Arbeit, Ihre Dienstleistung, Ihr Unternehmen und Sie selbst so markant sind, dass sie einen Wiedererkennungswert aufweisen.

Zu den wichtigsten Werkzeugen auf dem Weg zur Marke gehören Ihre Website, Ihr Portfolio und soziale Medien, denn mit Hilfe dieser Werkzeuge können Sie Ihren einzigartigen Charakter, Ihre Alleinstellungsmerkmale und Ihre Botschaft vermitteln. Egal ob Sie einen seltenen Stil beherrschen, ungewöhnliche Techniken anwenden oder Hintergrundwissen zu bestimmten Branchen haben – soziale Medien und Ihre Website sind die geeigneten Vehikel, um diese Information zu transportieren. Es geht im Kern darum, Ihre Alleinstellungsmerkmale zu verkaufen. Wie Sie es im Detail anstellen, online zur Marke zu werden, erfahren Sie in den folgenden Kapiteln.

WARUM DIESES BUCH?

Sie werden lernen, wie das Internet den Berufsalltag von Kreativen verändert hat, wie Sie online Kunden finden und von Kunden gefunden werden, wie Sie soziale Medien für die Akquise nutzen können, wie Sie zielführend online kommunizieren, warum Netzwerke für Ihren Erfolg so wichtig sind und wie Sie digitale Kommunikationskanäle effizient für die Projektarbeit im Team nutzen. Außerdem erfahren Sie, wie Sie sich als Experte auf Ihrem Gebiet positionieren, warum Sie Ihre Website für Suchmaschinen optimieren sollten, welche sozialen Netzwerke für Sie geeignet sind und wie Sie eine Social-Media-Strategie entwickeln, die auf Ihre ganz persönliche Situation zugeschnitten ist.

DER WEG ZU EINER EIGENEN ONLINE-STRATEGIE IST OFT MÜHSELIG, ABER IMMER AUCH SPANNEND UND LOHNEND.

Dieses Buch vermittelt Ihnen darüber hinaus Methoden, mit denen Sie herausfinden, was Sie so besonders macht, mit welchen Alleinstellungsmerkmalen Sie sich gegen Mitbewerber durchsetzen können und wie Sie Ihre Zielgruppe und Ihre geschäftlichen Ziele ermitteln. Sie werden lernen, wie Sie Ihre Erfolge messen und analysieren, wann und wie häufig Sie in unterschiedlichen sozialen Netzwerken posten sollten, wie Sie mehr Fans und Follower gewinnen, wie Sie mit Kritik und *Shitstorms* umgehen und auch wie Sie eine *Content-Strategie* entwickeln. Sie werden bei der Entscheidung unterstützt, ob Sie ein eigenständiges Online-Portfolio oder lieber eine Portfolio-Plattform für die Präsentation Ihrer besten Arbeiten nutzen wollen, und Sie werden erfahren, was eine gute Website ausmacht.

Der Weg zu einer erfolgreichen Online-Strategie ist lang und mühsam. In diesem Buch erfahren Sie, wie Sie mit möglichst geringem Aufwand zum Ziel finden.

Außerdem vermittelt Ihnen dieses Buch, wie Sie ein Portfolio aufbauen, das Kunden ansprechend finden, warum Sie einer einfachen Navigation besondere Aufmerksamkeit schenken sollten und wie Sie die Präsentation der Arbeiten, die Sie in Ihrem Portfolio vorstellen, besonders interessant gestalten.

Der Weg zu einer zielführenden Online-Strategie ist lang und mühselig, aber auch spannend. Und in erster Linie macht es Spaß und wirkt fokussierend, sich Gedanken über den eigenen Online-Auftritt zu machen, Pläne zu entwerfen und diese Pläne umzusetzen.

AN WEN RICHTET SICH DIESES BUCH?

Dieses Buch richtet sich an Freiberufler und selbstständig tätige Kreative, an Berufseinsteiger auf der Suche nach der ersten Festanstellung und natürlich auch an berufserfahrene Kreative, die sich online besser präsentieren wollen. Auch wenn viele praktische Beispiele aus den Bereichen Webdesign und Grafikdesign stammen, können auch Modedesigner, Fotografen, Produktdesigner, Innenarchitekten und andere kreative Berufsgruppen das im Buch vermittelte Wissen in der Praxis anwenden.

AUFBAU DES BUCHES

Das Buch gliedert sich in vier große Teile. In den Kapiteln 2 bis 4 geht es um allgemeine Aspekte von Online-Akquise und Kommunikation, während die Kapitel 5 und 6 speziell auf den Nutzen sozialer Medien eingehen. In Kapitel 7 dreht sich alles um die eigene Website und das Erstellen eines Online-Portfolios. Die Kapitel 8 und 9 beschäftigen sich schließlich mit Erfolgsmessung und Analyse Ihrer Online-Bemühungen sowie um rechtliche Aspekte, die Sie online berücksichtigen müssen.

KAPITEL 2 Für jedes Projekt, das ausgeschrieben wird, zu pitchen, ist ebenso sinnlos wie sich auf jede ausgeschriebene Festanstellung zu bewerben. Wer online erfolgreich sein will, muss unter anderem zuerst die Nachfrage für bestimmte Dienstleistungen bewerten, und er muss analysieren, was erfolgreiche Mitbewerber richtig machen. Kapitel 2 widmet sich der Frage, wie Sie online Kunden oder Arbeitgeber gewinnen können. Sie erfahren, wie Sie den Markt und Ihre Konkurrenz analysieren, um aus der Masse herausstechen zu können.

KAPITEL 3 In Kapitel 3 geht es um die richtige Kundenkommunikation und darum, wie Sie sich möglichst zielführend vernetzen können. Unter anderem werden Ihnen Themen wie »Vorbereitung auf einen Pitch und eine Bewerbung«, »Kaltakquise«, »Verhandlungen zur Bezahlung«, »Projektarbeit im Team«, »Projektmanagement«, »Besonderheiten bei der Kommunikation in sozialen Medien« und »Der Umgang mit positivem und negativem Feedback« nahegebracht.

KAPITEL 4 Kapitel 4 gibt einen Überblick zu relevanten sozialen Netzwerken. Es geht um die Frage, was Social Media überhaupt bedeuten, und darum, welche Netzwerke für Sie persönlich passen. Neben einer Übersicht über verbreitete Plattformen wie Facebook, Twitter, Instagram und Pinterest erhalten Sie auch Einblick in unterschiedliche Portfolio-Plattformen für Kreative wie Behance, Dribbble und PortfolioLounge. Darüber hinaus werden auch die Karrierenetzwerke XING und LinkedIn sowie einige Special-Interest-Plattformen behandelt.

KAPITEL 5 Die Social-Media-Strategie und die Frage, wie Sie selbst zur Marke werden, stehen im Fokus von Kapitel 5. Sie erfahren, wie Sie speziell auf soziale Medien abgestimmte Ziele definieren, wie Sie herausfinden, wer Ihre Zielgruppe ist, wie Sie sich aus den vielen unterschiedlichen Plattformen die für Sie passenden heraussuchen und warum es wichtig ist, Ihre Konkurrenz zu analysieren. Auch praktische Tipps für die Nutzung sozialer Medien kommen nicht zu kurz.

KAPITEL 6 In Kapitel 6 erfahren Sie, wie Sie online Inhalte strategisch aufbereiten. Sie erhalten einen Überblick zu unterschiedlichen Inhaltsformaten, die Sie sowohl in sozialen Medien teilen als auch in Ihre Website integrieren können. Der Fokus von Kapitel 6 liegt auf der Website und dem Online-Portfolio.

Die Navigation Ihres Online-Portfolios sollte leicht verständlich sein, sodass Besucher ohne Probleme finden, was Sie suchen.

Sie erfahren, wie Sie bei der Konzeption und Umsetzung Ihrer Website und Ihres Portfolios so vorgehen, dass potenzielle Kunden sich angesprochen fühlen. Dabei geht es um den Aufbau und das Ordnen von Inhalten, um die Navigation, um Texte, um die Bedeutung von Referenzen und auch um die Frage, wie Sie Besucher zu Kunden machen können.

KAPITEL 7 Wer sich geschäftlich im Internet bewegt, kann in viele Rechtsfallen tappen. Von dieser Prämisse geht Kapitel 7 aus, welches von relevanten Gesetzen und Vorschriften für kreative Dienstleister handelt. Sie finden in diesem Kapitel eine Checkliste mit den wichtigsten rechtlichen Informationen; außerdem erfahren Sie nicht nur, wie Sie juristische Probleme vermeiden, sondern auch, wie Sie eigene Ansprüche durchsetzen können. Kapitel 7 gibt Ihnen dazu unterschiedliche Eskalationsstufen an die Hand – vom formlosen Vorgehen über Abmahnungen bis hin zu Gerichtsverfahren.

KAPITEL 8 Im letzten Kapitel dieses Buches erfahren Sie, wie Sie viele der Maßnahmen, um die es in den vorangehenden Kapiteln geht, überwachen und messen können. Egal ob Sie den Erfolg Ihrer Website, Ihres Online-Portfolios oder Ihrer Social-Media-Bemühungen messen wollen, Kapitel 8 gibt eine kurze Einführung in das breite Feld der Website-Analyse und des Social-Media-Monitorings.

WIE SOLLTEN SIE DIESES BUCH LESEN?

Sie können dieses Buch wie gewohnt von der ersten bis zur letzten Seite lesen. Da es allerdings unmöglich ist, einen einheitlichen Kenntnisstand bei allen Lesern vorauszusetzen, wurde das Buch so strukturiert, dass Sie auch ohne Weiteres einzelne Kapitel unabhängig voneinander lesen können. Sie können auch einzelne Aspekte nachschlagen oder zum Beispiel einzelne Bereiche wie »Wie kommuniziere ich richtig mit Kunden« auffrischen.

DANKE

Dieses Buch wäre ohne die Unterstützung einiger ganz besonderer Menschen nicht entstanden. Ich danke meiner Lektorin Ariane für viele gute Ratschläge, aufbauende Worte und dafür, dass sie stets ein offenes Ohr hatte. Mein Dank gilt auch dem gesamten Team vom Rheinwerk Verlag. Besonderer Dank gebührt Elsa und Miko für die Unterstützung und die Freiräume für die Arbeit an diesem Buch, meinen Eltern, die meine Leidenschaft für Sprache und Bücher geweckt und geprägt haben, sowie meinem Bruder, der wertvolle Unterstützung bei der Gliederung und Strukturierung dieses Buches geleistet hat. Außerdem möchte ich meinem guten Freund Medford Torr für die tollen Kapitelillustrationen danken, die in Südafrika entstanden sind. Vielen Dank auch allen anderen Freunden für ihr Verständnis und ihr anhaltendes Interesse am Fortschritt.

No. 2

Kunden gewinnen

No. 2
KUNDEN GEWINNEN

Das Internet im Allgemeinen und soziale Medien im Besonderen sind eine große Hilfe bei der Kundenakquise. Wer als Kreativer online Aufträge generieren will, muss potenzielle Kunden möglichst genau charakterisieren.

Egal ob Freiberufler, Berufsanfänger auf der Suche nach einer ersten Festanstellung oder etablierter Profi: Wer seinen Kundenstamm aufbauen, sein Netzwerk ausbauen oder potenzielle Arbeitgeber finden möchte, kommt als Kreativer heute nicht mehr am Internet vorbei.

Blind Bewerbungen an möglichst viele Agenturen und Unternehmen zu schicken, ist ebenso wenig zielführend, wie ohne Unterlass zu pitchen. Wesentlich Erfolg versprechender sind ein beeindruckendes Online-Portfolio und der professionelle Einsatz sozialer Medien.

Mit einem überzeugenden Online-Portfolio fällt es wesentlich leichter, auf Kundenfang zu gehen. Hier sehen Sie das Portfolio von Jonathan Patterson (http://jonathanpatterson.com/index.html).

Nicht jeder potenzielle Kunde, der auf Ihr Online-Portfolio oder einen Ihrer So-cial-Media-Auftritte stößt, wird Ihre Seite oder Ihre Werke mögen. Und auch Sie werden nicht jeden potenziellen Kunden als Auftraggeber wollen. Das macht allerdings nichts, denn wenn Sie sich Ihrer Zielgruppe, des Marktumfelds, Ihrer Alleinstellungsmerkmale und der Nachfrage bewusst sind, können Sie sich auch entsprechend präsentieren und so die Wahrscheinlichkeit erhöhen, positive Reaktionen hervorzurufen.

Die ersten Schritte, um online erfolgreich zu sein, ähneln denen einer Unternehmensgründung. Sie müssen den Markt und die Konkurrenz analysieren, die Nachfrage für bestimmte kreative Dienstleistungen bewerten, Ihre Dienstleistungen definieren, Ihre Zielgruppe definieren und eingrenzen sowie mit Hilfe Ihrer Alleinstellungsmerkmale eine Nische besetzen. In diesem Kapitel geht es genau um diese Schritte.

Beachten Sie dabei, dass die Reihenfolge dieser Schritte nahezu beliebig ist. Sie können zum Beispiel damit anfangen, Ihre Alleinstellungsmerkmale zu definieren, dann den Markt analysieren, daraufhin die Nachfrage nach bestimmten Dienstleistungen bewerten und entscheiden, welche Dienstleistungen Sie anbieten wollen, um erst dann Ihre Zielgruppe zu definieren.

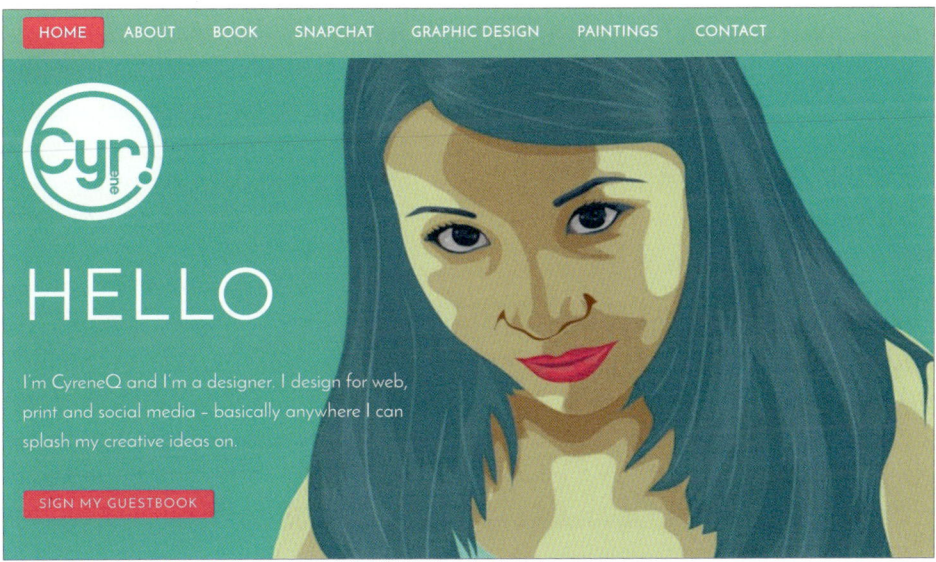

Nur wer seine Dienstleistungen definiert, die Nachfrage einschätzen kann und ein paar Alleinstellungsmerkmale bietet, kann aus der Masse an Mitbewerbern herausstechen. Das ist z. B. gut gelungen bei CyreneQ, http://cyreneq.com.

Sie können auch als Erstes Ihre Zielgruppe definieren, dann den Markt analysieren und die Nachfrage einschätzen, um mit den gesammelten Informationen nach einem geeigneten Alleinstellungsmerkmal zu suchen, um schließlich entscheiden zu können, welche Dienstleistungen Sie anbieten.

Wichtig ist lediglich, dass Ihnen erst alle diese Schritte zusammengenommen zeigen, worauf genau Sie sich als kreativer Dienstleister spezialisieren – sowohl was die Kunden als auch was Ihre angebotenen Dienstleistungen angeht. Erst mit Hilfe dieser ersten Schritte lohnt es sich, auf die Suche nach Kunden zu gehen. Doch selbst dann ist Ihr Erfolg als kreativer Dienstleister noch kein Selbstläufer. Kreative, die wissen, wo sich potenzielle Auftraggeber aufhalten, müssen auch den jeweils richtigen Ton treffen. Nur wer authentisch und glaubwürdig ist, Kunden individuell anspricht sowie auf deren Informationsbedürfnisse eingeht, wird sich erfolgreich selbst vermarkten können.

KREATIVE MÜSSEN DEN JEWEILS RICHTIGEN TON TREFFEN.

DER MARKT UND DIE KONKURRENZ

Seit der Mensch Handel betreibt – und spätestens seit den ersten überlieferten Marktplätzen – haben sich gewisse Faktoren für den Verkauf von Dienstleistungen und Waren etabliert. Am erfolgreichsten waren seit jeher die Verkäufer, die das richtige Händchen für den Preis für ihre Dienstleistung oder Produkte bewiesen. Der Händler mit den im Vergleich zur Konkurrenz attraktivsten Preisen, der besten Qualität und dem besten Standort konnte die meisten Kunden gewinnen. Diese Faktoren inklusive anderer Aspekte wie Nachfrage definieren den Marktplatz oder Markt – ohne den es schwer wird, Kunden zu finden.

AUCH WENN SICH DER ARBEITSALLTAG FÜR KREATIVE MIT DEM INTERNET VERÄNDERT HAT, DIE GRUNDLAGEN BLEIBEN DIE GLEICHEN.

Auch wenn sich der Arbeitsalltag für Kreative durch das Internet grundlegend verändert hat, die Grundlagen bleiben die gleichen. Auch heute werden Sie ohne einen entsprechenden Markt keine Kunden gewinnen können. Sofern Sie sich bisher noch nicht mit Marktmechanismen, Wettbewerbsanalyse und Kundengewinnung auseinandergesetzt haben, werden Ihnen viele Fachbücher zum Thema Marketing wahrscheinlich zu theoretisch vorkommen. Dennoch sollten Sie besonders als Berufseinsteiger in einigen Bereichen für Ihre geschäftliche Planung recherchieren.

Die Parallelen zwischen realem Marktplatz und virtuellem Markt sind groß. Erst wenn Sie sich einen Überblick über den gesamten Markt verschafft haben, können Sie sich auf die Suche nach Kunden begeben.

Dazu gehört unter anderem, dass Sie sich ein allgemeines Bild vom Markt machen und dass Sie sich Ihre direkte Konkurrenz in Bezug auf Qualität der angebotenen Dienstleistung, Preisgestaltung, Präsentation der angebotenen Leistungen, Verkaufsargumente und Kundenkommunikation ansehen (dazu später mehr in Kapitel 5).

Darüber hinaus sollten Sie den potenziellen Kunden, die sich am Markt bewegen, besondere Aufmerksamkeit schenken. Dazu gehört auch, dass Sie herausfinden, wo genau sich möglichst viele Kunden finden lassen. Das klingt kompliziert, ist aber eigentlich gar nicht so schwer. Einen guten Einstieg in die Materie liefert Ihnen die folgende Analogie:

Stellen Sie sich für einen Augenblick vor, Sie wären nicht als kreativer Dienstleister tätig, sondern würden Ihr Glück als kleiner Händler von handgefertigten Taschen suchen, der seine Produkte in erster Linie auf kleinen Kunstgewerbemärkten – ganz ähnlich einem Wochenmarkt – verkauft. Bevor Sie Geld in die Hand nehmen, um die Standgebühr zu bezahlen, sollten Sie erst mal recherchieren. Sie besuchen den Markt und achten dabei genau auf die unterschiedlichen Stände anderer Händler. Zuerst verschaffen Sie sich einen groben Überblick über das ganze Sortiment angebotener Waren. Passen Ihre Produkte bezüglich Art, Qualität und Preis in das Gesamtgefüge?

Bei einem Rundgang werden Sie auch schnell herausfinden, in welchen Teilen des Marktplatzes das Getümmel besonders groß ist. Finden Sie heraus, welche Produkte in den Bereichen, wo sich besonders viele Kunden herumtreiben, verkauft werden. Finden sich in diesen Bereichen Stände, die schon nach kurzer Zeit ausverkauft sind, obwohl noch eine Nachfrage nach den angebotenen Produkten besteht? Gibt es auch Bereiche, in denen kaum etwas los ist? Das alles sind Fragen, deren Beantwortung Ihnen die Suche nach dem perfekten Standort für Ihren Stand erleichtern.

Wie als neuer Händler auf einem richtigen Markt sollten Sie auch online recherchieren, was Mitbewerber verkaufen, wie ihre Preise sind, wo sich besonders viele Kunden aufhalten und wo Sie sich am besten positionieren können.

Achten Sie, während Sie über den Markt schlendern, auch auf die anderen Menschen – sprich die potenziellen Käufer. Welcher Typ Mensch ist besonders häufig vertreten? Spielen Sie ruhig auch Mäuschen, und achten Sie darauf, wie die Kunden mit den unterschiedlichen Händlern kommunizieren.

In diesem Zusammenhang werden Sie auch herausfinden, ob es unter Umständen Händler gibt, die ähnliche Produkte wie von Ihnen geplant verkaufen. Den Ständen dieser Händler widmen Sie natürlich besondere Aufmerksamkeit. Hier sollten Sie neben der Präsentation und Qualität der Produkte sowie dem Preis auch die Verkäufer selbst bewerten. Wie kommunizieren die Händler mit potenziellen Kunden? Was sind deren Verkaufsargumente?

Online funktioniert das genauso. Bei Ihren Recherchen werden Sie schnell erkennen, welche Plattformen sich für Sie persönlich besonders eignen und wo die meisten potenziellen Kunden anzutreffen sind. Online können Sie viel über diese Menschen lernen, was Ihnen bei der Zusammenstellung Ihres Angebots helfen kann. Ebenso können Sie Ihre direkten Konkurrenten sehr leicht im Auge behalten und bewerten, wie diese mit Ihren Kunden kommunizieren.

LERNEN SIE DEN MARKT UND DIE KONKURRENZ KENNEN

> Welche Dienstleistungen werden angeboten?

> Wie lässt sich die Qualität der Angebote beschreiben?

> Welche Preise veranschlagt die Konkurrenz?

> Wo finden sich besonders viele Abnehmer?

> Welche Dienstleistungen werden an den viel frequentierten Orten angeboten?

> Ist die Nachfrage dort größer als das Angebot?

> Wie lassen sich die anzutreffenden Interessenten/Kunden charakterisieren?

> Wie kommunizieren Anbieter und Kunden miteinander?

> Mit welchen Verkaufsargumenten versuchen die Anbieter, Kunden zu gewinnen?

AUS DER MASSE HERAUSSTECHEN

Egal zu welcher Art kreativem Dienstleister Sie gehören – Sie werden schnell feststellen, dass Sie sich gegen eine Vielzahl von Konkurrenten durchsetzen müssen. Das geht am besten, wenn Sie sich irgendwie von Ihren Mitbewerbern positiv abheben können. Sie müssen aus der Masse herausstechen, und dabei helfen Ihnen Alleinstellungsmerkmale. Im Folgenden geht es darum, wie Sie diese Alleinstellungsmerkmale möglichst genau formulieren. Mehr Informationen zum Thema »Alleinstellungsmerkmale« in Bezug auf Ihre Aktivitäten in sozialen Medien finden Sie in Kapitel 5.

EGAL ZU WELCHER ART KREATIVEM DIENSTLEISTER SIE GEHÖREN – ES GIBT IMMER KONKURRENZ!

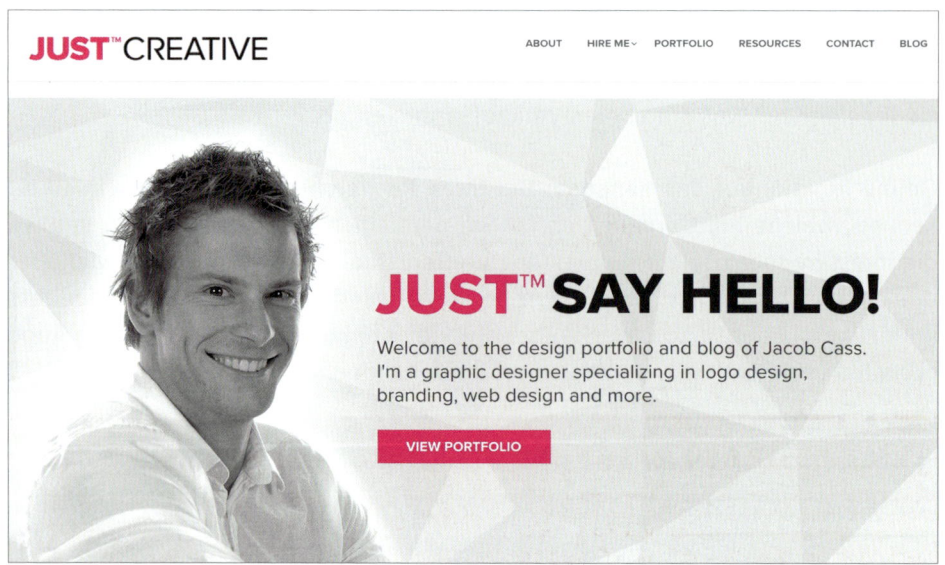

Teilen Sie potenziellen Kunden prominent mit, worauf Sie sich spezialisiert haben, z. B. so wie es Jacob Cass auf http://justcreative.com vormacht.

Leistungen verramschen? Schlechte Idee!

Nehmen Sie Abstand von der Idee, dass ein möglichst attraktiver Preis für Ihre Dienstleistungen ein Alleinstellungsmerkmal sein könnte. Zum einen versauen

DUMPINGPREISE SIND NIEMALS EIN ALLEIN-STELLUNGSMERKMAL!

Sie sich selbst die Preise für Folgeaufträge beim selben Kunden. Zum anderen führt das im schlimmsten Fall sogar dazu, dass Neukunden sich ebenfalls auf niedrige Preise berufen – Agenturen und Auftraggeber sprechen miteinander. Außerdem werden erfahrene Auftraggeber davon ausgehen, dass ein zu niedriger Preis ein Zeichen dafür ist, dass die Qualität der angebotenen Dienstleistung ebenfalls gering ist. So oder so müssen Sie von Ihrer Arbeit leben können, was mit zu niedrigen Preisen auf Dauer nicht möglich ist.

Eigene Alleinstellungsmerkmale finden

Zumindest in der Außenkommunikation sind auch Aspekte wie pünktliche Lieferung, Erreichbarkeit oder Zuverlässigkeit keine gänzlich geeigneten Alleinstellungsmerkmale. Für jeden Auftraggeber, der bei Verstand ist, sind das Selbstverständlichkeiten. Die Praxis zeigt zwar, dass diese Aspekte mitnichten eine Selbstverständlichkeit für jeden Dienstleister sind, aber Sie profitieren in erster Linie erst nach dem Zuschlag im laufenden Projekt von diesen Charaktereigenschaften.

Was also können dann sinnvolle Merkmale sein, mit denen Sie sich von Ihren Mitbewerbern abheben können, und wie sollen Sie diese kommunizieren?

Ein einzigartiger Stil oder ungewöhnliche Ideen können geeignete Alleinstellungsmerkmale sein, um sich von Mitbewerbern abzuheben, so wie bei Kerstin Hiestermann auf www.instagram.com/spielkkind.

Prinzipiell eignen sich Aspekte wie die langjährige Erfahrung mit einer bestimmten Tätigkeit, spezifisches Branchenwissen und außergewöhnliche Fähigkeiten. Auch die ungewöhnliche Kombination unterschiedlicher Fähigkeiten, besondere und seltene Techniken oder Führungserfahrung können gute Alleinstellungsmerkmale sein. Gehen Sie in sich und vergleichen Sie sich mit Ihren Mitbewerbern. Sie werden sicherlich wenigstens zwei bis drei Bereiche finden, die Sie aus der Masse herausstechen lassen.

BEISPIELE FÜR MÖGLICHE ALLEINSTELLUNGSMERKMALE

Sie kennen sich in einer Branche oder mit einem Thema besonders gut aus. Zum Beispiel könnten Sie bereits diverse Projekte in der Automobil-Branche erfolgreich abgeschlossen haben.

Sie kennen sich bei den Besonderheiten der Kommunikation mit einer bestimmten Zielgruppe besonders gut aus. Sie haben in der Vergangenheit diverse Projekte abgeschlossen, deren Zielgruppe beispielsweise kaufkräftige, junge Männer zwischen 25 und 35 Jahren mit einem Faible für Action-Sportarten war. Daher wissen Sie, wie diese Zielgruppe tickt.

Sie verfügen über besondere technische Fähigkeiten. Das kann alles Mögliche sein – von besonderen grafischen Stilarten über Programmierkenntnisse in einer bestimmten Sprache bis hin zu ungewöhnlichen Nachbearbeitungstechniken für Fotos.

Sie bieten eine ungewöhnliche Kombination unterschiedlicher Fähigkeiten. Wenn Sie sowohl ein guter Illustrator sind, als auch über Programmierkenntnisse verfügen, ist das – ebenso wie jede andere nicht alltägliche Kombination – Gold wert.

Sie können mit langjähriger Erfahrung punkten. Die Wahrscheinlichkeit, dass sich ein Kunde für einen erfahrenen Dienstleister entscheidet, ist in der Regel größer, als dass ein blutiger Anfänger beauftragt wird.

Sie können Erfahrungen in der Mitarbeiterführung aufweisen. Auch so etwas kann ein Alleinstellungsmerkmal sein, denn immerhin gibt es immer wieder Aufträge, für die auch ein externer Projektmanager gesucht wird.

Sie haben bereits häufiger mit besonders ungewöhnlichen und kreativen Ideen geglänzt. Designs von der Stange finden sich zuhauf. Wenn Sie in Ihrem Portfolio jedoch auf eine Handvoll sehr ungewöhnlicher Ideen verweisen können, die Sie in einem Projekt erfolgreich realisiert haben, heben Sie sich von vielen Mitbewerbern ab.

Alleinstellungsmerkmale richtig formulieren

Sie sollten Ihre Alleinstellungsmerkmale nicht nur so genau wie möglich formulieren, sondern potenzielle Kunden sollten Sie auch nachprüfen können. Generell sollten Sie bei der Formulierung Ihrer Alleinstellungsmerkmale möglichst wenig Fachtermini verwenden und sie so formulieren, dass Ihr Kunde den direkten Nutzen für sich darin erkennen kann. Erkennt ein potenzieller Auftraggeber nicht, welchen Nutzen er davon hat, bringt Ihnen das Ganze gar nichts.

Ein Beispiel: Sie sind ein Webdesigner, der sich auf die Erstellung von Websites mit dem Content-Management-System WordPress spezialisiert hat und darüber hinaus über sehr gute SEO-Kenntnisse verfügt. Formulieren Sie das genau in der Form als Ihre Alleinstellungsmerkmale, werden Sie ausschließlich technisch versierte Kunden ansprechen.

Wollen sie diese Alleinstellungsmerkmale jedoch aus Sicht des Kunden formulieren, sodass dieser direkt erkennen kann, welche Vorteile sich für ihn ergeben, wenn er Sie mit der Erstellung seiner Website beauftragt, könnte das wie folgt aussehen:

»Ich habe mich auf die Erstellung von sicheren Websites spezialisiert, die Ihnen ein einfaches System für das Erstellen und Pflegen von Inhalten bieten. Selbst Laien in Ihrem Unternehmen können so schnell und einfach Texte, Bilder und andere Inhalte auf Ihrer Website einfügen, ändern und löschen. Das spart Ihnen im Geschäftsalltag Zeit und damit Kosten. Darüber hinaus kenne ich mich bestens mit den Voraussetzungen aus, damit Ihre Website möglichst gut über Suchmaschinen wie Google gefunden werden kann. Indem ich dieses Wissen in die Erstellung Ihrer Website einfließen lasse, wird die Wahrscheinlichkeit erhöht, dass Ihr Unternehmen in Suchmaschinen möglichst weit oben in den Ergebnissen erscheint.«

Zugegeben – das ist ein recht einfach gehaltenes Beispiel eines Leistungsangebots, das jetzt nicht besonders ungewöhnlich ist. Allerdings verdeutlicht das Beispiel, wie wichtig es ist, bei der Formulierung Ihrer Alleinstellungsmerkmale aus der Sicht Ihrer Kunden vorzugehen.

Zeigen Sie ruhig auch in einem Foto, wie Sie arbeiten. Auf diese Weise erfährt der Besucher etwas mehr über Sie. (Foto: Tamarcus Brown auf Unsplash)

ZIELGRUPPEN DEFINIEREN

Auf den ersten Blick ist es verlockend zu sagen: »Jeder, der einen Auftrag an einen Kreativen zu vergeben hat, gehört auch zu meiner Zielgruppe.« Diesen Fehler sollten Sie nicht begehen, denn eine klar definierte Zielgruppe, die bewusst bestimmte Branchen oder Aufträge ausklammert, führt letztlich zum Erfolg.

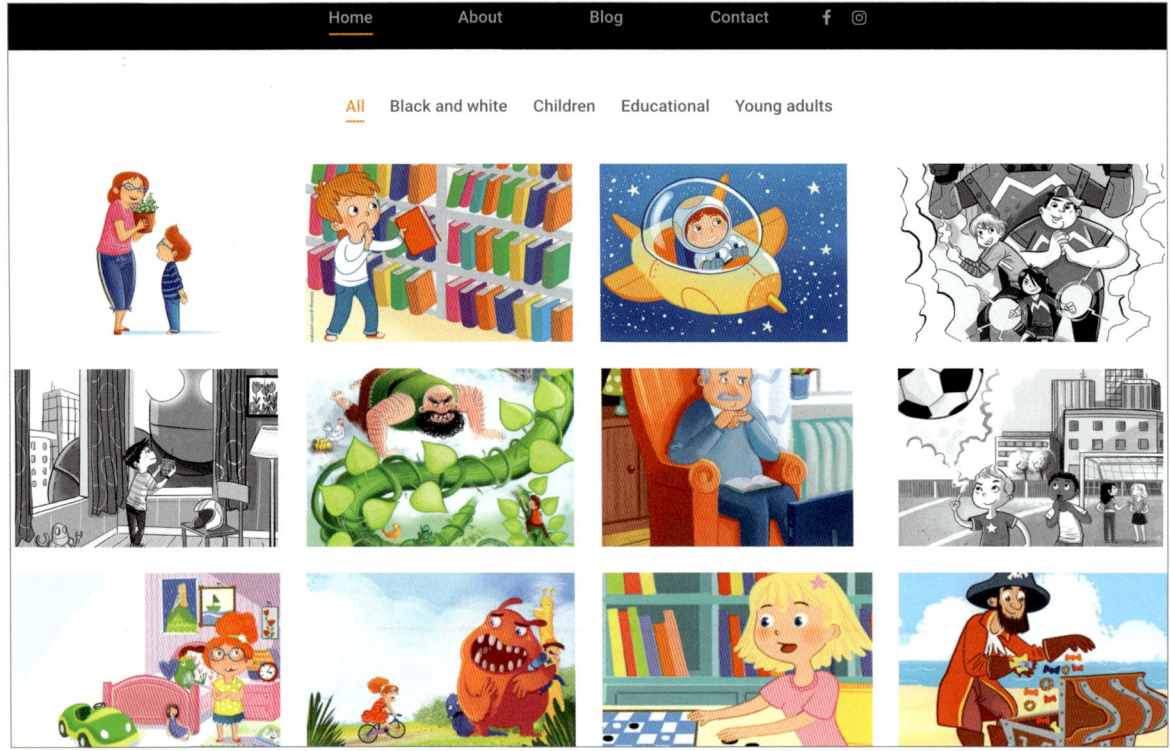

Egal ob Sie sich auf Auftraggeber spezialisieren, deren Zielgruppe in erster Linie den Bildungssektor betrifft, oder auf eine Branche wie Autohersteller: Je spitzer Sie Ihre eigene Zielgruppe definieren, desto direkter können Sie potenzielle Kunden ansprechen (hier zu sehen: Claudio Cerri auf www.claudiocerri.com).

Das muss nicht heißen, dass Sie Aufträge, die nicht aus Ihrer Zielgruppe kommen, nicht annehmen sollten. Kommt jemand auf Sie zu, um Ihre Dienstleistung in Anspruch zu nehmen, sollten Sie das auf jeden Fall in Erwägung ziehen. Vielmehr geht es bei der Definition Ihrer Zielgruppe darum, dass Sie sich entsprechend darauf abgestimmt online präsentieren und Ihr Marketing auf Ihre Zielgruppe abstimmen. Das wird Ihnen umso leichter fallen, je präziser Sie sich Gedanken über diese Definition gemacht haben.

Je weiter Sie Ihre Zielgruppe fassen, desto komplizierter und ineffizienter wird Ihr Marketing. Sie müssen schlicht mehr Geld und Zeit in Werbeaktivitäten investieren. Außerdem wird es Ihnen bei einer umfassenden Zielgruppe schwerer fallen, potenzielle Auftraggeber überzeugend und mitreißend anzusprechen. Dazu kommt, dass es sich weitaus komplizierter gestaltet, sich als Experte für eine bestimmte Branche oder einen bestimmten Kreis zu etablieren, wenn die Zielgruppe zu allgemein gehalten wird.

Gute Inhalte ziehen Besucher an – das ist Fakt. Fakt ist aber auch, dass nicht jeder Besucher auch der richtige Auftraggeber für Sie ist. Aus diesem Grund ist es sehr wichtig, dass Sie wissen, wer eigentlich zu Ihrer Zielgruppe gehört. Es ist unmöglich, jeden Besucher zu beeindrucken. Genauso wenig bringt es, willkürlich alle potenziellen Auftraggeber gleichzeitig ansprechen zu wollen.

GUTE INHALTE ZIEHEN BESUCHER AN – DAS IST FAKT.

Wie Sie Ihre Zielgruppe eingrenzen können, erfahren Sie im Folgenden.

DREI GRÜNDE FÜR DIE ZIELGRUPPENDEFINITION

1. Sie verstehen die Bedürfnisse Ihrer Kunden besser.
2. Sie können Inhalte erstellen, die Ihren Kunden auch wirklich etwas bringen.
3. Sie erhöhen die Wahrscheinlichkeit, neue Aufträge zu generieren.

Grenzen Sie Ihre Zielgruppe ein

Es existieren unterschiedliche Modelle, mit deren Hilfe Sie Ihre Zielgruppe eingrenzen können. Dazu gehört unter anderem die Sinusmilieu-Methode, auf die in Kapitel 5 näher eingegangen wird. Alternativ lässt sich die Zielgruppe auch anhand von soziodemografischen Faktoren wie Wohnort, Alter, Geschlecht, Branche und mehr eingrenzen. Wenn Sie Interesse an den unterschiedlichen Modellen haben, finden Sie neben unzähligen Fachbüchern zum Thema auch online jede Menge Quellen.

Auch wenn Ihnen diese Modelle als kreativer Dienstleister helfen können, sind viele Methoden auf das Marketing für Produkte abgestimmt. Sie als Dienstleister sind aber in einer komfortableren Position als der Verkäufer eines Produkts, denn Sie haben die großartige Freiheit, selbst auswählen zu können, an wen Sie sich richten. Mit Hilfe des folgenden Fragenkatalogs werden Sie ziemlich schnell herausfinden, wer zu Ihrer Zielgruppe gehört. Versuchen Sie, pro Frage mindestens eine Antwort zu finden. Sofern Sie für eine Frage mehr als eine Antwort haben, nummerieren Sie Ihre Antworten. Dabei sollte 1 für Sie die höchste Bedeutung haben, während die für Sie am wenigsten wichtige Antwort die jeweils höchste Ziffer hat.

FRAGEN FÜR DIE DEFINITION IHRER ZIELGRUPPE

Auf welche Branchen und Themen möchten Sie den Fokus legen?
Mit dieser Frage legen Sie den thematischen Fokus fest. Versicherungen? E-Commerce? Hardware und Gadgets? Mode? Automotive? Lebensmittel?

In welchen Branchen und mit welchen Themen können Sie am meisten Geld verdienen?
In manchen Branchen werden Kreative besser bezahlt als in anderen. Auch lassen sich Designs zu bestimmten Themen besser verkaufen als zu anderen Bereichen.

Wo sollen Ihre Kunden »sitzen«?
Bei dieser Frage geht es schlicht um den Firmensitz, den Ihr Wunschkunde haben sollte. Wollen Sie Ihre Dienstleistung eher regional beschränkt anbieten oder deutschlandweit? Möchten Sie gar für internationale Kunden arbeiten? Bei der Beantwortung dieser Frage sollten Sie unter anderem auch Ihre Bereitschaft zu reisen sowie Ihre Sprachkenntnisse berücksichtigen.

Welche Menschen und Produkte liegen Ihnen?
Bei dieser Frage geht es sowohl um emotionale als auch kulturelle Aspekte. Haben Sie ein besonderes Händchen für konservative Geschäftsleute, oder liegt Ihre Expertise eher im Bereich von Start-ups? Arbeiten Sie vielleicht gerne im Bereich Action-Sport? Oder würden Sie lieber Aufträge im sozialen Bereich erhalten?

Welche Art von Problemen lösen Sie am liebsten?
Lösen Sie lieber strukturelle oder visuelle Probleme? Vielleicht verbeißen Sie sich aber auch gerne in hochkomplexe, technische oder ganz andere Probleme.

Welche Ihrer angebotenen Fähigkeiten setzen Sie am liebsten ein?
Bei dieser Frage geht es darum, dass Kreative häufig unterschiedliche Fähigkeiten im Portfolio haben. Egal ob Sie Designer, Fotograf oder Modedesigner sind – finden Sie heraus, ob Sie beispielsweise lieber illustrieren oder ani-

mieren, ob Sie sich lieber mit stark nachbearbeiteten Produktfotos oder mit möglichst natürlichen Hochzeitsaufnahmen beschäftigen oder ob Sie mehr Spaß daran haben, Designs an der Nähmaschine umsetzen und lieber neue Ideen im Skizzenbuch entwerfen.

Welche Ihrer angebotenen Fähigkeiten lässt sich am besten verkaufen?
Oder kurz: womit können Sie am meisten Geld verdienen?

Welche Kunden liegen Ihnen menschlich?
Hier geht es einfach darum, mit welcher Art Mensch Sie sich wohlfühlen. Das ist nicht unerheblich, denn immerhin müssen Sie davon ausgehen, regelmäßig mit den Menschen, die zu Ihrer Zielgruppe gehören, zu interagieren. Egal ob beim Pitch, bei Verhandlungen von Modalitäten, bei einem Milestone-Meeting, bei projektbasierter Kollaboration oder bei einer Abschlusspräsentation – ohne den menschlichen Faktor wird es schwer. Daher überlegen Sie, ob Sie besser mit konservativen oder hippen Menschen »können«. Vielleicht liegen Ihnen auch traditionelle Kleinunternehmen oder energiegeladene Start-ups eher als Konzerne, oder Sie kommen mit Angestellten besser aus als mit Geschäftsführern. Fühlen Sie sich in der Gegenwart von Handwerkern wohler als bei Intellektuellen?

In was für einer Situation sollte sich Ihr Auftraggeber befinden?
Vielleicht liegt Ihnen die Arbeit für Unternehmen oder Auftraggeber, die aktuell expandieren, besser als die Arbeit für Unternehmen, die neu am Markt sind? Vielleicht reizt es Sie aber auch besonders, Gründer bei ihrem Markteintritt zu begleiten. Oder Sie finden Gefallen daran, den Relaunch von Produkten oder Unternehmen umzusetzen.

Wenn Sie alle Fragen beantwortet haben, legen Sie eine Tabelle an, bei der Sie in die erste Zeile alle 1er-Antworten eintragen. In die zweite Zeile kommen alle 2er-Antworten und so weiter. Die erste Zeile definiert die Charakteristika ihrer Hauptzielgruppe. Auf diese sollten Sie bei Ihren Marketing-Aktivitäten und bei der Art und Weise, wie Sie sich online präsentieren, den Fokus legen. Wenn Sie sich ungut dabei fühlen, nur die erste Zeile Ihrer Tabelle als Zielgruppe zu akzeptieren, nehmen Sie maximal noch zwei weitere Zeilen – und damit Zielgruppen – dazu.

Alles darüber hinaus wäre schon wieder viel zu weit gefasst und würde zu den unter Abschnitt »Zielgruppen definieren« auf Seite 38 beschriebenen Problemen führen.

Sie sollten sich online so präsentieren, dass Sie Ihre Zielgruppe optimal ansprechen. Richten Sie sich beispielsweise an eine junge, moderne Zielgruppe, ist ein Foto wie dieses sicher geeigneter als ein Profilfoto im Anzug (Foto: Clem Onojeghuo auf Unsplash).

Persona – die Zielgruppe erhält ein Gesicht

Wollen Sie Ihre Erkenntnisse noch verfeinern, lohnt sich ein Blick auf das *Persona-Modell*. »Persona« kommt aus dem Lateinischen und bedeutet Maske. Im Marketing – aber ursprünglich und insbesondere im *UX-* und *UI-Design* geläufig – beschreibt der Begriff Nutzermodelle für Personen innerhalb einer Zielgruppe. Diese Nutzermodelle beinhalten eine Charakterisierung der relevanten Merkmale der Personen.

Neben offensichtlichen Merkmalen wie Alter, Geschlecht oder Wohngegend entwickeln Sie mit Hilfe von Personas auch ein Bild des Privatlebens und Geschäftsalltags der Personen Ihrer Zielgruppe. Sie geben der abstrakten Definition quasi ein Gesicht und machen sich Gedanken zu den Interessen und den Dingen, die diese Personen antreiben. Es geht dabei darum, dass Sie sich die Menschen, die in Ihre Zielgruppe fallen, so gut wie irgend möglich vorstellen können. Je realistischer und detaillierter Ihre Personas ausfallen, desto besser können Sie sich in sie hineinversetzen und desto besser können Sie sie folglich mit Ihren Marketingmaßnahmen ansprechen. Ihre abstrakte Zielgruppe wird also greifbar und plastisch.

Indem Sie Ihre Zielgruppe auf diese Weise visualisieren, können Sie Ihre Kommunikation optimal auf sie abstimmen. Im besten Fall fühlt sich Ihre Zielgruppe persönlich und individuell angesprochen, wenn Sie nur Ihre Website oder eines Ihrer Social-Media-Profile besucht. Jede einzelne von Ihnen erstellte Persona sollte die typischen W-Fragen beantworten: Wer? Was? Wann? Wo? Und warum? Zu den Merkmalen, die Sie für das Erstellen von Personas einsetzen sollten, zählen insbesondere:

IM BESTEN FALL FÜHLT SICH IHRE ZIELGRUPPE PERSÖNLICH ANGESPROCHEN, WENN SIE IHRE WEBSITE ODER EINES IHRER SOCIAL-MEDIA-PROFILE BESUCHT.

> Geschlecht
> Bildungsstand
> Familienstand/Lebensumstände
> Berufliche Position
> Branche
> Tätigkeit

> Einkommen
> Wohngegend
> Persönlichkeit
> Ziele
> Herausforderungen
> Bedürfnisse

Insgesamt kann es sogar hilfreich sein, wenn Sie nach dem stichpunktartigen Befüllen der für Ihre Persona relevanten Fragen für jede Persona die Merkmale in einer kurzen Biografie von drei bis vier Absätzen verfassen. Auf diese Weise werden Personas noch greifbarer. Wie so etwas aussehen kann, sehen Sie im Folgenden:

BEISPIEL FÜR EINE PERSONA

Annika ist 29 Jahre alt und lebt in Frankfurt. Seit kurzem ist sie Projektmanagerin in einer großen Agentur. Ihren Abschluss in Kommunikationsdesign hat sie in Berlin gemacht. Zwar zählt sie mit ihren zwei Jahren Praxiserfahrung noch als Berufsanfängerin, aber sie verdient mit 42.000 Euro im Jahr nicht schlecht.

Sie lebt in einer festen Beziehung, ist jedoch nicht verheiratet und hat noch keine Kinder. Annika ist ehrgeizig und arbeitet schon jetzt fokussiert daran, in den kommenden Jahren die Karriereleiter nach oben zu klettern.

Projektbasiert sucht Annika regelmäßig selbstständige Designer, da die Agentur in diesem Bereich bei dem aktuellen Auftragsaufkommen unterbesetzt ist. Zudem ist sie damit betraut, den Relaunch der Agentur-Website umzusetzen. Auch hier soll auf externe Grafiker und Webdesigner gesetzt werden. Annika nimmt besonders diese Aufgabe sehr ernst, denn bei diesem Projekt darf nichts danebengehen. Zusätzlich muss sie aber auch mit einem knapp bemessenen Budget zurechtkommen.

In ihrer Freizeit ist Annika sehr sportlich und läuft viermal wöchentlich. Sie bereitet sich derzeit auf einen Halbmarathon vor, sodass sie aufgrund von nötigen Überstunden neben der Arbeit zurzeit keine Zeit dafür hat, sich mit Freunden in ihrer Lieblingsweinbar zu treffen. Auch Theaterbesuche und ausgiebige Gesellschaftsspielabende fallen flach.

Unterschiedliche Kanäle, unterschiedliche Inhalte, unterschiedliche Zielgruppen

Es wäre einfacher, wenn Sie eine einzige, klar definierte Zielgruppe für Ihre Dienstleistung hätten. Leider gestaltet sich das aber etwas komplizierter, denn je nachdem welche Inhalte Sie online über welchen Kanal verbreiten und anbieten, kann sich auch die Definition der entsprechenden Zielgruppe ändern.

So werden Sie sich beispielsweise mit Ihrem Online-Portfolio an eine andere Zielgruppe wenden als mit einer über Facebook geteilten Infografik oder mit einem Fachbeitrag auf *medium.com*. Beachten Sie bei der Definition Ihrer Zielgruppe stets vier Aspekte: Ihre Dienstleistung, die Art des Inhalts, demografische Charakteristika der Personen, die Sie erreichen wollen, und das Ziel, das mit Ihren Inhalten erreicht werden soll.

DAS GEHÖRT ZUR ZIELGRUPPENDEFINITION

1. Dienstleistung
2. Art des Inhalts
3. Demografie
4. Ziel

Während es in diesem Kapitel um den generellen Zweck und das allgemeine Vorgehen bei der Definition von Zielgruppen geht, widmet sich der Abschnitt »Planvoll zum Erfolg: Eine eigene Social Media-Strategie entwickeln« auf Seite 193 den Besonderheiten der Zielgruppendefinition für Ihre Social-Media-Aktivitäten. Noch etwas vorweg: Sollten Sie sich irgendwann auf eine andere Zielgruppe ausrichten wollen, passen Sie Ihre Internet-Präsenz und Ihre Kommunikation entsprechend an. Indem Sie Ihre Zielgruppe möglichst spitz definieren, können Sie zukünftige Kunden viel gezielter und mit einer weitaus größeren Chance auf Erfolg ansprechen. Das gilt im Übrigen auch für das Design Ihrer Website.

Wählen Sie beispielsweise für Ihr Portfolio ein Design und eine Navigation, die Ihre Zielgruppe ansprechen. Wollen Sie in erster Linie große Versicherungen als Kunden gewinnen, werden sich die Anforderungen an Design und Usability stark von einem Kreativen unterscheiden, der sein Portfolio in erster Linie auf Aufträge von Agenturen ausgerichtet hat. In ersterem Fall wird die Website des Designers klassischen Usability-Regeln und einem wenig verspielten Design folgen. Bei einem Portfolio, das sich an Kreativagenturen richtet, kann man sich dagegen mehr austoben. Unter Umständen setzt man sogar auf ganz neue Web-Technologien, um zu zeigen, dass man am Puls der Zeit ist.

Wer seine Zielgruppe kennt und diese mit der Zeit flexibel eingrenzen kann, hat die Basis für den geschäftlichen Erfolg gelegt. Immerhin gehört die Antwort auf die Frage, an wen man sich mit seinem Online-Auftritt und seinen Social-Media-Profilen wenden möchte, zu den Grundpfeilern des Online-Marketings.

Dienstleistung versus Inhalt

Die Inhalte, die Sie online teilen, sind nicht zwangsläufig identisch mit der Dienstleistung, die Sie anbieten – auch wenn alle von Ihnen online geteilten Inhalte ultimativ auf das Ziel hinwirken sollten, Ihre Dienstleistung zu verkaufen.

Diese Unterscheidung ist so wichtig, weil viele Kreative den Fehler begehen, beim Online-Marketing nur über sich und ihre Dienstleistung zu sprechen, statt über die Themen, die die Zielgruppe interessieren. Ohne Zweifel wird Ihre Dienstleistung in der Regel für potenzielle Kunden interessant sein. Das muss aber nicht unbedingt für jeden Fan, der Ihnen auf Facebook folgt, oder für jeden Leser Ihres Blogs zutreffen.

DIE INHALTE, DIE SIE ONLINE TEILEN, MÜSSEN NICHT IDENTISCH MIT DER DIENSTLEISTUNG SEIN, DIE SIE ANBIETEN.

Zwar steht Ihre Dienstleistung im Zentrum des inhaltlichen Spektrums, dem Sie sich widmen, aber dieses Zentrum lässt sich inhaltlich so erweitern, dass Sie z. B. mit entsprechenden Postings auch das Interesse von potenziellen Auftraggebern wecken können, die tiefer in der Materie stecken als üblicherweise.

BEISPIELE FÜR INHALTE, DIE ZU IHRER DIENSTLEISTUNG PASSEN

> Der Hinweis auf eine relevante Fachveranstaltung über soziale Medien

> Ein Fachartikel in einem Blog über einen Webdesign-Trend

> Eine How-to-Anleitung zu einer bestimmten Design-Technik

> Eine Case Study über ein abgeschlossenes Projekt

 Chantal Jandard (Follow)
Designer with a background in psychology and front-end development. The pixel is mightier than the..
Feb 4, 2015 · 4 min read

Variations on Design Mapping at D2L

Image courtesy of Wikipedia.

What's a Design Map?

Bei nützlichen Fachbeiträgen geht es zwar nicht primär um Ihre Dienstleistung und die Generierung neuer Aufträge, aber Sie beweisen potenziellen Kunden damit auch, dass Sie sich in Ihrem Bereich bestens auskennen. Ein Beispiel: Chantal Jandard auf https:// medium.com/@chantastique/variations-on-design-mapping-at-d2l-c33a3004ef2a.

DIESE INFORMATIONEN ERWARTEN KUNDEN

Egal ob ein potenzieller Kunde zufällig über Ihre Website oder einen Ihrer Social-Media-Accounts stolpert oder ob Sie einen potenziellen Auftraggeber aktiv anschreiben: <u>Kunden erwarten und benötigen bestimmte Informationen von Ihnen als kreativer Dienstleister.</u> Es ist auch egal, aus welcher Branche sich Ihre potenziellen Auftraggeber oder Arbeitgeber rekrutieren, die folgenden Fragen wird sich jeder Kunde stellen:

> Welche Dienstleistungen werden angeboten?
> Kann hier mein Problem gelöst werden?
> Über welche Fähigkeiten verfügen Sie?
> Haben Sie in der Vergangenheit bereits ein ähnliches Projekt erfolgreich abgeschlossen?
> Welche Referenzen haben Sie?
> Was würde die Lösung meines Problems kosten?

Beantworten Sie diese Fragen klar und prominent platziert. Damit tun sich viele Kreative schwer, denn natürlich wollen sie mit Ihrer Kreativität und Einzigartigkeit punkten. Denken Sie in diesem Fall aber nicht wie ein Designer, denken Sie wie eine Geschäftsfrau oder ein Geschäftsmann. <u>Ein Kunde, der auf Ihrem Portfolio landet, will höchstwahrscheinlich möglichst schnell wissen, ob Sie die richtige Frau oder der richtige Mann für die Lösung seines Problems sind – und ob er sich das leisten kann.</u>

Eine einfache Navigation mit der direkten Möglichkeit, Kontakt aufzunehmen, ist eine gute Kombination für eine Startseite. Auch Melanie DaVeid setzt auf http://melaniedaveid.com auf eine einfache, aussagekräftige Navigation.

Dieser Erwartung sollten Sie auch mit Ihrer Website und Ihrem Portfolio Rechnung tragen. Eine visuell beeindruckende oder außergewöhnliche Startseite mag Sie persönlich als kreativen Menschen ansprechen, aber seien wir mal ehrlich: Ein potenzieller Kunde wird häufig genervt davon sein, wenn er aufgrund einer besonders kreativen Navigation auf der Startseite nicht direkt das herausfinden kann, was ihn wirklich interessiert. Ihre Startseite sollte die folgenden Informationen entweder direkt bereitstellen, oder aber mit nur einem Klick erreichbar machen:

> Was genau bieten Sie an?
> An wen richten Sie sich in erster Linie mit Ihren Leistungen?
> Wie können Kunden schnell und unkompliziert mit Ihnen Kontakt aufnehmen?
> Welche Schritte sind nötig, damit ein Kunde Sie mit einem Projekt beauftragen kann?

Es ist in jedem Fall hilfreich, wenn Sie Ihre Kontaktdaten prominent platzieren und eine Navigation bereitstellen, über die potenzielle Kunden mit nur einem Klick auf die Bereiche Portfolio, Angebot und Referenzen gelangen. Generell sollte Ihre Website natürlich nicht nur übersichtlich sein, sondern durchaus auch visuell ansprechend. Übertreiben Sie es aber nicht, und verlieren Sie niemals den eigentlichen Zweck Ihrer Online-Präsenz aus den Augen: Unternehmen und potenzielle Auftraggeber sollen über Ihre Website ohne Probleme an alle relevanten Informationen kommen, die sie benötigen, um herauszufinden, ob Sie kompetent, erfahren genug, zuverlässig und vertrauenswürdig sind. Es geht schlicht um die Frage, ob Sie der richtige Dienstleister für den jeweiligen Besucher sind.

VERLIEREN SIE NIEMALS DEN EIGENTLICHEN ZWECK IHRER ONLINE-PRÄSENZ AUS DEN AUGEN.

Damit sich ein Auftraggeber für Sie entscheidet, muss er auf Basis Ihrer gesamten Website ein Urteil fällen können. Dabei werden die klassischen Bereiche von den meisten Besuchern auch erwartet:

> Startseite
> Kontakt
> Über Sie
> Leistungen

> Arbeitsproben
> Referenzen
> Impressum
> Gegebenenfalls Blog/Service-Seiten

Im Detail widmet sich Kapitel 6 diesem Thema. Einen Überblick über die relevanten Website-Bereiche finden Sie jedoch in den folgenden Unterkapiteln.

Startseite

Die Startseite Ihrer Website sollte den Besucher kurz und knapp darüber informieren, was ihn erwartet. Teilen Sie Ihren Besuchern mit, dass Sie sich auf der Website von Dienstleister XY befinden, welche Leistungen angeboten werden und was Ihre Alleinstellungsmerkmale und Kernkompetenzen sind.

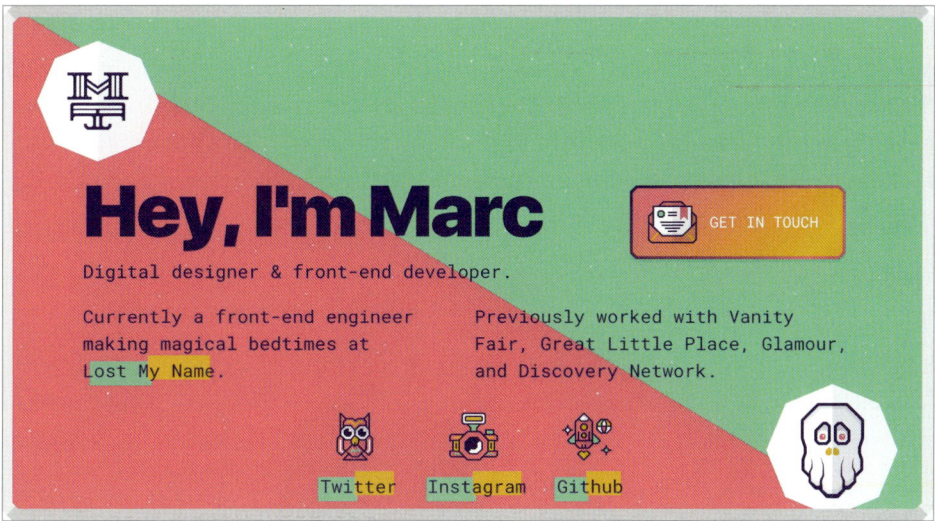

Die Startseite von Marc Thomas ist vorbildlich in Bezug auf die bereitgestellten Informationen. http://mrcthms.com.

Auch wenn viele Besucher über Suchmaschinen auf Ihrer Website landen und damit nicht zwangsläufig als Erstes Ihre Startseite angezeigt bekommen, sollten Sie der Homepage trotzdem Aufmerksamkeit schenken. Selbst wenn ein Besucher über einen Deeplink auf einer Ihrer Unterseiten landet, ist die Wahrscheinlichkeit hoch, dass er als erste Aktion per Klick zu Ihrer Startseite navigiert.

Kontaktseite

Die Kontaktseite ist für Sie als Dienstleister und Unternehmer extrem wichtig. Machen Sie es Besuchern so leicht wie möglich, mit Ihnen in Kontakt zu treten. Wichtig in diesem Zusammenhang ist, dass Ihre Kontaktseite zumindest von jeder Unterseite Ihres Webauftritts aus erreichbar sein sollte.

Sie können Ihre Kontaktinformationen auch in die Sidebar Ihrer Website verlagern, sodass die Informationen auch auf jeder Unterseite angezeigt werden. Es bietet sich auch an, ein Kontaktformular anzubieten, über das Besucher direkt Kontakt mit Ihnen aufnehmen können, ohne Ihre Seite verlassen zu müssen.

Über Sie

Nutzen Sie diese Seite, um Ihrem Webauftritt die <u>menschliche Komponente</u> zu geben und unterschätzen Sie deren Wert für das Generieren neuer Kunden und Aufträge nicht. Wenn Sie es richtig anstellen, hinterlassen Sie bei potenziellen Kunden einen sympathischen ersten Eindruck, ohne diese bisher persönlich kennengelernt zu haben.

<u>Mit dieser Seite können Sie Vertrauen wecken und Besuchern mitteilen, wofür Sie stehen und was Sie antreibt.</u> Sie können beispielsweise über Ihre Philosophie, Ihre Leidenschaft oder Ihre Motivation sprechen. Sie können auch eine kurze Historie Ihres Unternehmens präsentieren.

Hello!

I'm a Swedish designer (located in Vancouver, Canada) with a passion for simplicity and essentialism. My focus is primarily athletic wear, fashion and lifestyle.

Auf der Über-Sie-Seite haben Sie die Möglichkeit, Ihre menschliche Seite zu präsentieren und Besuchern einen Eindruck davon zu vermitteln, mit wem sie es zu tun haben. Malin Otmalm macht auf www.malinotmalm.com/about-1 einen ersten symphytischen Eindruck.

In jedem Fall kann es nicht schaden, wenn Sie ein wenig über sich erzählen und vielleicht sogar <u>Fotos von sich integrieren.</u> Ihr Besucher hat dann ein Gesicht zu dem Bild, das er sich von Ihnen und Ihrer Arbeit gemacht hat.

Leistungen

Auf dieser Seite gilt: In der Kürze liegt die Würze. Legen Sie Besuchern das Spektrum der Leistungen dar, das Sie anbieten. Hier zeigen Sie Ihre Kompetenz und wecken Vertrauen. Sie sollten die Informationen übersichtlich strukturieren, damit potenzielle Kunden auf einen Blick erkennen können, ob Sie bei Ihnen an der richtigen Adresse sind. Sofern Ihr Leistungsspektrum viele Facetten hat und Sie Kompetenzen in sehr unterschiedlichen Bereichen mitbringen, gehen Sie auf entsprechenden Unterseiten ins Detail. So stellen Sie sicher, dass eilige Besucher dennoch auf einen Blick erkennen, dass Sie viel zu bieten haben.

Formulieren Sie Ihre Leistungen so, dass es potenziellen Auftraggebern leichtfällt, zu erkennen, wie Sie von Ihrem Angebot profitieren können.

No. 2

IN DER KÜRZE LIEGT DIE WÜRZE: FORMULIEREN SIE IHR LEISTUNGSANGEBOT KLAR UND EINDEUTIG.

Arbeitsproben

Besonders im kreativen Bereich spielt der persönliche Stil eine wichtige Rolle. Mit entsprechenden Arbeitsproben können Besucher schnell erkennen, ob Ihr Stil ihnen zusagt. Zur Auswahl und Präsentation von Arbeitsproben finden Sie in Kapitel 6 umfangreiche Informationen.

Das Portfolio mit den Arbeitsproben ist das Herz der Website jedes kreativen Dienstleisters. Hier das Portfolio von Steven Bonner: www.stevenbonner.com.

Diesem Thema ist ein gesondertes Kapitel gewidmet, weil Sie mit den von Ihnen ausgewählten Arbeitsproben unter anderem steuern können, welche Branchen und Unternehmen sich besonders für Ihr Angebot interessieren. Ein Wort der Warnung: Sofern Sie Arbeitsproben aus realen Projekten, die Sie für Kunden umgesetzt haben, verwenden, müssen Sie zuvor eine schriftliche Einwilligung des betreffenden Auftraggebers einholen, um rechtlichen Ärger zu vermeiden.

Referenzen

Die Warnung bezüglich der schriftlichen Einwilligung für die Verwendung von Arbeitsproben gilt ebenso für das Einbinden von Referenzen. Sie sollten diesen geringen Aufwand allerdings ruhig auf sich nehmen, denn es lohnt sich. Es gibt kaum ein stärkeres Verkaufsargument als einen zufriedenen Kunden, der – möglichst wörtlich zitiert – von Ihrer Arbeit schwärmt.

Impressum

Auch wenn alle anderen bisher genannten Bereiche optional sind, kommen Sie um ein Impressum auf keinen Fall herum. Es ist vorgeschrieben, dass Sie ein Impressum anbieten und dass dieses Impressum mit einem Klick von der Startseite aus erreichbar ist. Was rechtlich in das Impressum gehört, erfahren Sie im Abschnitt »Impressum und Datenschutzerklärung: Must-Haves für Online-Portfolio und Social Media« auf Seite 288.

Blog-/Service-Seiten

Mit Service-Seiten oder einem Blog erhöhen Sie nicht nur die Wahrscheinlichkeit, dass Interessierte Ihre Website über eine Suchmaschine finden, sondern Sie zeigen potenziellen Auftraggebern auf diesen Seiten auch, dass Sie sich bestens in Ihrem Kerngebiet auskennen und stets auf dem neuesten Stand sind. Wenn Sie es richtig anstellen, haben Sie hier die Möglichkeit, sich als echter Experte auf Ihrem Gebiet zu etablieren. Der Gedanke hinter diesem Teil Ihrer Website ist, dass Sie fachliche Beiträge rund um Ihre Expertise veröffentlichen. Das können sowohl Artikel, Videos und Case Studies als auch Whitepapers (eine kurze Übersicht zu Techniken, Standards oder Leistungen), Infografiken, kostenlose Fonts, Themes, Cliparts und andere Inhalte sein.

EIN BLOG BEWEIST EXPERTISE, VERBESSERT DIE POSITIONIERUNG IN SUCHERGEBNISSEN UND VERPASST DER SOZIALEN VERNETZUNG EINEN BOOST.

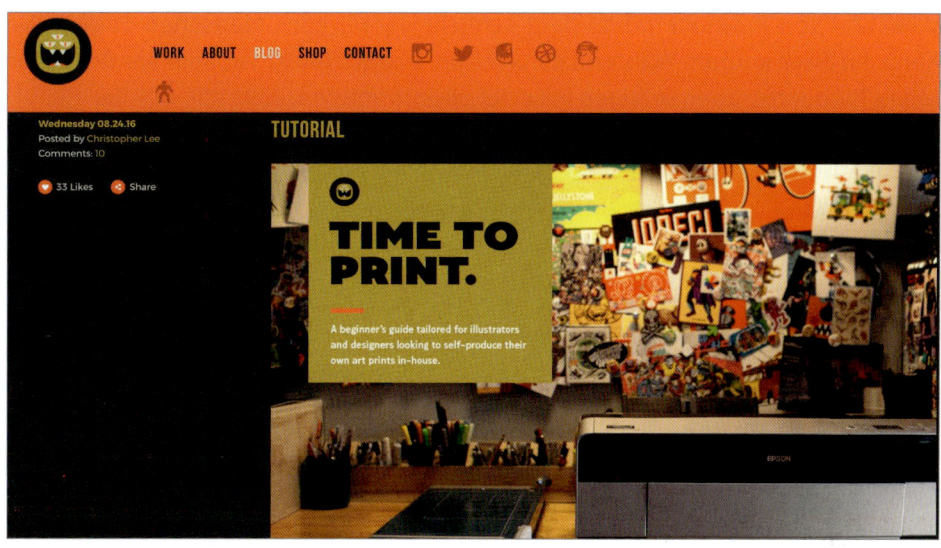

Mit einem Blog verbessern Sie unter anderem Ihre Positionierung in den Suchergebnissen von Google und Co. Mustergültig macht dies Christopher Lee auf www.thebeastisback.com vor.

Unter dem Strich lässt sich festhalten, dass Sie mit Service-Seiten oder einem Blog nicht nur Ihre Expertise unter Beweis stellen und Ihre Positionierung in Suchergebnissen verbessern können, sondern dass Sie mit nützlichen Inhalten auch Ihrer Vernetzung über soziale Medien einen Boost verpassen.

GEFUNDEN WERDEN UND AUFTRAGGEBER ONLINE FINDEN

Zu den wohl schwierigsten Aufgaben für Freelancer gehört es, Kunden zu finden. Auch die Suche nach einer Festanstellung im kreativen Bereich gestaltet sich aufgrund der Masse an Konkurrenten oft als schwierig. Um zu erreichen, dass Sie online wahrgenommen werden, sollten Sie strategisch vorgehen. Nicht minder schwierig gestaltet es sich, herauszufinden, wo Sie selber Ihre Kunden online finden können.

Wecken Sie Vertrauen

Selbst wenn Sie von einem potenziellen Kunden gefunden wurden, heißt das noch lange nicht, dass Sie den Zuschlag für einen zu vergebenden Auftrag erhalten. Als Dienstleister haben Sie es online ungleich schwerer als beispielsweise

Verkäufer von Produkten. Das liegt schlicht daran, dass Menschen ungern die Katze im Sack kaufen. Während es verhältnismäßig leicht ist, sich vor dem Kauf eines Produktes über selbiges Produkt zu informieren, fällt das bei der Beauftragung einer Dienstleistung schwer. Vertrauen ist in dieser Hinsicht ein ganz wichtiges Stichwort. Aus diesem Grund sind Bestandskunden und Bekannte so wichtig, denn eine persönliche Empfehlung beinhaltet eine gehörige Portion Vorschussvertrauen.

NIEMAND KAUFT GERN DIE KATZE IM SACK! BEI DER BUCHUNG EINER DIENSTLEISTUNG IST VERTRAUEN UNERLÄSSLICH.

Da Sie sich aber bei der Kundenakquise in der Regel nicht allein auf Empfehlungen verlassen können, müssen Sie alles dran setzen, mit Ihren unterschiedlichen Online-Auftritten möglichst viel Vertrauen zu wecken. Das gilt sowohl für Ihre Website als auch für Ihre unterschiedlichen Social-Media-Profile. Wie Sie online Vertrauen bei potenziellen Kunden wecken können, erfahren Sie sowohl in Kapitel 3, in dem es um die richtige Kommunikation geht, als auch in den Kapiteln 5 und 6, die sich den Themen »Social Media« und »Online-Portfolio« widmen. Bei all Ihren Online-Bemühungen sollten Sie stets zweigleisig vertrauensbildende Maßnahmen verfolgen. Zum einen sollten Sie einen sympathischen Eindruck erwecken und die Sprache Ihrer Kunden sprechen. Zum anderen müssen Sie Ihre fachliche Kompetenz unter Beweis stellen.

DER DREH- UND ANGELPUNKT FÜR VERTRAUEN IST IHRE PERSÖNLICHE WEBSITE INKLUSIVE IHRES PORTFOLIOS.

Der Dreh- und Angelpunkt in diesem Zusammenhang ist Ihre persönliche Website inklusive Ihres Portfolios. Eine Website ist für Kreative heutzutage eine Selbstverständlichkeit, sodass es vielen potenziellen Kunden komisch vorkommen wird, wenn Sie keine eigene Internetpräsenz haben. Es wird aber auch nicht reichen, einfach eine persönliche Website anzubieten. Heben Sie sich von der Konkurrenz ab, und bieten Sie Ihren Besuchern etwas Besonderes. Im Detail geht es in Kapitel 6 um dieses Thema.

Wahrgenommen und gefunden werden

Es existieren acht erfolgversprechende Möglichkeiten, um von potenziellen Kunden online gefunden zu werden. In diesem Buch erhalten Sie zu jedem Punkt tiefergehende Informationen, die im Folgenden kurz angerissen werden.

Sie sollten bei all diesen Bemühungen aber nicht den besonders für Berufsanfänger typischen Fehler machen, zu denken, dass potenzielle Auftraggeber Sie finden werden, nur weil Sie gut in dem sind, was Sie machen, weil Sie eine Website haben und weil Sie in sozialen Medien aktiv sind. Sie müssen zusätzlich selber herausfinden, wo Sie online Kunden finden können, und aktiv auf Kundenfang gehen.

ACHT MÖGLICHKEITEN, AUFTRAGGEBER ONLINE ZU FINDEN

1. Positionieren Sie sich als Experte.
2. Legen Sie sich ein aussagekräftiges Online-Portfolio zu.
3. Nutzen Sie LinkedIn und/oder XING.
4. Nutzen Sie aktiv andere für Sie relevante soziale Medien.
5. Netzwerken Sie online in Gruppen, Foren und auf relevanten Plattformen.
6. Erhöhen Sie die Wahrscheinlichkeit, von Bestandskunden, Freunden und Familie weiterempfohlen zu werden.
7. Füllen Sie regelmäßig ein Blog mit Artikeln und anderen Inhalten.
8. Erstellen Sie Inhalte wie Infografiken und Illustrationen, die andere Menschen online verbreiten.

Verlassen Sie sich also nicht darauf, dass Kunden Sie schon irgendwie finden. Finden Sie heraus, wo sich Kunden herumtreiben und gehen Sie auf diese zu.

1. POSITIONIEREN SIE SICH ALS EXPERTE Es gibt bestimmt Teilbereiche, in denen Sie mehr wissen als andere Kreative. Nutzen Sie diesen Vorsprung, um sich online als Experte für diese Bereichen zu positionieren. Das können Sie beispielsweise mittels eines Blogs erreichen. Weitere Möglichkeiten sind beispielsweise das Erstellen von Fachartikeln, Case Studies, How-to-Videos und Podcasts sowie das Halten von Webinaren. Diese unterschiedlichen Vehikel werden in Kapitel 6 vorgestellt.

Wenn Sie nicht so gerne schreiben, könnten Podcasts oder Videos das Richtige für Sie sein. Auch das Erstellen von Online-Kursen und Webinaren sind gute Alternativen. Plattformen wie zum Beispiel Udemy erleichtern dieses Unterfangen. Indem Sie Ihr Wissen vermitteln, erweitern Sie nicht nur Ihr professionelles Netzwerk, sondern Sie zeigen darüber hinaus potenziellen Auftraggebern, dass Sie ein Experte auf Ihrem Gebiet sind.

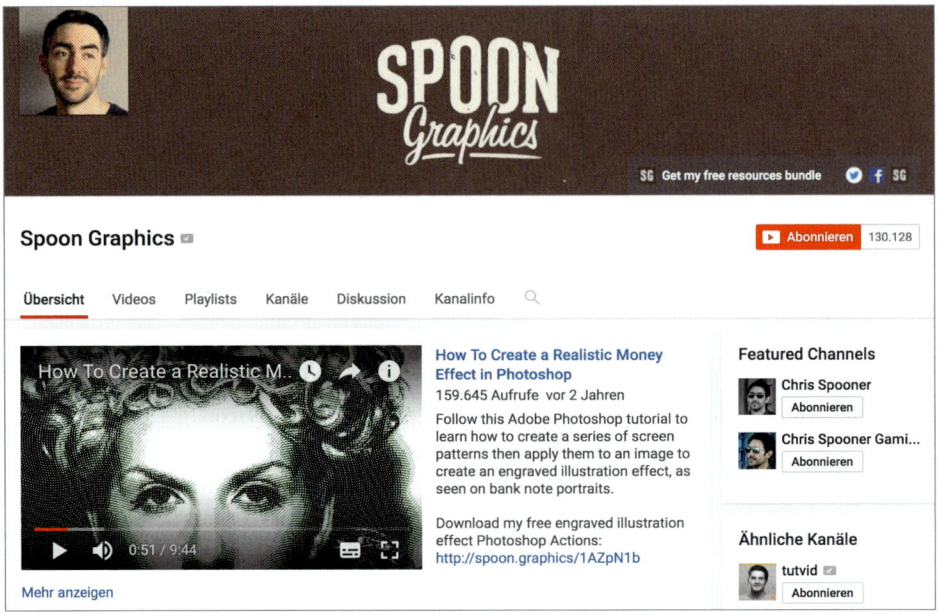

Mit geeigneten YouTube-Videos können Sie sich als Experte auf Ihrem Gebiet positionieren. Das macht z. B. Chris Spooner in seinem YouTube-Channel »Spoon Graphics«.

2. LEGEN SIE SICH EIN AUSSAGEKRÄFTIGES ONLINE-PORTFOLIO ZU Ein ansprechendes und aussagekräftiges Online-Portfolio, in dem Sie Ihre besten Arbeiten präsentieren und Interessenten unterschiedliche Möglichkeiten anbieten, um Sie zu kontaktieren, gehört zu den wohl wichtigsten Werkzeugen, die Sie für die Akquise zur Hand haben.

Was ein ansprechendes Portfolio ausmacht und worauf Sie achten sollten, erfahren Sie in Kapitel 6. Ein gutes Portfolio ist natürlich noch keine Garantie dafür, dass Sie auch gefunden werden. Zum einen können Sie Ihr Portfolio so optimieren, dass die Wahrscheinlichkeit höher ist, dass Sie von Auftraggebern über eine Suchmaschine gefunden werden. Zum anderen können Sie eine Portfolio-Plattform nutzen, die gute Suchfunktionen bietet. Verschiedene derartige Plattformen werden in Kapitel 4 vorgestellt, während Sie in Kapitel 6 mehr zu den jeweiligen Vor- und Nachteilen eines dedizierten Portfolios in Form einer eigenen Website versus eines Portfolios auf einer entsprechenden Plattform erfahren.

3. NUTZEN SIE LINKEDIN UND/ODER XING Nicht nur Recruiter nutzen Karrierenetzwerke wie LinkedIn und XING, um geeignete Kandidaten für vakante Positionen in Agenturen und Unternehmen zu finden. Mittlerweile werden diese

Netzwerke auch für die Suche nach Freelancern genutzt, wenn zum Beispiel ein Webdesigner für ein bestimmtes Projekt gesucht wird.

Damit wird bereits deutlich, dass Sie zumindest eine dieser Plattformen nutzen sollten, denn nicht nur in den Netzwerken selbst wird gesucht, sondern die entsprechenden Profile finden sich häufig auch in den Ergebnissen bei Google und anderen Suchmaschinen wieder.

4. NUTZEN SIE AKTIV ANDERE FÜR SIE RELEVANTE SOZIALE MEDIEN Mittlerweile gibt es so viele Social-Media-Plattformen, dass es unmöglich ist, alle sinnvoll professionell zu bespielen. Der Tag hat einfach nicht ausreichend viele Stunden, um gleichzeitig aktuelle Profile auf Facebook, Twitter, Instagram, Pinterest, Behance, Cargo und all den anderen Plattformen pflegen zu können. Daher lohnt es sich, genau zu überlegen, welche sozialen Medien für Sie passend sind. Ein Gros der für Kreative relevanten Netzwerke finden Sie in Kapitel 4. Neben dem ursprünglichen Netzwerkgedanken eignen sich die meisten dieser Plattformen auch, um sich als Marke zu etablieren und sogar neue Kunden zu gewinnen.

ES GIBT SO VIELE SOCIAL-MEDIA-PLATTFORMEN, – ES IST UNMÖGLICH, ALLE SINNVOLL ZU BESPIELEN!

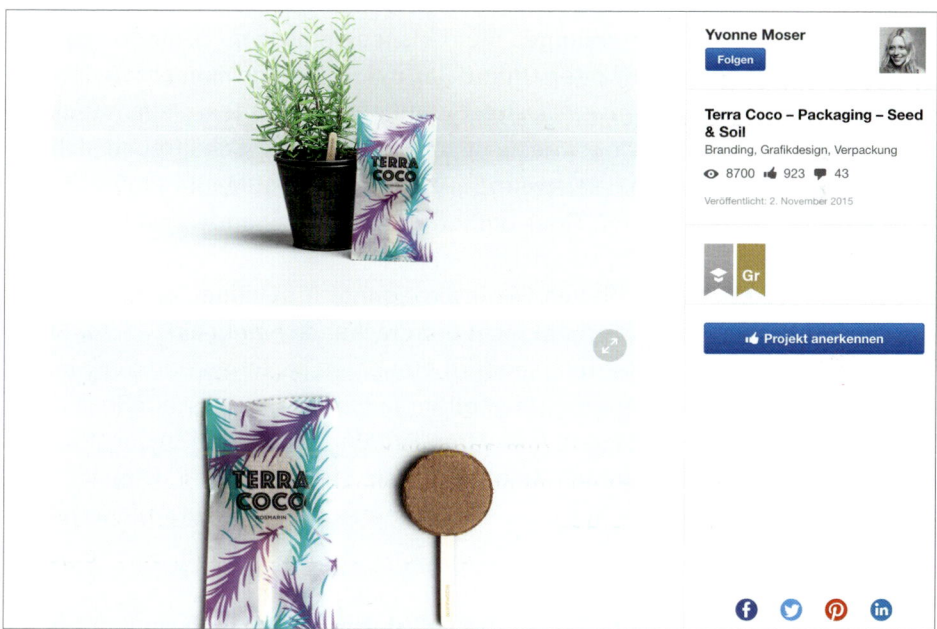

Yvonne Moser
Folgen

Terra Coco – Packaging – Seed & Soil
Branding, Grafikdesign, Verpackung
👁 8700 👍 923 💬 43
Veröffentlicht: 2. November 2015

Gr

👍 Projekt anerkennen

Konzentrieren Sie sich auf die für Sie relevanten sozialen Netzwerke wie zum Beispiel Behance. Dies ist ein Beispiel aus dem Behance-Profil von Yvonne Moser: www.behance.net/gallery/30874647/Terra-Coco-Packaging-Seed-Soil.

5. NETZWERKEN SIE ONLINE Neben den sozialen Netzwerken im Allgemeinen finden sich online ganz unterschiedliche Möglichkeiten, um sich zu vernetzen. So können Sie sich beispielsweise in für Sie relevanten Foren engagieren oder in speziellen Facebook- oder XING-Gruppen beteiligen. Viele soziale Medien bieten themen- und fachspezifische Gruppen, in denen Sie durch aktive Teilnahme an Diskussionen das Interesse von potenziellen Arbeit- oder Auftraggebern wecken können. Worauf es beim Online-Netzwerken ankommt und wie Sie richtig kommunizieren, erfahren Sie in Kapitel 3.

6. ERHÖHEN SIE DIE WAHRSCHEINLICHKEIT, WEITEREMPFOHLEN ZU WERDEN
Ein weiterer Vorteil sozialer Netzwerke ergibt sich daraus, dass diese Plattformen perfekt dafür geeignet sind, dass Sie und Ihre Arbeit via Mundpropaganda weiterempfohlen werden. Machen Sie nicht den Fehler, dabei nur an ehemalige Kunden zu denken, die Sie nach erfolgreichem Abschluss eines Projekts zufrieden einem anderen Unternehmen empfehlen. Freunde und Familienmitglieder spielen in dieser Hinsicht eine nicht zu unterschätzende Rolle.

MENSCHEN TRAUEN PERSÖNLICHEN EMPFEHLUNGEN MEHR ALS JEDEM NOCH SO BEEINDRUCKENDEN LEBENSLAUF ODER ONLINE-PORTFOLIO.

Immerhin sind Weiterempfehlungen auch offline die beste Möglichkeit, um neue Kunden zu finden. Menschen trauen persönlichen Empfehlungen mehr als jedem noch so beeindruckenden Lebenslauf oder Online-Portfolio. Es kann immer wieder vorkommen, dass beispielsweise ein alter Schulfreund in seinem Bekanntenkreis aufschnappt, dass ein Designer gesucht wird und dass Ihr Schulfreund sich dabei an Sie erinnert. Umso besser, wenn Sie auf Ihrem Social-Media-Profil ein paar Ihrer Arbeiten zeigen können. Tipps dafür finden Sie unter anderem in Kapitel 6.

7. FÜHREN SIE EIN BLOG Ziehen Sie in Erwägung, Ihr Online-Portfolio mit einem Blog aufzuwerten. Das erhöht nicht nur die Wahrscheinlichkeit, über Suchmaschinen gefunden zu werden, sondern erleichtert es Ihnen darüber hinaus, sich als Experte zu präsentieren. Sie sollten jedoch nicht ausschließlich reine Fachartikel publizieren, sondern im besten Fall Ihre Zielgruppe bedenken. Verfassen Sie beispielsweise einen Beitrag, in dem Sie beleuchten, wie sich eine responsive Website positiv auf die Verkäufe eines potenziellen Auftraggebers auswirken kann.

8. ERSTELLEN SIE INHALTE, DIE ANDERE ONLINE VERBREITEN Indem Sie Videos, Grafiken, Illustrationen und Infografiken erstellen, die möglichst viele Menschen ansprechen und dazu verleiten, Sie online zu verbreiten, erhöhen Sie Ihre Sichtbarkeit. Natürlich stecken Sie dabei Arbeit in eine Tätigkeit, für die Sie sonst Geld verlangen würden, doch diese »kostenlose« Arbeit kann sich auszahlen, wenn Sie das Glück haben, dass sich eines Ihrer Designs viral verbreitet. Tipps zur viralen Verbreitung finden Sie auf Seite 215.

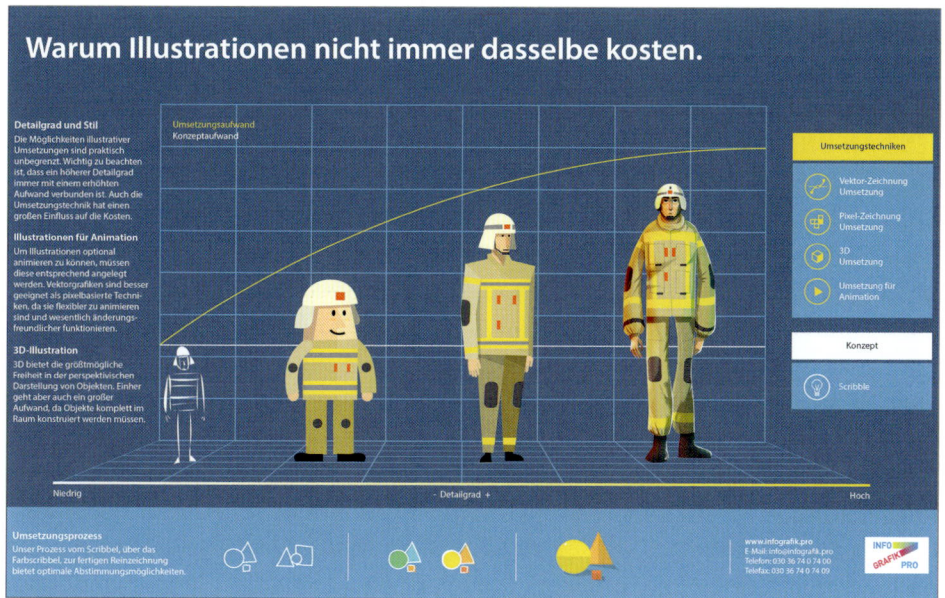

Infografiken eignen sich besonders gut für Designer, die online eine größere Aufmerksamkeit erzielen wollen. Gut gemachte Infografiken wie auf www.infografik. pro/de verbreiten sich oft wie von selbst, da viele Menschen sie teilen.

Wo treiben sich Auftraggeber herum?

Noch ein wenig komplizierter, als selbst online gefunden zu werden, gestaltet sich die aktive Suche nach potenziellen Auftraggebern. Im Kern müssen Sie herausfinden, wo genau im Netz Ihre Zielgruppe aktiv und möglichst zahlreich anzutreffen ist.

Vor diesem Schritt steht die Definition Ihrer Ziele (was wollen Sie genau erreichen?) und Ihrer Zielgruppe. Wie Sie dabei vorgehen können, erfahren Sie im folgenden Kapitel und in Kapitel 5. Im Abschnitt »Planvoll zum Erfolg: Eine eigene Social-Media-Strategie entwickeln« auf Seite 193 werden Sie nicht nur bei der Festlegung Ihrer Ziele unterstützt, sondern erhalten auch Tipps, die Ihnen dabei helfen können, herauszufinden, wer zu Ihrer Zielgruppe gehört. Im entsprechenden Kapitel geht es darüber hinaus um die Wahl der für Sie passenden sozialen Netzwerke. Elementare Aspekte für die Suche nach potenziellen Auftraggebern sind sowohl die Analyse Ihrer Konkurrenz als auch das Monitoring.

Kunden befragen

Vor der Suche nach Auftraggebern ist zu empfehlen, dass Sie herausfinden, was Ihre potenziellen Kunden umtreibt und wie Auftraggeber kommunizieren. Nur wenn Sie die Sprache von potenziellen Kunden verstehen, können Sie online gezielt nach Ihnen suchen. Das ist besonders für Berufsanfänger wichtig. Natürlich ist das ein Lernprozess, und im Verlauf der ersten Pitches und Projekte bekommt man schnell mit, welche Fachbegriffe und Keywords üblich sind, aber das Ganze lässt sich auch vorab klären.

SCHAUEN SIE SICH DIE KONKURRENZ AN UND PICKEN SIE SICH DIE WEBSITES UND PORTFOLIOS ERFOLGREICHER KREATIVER FREIBERUFLER HERAUS.

Schauen Sie sich die Konkurrenz an und picken Sie sich die Websites und Portfolios erfolgreicher kreativer Freiberufler heraus. Oft finden Sie dort eine Auflistung mit abgeschlossenen Projekten und Kunden. Schreiben Sie ein paar dieser Kunden an – nicht, um diese abzuwerben, sondern um höflich zu fragen, ob Sie ein paar Fragen zu Einstellungskriterien senden dürfen. Auf eine derartige E-Mail wird nicht jeder reagieren, aber mit etwas Glück und Charme wird man Ihnen Auskunft darüber geben, nach welchen Kriterien Freiberufler für Projekte hinzugezogen werden. Dieses Vorgehen kann Ihnen wichtige Informationen darüber liefern, wie Kunden ticken. Dieses Wissen erleichtert Ihnen wiederum, selber Kunden zu akquirieren. Mögliche Fragen, die Sie einer Agentur oder einem Unternehmen in diesem Zusammenhang stellen können, finden Sie im folgenden Kasten.

RECHERCHE ZUR BEAUFTRAGUNG VON FREELANCERN

> Aus welchen Gründen haben Sie genau diesen Freiberufler mit Projekt XY beauftragt?

> Wie sind Sie auf diesen Kreativen aufmerksam geworden?

> Wo suchen Sie normalerweise nach potenziellen Auftragnehmern?

> Aus welchen Gründen konnten Sie die beauftragte Arbeit nicht intern erledigen lassen?

> Was erwarten Sie von einem externen Kreativen, den Sie projektbasiert beauftragen?

Versuchen Sie, diese Fragen fünf bis zehn Unternehmen zu stellen, um einen guten Überblick zu erhalten. Achten Sie bei den Antworten besonders auf häufig vorkommende Termini, Probleme und Erwartungen.

Natürlich spricht auch nichts dagegen, die Recherche telefonisch zu erledigen (rawpixel.com auf Unsplash).

Dieses Vorgehen eignet sich auch gut, wenn Sie in einer bestimmten Branche auf Kundenfang gehen wollen, aber nicht genau wissen, was für Besonderheiten Unternehmen aus dieser Branche aufweisen.

Möchten Sie beispielsweise als Webdesigner mehr Kunden aus der Versicherungsbranche für sich gewinnen, müssen Sie erst herausfinden, wie diese Unternehmen ticken. Erst dann können Sie entsprechende Unternehmen als Kunden gewinnen. Recherchieren Sie ein Unternehmen, dessen Website erst kürzlich ein neues Design erhalten hat, und schreiben Sie das Unternehmen an. Eine entsprechende E-Mail könnte zum Beispiel wie folgt aussehen:

Sehr geehrte Frau X,

ich bin soeben über Ihre neue Website gestolpert, und sie ist mir als Webdesigner positiv aufgefallen. Besonders gefallen haben mir:

> [setzen Sie hier eine Liste mit den entsprechenden Features ein]

Als freiberuflicher Webdesigner möchte ich gerne in Ihrer Branche Fuß fassen und würde Ihnen gerne ein paar Fragen stellen, um verstehen zu können, welche speziellen Anforderungen Versicherungsunternehmen haben. Ich würde mich sehr freuen, wenn Sie sich die Zeit nehmen würden, die folgenden Fragen kurz zu beantworten:

> Welche Überlegungen haben dazu geführt, dass Sie einen Designer mit der Überarbeitung Ihrer Website beauftragt haben?

> Welche Erwartungen hatten Sie vor der Beauftragung?

> Wurden diese Erwartungen erfüllt oder sogar übertroffen?

> Wo haben Sie nach potenziellen Auftragnehmern gesucht?

> Wie haben Sie den Kollegen, der Ihre Website redesignt hat, gefunden?

Vielen Dank im Voraus und beste Grüße,

Wenn Sie ein Unternehmen finden, das bereit ist, Ihre Fragen zu beantworten, erfahren Sie nicht nur etwas über die Bedürfnisse und Anforderungen dieses Unternehmens, sondern erhalten auch einen Einblick in die branchenspezifische Sprache und darein, wie Probleme und Aufgabenstellungen beschrieben werden. Besonders der letzte Aspekt wird sich mit großer Wahrscheinlichkeit von Ihrem Duktus unterscheiden, sodass Sie mit Ihrem neu gewonnenen Wissen bei der Akquise von Kunden aus derselben Branche die Sprache des potenziellen Auftraggebers sprechen können.

Sie werden außerdem erstaunt sein, wie selten es in den Antworten von Unternehmen um Stundensätze, Gesamtkosten, spezifische Fähigkeiten wie bestimmte Programmierkenntnisse oder bestimmte Design-Trends geht. Wenn Sie so vorgehen, wie oben beschrieben, kennen Sie nach wenigen E-Mails die für eine Branche spezifischen Probleme und Anforderungen. Noch viel wichtiger: Sie wissen, wie Unternehmen dieser Branche kommunizieren und welche Keywords wichtig für sie sind. Mit diesem Wissen gestaltet sich die Suche nach potenziellen Auftraggebern wesentlich leichter.

Die richtigen Keywords finden

Werkzeuge wie zum Beispiel *Google Adwords* können über das persönliche Anschreiben von Unternehmen hinaus eine echte Hilfe dabei sein, herauszufinden, wonach potenzielle Auftraggeber suchen und welche Aspekte ihnen wichtig sind. Vereinfacht gesagt, können Sie mit dem Tool Suchanfragen in Bezug auf das jeweilige Suchvolumen messen.

Auch wenn das Ganze auf den ersten Blick unter Umständen kompliziert aussieht, ist es gar nicht so schwer, gute Keywords zu finden. Unter *https://adwords. google.com/ko/KeywordPlanner/Home* erreichen Sie den Google AdWords Keyword Planer. Wenn Sie dort zum Beispiel Ihre Website eingeben und dann auf *Suchen* klicken, gibt das Tool eine Reihe von Keywords aus, die zu der angegebenen Seite passen. Ordnen Sie die Ergebnisse nach Relevanz und achten Sie dabei auf die Keywords, die ein hohes monatliches Globalsuchvolumen aufweisen und dabei wenig Wettbewerb aufweisen.

Wenn Sie auf diesem Weg für Sie relevante Schlüsselbegriffe gefunden haben, können Sie unter *https://trends.google.com/trends* mit Google Trends weiterführende Erkenntnisse erlangen. Dazu gehören zum Beispiel verwandte Themen und ähnliche Suchanfragen.

WERFEN SIE EINEN BLICK AUF DIE SOCIAL-MEDIA-AKTIVITÄTEN IHRER KONKURRENZ.

Ebenso wie Sie die Konkurrenz bezüglich ihrer Websites und Portfolios analysieren sollten, lohnt sich auch der Blick auf deren Social-Media-Aktivitäten. Durchsuchen Sie dabei nicht nur soziale Netzwerke, auf denen Sie selber aktiv sind oder deren Nutzung Sie planen. Auf diese Weise können Sie wertvolle Erkenntnisse darüber gewinnen, auf welchen Kanälen besonders viele potenzielle Kunden zu finden sind, die zu Ihrer Zielgruppe gehören. Einige Tipps für die Konkurrenzanalyse auf sozialen Medien erhalten Sie im Abschnitt »Planvoll zum Erfolg: Eine Social-Media-Strategie entwickeln« auf Seite 193.

Es ist zu empfehlen, die Konkurrenz nicht nur einmalig und initial zu analysieren, sondern dies als anhaltenden Prozess zu etablieren. So können Sie sicherstellen, dass Sie frühzeitige »Wanderbewegungen« sowohl von potenziellen Kunden als auch von Mitbewerbern zwischen verschiedenen Plattformen identifizieren. Hier kommt das Social-Media-Monitoring zum Einsatz, in das Sie in Kapitel 5 sowie in Kapitel 8 tiefere Einblicke erhalten.

DIE AKTIVE AKQUISE

In einer perfekten Welt würden Interessenten auf Sie als Dienstleister zukommen, um Sie mit Projekten zu beauftragen, oder würden Sie anschreiben, um Ihnen eine Festanstellung anzubieten. Die aktive Kundenakquise gehört sicher nicht zu den Lieblingstätigkeiten von Kreativen, aber in der Regel werden Sie nicht komplett darum herumkommen. Das gilt besonders für Berufsanfänger und all jene, die sich erst kürzlich selbstständig gemacht haben.

Auch wenn die aktive Akquise nicht das Kernthema dieses Buches ist und eine umfassende Behandlung den Rahmen sprengen würde, erhalten Sie in diesem

Kapitel dennoch einige grundlegende Informationen, die Ihnen bei Bedarf erste Anhaltspunkte für eine tiefergehende Beschäftigung mit dem Thema bieten können. Eine eigene Website, auf der Sie Ihre Arbeiten in einem Portfolio präsentieren und Besuchern Informationen zu Ihrer Arbeitsweise und Ihren Qualifikationen mitteilen, kann Sie bei der aktiven Akquise ebenso unterstützen wie Ihre Profile in sozialen Medien.

Der beste Zeitpunkt für die Akquise

Machen Sie nicht den Fehler, sich darauf zu verlassen, dass potenzielle Kunden einfach so auf Ihr Portfolio und Ihre Online-Präsenz aufmerksam werden. Der beste Zeitpunkt für die aktive Kundenakquise ist nicht eine Phase, in der Sie unbedingt neue Aufträge benötigen. Vielmehr sollten Sie die Akquise anschieben, wenn Sie noch mit aktuellen Projekten versorgt sind.

Das bietet gleich zwei Vorteile:

1. Sie können in derartigen Phasen entspannter an die aktive Akquise gehen, weil Sie nicht unter Zeitdruck stehen.
2. Sie werden gelassener akquirieren können, weil der finanzielle Druck nicht zu hoch ist. Das stärkt auch Ihre Verhandlungsposition, sodass Sie in die Situation kommen, sich Ihre Aufträge und Auftraggeber selbst aussuchen zu können.

Mit dieser Akquise-Strategie wecken Sie bei neuen Auftraggebern zudem Vertrauen, denn in der Regel ist es ein Zeichen für qualitativ hochwertige Arbeit, wenn ein freiberuflicher Kreativer ausgelastet ist.

Sie fragen sich vielleicht, wie Sie in einer Phase, in der Sie ausgelastet sind und ausreichend Arbeit haben, auch noch Zeit für die aktive Akquise freischaufeln sollen. Besonders Berufsanfänger sollten sich die Zeit für die Akquise aber nehmen, um Leerlauf vorzubeugen. Sofern Sie über ein ansprechendes Online-Portfolio und gut gepflegte Social-Media-Accounts verfügen, ist der Zeitaufwand für die aktive Akquise deutlich geringer, denn die Basis-Informationen für einen Kunden müssen Sie so nicht mehr zusammenstellen. Im einzelnen Fall müssen Sie also bei der Akquise nur noch die für den entsprechenden Kunden spezifischen Informationen zusammenstellen, um diesem Ihre Leistungen persönlich und auf den Kunden zugeschnitten anbieten zu können.

BESONDERS BERUFSANFÄNGER SOLLTEN SICH DIE ZEIT FÜR DIE AKQUISE NEHMEN, UM LEERLAUF VORZUBEUGEN.

Kaltakquise – gute Planung ist alles

Bevor Sie nämlich eine Kaltakquise starten, sollten Sie natürlich Ihre Hausaufgaben erledigen. Sie sollten sich vor einem Pitch darauf vorbereiten, dem potenziellen Kunden so detailliert wie möglich aufschlüsseln zu können, mit welchen Maßnahmen Sie sein Business verbessern können. Das soll nicht heißen, dass Sie bereits vorab das ganze Projekt durchplanen müssen. Vielmehr sollten Sie sich vorab überlegen, welche Fragen Sie stellen, um möglichst gut zu verstehen, wo die Probleme liegen und wie Sie diese lösen können. Um geeignete Fragen formulieren zu können, müssen Sie vorab recherchieren.

No. 2

Bereiten Sie sich so gut wie möglich auf eine Kaltakquise vor. Sie werden potenzielle Kunden viel eher von sich überzeugen können, wenn Sie mit gut vorbereiteten, individuellen Fragen glänzen. (Foto: rawpixel.com auf Unsplash)

Schauen Sie sich zum Beispiel die Website eines potenziellen Auftraggebers an. Welche Verbesserungsmöglichkeiten fallen Ihnen direkt ein? Wird beispielsweise zu viel Text ohne ausreichende Zwischenüberschriften verwendet, können Sie darauf in Ihrem Pitch eingehen. Teilen Sie dem Auftraggeber in spe mit, dass ein Großteil der Besucher ohnehin nur die Überschriften lesen wird. Das ist nur ein einfaches Beispiel dafür, wie Sie potenzielle Kunden direkt davon überzeugen können, dass Ihre Ideen sich positiv auf deren Geschäft auswirken können. Vermitteln Sie beim Pitchen stets das Gefühl, dass Sie den potenziellen Auftraggeber ernst nehmen, ihn verstehen und ihm dabei helfen wollen, erfolgreicher zu sein. Je besser Ihnen das beim ersten Kontakt gelingt, desto wahrscheinlicher ist es, dass Sie als Auftragnehmer für das kontaktierte Unternehmen tätig werden können.

Wie die Kommunikation mit dem potenziellen Auftraggeber dann im Detail aussehen sollte und worauf Sie dabei achten sollten, erfahren Sie in Kapitel 3.

SOCIAL MEDIA FÜR DIE AKQUISE NUTZEN

Der Titel dieses Abschnitts soll Ihnen keinen falschen Eindruck vermitteln. Es ist nämlich gar nicht so einfach, die Aktivität auf sozialen Netzwerken mit der tatsächlichen Akquise neuer Kunden in Relation zu setzen. Vereinfacht gesagt, gestaltet es sich schwierig, die Anzahl an Neukunden, die Sie durch Ihre Social-Media-Bemühungen gewinnen können, zu messen.

VORTEILE SOZIALER MEDIEN FÜR AKQUISE UND MARKETING

Soziale Medien bieten eine große Reichweite
Soziale Medien bieten als Massenmedien eine ganze Reihe von Vorteilen. So bieten sie eine große Reichweite und erhöhen die Bekanntheit, und Sie können auf die Weise auch mehr Besucher auf die eigene Website locken und sogar das Suchmaschinen-Ranking Ihrer Seite erhöhen.

Dialog statt Einbahnstraßenmarketing
Statt nur in eine Richtung zu kommunizieren und nicht zu wissen, wie die eigenen Werbebotschaften, Dienstleistungen und Produkte bei potenziellen Kunden ankommen, ist Marketing auf sozialen Netzwerken ein Dialog. Wer nicht nur sendet, sondern auch zuhört, kann wertvolles Feedback erhalten.

Persönliche Kommunikation
Im Gegensatz zu vielen anderen Marketingmaßnahmen – und selbst zu einer Website – lässt sich über soziale Medien auch im geschäftlichen Zusammenhang sehr persönlich und menschlich kommunizieren. Diesen Vorteil sollte man nutzen.

Einfache Kontaktaufnahme
Besonders aufgrund der persönlichen Kommunikation, aber auch aufgrund der verbreiteten Nutzung sozialer Medien, gehören Social Networks zu den einfachsten Möglichkeiten, einen ersten Kontakt herzustellen. Die Hürde für die Kontaktaufnahme ist besonders niedrig.

Mundpropaganda und persönliche Empfehlungen

Persönliche Empfehlungen sind besonders glaubwürdig. Davon können Dienstleister profitieren. Die Empfehlung durch ein Familienmitglied, einen Bekannten oder Kollegen wiegt mehr als eine anonyme Bewertung. Aber auch das positive Feedback eines Kunden nach erfolgreich abgeschlossenem Auftrag kann auf Ihrem Profil Wunder wirken. Mundpropaganda ist ein wichtiges Mittel im Marketing und gehört wie selbstverständlich zu jedem sozialen Medium.

Kostenloses Marketing

Die Nutzung sozialer Netzwerke ist in der Regel kostenlos. Und selbst, wenn es möglich ist, dort kostenpflichtige Kampagnen zu schalten, ist eine »einfache« Nutzung sozialer Medien in vielen Fällen ausreichend.

Virale Verbreitung und Fachkompetenz beweisen

Soziale Medien eignen sich perfekt, um eigene Arbeiten zu präsentieren, aber auch, um auf andere Art und Weise die eigene Fachkompetenz unter Beweis zu stellen. Wer beispielsweise einen nützlichen Artikel verfasst und über sein Profil zur Verfügung stellt, sodass dieser von vielen anderen Nutzern geteilt wird, erhöht nicht nur seine Reichweite und seinen Bekanntheitsgrad, sondern auch seine Chancen, aufgrund dieses Fachbeitrags seinen Kundenstamm zu vergrößern.

Konkurrenzanalyse

In sozialen Netzwerken ist es ein Leichtes, die Konkurrenz zu analysieren. Auf diese Weise kann man viel lernen und die eigenen Marketingmaßnahmen entsprechend anpassen.

Erleichtertes Auffinden der eigenen Zielgruppe

Auch die Recherche-Möglichkeiten in Bezug auf die eigene Zielgruppe sind in sozialen Medien vielfältig. Mit geringem Zeitaufwand lässt sich herausfinden, welche Bedürfnisse, Probleme und Interessen die eigene Zielgruppe umtreiben.

Erfolg der eigenen Aktivitäten messbar

Social Media machen es Nutzern leicht, den Erfolg Ihrer Marketingmaßnahmen auf der jeweiligen Plattform zu messen und im Blick zu behalten.

Akquise – ohne Akquise als Ziel

Da es schwierig ist, verlässliche Zahlen zu über Social-Media gewonnenen Neukunden zu erhalten, ist es wichtig, dass Sie sich die richtigen Ziele setzen, denn sonst werden Sie schnell enttäuscht und lassen sich im schlimmsten Fall demotivieren. Das hat dann in der Regel zur Folge, dass Sie Ihre unterschiedlichen Profile mehr und mehr vernachlässigen, bis von Ihrem großen Social-Media-Auftritt nur mehr verwaiste Profile übrigbleiben. Soweit darf es nicht kommen, denn das wird sich auf all Ihre anderen Akquise-Bemühungen negativ auswirken.

Wie mögliche Ziele für den Einsatz sozialer Medien aussehen können und wie Sie Ihre ganz persönliche Social-Media-Strategie entwickeln können, erfahren Sie im Detail in Kapitel 5. An dieser Stelle nur so viel: Stecken Sie sich für die Nutzung sozialer Netzwerke nicht als einziges Ziel, mit Ihren Aktivitäten neue Kunden zu »generieren«. Das mag sich seltsam anhören, denn immerhin werden Sie einen nicht unerheblichen Teil Ihrer Arbeitszeit mit der Pflege Ihrer Profile bei Facebook, Twitter, Instagram oder Pinterest verbringen. Warum sollten Sie das tun, wenn sich Ihre Bemühungen nicht offensichtlich in messbaren Ergebnissen auswirken?

NEUE KUNDEN SOLLTEN NICHT DAS EINZIGE ZIEL IHRER SOCIAL-MEDIA-AKTIVITÄTEN SEIN!

Der Netzwerkgedanke

Verstehen Sie soziale Netzwerke nicht als einen simplen Verkaufskanal, sondern schenken Sie besonders dem Begriff »Netzwerk« Ihre Aufmerksamkeit. Bei jedem Netzwerk geht es schließlich um Kontakte, Kommunikation und Wissensaustausch. Bei jedem Netzwerk geht es aber auch um Mundpropaganda. Unternehmen nutzen diesen Aspekt mittlerweile überaus professionell für ihr Marketing, und auch Sie können davon profitieren. Immerhin ist die Empfehlung durch einen Freund, ein Familienmitglied oder einen Kollegen vertrauenswürdiger als jedes Werbeversprechen.

SOZIALE NETZWERKE SIND NICHT NUR VERKAUFSKANÄLE. SIE STEHEN FÜR KONTAKTE, KOMMUNIKATION UND WISSENSAUSTAUSCH!

Sie haben also die einmalige Möglichkeit, mit Hilfe sozialer Netzwerke Ihre Arbeit und andere für sich sprechen zu lassen. Das Schöne an sozialen Netzwerken ist: Es kann zwar, aber muss nicht immer eine persönliche Empfehlung sein. Auch ein wohlwollender Kommentar eines Kunden auf Ihrem Profil ist ein Aushängeschild für Ihre Arbeit und kann dazu führen, dass aus einem potenziellen Kunden auch wirklich ein neuer Kunde wird.

Richtig eingesetzt und mit der richtigen Zielsetzung erleichtern Ihnen soziale Medien darüber hinaus, mit Kunden, Interessenten, Geschäftspartnern und Kollegen in Kontakt zu kommen und zu bleiben. Die Kommunikation mit diesen unterschiedlichen Nutzergruppen geht dabei in beide Richtungen, sodass Sie nicht nur Sender, sondern auch Empfänger sind. Sie erlangen wertvolles Wissen über Ihre Zielgruppe, deren Bedürfnisse, Probleme und Wünsche. Das erleichtert Ihnen wiederum, potenzielle Kunden viel gezielter anzusprechen und auf deren Probleme und Bedürfnisse einzugehen – ohne Zweifel wichtige Kriterien bei der Kundenakquise.

Leben Sie den Netzwerkgedanken von Social Media, und verstehen Sie Facebook und andere Plattformen nicht als reinen Verkaufskanal. (Foto: rawpixel.com auf Unsplash)

Wenn Sie Ihre Augen offenhalten, bleiben Sie nicht nur fachlich auf dem Laufenden, sondern können auch wichtige Erkenntnisse zu Ihrer Konkurrenz erlangen. Wie verhalten sich Mitbewerber am Markt? Mit welchen Verkaufsargumenten versuchen sie, ihre Dienstleistung zu positionieren? Wie geht die Konkurrenz mit Kritik und Feedback um? Das alles sind Fragen, die Sie mittels einer wohlüberlegten Social-Media-Nutzung beantworten können, und diese Antworten sind bei Ihrer eigenen Akquise Gold wert.

Social-Media-Marketing ist keine Werbung

Im Gegensatz zu der Zeit vor Internet und sozialen Medien ist heutzutage Marketing keine Einbahnstraße mehr. Versuchten sich früher Unternehmen mit großer Lautstärke und unter Nutzung möglichst vieler unterschiedlicher Kanäle Gehör bei potenziellen Kunden zu verschaffen, so tönt es heute mindestens in derselben Lautstärke zurück. Kunden tauschen sich miteinander über Produkte und Dienstleistungen aus, sie vergleichen unterschiedliche Anbieter und geben den Unternehmen deutliches Feedback. Die Meinung von Kunden und bestenfalls deren Empfehlung für Ihre Dienstleistung lässt sich vortrefflich für die Akquise nutzen.

HÖREN SIE ZU! GEHEN SIE IN DEN DIALOG!

Machen Sie nicht den Fehler, Social-Media-Marketing mit Werbung zu verwechseln. Hören Sie zu! Gehen Sie in den Dialog! Vor allem sollten Sie darauf achten, dass Ihre Posts nicht irgendwelchen austauschbaren Werbebotschaften gleichen. Wenn Sie lediglich von sich, Ihrer Dienstleistung und Ihrem Angebot berichten, werden Sie in keinem sozialen Netzwerk Fuß fassen.

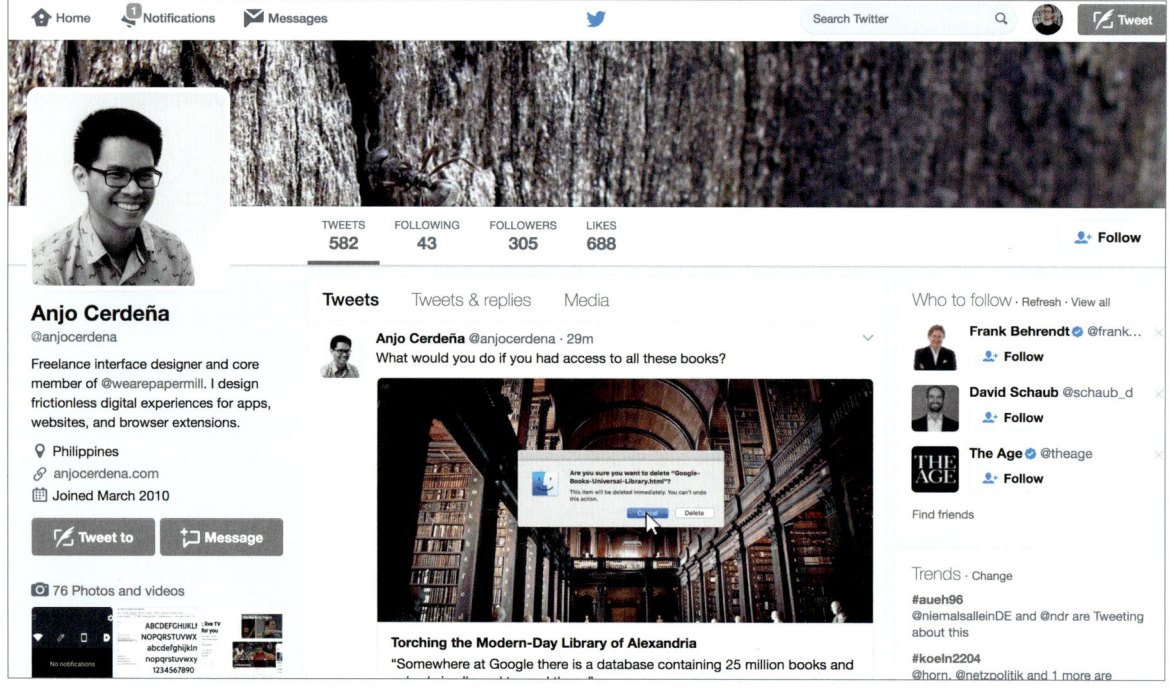

Sie sollten sich bei jedem Post fragen, was Ihre Follower davon haben. Wer ausschließlich in Werbebotschaften kommuniziert, hat Social Media nicht verstanden. Anjo Cerdeña macht das auf Twitter vorbildlich.

Für die Zielgruppe kommunizieren

Statt von sich selber und den eigenen Bedürfnissen auszugehen, ist es zielführender, wenn Sie sich in die Lage potenzieller Kunden hineinversetzen. Was könnte Ihre Zielgruppe interessieren? Was könnte sie unterhalten? Welche Informationen wären nützlich? Wenn Sie es schaffen, bei Ihren Social-Media-Aktivitäten uneigennützig zu sein, ist es wesentlich wahrscheinlicher, dass sich ~~sich~~ Ihre Bemühungen auszahlen, als wenn Sie lediglich Leads, Umsatz und Kundenakquise im Hinterkopf haben.

Sie sollten darüber hinaus den Vorteil der vereinfachten Kontaktaufnahme für potenzielle Auftraggeber nicht unterschätzen. Nicht selten erfolgt ein Erstkontakt im Rahmen einer Anfrage via Facebook-Message oder als Direktnachricht über Twitter.

Faktoren für erfolgreiches Social-Media-Marketing

Es gibt ein paar grundlegende Regeln, die Sie beachten sollten, sofern sie Marketingmaßnahmen in sozialen Medien in Erwägung ziehen. Sie sollten erstens leidenschaftlich dabei sein, zweitens ausreichend Zeit in Ihrem Arbeitsalltag für die Pflege der sozialen Netzwerke einplanen, drittens glaubwürdig sein sowie viertens uneigennützig agieren und sich für andere interessieren.

LEIDENSCHAFT ÜBERZEUGT Eigentlich gilt die Maxime, dass man nur mit Leidenschaft überzeugen kann, in vielen Bereichen. In den sozialen Medien ist das aber besonders wichtig, denn andere Nutzer werden schnell erkennen, wenn Ihnen Social Media keinen Spaß machen und Sie das Ganze stiefmütterlich behandeln. Machen Sie nicht den Fehler, einfach nur ab und an einen Post abzusetzen und ansonsten die Füße hochzulegen. Lesen Sie die Kommentare unter Ihren Beiträgen, reagieren Sie darauf und interagieren Sie auch mit den Profilen anderer Nutzer der Plattform. Lassen Sie sich darüber hinaus, auf die Besonderheiten und Gepflogenheiten der unterschiedlichen Netzwerke ein. Stellen Sie fest, dass Ihnen ein bestimmtes Netzwerk keinen Spaß bereitet, schauen Sie nach einer Alternative.

IN DEN SOZIALEN MEDIEN IST LEIDENSCHAFT BESONDERS WICHTIG.

AUSREICHEND ZEIT EINPLANEN Das kostet natürlich alles Zeit – und das in nicht unerheblichem Ausmaß. Aus diesem Grund müssen Sie für die Pflege der Plattformen, auf denen Sie unterwegs sind, entsprechend Arbeitszeit einplanen. Sinnvoll lassen sich soziale Medien für Akquise und Marketing nur nutzen, wenn Sie das nicht einfach nebenbei betreiben. Planen Sie am besten einen täglichen Zeit-Slot für Ihre Social-Media-Aktivitäten ein.

GLAUBWÜRDIGKEIT Dem Faktor Glaubwürdigkeit kommt eine besondere Bedeutung zu, denn wenn Sie nicht glaubwürdig sind, wird nicht nur Ihr Erfolg auf sozialen Kanälen ausbleiben, sondern im schlimmsten Fall schaden Sie damit Ihrem Ruf und Ihrem Geschäft. Sie sollten ehrlich, transparent und authentisch sein. Inhalte, die Sie teilen, sollten zu Ihnen und Ihrer Dienstleistung passen. Das Gleiche gilt für sprachliche Aspekte.

In eine ähnliche Kerbe schlagen auch die Faktoren »Uneigennützigkeit« und »Interesse für andere«. Es wird schnell auffliegen, wenn Sie mit Ihren Aktivitäten ausschließlich Ihre eigenen Interessen verfolgen. Soziale Medien sind – wie der Name schon sagt – Kanäle, bei denen die Gemeinschaft im Vordergrund steht. Nur wer sich für andere interessiert und auch deren Interessen bei seinen Aktivitäten berücksichtigt, wird als Teil dieser Gemeinschaft wahrgenommen werden.

Social Media als mächtiges Akquisewerkzeug

Die wichtigsten Faktoren, die für soziale Netzwerke sprechen, sind die hohe Glaubwürdigkeit, welche persönlichen Erfahrungsberichten der Nutzer beigemessen wird, die vereinfachten Kontaktmöglichkeiten, sowie die riesige Reichweite. Allein aus diesen beiden Gründen sind soziale Medien für Sie ein guter Werbekanal, dessen Nutzung, auch wenn sie Zeit kostet, in der Regel erfolgversprechender als das Schalten von Anzeigen und ähnliche Werbemaßnahmen ist. Zudem zahlen Sie für diese Art von Werbung kein Geld.

Sie sollten also diese kostengünstigen und reichweitenstarken Kanäle indirekt für die Akquise nutzen, indem Sie Ihr Image aufbessern, Ihre Bekanntheit steigern und Ihre Fachkompetenz unter Beweis stellen. Social Media gehören ganz klar zu den Werkzeugen, mit deren Hilfe Sie sich als Marke etablieren. Mehr zu diesem Thema finden Sie in Kapitel 5.

Der wahre Nutzen von sozialen Medien für die Akquise liegt also zum einen im Sammeln von geschäftlich relevanten Informationen und zum anderen in der nachhaltigen Erhöhung Ihrer Sichtbarkeit im Web. »Nachhaltig« ist in diesem Zusammenhang ein wichtiges Stichwort, denn Erfolg hat nur derjenige, der auch am Ball bleibt. Es bringt wenig, wenn Sie einmalig initial für ein paar Wochen soziale Netzwerke »bespielen«, um neue Aufträge an Land zu ziehen, und Ihre Aktivitäten danach einstellen.

Bis der bewusste Einsatz sozialer Medien wirklich fruchtet und zu nachvollziehbaren Ergebnissen im Auftragsbuch führt, bedarf es vieler Arbeit, vieler Geduld und regelmäßiger Pflege der Profile. Ob Sie diesbezüglich auf dem richtigen Weg sind, lässt sich allerdings durchaus messen. Dabei geht es weniger um die Anzahl Ihrer Follower, Freunde oder Kontakte, sondern mehr um das Verhältnis zwischen der von Ihnen geteilten Inhalte und den Reaktionen darauf. Zu den Reaktionen zählen beispielsweise Likes, Shares und Kommentare. Mehr zu diesem Themenkomplex erfahren Sie in Kapitel 8.

ZUSAMMENFASSUNG

Wenn es darum geht, Kunden zu gewinnen und zu halten, macht der Ton die Musik. Egal ob Social-Media-Marketing, die Art und Weise in der Sie sich auf Ihrer Website präsentieren, oder das direkte Gespräch mit potenziellen Auftraggebern und Bestandskunden – nur wer richtig kommuniziert, kann langfristig erfolgreich sein. Viel von dem, was Sie in diesem Kapitel über Akquise und soziale Medien erfahren haben, wird im folgenden Kapitel noch vertieft. Sie erfahren, wie Sie sich auf ein erstes Gespräch mit einem Kunden vorbereiten, wie sie einen Pitch planen, wie Sie mit dem heiklen Thema »Bezahlung« umgehen, was Sie beim Aufbau Ihres Netzwerks beachten sollten und wie sich die Online-Kommunikation in Bezug auf Erwartungen und Anforderungen vom persönlichen Gespräch unterscheidet.

No. 3

Richtig kommunizieren und netzwerken

No. 3
RICHTIG KOMMUNIZIEREN UND NETZWERKEN

Egal ob Bewerbung, Pitch, mitten im Projekt oder in sozialen Medien – die Kundenkommunikation gehört für Kreative zum täglich Brot. Wer die eigene Gesprächskultur plant und Besonderheiten unterschiedlicher Kanäle berücksichtigt, erleichtert sich den Arbeitsalltag.

Das Internet als Medium hat nicht nur die Art und Weise verändert, wie wir uns informieren, sondern auch wie Menschen miteinander kommunizieren Mittlerweile gehört es sowohl privat als auch beruflich dazu, sich – teilweise parallel – über unterschiedliche Kanäle miteinander auszutauschen. Reichten früher noch Telefon und Fax, müssen Kreative heute mit Kunden und Kollegen über E-Mail, Messenger, Foren, Community-Plattformen und soziale Netzwerke kommunizieren.

Die Grundregeln der Kommunikation gelten auch online. Besonders im Kontakt mit Kunden gilt: Der freundliche Umgang miteinander hat oberste Priorität.

Eine gute Kundenkommunikation ist ein Wettbewerbsvorteil, den Sie nicht unterschätzen sollten. Nie zuvor hatten kreative Dienstleister so viele, und vor allem schnelle Möglichkeiten, mit Kunden zu kommunizieren. Jedoch war die Gefahr, dass die eigene Nachricht in einer Flut von Informationen untergeht oder nur oberflächlich gelesen wird, noch nie so hoch wie heute. Fakt ist, dass Kommunikation in vielen Belangen komplizierter und nicht einfacher geworden ist.

No. 3

Die neuen Kommunikationsformen bringen auch neue Ansprüche und Erwartungen des Gesprächspartners mit, die auch einer neuen Gesprächskultur bedürfen. Oberflächlich betrachtet eröffnen E-Mails, Messenger, Twitter, Facebook, XING, LinkedIn und Co. viele neue Möglichkeiten. Bewertet man allerdings die Qualität und Quantität der Kommunikation, muss man sich die Frage stellen, ob sich die neuen Kommunikationskanäle einfach so nutzen lassen, wie der analoge Schriftverkehr oder das persönliche Gespräch.

GUTE KUNDEN-KOMMUNIKATION IST EIN WETTBEWERBSVORTEIL!

In vielen Fällen sollten Sie der persönlichen Kommunikation den Vorzug über digitale Kommunikationsformen geben. Besonders Probleme lassen sich persönlich häufig leichter lösen.

Trotz der Kommunikationsmöglichkeiten, die das Internet erlaubt, sollten Sie das persönliche Gespräch nicht komplett abschreiben. In vielen Fällen sind ein Telefonat oder ein Treffen von Angesicht zu Angesicht die schnellere und präzisere Form, um Wichtiges zu klären, Missverständnisse auszuräumen und Probleme zu lösen. Besonders wenn es mal in einem Projekt nicht wie geplant läuft, die Deadline näher rückt und der Stresspegel steigt, kann die schriftliche Kommunikation über Online-Medien schnell zu Missverständnissen führen und die Situation verschlechtern, statt zur Klärung beizutragen. Sie werden das sicher schon das ein oder andere Mal zumindest im privaten Kontext erlebt haben.

SCHREIBEN SIE DAS PERSÖNLICHE GESPRÄCH NICHT AB!

Wenn Sie also ganz sicher gehen wollen und merken, dass zum Beispiel die Kommunikation mit einem Kunden via E-Mail auf eine unprofessionelle Ebene abzurutschen droht, greifen Sie lieber zum Telefonhörer oder vereinbaren Sie ein persönliches Treffen.

GRUNDLEGENDE TIPPS FÜR EINE ERFOLGREICHE KUNDENKOMMUNIKATION

1. Kommunizieren Sie offen

Sie sollten nicht von Ihrem Gesprächspartner erwarten, dass er zwischen den Zeilen liest, wenn Ihnen etwas nicht passt. Nur wenn Sie offen kommunizieren, werden Sie Missverständnisse und Enttäuschungen vermeiden.

2. Kommunizieren Sie freundlich

Die Aussage ist zwar abgedroschen, aber es schallt aus dem Wald heraus, wie man hineinruft. Wenn alles glatt läuft, fällt es nicht schwer, auch freundlich miteinander umzugehen. Sie sollten aber besonders dann freundlich bleiben, wenn es hektisch wird oder zu Problemen kommt. Alles andere ist unprofessionell.

3. Kommunizieren Sie klar und deutlich

Besonders die digitale, schriftliche Kommunikation birgt die Gefahr, dass es schnell zu Missverständnissen kommt. Versuchen Sie daher stets, Ihrem Gegenüber so klar und deutlich wie möglich mitzuteilen, worum es Ihnen geht.

4. Versetzen Sie sich in Ihre Kunden hinein

Erfolgreich zu kommunizieren bedeutet auch, sich in sein Gegenüber hineinversetzen zu können. Nur der, dem das gelingt, kann seinen Kunden mit genau den Informationen versorgen, die dieser erwartet. In vielen Fällen werden Sie als Dienstleister hinzugezogen, um ein bestimmtes Problem zu lösen. Das Finden einer Lösung wird Ihnen wesentlich leichter fallen, wenn Sie sich in Ihren Kunden hineinversetzen können. Berücksichtigen Sie dabei auch das Informationsbedürfnis Ihres Kunden und halten Sie ihn selbstständig zum Projektfortschritt auf dem Laufenden.

5. Seien Sie zuverlässig

Wenn Sie Zusagen nicht halten, ist auch das Kommunikation – und zwar eine besonders schlechte. Ihre Kunden müssen sich darauf verlassen können, dass Sie zuverlässig sind. Das gilt sowohl für Pünktlichkeit bei Treffen als auch für die pünktliche Lieferung Ihrer Dienstleistung. Können Sie eine Zusage in einem Ausnahmefall nicht halten, kommunizieren Sie das Ihrem Kunden offen und erklären Sie ehrlich die Gründe dafür.

6. Pflegen Sie bestehende Kontakte

Kommunizieren Sie nicht nur mit aktuellen Auftraggebern und potenziellen Kunden, sondern pflegen Sie auch Ihre bestehenden Kontakte. Der Dank dafür können beispielsweise Folgeaufträge oder Empfehlungen sein.

7. Informieren Sie Ihre Kontakte

Informieren Sie Ihre Kontakte darüber, was Sie treiben und was Sie unternehmerisch beschäftigt. Auch das ist eine gute Möglichkeit, bestehende Kontakte zu pflegen. Dabei spielt es keine Rolle, ob Sie regelmäßig einen Newsletter versenden, Updates über soziale Medien veröffentlichen oder sogar Blogbeiträge auf Ihrer Website verfassen.

8. Kommunizieren Sie auch persönlich, und nicht nur digital

Facebook, Twitter, E-Mail und viele weitere digitale Kommunikationswege können einen schnell vergessen lassen, dass man auch die persönliche Kommunikation zu seinen Kunden pflegen sollte. In den seltensten Fällen werden Sie ein Projekt durchführen, oder einen Auftrag eines neuen Kunden starten, ohne zumindest mit ihm telefoniert zu haben. Nutzen Sie die Vorteile der persönlichen Kommunikation, nicht nur, um Ihre Kunden kennenzulernen, sondern auch um Informationen zu erhalten, die Ihnen bei einer rein digitalen Kommunikation entgehen würden.

9. Kommunizieren Sie bei Problemen, und igeln Sie sich nicht ein

Wenn es mal zu Problemen kommt, oder ein Kunde etwas an Ihnen oder Ihrer Arbeit auszusetzen hat, sollten Sie erst recht mit ihm kommunizieren – und zwar im besten Fall persönlich. Machen Sie nicht den Fehler, sich aus Angst vor einer Konfrontation einzuigeln. Jetzt gilt es, Flagge zu zeigen und zu beweisen, dass Sie ein professioneller und verlässlicher Geschäftspartner sind. Teilen Sie Ihrem Kunden mit, dass die Kritik bei Ihnen angekommen ist und welche Schritte Sie unternehmen werden, um das Problem zu lösen.

10. Bleiben Sie stets kommunikativ präsent

Egal ob Sie ein Angebot erstellt haben oder bereits auf einem Projekt »sitzen« – Sie sollten regelmäßig Status-Updates kommunizieren und auch nach der Abgabe eines Angebots nachfassen. Kunden erwarten das, denn es zeigt ihnen unter anderem, dass es Ihnen ernst ist und dass Sie zuverlässig sind.

In diesem Kapitel geht es aber nicht um die althergebrachten Möglichkeiten, wie Sie mit Kunden richtig kommunizieren, sondern in erster Linie darum, wie Sie Online-Kanäle möglichst optimal und erfolgreich für die Kundenkommunikation einsetzen können. Auch wenn eine gute Online-Kommunikation einige Gemeinsamkeiten mit anderen Kommunikationsformen hat – beispielsweise Regelmäßigkeit, Ehrlichkeit, Offenheit, Zuverlässigkeit, Deutlichkeit und Freundlichkeit –, so gibt es doch auch einige Besonderheiten, die Sie sich bewusst machen sollten.

DAS EIGENE NETZWERK AUFBAUEN

Nur wer über ein eigenes Netzwerk verfügt, kann heutzutage erfolgreich sein. Das gilt sowohl für Kreative, die auf der Suche nach einer Festanstellung sind, als auch für Freiberufler, die ohne zu große Lücken regelmäßig mit Aufträgen versorgt sein wollen. Der Aufbau eines Netzwerks kostet jedoch Zeit, und Sie müssen dieses Unterfangen aktiv angehen und verfolgen.

Sie werden kaum ein berufliches Netzwerk aufbauen können, ohne zu kommunizieren. Auch wenn eine Kommunikation im Sinne des Aufbaus Ihres Netzwerks sich in der Regel nicht direkt in Form eines Auftrags auszahlt, lohnt sich die Mühe dennoch. In vielen Fällen erhalten nämlich nicht diejenigen Dienstleister den Zuschlag für ein zu vergebendes Projekt, die sich initiativ darauf bewerben oder einfach nur auf eine Ausschreibung reagieren, sondern diejenigen, die bereits einen Anknüpfungspunkt zum entsprechenden Auftraggeber vorweisen können.

Sie haben bereits im Abschnitt »Zielgruppen definieren« auf Seite 38 erfahren, wie Sie Ihre Zielgruppe definieren. Wenn Sie nun also Ihr Netzwerk aufbauen wollen, wissen Sie im besten Fall schon, wie Ihr Wunschkunde aussieht, wo er zu finden ist und um wen oder welches Unternehmen genau es sich handelt. Bauen Sie Kontakt zu diesen Wunschkunden auf, vernetzen Sie sich und kommen Sie unverbindlich ins Gespräch. Gelingt Ihnen das, dann werden diese Kunden Sie auf dem Radar haben und sich an Sie und die von Ihnen angebotenen Dienstleistungen erinnern. Im besten Fall müssen Sie sich dann nicht selber auf ein Projekt bewerben, sondern werden direkt von Ihrem Wunschkunden kontaktiert, sobald er einen passenden Auftrag zu vergeben hat.

Ohne Netzwerk werden Sie als kreativer Dienstleister nicht erfolgreich sein. Digitale Kommunikationsformen erleichtern Ihnen den aktiven Aufbau Ihres beruflichen Netzwerks auch über Landesgrenzen hinweg ungemein.

Sie haben bereits in Kapitel 2 erfahren, wie Sie Ihre Zielgruppe definieren. Wenn Sie nun also Ihr Netzwerk aufbauen wollen, wissen Sie im besten Fall schon, wie Ihr Wunschkunde aussieht, wo er zu finden ist und um wen oder welches Unternehmen genau es sich handelt. Bauen Sie Kontakt zu diesen Wunschkunden auf, vernetzen Sie sich und kommen Sie unverbindlich ins Gespräch. Gelingt Ihnen das, dann werden diese Kunden Sie auf dem Radar haben und sich an Sie und die von Ihnen angebotenen Dienstleistungen erinnern. Im besten Fall müssen Sie sich dann nicht selber auf ein Projekt bewerben, sondern werden direkt von Ihrem Wunschkunden kontaktiert, sobald er einen passenden Auftrag zu vergeben hat.

Der erste Schritt in berufliche Netzwerke

Es mag je nach persönlicher Veranlagung für den ein oder anderen unmöglich klingen, aber selbst introvertierte oder schüchterne Menschen können mit Hilfe von Online-Diensten recht einfach ein eigenes Netzwerk aufbauen. Ein wichtiges Werkzeug dabei sind soziale Medien und insbesondere Karrierenetzwerke wie XING oder LinkedIn. Ein erster Schritt auf dem Weg zum beruflichen Netzwerk kann sein, dass Sie Ihre Wunschkunden in den Karrierenetzwerken als Kontakt hinzufügen. Machen Sie sich dabei aber die Mühe, Ihre Kontaktanfrage mit einer kurzen und passenden Begründung zu versenden. Wenn Sie der entsprechenden Person einfach nur ohne Kommentar eine Kontaktanfrage senden, bleibt diese im schlimmsten Fall unbeantwortet; im besten Fall wird sie angenommen, Sie jedoch bleiben für Ihren Wunschkunden anonym.

Ist der erste Kontakt hergestellt, können Sie mit interessanten Beiträgen im Karrierenetzwerk und in Gruppen, denen Ihr neuer Kontakt angehört, auf sich aufmerksam machen. Zu diesem Thema erhalten Sie viele Tipps in Kapitel 5.

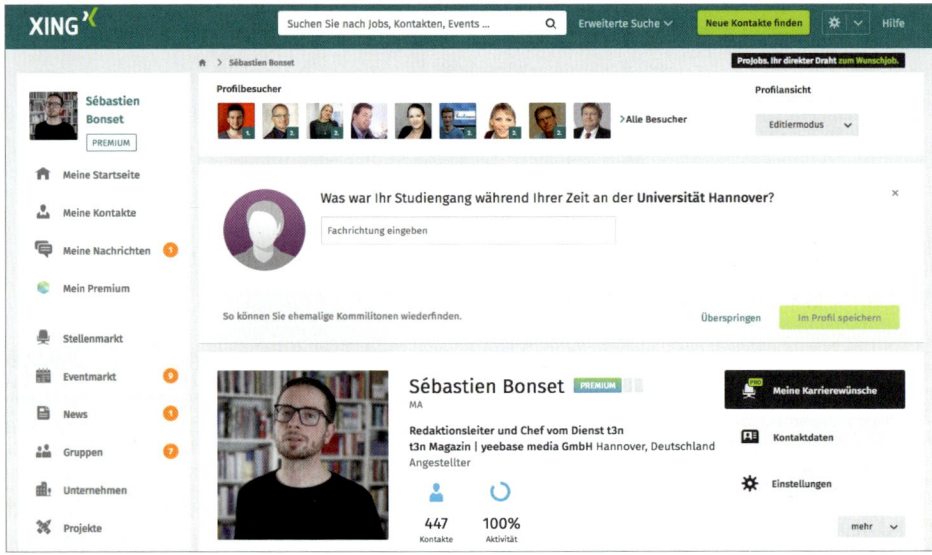

Oft führt der erste Schritt auf dem Weg zum Wunschkunden über eine Kontaktaufnahme in einem der Karrierenetzwerke.

Generell sollten Sie für jeden Ihrer Wunschkunden herausfinden, in welchen anderen Netzwerken und Verbänden er Mitglied ist. Wenn Sie sich in mehreren Netzwerken oder Verbänden engagieren, in denen Ihre Zielgruppe anzutreffen ist, erhöhen Sie die Wahrscheinlichkeit, dass man sich an Sie erinnert. Ein weiteres Netzwerk, das sich für dieses Unterfangen ebenfalls gut eignet, ist zum Beispiel Twitter. Sofern Ihr Wunschkunde dort aktiv ist, können Sie sich schnell mit ihm vernetzen, indem Sie beispielsweise ein paar seiner Tweets, die Sie persönlich interessieren, mit einem persönlichen Kommentar versehen retweeten, um ihm darauf zu folgen. Folgt die Person Ihnen nicht zurück, lassen Sie sich davon nicht aus der Ruhe bringen. Retweeten Sie weiterhin, und antworten Sie mit nützlicher Information, wenn Ihr Wunschkunde mal einen Rat benötigt. Übertreiben Sie es aber nicht, denn wenn Sie zu inflationär mit Antworten auf Tweets oder mit Favorisierungen von Tweets und Retweets umgehen, kann das bei Ihrem Gegenüber schnell etwas gruselig ankommen.

Das eigene Netzwerk pflegen und ausbauen

Neben Social Media haben Sie natürlich auch stets die Möglichkeit, Ihr Netzwerk auf persönlicher Ebene auszubauen. Besuchen Sie relevante Messen, Konferenzen oder Kongresse, kommen Sie mit den Teilnehmern ins Gespräch und finden Sie Gemeinsamkeiten.

Der Aufbau Ihres Netzwerkes ist ein anhaltender Prozess, bei dem Sie nicht nur neue Kontakte gewinnen, sondern sich mit bestehenden Kontakten nach und nach immer enger verbinden. Ihre engsten Kontakte sollten Sie jederzeit darüber auf dem Laufenden halten, welche Leistungen Sie anbieten und welche außergewöhnlichen Projekte Sie erfolgreich abgeschlossen haben. Je besser Ihr Netzwerk Sie kennt und professionell über Sie Bescheid weiß, desto besser kann es Sie weiterempfehlen und dazu beitragen, dass Ihr Netzwerk wächst.

Messen und Events wie hier die re:publica 2017 bieten Ihnen die Gelegenheit, Ihr berufliches Netzwerk mit interessanten Kontakten zu erweitern.

Im menschlichen Miteinander gilt jedoch: eine Hand wäscht die andere. Daher sollten auch Sie die Augen offenhalten und Ihren Kontakten behilflich sein, wenn Sie in Erfahrung bringen, dass diese eine Frage oder ein Problem haben. Selbst mit der Empfehlung eines anderen kreativen Dienstleisters können Sie profitieren, sofern Sie nicht selbst das für einen Auftrag geforderte Leistungsspektrum abdecken können.

Je besser Sie on- und offline vernetzt sind, desto mehr Synergien, Aufträge und Möglichkeiten werden sich für Sie ergeben. Die Kommunikation mit dem Ziel, ein eigenes professionelles Netzwerk aufzubauen, ist in jedem Fall keine vertane Zeit.

PLANUNG DER ERSTEN KOMMUNIKATION

Egal ob Sie auf der Suche nach einer Festanstellung sind oder als Freiberufler einen Pitch gewinnen wollen – stets lohnt sich ein planvolles Vorgehen. Dazu gehört, dass Sie vor der ersten Kommunikation entweder Ihre Bewerbungsunterlagen oder entsprechendes Akquise-Material vorbereitet haben. Erst wenn Sie diesen wichtigen Schritt hinter sich haben, können Sie gezielt auf Projektausschreibungen reagieren. Doch auch wenn Sie Ihre allgemeinen Unterlagen bereits zusammengestellt haben, sind die Vorarbeiten vor einem ersten Anklopfen bei einem potenziellen Auftraggeber noch nicht komplett erledigt.

STELLEN SIE VORAB DIE FRAGEN ZUSAMMEN, DIE SIE DEM AUFTRAGGEBER STELLEN MÜSSEN.

Überlegen Sie sich, welche Fragen Sie dem Auftraggeber stellen müssen. Diese Vorüberlegungen sind sinnvoll, weil ein gut von Ihnen für einen ersten Pitch ausgearbeiteter Fragenkatalog durchaus dazu führen kann, dass die Antworten des potenziellen Kunden ergeben, dass der entsprechende Auftrag vielleicht gar nichts für Sie ist. In dem Fall können Sie sich die weitere Ausarbeitung der auf die Ausschreibung abgestimmte Akquise-Unterlagen – und damit Zeit und Arbeit – sparen.

MÖGLICHE FRAGEN VOR DEM PITCH FÜR EINEN AUFTRAG

> Was genau wird von Ihnen erwartet?
> Wie viele Personen werden an diesem Projekt arbeiten?
> Mit welchen dieser Personen werden Sie kommunizieren oder gar direkt zusammenarbeiten?

- > Kommt es für den Kunden in Frage, dass Sie gewisse Aufgaben an einen Kollegen als Subunternehmer auslagern?
- > Sind weitere externe Personen beteiligt, oder wird das Projekt bis auf Sie komplett inhouse abgewickelt?
- > Können Sie das Projekt remote betreuen, oder müssen Sie im Büro des Kunden an dem Auftrag arbeiten?
- > Wie sieht es mit den Nutzungsrechten aus? Wo, wie lange, wie häufig und auf welche Weise sollen Ihre Arbeiten verwendet werden?
- > Sind bestimmte Techniken oder Technologien für die Ausführung gewünscht?
- > Auf welche Fähigkeiten und Kompetenzen legt der Auftraggeber besonderen wert?
- > Wie umfangreich ist das Projekt?
- > Wie sieht es mit der Deadline und Milestones aus?
- > Sind die einzelnen Milestones zeitlich und in ihrer Reihenfolge flexibel, oder müssen sie starr eingehalten werden?
- > Passen die Einschätzung des Kunden und Ihre Einschätzung bezüglich des zeitlichen Aufwands zusammen?
- > Wünscht der Kunde ein Angebot als Festhonorar, oder auf Stundenbasis?

Darüber hinaus verraten Ihnen die Antworten auf Ihren Fragenkatalog im gegenteiligen Fall aber auch wichtige Informationen darüber, worauf Sie mit Ihrem Pitch für das Projekt den Fokus legen sollten. Stellen Sie die richtigen Fragen, wissen Sie nach dem Erstkontakt, was dem Kunden besonders wichtig ist und wie Sie ihn am besten von sich überzeugen können. Zusätzlich erfahren Sie im Detail, worum es genau bei dem Projekt geht. Kaum eine Projektausschreibung geht so sehr ins Detail, dass Sie direkt nach dem Lesen einschätzen können, welche Art von Arbeit in welchem Umfang auf Sie zukommt.

Auf Bewerbungen und Pitches vorbereiten

Bevor Sie sich auf eine Stelle oder um einen Auftrag bewerben und den ersten Kontakt herstellen, sollten Sie, wie erwähnt, Ihre allgemeinen Unterlagen zusammenstellen. Akquise- und Bewerbungsunterlagen lassen sich aber nicht auf die Schnelle zusammenstellen – zumindest nicht auf eine Art und Weise, die einem erfahrenen Kunden auffallen würde. Besonders bei der Auftragsakquise ist der Faktor Geschwindigkeit nicht zu unterschätzen. Wenn Sie die Sendung Ihrer

Unterlagen bereits einem potenziellen Kunden zugesagt haben, sollten Sie nicht erst dann alle Informationen zusammenstellen. Im besten Fall haben Sie bereits das Wichtigste gesammelt und müssen Ihre Unterlagen nur noch für den jeweiligen Auftraggeber personalisieren.

SEIEN SIE VORBEREITET: AKQUISE- UND BEWERBUNGSUNTERLAGEN SOLLTEN NICHT AUF DIE SCHNELLE ZUSAMMENGESTELLT WERDEN!

Zu den Unterlagen, die Sie bereits im Vorfeld vorbereiten können, gehört zum Beispiel eine kurze Präsentation Ihrer Dienstleistungen. Diese Präsentation sollte nicht ausufernd, sondern kurz gehalten sein. Der Zweck davon ist, dass ein Auftraggeber Sie kennenlernen und alle wichtigen Informationen zu Ihnen als Dienstleister schnell überblicken kann. Besonders als kreativer Dienstleister haben Sie hier die Möglichkeit, nicht nur mit Worten, sondern auch visuell zu überzeugen. Es bietet sich daher an, neben einer visuellen Präsentation der wichtigsten Informationen, auch Grafiken, Fotos und weiterführende Links zu integrieren.

Bevor es an den ersten Pitch oder eine Bewerbung geht, sollten Sie Ihre Unterlagen vorbereiten, um im Fall der Fälle möglichst zeitnah reagieren zu können.

Ihre Präsentation sollte neben Ihrem Namen, Ihren Kontaktdetails und Ihrem Logo auch eine Übersicht Ihrer Leistungen enthalten. Außerdem sollten Sie einen kurzen und möglichst beispielhaften Eindruck Ihrer Leistungen mit Hilfe einiger Arbeitsproben vermitteln. Darüber hinaus bietet es sich an, eine kurze Vita und einen Überblick über abgeschlossene Projekte oder über namhafte Kunden bereitzustellen. Sollten Sie Fachartikel, relevante Blogbeiträge, Bücher oder ähnliche Informationen veröffentlicht haben, können Sie ebenfalls darauf hinweisen. Abschließend kommt es auch immer gut an, wenn Sie potenziellen Kunden aufzeigen, was Sie als kreativen Dienstleister ausmacht und womit Sie sich von Mitbewerbern abheben.

No. 3

Neben einer kurzen Präsentation sollten Sie für die Bewerbung auf eine Festanstellung natürlich auch schon mal alle wichtigen Formulare wie einen detaillierteren Lebenslauf, Arbeitszeugnisse und Referenzen sammeln. Darüber hinaus bietet es sich an, wenn Sie sich für konkrete Fälle bereits einige Textbausteine zurechtlegen. Das kann auch Sinn ergeben, wenn Sie als Freiberufler häufiger auf Projektausschreibungen reagieren. Die Verwendung von Textbausteinen ist jedoch ein zweischneidiges Schwert, da

VERZICHTEN SIE BESSER AUF DIE VERWENDUNG VON FERTIGEN TEXTBAUSTEINEN.

die Gefahr besteht, dass ein Anschreiben zu generisch wirkt. Aus diesem Grund sollten Sie nie ausschließlich auf Textbausteine setzen, sondern vorformulierte Textpassagen stets für das jeweilige Anschreiben personalisieren.

MÖGLICHE BEREICHE FÜR DAS VORBEREITEN VON TEXTBAUSTEINEN

> Einleitendes Anschreiben
> Auflistung Ihrer Dienstleistungen
> Referenzen und Beispiele Ihrer Dienstleistungen
> Die wichtigsten fachlichen Fähigkeiten
> Die wichtigsten Fähigkeiten, die Ihre Arbeitsweise und Erfahrung charakterisieren
> Die wichtigsten Zusatzqualifikationen
> Schlussworte des Anschreibens

Wenn Sie vorbereitete Texte als Gedächtnisstütze sehen, mit deren Hilfe Sie bei der Erstellung eines Schreibens Zeit sparen können, sind Sie auf jeden Fall auf dem richtigen Weg. Sofern Sie sich einmalig die Zeit nehmen, eine Sammlung an Bausteinen zusammenzustellen, werden Sie bei jeder späteren Bewerbung auf eine Stelle oder für einen Auftrag viel Zeit sparen. Mit der Zeit können Sie Ihre Sammlung erweitern, sodass Sie schließlich einen Textbaukasten haben, der sicherstellt, dass Sie bei einem Anschreiben nie wieder einen wichtigen Aspekt vergessen.

BESCHRÄNKEN SIE SICH AUF DIE WICHTIGSTEN INFORMATIONEN UND AUF DIE DETAILS, DIE SIE VON MITBEWERBERN UNTERSCHEIDEN.

Machen Sie nicht den Fehler, bei der Zusammenstellung Ihres Baukastens zu ausschweifend zu werden. Das führt im schlimmsten Fall dazu, dass das dann auch auf jedes Anschreiben zutrifft, das Sie mit Hilfe Ihrer vorbereiteten Texte erstellen. Beschränken Sie sich auf die wichtigsten Informationen und auf alle Details, die Sie von Mitbewerbern unterscheiden.

MEHR AUFTRÄGE DURCH ZIELFÜHRENDE KOMMUNIKATION

Sobald Sie – wie im vorausgehenden Unterkapitel beschrieben – alle Unterlagen vorbereitet haben, die Sie vorbereiten können, ohne zu wissen, für welchen Auftrag oder Kunden Sie sie benötigen, sind Sie gewappnet, um tatsächlich auf eine Projektausschreibung zu reagieren. Wenn Sie über einen entsprechenden Auftrag stolpern, gehen Sie aber bitte nicht direkt in die Vollen und senden Sie dem Auftraggeber nicht direkt Ihre – zuvor an den Auftrag angepassten – Akquise-Unterlagen. Bei aller Aufregung und Begeisterung sollten Sie, wie bereits erwähnt, erst mal nachhaken, wie sich der ausgeschriebene Auftrag im Detail gestaltet.

Es kommt zwar durchaus häufiger vor, dass Unternehmen Projekte ausschreiben, ohne einen Ansprechpartner oder eine Telefonnummer zu nennen, aber davon sollten Sie sich nicht abhalten lassen. Recherchieren Sie, an wen Sie sich mit Ihren Fragen in Bezug auf die Ausschreibung richten können. Immerhin haben Sie zu diesem Zeitpunkt hoffentlich einen Fragenkatalog (siehe Seite 84)

EIN VORBEREITENDES TELEFONAT HAT FÜR IHRE BEWERBUNG VIELE VORTEILE.

vorbereitet. Ein vorbereitendes Telefonat hat für Ihre Bewerbung um den Zuschlag gleich eine ganze Reihe an Vorteilen: Sie erhalten nicht nur wichtige Informationen zu dem Projekt, die in der Ausschreibung nicht enthalten waren, sondernkönnen auch den Auftraggeber selbst besser einschätzen. Das klappt am Telefon wesentlich besser als über E-Mails, denn Stimme und Tonfall können Ihnen ebenfalls wichtige Einblicke verschaffen. Im Gegenzug können Sie Ihr Gegenüber durch eine kluge Gesprächsführung und vertiefende Fragen schon zu diesem frühen Zeitpunkt von Ihrer Expertise überzeugen. Außerdem wird sich Ihr Ansprechpartner direkt an Sie erinnern, wenn Ihre Unterlagen auf seinem Schreibtisch landen – ein nicht zu unterschätzender Vorteil für Sie gegenüber Mitbewerbern, die »einfach nur« schriftlich auf die Ausschreibung reagieren.

Bevor Sie sich auf eine Projektausschreibung bewerben, sollten Sie die Gelegenheit nutzen, den potenziellen Auftraggeber persönlich oder am Telefon kennenzulernen und ein paar offene Fragen zu klären.

Schließlich finden Sie durch ein Ihrer Bewerbung vorausgehendes Gespräch heraus, auf welche Aspekte der Auftraggeber besonderen Wert legt. Mit diesen Informationen ausgestattet können Sie Ihre schriftlichen Unterlagen perfekt auf die Vorstellungen und Wünsche des Auftraggebers abstimmen. Sollte sich im Gespräch herausstellen, dass der Auftrag nichts für Sie ist, sparen Sie sich die Arbeit, sich schriftlich auf das Projekt zu bewerben.

Wenn es allerdings so aussieht, als würden Sie und der Auftraggeber gut zusammenpassen, sollten Sie bereits bevor Sie Ihre Unterlagen verschicken in diesem ersten Telefonat fragen, wann der Auftraggeber sich ungefähr für einen Dienstleister entscheiden wird. Notieren Sie sich das Datum und fragen Sie maximal drei bis fünf Werktage nach diesem Datum per E-Mail nach, sofern Sie eine Bewerbung versendet haben und bis dahin noch nichts von dem Auftraggeber gehört haben.

Auf eine Projektausschreibung bewerben

Haben Sie Antworten auf alle Ihre Fragen erhalten, folgt nach der Pflicht die Kür: Sie verfassen mit Hilfe der von Ihnen vorbereiteten Unterlagen und Textbausteine Ihre Projektbewerbung. Dabei versteht es sich von selbst, dass Sie größte Sorgfalt an den Tag legen sollten. Vermeiden Sie Fehler, und verpacken Sie alle relevanten Informationen in einer ansprechenden Form.

Im Optimalfall schicken Sie per E-Mail Ihre Unterlagen zu, und zwar noch am selben Tag, an dem Sie mit dem zuständigen Ansprechpartner telefoniert haben, um Ihre Fragen zu klären. Das führt dazu, dass der Auftraggeber sich selbst dann noch an Sie erinnern kann, wenn sich außergewöhnlich viele Dienstleister auf seine Ausschreibung bewerben. Jeder Personaler und jeder Ansprechpartner für Projektausschreibungen wird Ihnen bestätigen, dass Geschwindigkeit im Auswahlprozess eine große Rolle spielt. Nutzen Sie diesen Fakt zu Ihrem Vorteil!

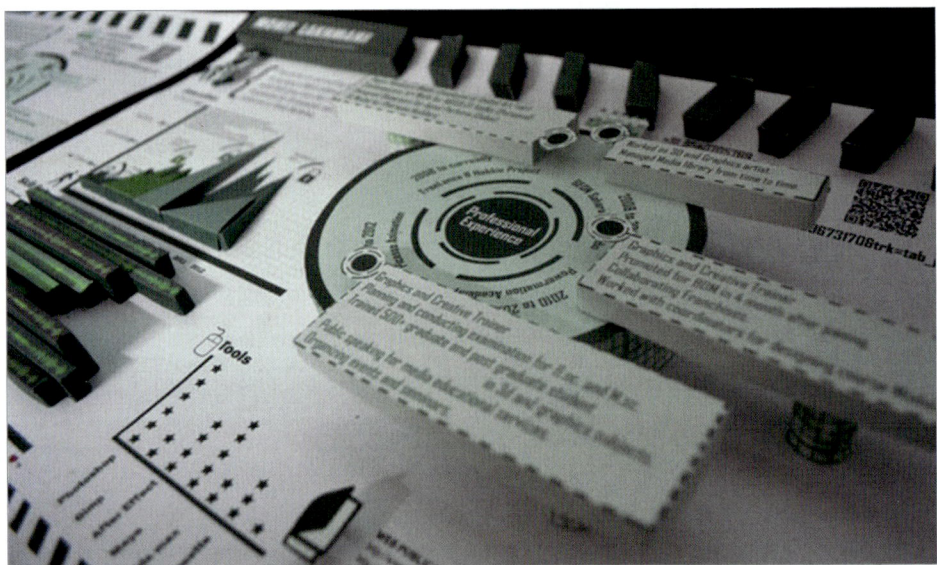

Vielleicht ein wenig übertrieben für die Bewerbung auf eine Projektausschreibung, aber in jedem Fall sehr überzeugend bei der Bewerbung auf eine Festanstellung sind kreative Lebensläufe wie diese dreidimensionale Vita von Mohit Lakhmani auf Behance. www.behance.net/mohitlakhmani.

Sofern Sie Ihre Unterlagen vorbereitet haben, sollte es eigentlich kein Problem sein, nach einem klärenden Telefonat sofort auch schriftlich reagieren zu können. Wichtig ist dabei, dass Sie in Ihrem Anschreiben direkten Bezug auf die Anforderungen für die Ausschreibung nehmen. Das erleichtert es der Person, die die Bewerbungen sichtet, möglichst schnell zu bemerken, dass Sie der oder die Richtige sind. Nehmen Sie auf die Anforderungen möglichst in absteigender Bedeutung Bezug – die wichtigsten Anforderungen kommen zuerst. Durch das vorausgegangene Telefonat sollten Sie einen guten Eindruck davon erhalten haben, wo der Auftraggeber seine Prioritäten setzt.

Bedienen Sie sich für Ihr Anschreiben außerdem im Fach »Fähigkeiten« aus Ihrem Textbaukasten, und wählen Sie die für diese Ausschreibung passenden Kompetenzen aus. Darüber hinaus sollten Sie auch passende Zusatzqualifikationen ansprechen, die gar nicht vom Auftraggeber gefordert wurden. Sollten Ihnen einige der Anforderungen fehlen, gehen Sie ehrlich damit um, und bieten Sie Lösungswege an, sofern Sie der Meinung sind, dass Sie trotzdem die richtige Wahl für das ausgeschriebene Projekt sind.

Außerdem sollten Sie Ihre vorbereiteten Arbeitsproben und Referenzen durchgehen. Wählen Sie all jene aus, die für die Ausschreibung passen, und fügen Sie diese entweder Ihrem Anschreiben bei oder verlinken Sie sie, sofern der Auftraggeber sie auch online finden kann. Wenn Sie alle Unterlagen beisammenhaben und Ihr Anschreiben verfasst haben, sollten Sie noch prominent darum bitten, dass der Auftraggeber Ihnen den Empfang Ihrer Bewerbung bestätigt. So können Sie sicher sein, dass Ihre E-Mail nicht im Spam-Ordner des Auftraggebers gelandet oder versehentlich gelöscht wurde. Sollten Sie nicht binnen zwei Tagen eine Empfangsbestätigung erhalten, rufen Sie erneut bei Ihrem Ansprechpartner an, und fragen Sie freundlich nach.

WÄHLEN SIE DIE ARBEITSPROBEN AUS, DIE AUCH WIRKLICH AUF DIE AUSSCHREIBUNG PASSEN!

CHECKLISTE: DAS GEHÖRT IN EINE PROJEKTBEWERBUNG

✔ Anschreiben mit persönlicher Ansprache und Bezug auf die Informationen des vorausgehenden Telefonats

✔ Kurze Präsentation

✔ Für die Ausschreibung relevante Arbeitsproben und Referenzen

Fingerspitzengefühl beim Thema »Bezahlung«

Einen Sonderfall der Kundenkommunikation stellen die Honorarverhandlungen dar. Selbst für so manchen gestandenen Freiberufler ist dieses Thema unangenehm. Immerhin ist es mit Ihrer Bewerbung auf eine Projektausschreibung nicht getan. Sie sollten dieses wichtige Thema erst dann angehen, wenn Sie einen guten Überblick über das Projekt erhalten haben. Sie müssen den zu erwartenden Aufwand einschätzen können, um dem potenziellen Auftraggeber einen Preis nennen zu können.

Es wird häufiger vorkommen, dass ein Auftraggeber Sie bereits beim Erstkontakt nach Ihrem Preis fragt. Weisen Sie den potenziellen Kunden in dem Fall freundlich, aber bestimmt darauf hin, dass Sie zu diesem Zeitpunkt noch keine »grobe Hausnummer« nennen können. Verweisen Sie ihn darauf, dass Sie mehr Informationen benötigen und den Aufwand einschätzen können müssen, um fair kalkulieren zu können.

Solange Sie sich mit dem potenziellen Kunden noch nicht auf eine Entlohnung Ihrer Dienstleistung geeinigt haben, haben Sie den Auftrag noch nicht in der Tasche, und das sorgt für Nervosität. Aus diesem Grund ist es wichtig, dass Sie Ihre Honorarvorstellungen selbstbewusst, souverän, ehrlich, freundlich und entspannt kommunizieren.

Das Thema »Bezahlung« ist ein Bereich der Kundenkommunikation, der besonderes Fingerspitzengefühl verlangt. Eine bestimmte, aber dennoch freundliche Verhandlungsstrategie verspricht den größten Erfolg.

Wenn es Ihnen schwerfällt, als Erster Ihre Honorarvorstellungen zu beziffern, brechen Sie sich keinen Zacken aus der Krone, wenn Sie den Auftraggeber einfach unverbindlich nach dem Budget fragen, das für den ausgeschriebenen Auftrag eingeplant ist. Es ist nicht ungewöhnlich, dass Auftraggeber diese Information direkt zu Beginn der Verhandlungen mit Ihnen teilen. Natürlich kann Ihr Gegenüber diesbezüglich auch pokern und Ihnen eine deutlich geringere Summe nennen, als er eigentlich zur Verfügung hat.

Das ist aber nicht schlimm, wenn sich die Summe mit Ihren Vorstellungen deckt. Immerhin geht es ja nicht darum, möglichst viel aus dem Kunden herauszupressen, sondern um eine faire Entlohnung Ihrer Dienstleistung. Ist die Differenz zwischen dem Budget des Auftraggebers und Ihren Vorstellungen zu groß, können Sie weiterverhandeln, um zu sehen, wie weit der Kunde bereit ist, Ihnen entgegen zu kommen.

UM SICH DEM HONORAR ANZUNÄHERN, KÖNNEN SIE DEN AUFTRAGGEBER UNVERBINDLICH NACH DEM BUDGET FRAGEN.

TIPPS FÜR DIE GEHALTSVERHANDLUNG Jede Gehaltsverhandlung und jedes Gespräch zur Bezahlung freiberuflicher Projekttätigkeit verläuft anders. Allerdings gibt es ein paar allgemeingültige Regeln, die Ihnen dabei helfen können, bei der Kommunikation souverän zu bleiben und sich nicht aus der Ruhe bringen zu lassen.

> Sofern der Auftraggeber darauf besteht, dass Sie zuerst Ihre Honorarvorstellungen nennen, tun Sie ihm den Gefallen, und bleiben Sie ruhig. Das gilt besonders, wenn der Auftraggeber eine unangenehme Pause entstehen lässt, nachdem Sie eine Summe genannt haben. Manche Auftraggeber verfolgen diese Gesprächsstrategie in der Hoffnung, dass ihr Gegenüber einknickt und seine Honorarvorstellungen direkt nach unten korrigiert, weil er das unangenehme Schweigen nicht erträgt.

> Es versteht sich von selbst, dass Sie bei den Verhandlungen bestimmt, aber in jedem Fall freundlich sein sollten. Selbst wenn Sie unsicher sein sollten, ob Ihre Honorarvorstellungen angemessen sind – lassen Sie Ihr Gegenüber in keinem Fall Ihre Unsicherheit spüren. Je souveräner und selbstbewusster Sie Ihre Vorstellungen kommunizieren, desto besser ist Ihre Verhandlungsposition. Das klappt natürlich nur, wenn Sie keine völlig überzogenen Forderungen stellen.

> In den Verhandlungen mit dem Auftraggeber sollten Sie einerseits Ihr Interesse an dem entsprechenden Projekt deutlich kommunizieren, aber gleichzeitig auch klarstellen, dass Sie den Auftrag nicht »um jeden Preis« ausführen wollen. Damit haben Sie bereits eine gute Gesprächsgrundlage geschaffen. Sollte Ihr Kunde der Meinung sein, dass Ihre Vorstellungen zu hoch sind, so versuchen Sie, Ihre Alleinstellungsmerkmale und Qualitäten herauszustellen.

No. 3

> Wenn Ihr Gesprächspartner versucht, mit niedrigeren Preisen Ihrer Mitbewerber zu argumentieren, weisen Sie ihn auf Ihre Vorzüge hin. Dabei sollten Sie es vermeiden, über Mitbewerber zu lästern und deren negative Eigenschaften herausstellen. Bleiben Sie sachlich und fair. In keinem Fall sollten Sie aufgrund einer derartigen Argumentation Ihre Honorarvorstellungen anpassen und nach unten korrigieren.

> Es kann auch nicht schaden, den Auftraggeber wissen zu lassen, dass Ihr Auftragsbuch gut gefüllt ist – sofern dies tatsächlich zutrifft. Das lässt sich leicht mit einer Frage nach den Deadlines und geplanten Milestones sowie dem Hinweis darauf, dass Sie diese Informationen für Ihre zeitliche Planung benötigen, erledigen.

Sie sollten die Honorarverhandlungen auf keinen Fall als Kampf mit dem Auftraggeber sehen. Wenn Sie in der Kommunikation in eine Situation kommen, in der entweder Sie oder der Auftraggeber das Gefühl haben, dass das Gegenüber ihn mit seinen Forderungen in die Knie zwingen will, ist irgendetwas schiefgelaufen. In dem Fall sollten Sie versuchen, die Situation zu entspannen und das Thema zu wechseln. Sprechen Sie mit dem Auftraggeber über andere Aspekte des Projekts, und finden Sie heraus, ob Sie ihm in anderen Bereichen entgegenkommen können.

Probearbeiten und Gratis-Projektarbeit

Als kreativer Dienstleister werden Sie mit Sicherheit schon das ein oder andere Mal gefragt werden, ob Sie ein kleines Projekt gratis ausführen können. Egal ob es dabei um die Erstellung eines Logos für das Kleingewerbe eines Bekannten, eine kleine Website oder einen Flyer geht – kaum ein Kreativer kennt diese Anfragen nicht. Auch wenn es gewisse Ausnahmen gibt, sollten Sie derartige Bitten freundlich abweisen.

DOSIEREN SIE FREUNDSCHAFTS-DIENSTE SPARSAM!

Es wird sicher auch Projekte geben, bei denen Sie bereit sind, sie als Freundschaftsdienst abzuwickeln. Aber das sollten Sie nicht zu häufig und wirklich nur für sehr gute Freunde machen. Eine weitere Ausnahme sind Herzensprojekte wie zum Beispiel ein Auftrag ohne Bezahlung für eine gemeinnützige Organisation, die Ihnen besonders wichtig ist. Herkömmliche Anfragen von »Kunden«, bei denen Sie für Ihre Dienstleistung gar nicht oder weit unter Ihren Vorstellungen bezahlt werden, sollten Sie aber auf jeden Fall ablehnen.

LASSEN SIE SICH NICHT AUF EIN KOSTENLOSES PROBEARBEITEN EIN.

Das Gleiche gilt, wenn ein Auftraggeber Sie von einem kostenlosen Probearbeiten für einen Teilbereich des ausgeschriebenen Projekts überzeugen will, weil er sich einen Eindruck von Ihren Qualifikationen verschaffen will. Bieten Sie stattdessen an, dass Sie dem Auftraggeber weitere Arbeitsproben von bereits abgeschlossenen Projekten zur Verfügung stellen können. Ebenso sollten Sie freundlich abwinken, wenn ein potenzieller Kunde Sie mit gut bezahlten Folgeaufträgen locken will, um Ihnen ein zu gering bezahltes Projekt schmackhaft zu machen.

No. 3

Kaltakquise

Besonders frischgebackene Freiberufler stehen vor dem Problem, dass Sie von potenziellen Kunden nicht gefunden werden. In diesem und anderen Fällen führt kein Weg an der aktiven Akquise vorbei. Es gilt, potenzielle Kunden zu identifizieren und gezielt anzusprechen. Behalten Sie dabei aber stets im Hinterkopf, dass diese Form der Auftragsgenerierung nicht Ihr Hauptstandbein sein sollte. Das Ziel sollte sein, dass potenzielle Kunden Sie im Internet finden und aktiv auf Sie zugehen. Dazu sollten Sie eine Strategie verfolgen, die dazu führt, dass Bestandskunden sich regelmäßig mit Folgeaufträgen an Sie wenden.

Das Ziel all Ihrer Akquise-Bemühungen sollte sein, dass potenzielle Kunden Sie und Ihr Portfolio eigenständig online finden. Besonders am Anfang Ihrer Laufbahn müssen Sie allerdings meist aktiv auf Kundenfang gehen. Das Portfolio von Satoko Narita ist online gut zu finden: http://satoko-narita.com/home.html.

Müssen Sie jedoch aktiv Kunden von sich überzeugen, gilt es, bei der Akquise einige kommunikative Besonderheiten zu beachten. Sie haben drei Möglichkeiten, potenzielle Kunden, die Sie noch nicht kennen, zu Auftraggebern zu machen. Entweder versuchen Sie es

> per E-Mail,
> per Telefon oder
> bei einem persönlichen Besuch.

Der Vorteil von der Akquise per E-Mail liegt auf der Hand: Der Aufwand hält sich besonders dann in Grenzen, wenn Sie mehrere unterschiedliche potenzielle Kunden anschreiben wollen. Das ist gleichzeitig allerdings auch ein Nachteil, denn Sie müssen davon ausgehen, dass diese Art der Kommunikation mit einer Flut von anderen E-Mails konkurriert, die bei Kunden die Postfächer verstopfen.

DAS ZIEL IST, LANGFRISTIG EIN VERHÄLTNIS ZU DEM KUNDEN AUFZUBAUEN. Rechtlich ist die Kaltakquise per E-Mail übrigens nicht erlaubt. Erst wenn Sie bereits ein Verhältnis zu dem potenziellen Kunden aufgebaut haben, gehen Sie kein Risiko ein. Laut Paragraph 7 im Gesetz gegen unlauteren Wettbewerb ist »Eine geschäftliche Handlung, durch die ein Marktteilnehmer in unzumutbarer Weise belästigt wird, […] unzulässig.« Weiter heißt es: »Dies gilt insbesondere für Werbung, obwohl erkennbar ist, dass der angesprochene Marktteilnehmer diese Werbung nicht wünscht.«

Sie sollten so oder so davon absehen, eine Akquise-E-Mail mit dem Ziel zu verschicken, dass der Kunde Sie direkt mit einem Auftrag betraut. Vielmehr gilt es, langfristig ein Verhältnis zu dem Kunden aufzubauen. Verschicken Sie E-Mails an gleich mehrere potenzielle Kunden, sehen Sie von allgemeinen Formulierungen ab, auch wenn allgemein gehaltene Anschreiben Zeit sparen. Informieren Sie sich vorab über den Kunden, gehen Sie auf seine Bedürfnisse und sein Unternehmen ein. Ihre E-Mail wird umso erfolgreicher sein, je persönlicher und individueller sie formuliert ist.

ARBEITSPROBEN BEWUSST AUSWÄHLEN Das gilt übrigens auch für alle Referenzen und Arbeitsproben, die Sie anhängen. Überlegen Sie sich gut, welche Ihner abgeschlossenen Projekte für den jeweiligen Kunden besonders interessant und relevant sind. Sie müssen in einer Akquise-E-Mail Ihr Online-Portfolio nicht 1 zu 1 abbilden, nur um Ihren potenziellen Kunden mit Ihrem ganzen Leistungsspektrum zu beeindrucken. Gehen Sie bei der Auswahl Ihrer Anhänge gezielt vor, und binden Sie nur die für den Adressaten wirklich wichtigen Beispiele ein.

Anhänge an Ihre Akquise-E-Mail sollten nicht nur einen direkten Bezug zum Kunden und zu dessen Anforderungen haben, sondern auch einigen formalen Regeln folgen. Es ist erstrebenswert, dass die Hürde für die Betrachtung des Anhangs so niedrig wie möglich ist. Im besten Fall konvertieren Sie Anhänge in ein PDF. Mit diesen Formen von Anhang erhöhen Sie nicht nur die Hürde, denn der Kunde muss die Dateien erst öffnen, sondern Sie gehen unter Umständen sogar das Risiko ein, dass Ihre E-Mail gar nicht bei Ihrem Ansprechpartner ankommt. Besonders in größeren Unternehmen ist es nicht unüblich, dass E-Mails mit gewissen Anhangsformaten aus Sicherheitsgründen automatisch gefiltert werden.

DIESE INFORMATIONEN GEHÖREN IN EINE AKQUISE-E-MAIL

1. Persönliche Ansprache
2. Bezug auf bestehendes Verhältnis (zum Beispiel wenn Sie den Kontakt auf einer Konferenz kurz kennengelernt haben, oder von wem Sie die Kontaktdaten erhalten haben)
3. Kurzvorstellung Ihrer Dienstleistung
4. Grund für Ihre Kontaktaufnahme
5. Informationen darüber, was Sie für den Kunden tun können
6. Referenzen
7. Angebot
8. Handlungsaufforderung (zum Beispiel Vereinbarung eines Termins zum persönlichen Kennenlernen oder für eine detailliertere Präsentation)

Sie sollten – falls noch nicht geschehen – vorab den richtigen Ansprechpartner für Ihr Anliegen recherchieren und Ihre E-Mail nicht mit Hilfe von Werbeaussagen und Marketing-Floskeln formulieren. Besonders bei der Kundenansprache via E-Mail sollten Sie Ihr Anliegen prominent und möglichst weit oben nennen. Formulieren Sie klar und präzise, was Sie mit Ihrer Kontaktaufnahme erreichen wollen, ohne dabei zu ausschweifend zu werden. Außerdem bietet es sich an, dass Sie Ihre E-Mail mit einer Handlungsaufforderung schließen. Wie eine Akquise-E-Mail konkret aussehen kann, sehen Sie im Kasten »Beispiel für eine Akquise-E-Mail« auf Seite 98.

Zu den beiden anderen Möglichkeiten, Akquise zu betreiben, finden sich am Markt diverse Ratgeber, auf die an dieser Stelle verwiesen werden soll. Nur so viel: Egal ob Sie einen Akquise-Anruf tätigen oder sich persönlich bei einem

Kunden vorstellen wollen – Sie sollten das stets mit einer E-Mail kombinieren. Eine vorausgehende Akquise-E-Mail kann als Türöffner fungieren und wird Ihnen sowohl ein Telefongespräch als auch ein persönliches Kennenlernen erleichtern.

BEISPIEL FÜR EINE AKQUISE-E-MAIL

Sehr geehrter Herr Fricke, [1]

Wir haben uns vorgestern kurz auf der Veranstaltung »Digitalisierung von KMU« nach Ihrem Vortrag kennengelernt, und Sie zeigten sich interessiert an der Überarbeitung Ihrer Unternehmenswebsite. [2]

Wie bereits in unserem Gespräch angedeutet, habe ich mich auf das Redesign bestehender Websites spezialisiert und bringe zudem fundierte Kenntnisse in SEO mit. [3]

Ich habe mir Ihre Website angesehen und muss sagen, dass mir die aktuelle Version bereits sehr gut gefällt. Dennoch habe ich einige Vorschläge dafür, wie sich Ihre Website noch besser machen lässt und möchte Ihnen daher die Optimierung Ihrer Seite anbieten. [4] Ich bin mir sicher, dass wir sowohl an der Performance Ihrer Website drehen als auch das Nutzerinterface verbessern können. Darüber hinaus habe ich bereits mehrere Ideen dazu, wie wir ein zeitgemäßeres Design umsetzen können, das gleichzeitig perfekt zu Ihrem Unternehmen passt. Mit einigen wenigen Änderungen ist es zudem möglich, Ihre Platzierung in Suchergebnissen zu verbessern und so mehr Kunden auf Sie aufmerksam zu machen. [5]

In diesem Zusammenhang möchte ich Sie gerne auf das erfolgreiche Redesign der Website von Kunde X und die Optimierung der Unternehmenswebsite meiner Kunden Y und Z hinweisen. Die entsprechenden Referenzen finden Sie auf meiner Website. [6]

Welche Optimierungsmöglichkeiten ich im Detail für Ihre Website sehe, erläutere ich Ihnen gerne persönlich. Meine Dienstleistung biete ich Ihnen gerne zu einem fairen Preis an. [7]

Ich hoffe sehr, dass Sie auch weiterhin Interesse daran haben, zu erfahren, welche Änderungsvorschläge ich für Sie habe. Diese würde ich Ihnen gerne bei einem persönlichen Treffen präsentieren und würde mich freuen, wenn Sie mir (gern auch kurzfristig) zwei bis drei Terminvorschläge machen könnten. Ich freue mich, von Ihnen zu hören! [8]

Beste Grüße

BESONDERHEITEN BEI DER PROJEKTARBEIT IM TEAM

Wenn Sie einen Auftrag annehmen, bei dem Sie nicht als »Einzelkämpfer« unterwegs sind, sondern im Team an einem Projekt arbeiten, hängt der Erfolg in hohem Maße von der Kommunikation zwischen den Teammitgliedern ab. Ihr Verhalten gegenüber Projektbeteiligten ist dabei genauso wichtig wie die Kommunikation mit Auftraggebern. Zum einen hängt der Erfolg des Projekts davon ab, und zum anderen beeinflusst Ihr Verhalten auch Ihren Ruf. Wer herrisch auftritt, nicht kooperativ ist und sich als Einzelkämpfer gibt, erhält unter Umständen negatives Feedback über soziale Medien. Das erschwert künftige Projektzuschläge. Es gibt für Sie zwei relevante Szenarien. Einerseits können Sie als Teammitglied in ein Projekt eingebunden sein. Andererseits können Sie sich aber auch in der Position wiederfinden, dass Sie selbst ein Team leiten müssen. Das kann zum Beispiel der Fall sein, wenn Sie als Projektverantwortlicher zusätzlich zu Ihren kreativen Aufgaben andere Freiberufler koordinieren müssen. In beiden Fällen ist die Kommunikation mit Ihrem Kunden, aber auch mit dem Projektteam wichtig.

No. 3

IM TEAM HÄNGT DER ERFOLG IN HOHEM MASSE VON DER KOMMUNIKATION ZWISCHEN DEN TEAMMITGLIEDERN AB.

Wenn Sie mit anderen Freiberuflern oder unterschiedlichen Unternehmen ein Projekt für einen Kunden umsetzen, geht das nicht ohne eine sehr disziplinierte Kommunikation. Immerhin fehlen bei der Zusammenarbeit oft feste Strukturen, und die Projektbeteiligten arbeiten räumlich getrennt voneinander. Derartige Projekte lassen sich nur erfolgreich abschließen, wenn Sie sich regelmäßig mit allen Projektbeteiligten und dem Kunden abstimmen.

Projektleitung

Wenn Sie selber das ganze Projekt oder einen Teilbereich leiten, steigt der Kommunikationsaufwand extrem. Allein die Aufteilung der unterschiedlichen Aufgaben führt zu einem hohen Planungs- und Kommunikationsaufkommen. Handelt es sich um ein größeres Projekt mit unterschiedlichen Meilensteinen, sollten Sie auch die Kommunikation nicht unterschätzen, die nötig ist, um sicherzustellen, dass Deadlines eingehalten werden können. Immerhin sind in derartigen Fällen oft einzelne Projektbeteiligte von der Arbeit anderer Teammitglieder abhängig. Wenn an einem Drehrädchen Sand im Getriebe ist, kann das ganze Projekt stocken.

Je komplexer ein Projekt ist, desto häufiger und genauer müssen Sie sich sowohl mit dem Team als auch mit dem Auftraggeber abstimmen. Sie sollten dafür täglich ein gewisses Zeitkontingent einplanen, denn durch die räumliche Trennung haben Sie in der Regel nicht die Möglichkeit, selbst banale Rückfragen und Probleme kurz per Zuruf zu klären. Es kann in diesen Fällen schon mal einen Werktag – oder im schlimmsten Fall noch länger – dauern, bis eine Anfrage beantwortet wird. Diesbezügliche Kommunikationsprobleme lassen sich bis zu einem gewissen Maß abfedern, indem feste Termine für regelmäßige Meetings geplant werden und indem im Vorfeld definiert wird, wer sich in welchen Abständen mit wem abzustimmen hat, welche Kommunikationskanäle dafür zum Einsatz kommen und wie häufig der Kunde Updates erhält.

Die Arbeit im Team ist für manche Freiberufler ungewohnt. Kommunizieren Sie viel, und nutzen Sie auch soziale Medien, um mit dem Team synchron zu bleiben. (Foto: rawpixel auf Unsplash)

Es wird auch Fälle geben, in denen Sie ein Kunde mit einem Projekt beauftragt und nicht erwartet, dass Sie selbst ebenfalls auf andere freiberufliche Kreative zurückgreifen, weil Sie unter Umständen das geforderte Leistungsspektrum nicht komplett abdecken können. Prinzipiell dürfte es in dieser Hinsicht wenig Probleme geben, sofern Sie offen damit umgehen und den Auftraggeber darüber informieren. Kunden ist in erster Linie wichtig, dass ihr Problem wie besprochen gelöst wird. Wenn Sie mit der Lösung dieses Problems betraut wurden, dann sind Sie auch der Ansprechpartner für den Auftraggeber. Das heißt aber auch, dass Sie dafür verantwortlich sind, die komplette Kommunikation mit dem Kunden abzuwickeln und dass Sie eine Vermittlerposition zwischen den Projektbeteiligten und dem Kunden einnehmen.

No. 3

Kommunizieren Sie nicht nur mit Ihrem Kunden offen und transparent, sondern auch mit allen Projektbeteiligten. Wenn der Kunde Sie mit Informationen bezüglich des Projekts versorgt, dann sorgen Sie dafür, dass diese Informationen bei allen Beteiligten, die von dieser Information betroffen sind, ankommen.

Der Ton macht die Musik

Sowohl die Kommunikation mit dem Kunden als auch mit allen Projektbeteiligten sollte auf Augenhöhe stattfinden. Unterschätzen Sie dabei nicht den Stellenwert der Qualität Ihrer Kommunikation mit Projektbeteiligten oder eigenen Mitarbeitern (sofern Sie Mitarbeiter haben) für das Bild, das Kunden von Ihnen haben. Sofern Sie respektvoll und freundlich mit Ihren Mitarbeitern oder Ihrem Projektteam umgehen, wird das auch Kunden positiv auffallen.
Das gilt insbesondere dann, wenn Sie Kritik üben müssen. Werden Sie nicht persönlich, und bleiben Sie sachlich sowie konstruktiv.

LOBEN SIE! VIEL ZU HÄUFIG BESCHRÄNKT SICH DIE KOMMUNIKATION IM GESCHÄFTSALLTAG AUF ZIELFÜHRENDE ASPEKTE ODER KRITIK.

Vergessen Sie zudem bei aller Kommunikation niemals, auch positives Feedback zu geben und Ihrem Gegenüber Wertschätzung entgegenzubringen. Es macht dabei keinen Unterschied, ob es sich bei Ihrem Gegenüber um einen Projektbeteiligten, einen Mitarbeiter oder einen Kunden handelt. Viel zu häufig beschränkt sich die Kommunikation im Geschäftsalltag auf zielführende Aspekte oder Kritik. Lobende Worte und Anerkennung sind aber mindestens genauso wichtig, sorgen Sie doch für eine höhere Motivation und eine angenehmere Arbeitsatmosphäre. Mischt sich ein Kunde beispielsweise mit seinen eigenen Ideen in den Projektablauf ein, schenken Sie ihm Aufmerksamkeit, und tun Sie seine Ideen nicht einfach als störend ab. Gehen Sie auf den Input ein, und zeigen Sie Wertschätzung.

TOOLS FÜR PROJEKTMANAGEMENT UND ZUSAMMENARBEIT

Hand aufs Herz – egal ob Sie Freiberufler oder Inhaber einer kleinen Kreativagentur sind, werden Sie einen Großteil der Kommunikation rund um ein Projekt via E-Mail erledigen. Dokumente werden als Anlage per E-Mail versendet, Termine landen ebenfalls im Postfach der Projektbeteiligten, und lange Listen aller möglicherweise Interessierten in cc führen dazu, dass Sie den Überblick darüber verlieren, wer eigentlich für was bei Ihrem Kunden zuständig ist. Aus diesem Grund sollten Sie selbst als »Einzelkämpfer« in Erwägung ziehen, wichtige Informationen und Kommunikation aus Ihrem E-Mail-Client in ein geeignetes Tool zu überführen. Viele der entsprechenden Tools bieten entweder Schnittstellen zu sozialen Netzwerken oder funktionieren selbst als Mini-Social-Network für Projektteams.

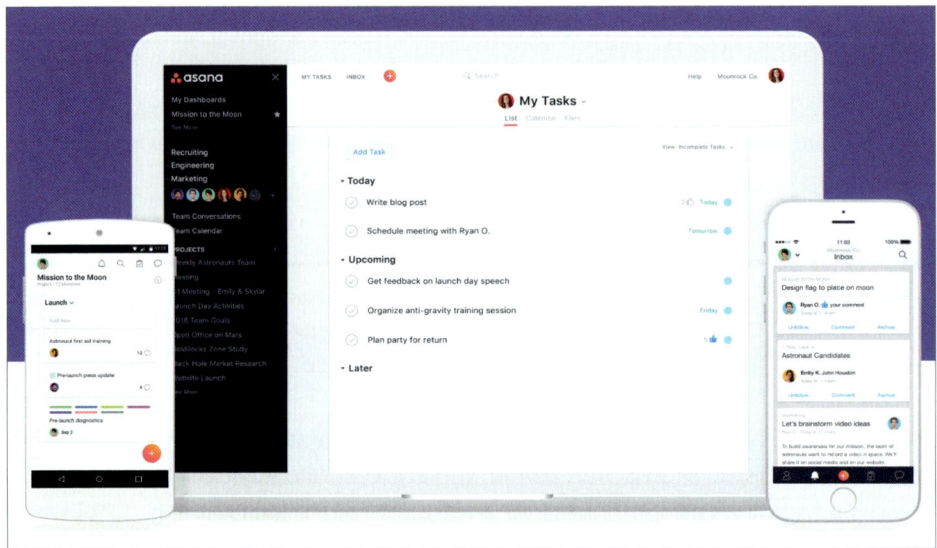

Projektmanagement-Software wie Asana (https://asana.com) erleichtert die Kommunikation mit Projektbeteiligten und eignet sich unter anderem auch für den Austausch von Daten.

VIELE TOOLS BIETEN ENTWEDER SCHNITTSTELLEN ZU SOZIALEN NETZWERKEN ODER FUNKTIONIEREN SELBST ALS MINI-SOCIAL-NETWORK FÜR PROJEKTTEAMS.

Zur Kommunikation mit Projektbeteiligten und Kunden gehören auch Aspekte wie der Austausch von Dateien, die Einigung auf Zwischenziele, die Ressourcenplanung und andere Bereiche.

Für viele dieser speziellen Kommunikationsnotwendigkeiten finden sich hilfreiche Tools und Online-Dienste. Besonders für die Planung, Strukturierung und Organisation von Projekten gibt es viele unterschiedliche Lösungen, die sowohl die Arbeit als auch die Kommunikation immens erleichtern können. Am Markt tummeln sich neben Anbietern für Gesamtlösungen auch Tools, die einzelne Teilbereiche wie die Teamkommunikation, die Aufgabenverwaltung oder den Austausch von Dokumenten abdecken. Der Markt für diese Tools ist sehr dynamisch. Aus diesem Grund finden Sie im Folgenden exemplarisch einige Vertreter. Eine Vorstellung aller relevanten Dienste und Werkzeuge würde den Rahmen dieses Buches sprengen.

Komplettlösungen für das Projektmanagement

In Bezug auf den Funktionsumfang und die gebotenen Features sind Komplettlösungen für das Projektmanagement am umfangreichsten. Diese Lösungen bilden fast alle Funktionen ab, die im Projektalltag benötigt werden, und Sie können sie vortrefflich für die Kommunikation und den Datenaustausch mit Projektbeteiligten und Kunden nutzen. Zum klassischen Umfang der großen Gesamtlösungen gehören unter anderem die Aufgabenverwaltung, die Dokumentation des Projekts, Zeiterfassung, Projektorganisation inklusive Meilensteinen und der Austausch von Dokumenten.

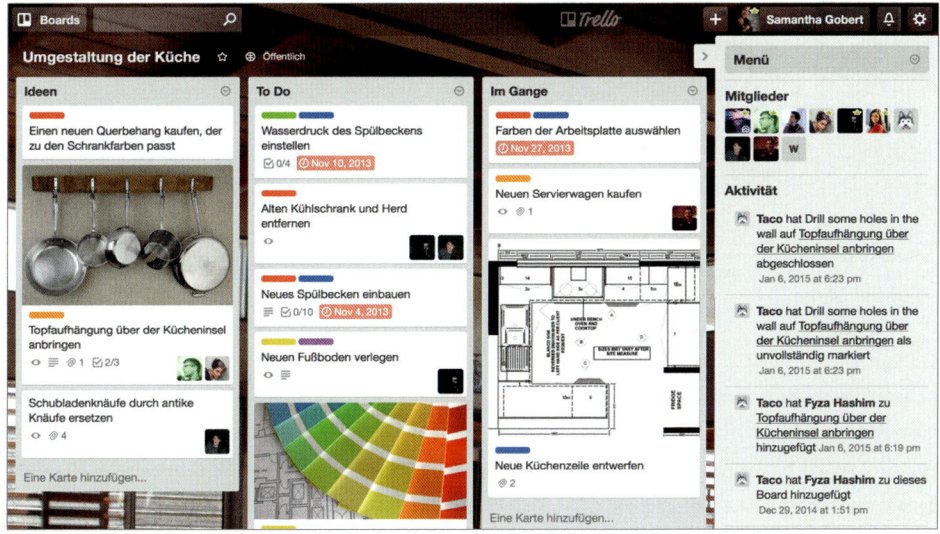

Obwohl Komplettlösungen für das Projektmanagement häufig mit vielen Funktionen überladen sind, eignen sich manche Varianten wie z. B. Trello (https://trello.com) selbst für die Organisation von Freiberuflern ohne Team oder sogar für Privatpersonen.

Auf den ersten Blick stellt sich die Frage, warum man nicht in jedem Fall auf eine Gesamtlösung setzen sollte, die alle möglicherweise später benötigten Funktionen bietet. Das Problem an solch eierlegenden Wollmilchsäuen ergibt sich aus einer recht hohen Einstiegshürde. Je mehr Funktionen ein Tool abdeckt, desto unübersichtlicher gestaltet sich der Einsatz im Arbeitsalltag. Hat man sich allerdings eingearbeitet, hat es durchaus seinen Reiz, wenn man alle Arbeitsschritte des Projektmanagements gesammelt zur Verfügung hat.

In der Regel funktionieren diese Tools so, dass der Projektverantwortliche mit Administratorenrechten ausgestattet ist und Nutzerprofile für alle am Projekt beteiligten Personen anlegt, denen er unterschiedliche Rollen zuweist. Die Rollen bringen auch unterschiedliche Rechte mit sich, sodass nicht jede am Projekt beteiligte Person zwangsläufig auch alle Informationen angezeigt bekommt. Auf diese Weise können Sie beispielsweise ein Profil für Ihren Kunden anlegen, der dann nur den Zugriff auf ausgewählte Informationen erhält.

Komplettlösungen für das Projektmanagement	
Asana	*https://asana.com*
Bitrix24	*https://www.bitrix24.de*
Freedcamp	*https://freedcamp.com*
Ganttproject	*http://www.ganttproject.biz*
LibrePlan	*http://www.libreplan.org*
Meistertask	*https://www.meistertask.com/de*
OpenProject	*https://www.openproject.org*
Podio	*https://podio.com*
Redbooth	*https://redbooth.com*
Trello	*https://trello.com*
Wrike	*https://www.wrike.com/de*

Wie Sie der Auswahl in der Tabelle zu den Komplettlösungen entnehmen können, ist der Markt riesig. Neben dedizierten Software-Lösungen tummeln sich viele Online-Anbieter im Netz. Es gibt hochspezialisierte Projektmanagement-Tools, die ein Vermögen kosten, und auch der ein oder andere kostenlose Vertreter findet sich. Außerdem haben Sie die Wahl zwischen Diensten, die der Methodik des klassischen Projektmanagements folgen, und agilen Methoden wie Scrum oder Kanban. Im Folgenden werden einige unterschiedliche Vertreter aus diesem Bereich kurz vorgestellt:

> *Asana* ist eine Mischung aus Projektmanagement-Lösung und Aufgabenverwaltung. Einer der Facebook-Mitgründer hat das Tool entwickelt, um die interne Organisation von Facebook abzuwickeln. Mittlerweile erfreut sich Asana

besonders in der Startup-Szene, aber auch bei Unternehmen wie Pinterest oder Dropbox, großer Beliebtheit.

> *Bitrix24* dagegen bietet Ihnen noch weitaus mehr Funktionen, als Sie bei Asana finden. So bietet die Lösung unter anderem ein Dokumenten-Management, einen Kalender, Zeiterfassung, Gantt-Charts, einen Team-Messenger, Videokonferenzen, ein CRM, eine Aufgabenverwaltung und Versionierung.

> *Freedcamp* ist eine kostenlose Alternative zur bekannten Projektmanagement-Lösung Basecamp. Unter anderem lässt sich mit dem Tool die Zeit erfassen, die einzelne Teammitglieder an einem Projekt gearbeitet haben. Sie können das Tool nutzen, um mehrere Projekte gleichzeitig zu verwalten und können dabei auf Standardfunktionen wie Aufgabenverwaltung, Dokumentenverwaltung und Deadlines zurückgreifen.

> Das kostenpflichtige *Wrike* besticht durch viele unterschiedliche Features. Wenn Sie Wert auf Filesharing, Revisionshistorie, Zeiterfassung, Gantt-Charts, Aufgabenverwaltung und andere Funktionen legen sowie Export- und Import-Möglichkeiten für Excel-Dokumente benötigen, sollten Sie sich dieses Tool ansehen. Wrike geht mit seinem Ansatz einen Sonderweg, denn alle anderen genannten Tools versuchen das Medium E-Mail auf die eine oder andere Art zu ersetzen. Wrike integriert E-Mails dagegen in die wichtigsten Vorgänge des Projektmanagements.

Kommunikation mit dem Team

Besonders wenn mehrere Personen miteinander kommunizieren, gibt es geeignetere Wege, als sich via E-Mail miteinander abzustimmen. Das trifft insbesondere dann zu, wenn die Projektbeteiligten sich an unterschiedlichen Standorten befinden. Die Abstimmung über E-Mails ist einfach nicht sonderlich effektiv. Teammessenger wie Slack können eine adäquate Alternative zu Präsenzmeetings sein. Egal ob Sie sich mit anderen Projektbeteiligten schriftlich, mündlich oder per Video-Schalte abstimmen wollen – viele dieser Tools bieten Ihnen alle drei Varianten.

Tools für die Teamkommunikation	
Hipchat	*http://hipchat.com*
Skype	*https://www.skype.com/de*
Slack	*https://slack.com*
Sqwiggle	*https://www.sqwiggle.com*
Yammer	*https://www.yammer.com*

Slack bietet beispielsweise neben Messaging, Audio- und Videoschalten im Stil von Skype auch einige zusätzliche Features. So werden unter anderem plattformübergreifende Apps und Schnittstellen für die Anbindung externer Dienste wie zum Beispiel Dropbox oder Jira geboten. In manchen Fällen werden Sie und Ihr Gegenüber auch die Screen-Sharing-Funktion zu schätzen lernen.

35,000+ paying companies use Slack (and counting)

Besonders für Teams, die verteilt arbeiten, eignen sich Team-Messenger wie Slack (https://slack.com), die neben Messaging auch Video-Chat und den Dateiaustausch bieten.

Wer die digitale Zusammenarbeit noch sozialer gestalten will, sollte sich Yammer oder ein anderes Enterprise-Social-Network ansehen. Yammer erinnert äußerlich, aber auch in der Nutzung, stark an Facebook, sodass Sie davon ausgehen können, dass die meisten Teammitglieder sich schnell in das Social Intranet einfinden.

Filesharing und gemeinsam an Dokumenten arbeiten

Als kreativer Dienstleister haben Sie täglich mit Dokumenten und Dateien zu tun. Selbst wenn Sie als einzige Person an einem Projekt arbeiten, sollten Sie für die Bereitstellung von Dokumenten nicht auf E-Mails setzen, sondern in Erwägung ziehen, Ihre Dateien über einen Cloud-Speicherdienst zur Verfügung zu stellen. Bei jedem der in der Liste genannten Dienste können Sie Passwörter vergeben, sodass Sie sicherstellen können, dass Ihre Daten nur in die richtigen Hände gelangen.

Tools für den Austausch von Dokumenten	
cloudApp	*https://www.getcloudapp.com*
Dropbox	*https://www.dropbox.com*
Ge.tt	*http://ge.tt*
ownCloud	*https://owncloud.org*
WeTransfer	*https://wetransfer.com*

No. 3

Noch praktischer ist dieses Vorgehen, wenn Sie gemeinsam mit anderen Menschen an einem Projekt arbeiten. Zu schnell vergisst man, ein Teammitglied in den Verteiler aufzunehmen, das unbedingt Zugriff auf die per E-Mail versendete Datei benötigt.

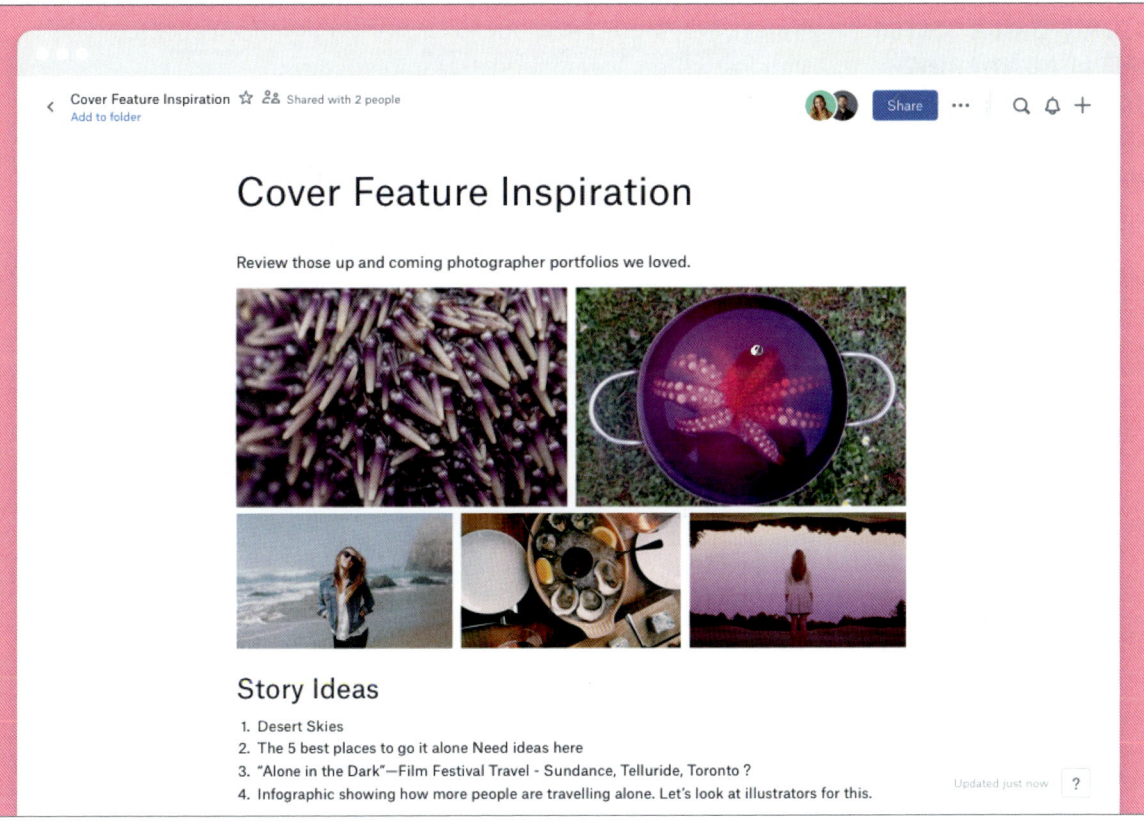

Viele Cloud-Speicheranbieter erlauben nicht nur den Austausch von Dateien, sondern – wie Dropbox Paper (www.dropbox.com) – beispielsweise auch das gemeinsame Arbeiten an Dokumenten.

Außerdem ist es schlicht unübersichtlich, wenn unterschiedlichste Versionen eines Dokuments in den Postfächern aller Beteiligten liegen. Arbeiten stattdessen alle Beteiligten mit einem der oben genannten Tools, ist sichergestellt, dass jedes Teammitglied Zugriff auf alle wichtigen Informationen hat und auch stets den neuesten Status eines Dokuments findet. Manche Dienste bieten sogar eine Möglichkeit, zeitgleich gemeinsam an Dokumenten zu arbeiten.

Gemeinsam Ideen entwickeln

Wenn Sie bei der Ideenfindung im Team auf Mindmapping-Tools setzen, haben Sie den Vorteil, dass sich alle Teammitglieder orts- und zeitunabhängig einbringen können. Dabei ist besonders die Zeitunabhängigkeit praktisch, denn Kreativität auf Knopfdruck funktioniert nur selten. Mit den in der Liste genannten Tools kann jeder am Projekt Beteiligte seine Ideen immer dann auf einer Mindmap festhalten, wenn sie sich manifestieren.

KREATIVITÄT AUF KNOPFDRUCK FUNKTIONIERT NUR SELTEN. MIT MINDMAPPING-TOOLS LASSEN SICH IDEEN ZEITUNABHÄNGIG FESTHALTEN.

Tools wie Coggle, GroupMap, Mind42 oder MindMeister werden hier nur exemplarisch aufgeführt. Es finden sich viele ähnlich gelagerte Werkzeuge, aus denen Sie Ihren Favoriten auswählen können – viele davon sind übrigens kostenlos. So auch Mind42, das es unter anderem auch ermöglicht, eigene Grafiken einzubinden.

Tools für Mindmapping und Brainstorming	
Coggle	https://coggle.it
GroupMap	https://www.groupmap.com
Mind42	https://mind42.com
Mindmeister	https://www.mindmeister.com/de

Ebenfalls kostenlos nutzbar ist GroupMap. Die kostenlose Version bringt allerdings den Nachteil mit sich, dass die erstellten Mindmaps öffentlich im Internet sichtbar sind. Sollten Sie das nicht wünschen, müssen Sie zu der kostenpflichtigen Version von GroupMap wechseln. Auch Coggle können Sie ohne Kosten nutzen. Sie benötigen dafür lediglich einen Google-Account. Die Cloud-App glänzt mit einer besonders leicht zu erlernenden Nutzung.

Benötigen Sie umfangreiche Funktionen für das Erstellen von Mindmaps, könnte MindMeister das richtige Tool für Sie sein. Der kostenpflichtige Helfer bietet neben Mindmapping auch eine Aufgabenverwaltung, Dateiaustausch, Verlinkungen und eine Notizfunktion.

KOMMUNIKATION IN SOZIALEN NETZWERKEN

Wie häufig sollte man online kommunizieren? Wie umfangreich sollten Posts in sozialen Medien sein? Und was sind eigentlich die besten Zeiten für die Kommunikation, um möglichst viele Follower zu erreichen? Kommunikation in sozialen Medien ist planbar, unterliegt aber von Plattform zu Plattform auch unterschiedlichen Regeln. Zur richtigen Kommunikation in sozialen Medien gehört allerdings auch der Umgang mit Feedback, Kritik und Krisensituationen. In diesem Unterkapitel erhalten Sie einen groben Überblick zur Kommunikation in sozialen Netzwerken. Ausführlichere Informationen und Details erhalten Sie in Kapitel 6.

KOMMUNIKATION IN SOZIALEN MEDIEN IST PLANBAR! ABER JEDE PLATTFORM HAT IHRE EIGENEN REGELN.

Regelmäßigkeit ist das A und O

Regelmäßigkeit ist das A und O bei der Kommunikation in sozialen Netzwerken. Nur wenn es Ihnen gelingt, dass Ihre Kontakte Sie nicht vergessen, kommen Sie in den Genuss der Vorteile, die Ihnen soziale Medien als kreativer Dienstleister bieten. Besonders um zu verhindern, dass Sie bei den Kontakten in Vergessenheit geraten, mit denen Sie nicht ohnehin regelmäßig über andere Wege Kontakt haben, müssen Sie regelmäßig Ihre Profile aktualisieren und nicht nur alle paar Wochen einen Post absetzen. Was genau das heißt, wird unter anderem in Kapitel 5 erläutert.

Wie regelmäßig Sie in sozialen Medien kommunizieren sollten, hängt stark vom jeweiligen Netzwerk ab. (Bild: Newscred)

ES GILT, DAS RICHTIGE MASS ZU FINDEN, DENN ZU SELTENE KOMMUNIKATION ALS AUCH ZU VIEL KOMMUNIKATION KÖNNEN SCHADEN.

In Kapitel 5 geht es auch um die Unterschiede zwischen unterschiedlichen Netzwerken. So können Sie ein Medium wie Twitter z. B. wesentlich häufiger »bespielen« als Facebook oder XING. Wichtig ist, dass Sie das richtige Maß finden, denn ebenso wie zu seltene Kommunikation kann auch ein Übermaß an Kommunikation schaden. Posten Sie zu selten in sozialen Medien, geraten Sie womöglich in Vergessenheit, posten Sie zu häufig werden Sie im schlimmsten Fall Follower verlieren, weil diese genervt von der Frequenz Ihrer Kommunikation sind.

Umfang und perfektes Timing für Posts

Nicht nur in Bezug auf die Häufigkeit, sondern auch in Hinblick auf den Umfang und das Timing Ihrer Posts gibt es Unterschiede zwischen den einzelnen sozialen Netzwerken. Das liegt unter anderem daran, dass die verschiedenen Netzwerke unterschiedlich genutzt werden und auch zu ganz verschiedenen Tageszeiten von Ihren Kontakten frequentiert werden.

So werden Sie beispielsweise mit Ihren geteilten Inhalten auf den Karrierenetzwerken LinkedIn und XING, aber auch in sozialen Medien wie Twitter, die meisten Ihrer Kontakte während der Arbeitszeit erreichen, während Plattformen wie Pinterest oder Tumblr zum Beispiel eher in den Abendstunden genutzt werden.

Diverse Beratungsunternehmen wie Hubspot erstellen regelmäßig Studien zu den perfekten Posting-Zeiten je nach sozialem Netzwerk. In Karrierenetzwerken erreichen Sie während der Arbeitszeit die meisten Kontakte mit Ihren Posts. (Bild: Hubspot)

Auch der Umfang der von Ihnen geteilten Inhalte sollte sich grob an den Gepflogenheiten der entsprechend von Ihnen genutzten Netzwerke orientieren. Auch diese Aspekte finden in Kapitel 5 besondere Berücksichtigung.

Mit Feedback umgehen

Sie sollten bei aller Kommunikation in sozialen Medien stets bedenken, dass sie in beide Richtungen abläuft. Daraus ergibt sich, dass Sie auch stets auf Feedback reagieren sollten. Das gilt sowohl für positives Feedback als auch insbesondere für negatives Feedback. Immerhin erreicht Ihre Reaktion auf ein Feedback nicht nur den direkten Empfänger, sondern alle Ihrer Kontakte sowie mögliche zukünftige Kontakte. Wenn Sie ein Lob oder Kritik einfach unbeantwortet im Raum stehen lassen, macht das keinen guten Eindruck und schadet unter Umständen sogar Ihrem Ruf.

NEGATIVES FEEDBACK? BEWAHREN SIE EINEN KÜHLEN KOPF UND REAGIEREN SIE NICHT IM AFFEKT!

Ist es in den meisten Fällen nicht schwer, auf positives Feedback zu reagieren, so gestaltet sich eine Reaktion auf Kritik etwas komplizierter. Das Wichtigste dabei ist, dass Sie einen kühlen Kopf bewahren – völlig unabhängig davon, wie anmaßend, falsch oder sogar beleidigend das negative Feedback ausfällt. In keinem Fall sollten Sie direkt im Affekt auf das Feedback reagieren. In den meisten Fällen kommt es auch nicht darauf an, sofort und direkt auf Kritik zu reagieren. Atmen Sie durch, denken Sie nach und überlegen Sie vorher, wie Sie reagieren wollen.

Besonders in sozialen Medien und bei Feedback gilt: Stellen Sie sich nicht taub. Andernfalls können Sie nachhaltig Ihrem Ruf schaden.

Sie sind gut damit beraten, wenn Sie sich als Erstes ganz höflich für das Feedback bedanken. Das sollten Sie selbst dann tun, wenn Sie die Kritik als völlig unbegründet oder sogar beleidigend empfinden. Indem Sie sich für das Feedback bedanken, zeigen Sie allen Mitlesenden, dass Sie sich nicht durch unsachliches Feedback aus der Ruhe bringen lassen und an einer sachlichen Diskussion interessiert sind, ohne gleich emotional zu werden. Natürlich ist eine emotionale Diskussion für alle Mitlesenden wesentlich unterhaltsamer, aber für Ihren Ruf wäre das schlecht. Antworten Sie stets mit Niveau und sachlich.

UMGANG MIT KRITIK Im Zweifel ist es ohnehin eine gute Idee, das Feedback zu reflektieren und zu überlegen, was den jeweiligen Kommentator zu seiner Kritik bewogen haben könnte. Oft steckt ja selbst in unberechtigter Kritik ein Fünkchen Wahrheit, aus dem Sie etwas lernen können.

Sollte die negative Kritik berechtigt sein, bedanken Sie sich ruhig nochmals dafür, dass der Kommentator Sie auf einen Missstand aufmerksam gemacht hat. Im selben Atemzug sollten Sie ankündigen, dass Sie den kritisierten Umstand – sofern möglich – beheben werden. Geben Sie ruhig einen Einblick, wie Sie das ändern und was Sie in Zukunft anders machen wollen. Schießen Sie dabei aber nicht über das Ziel hinaus und geloben Sie ausschließlich Besserung in einem Ausmaß, das Ihnen auch möglich ist.

Kündigen Sie Maßnahmen zur Besserung an, die Sie später überhaupt nicht umsetzen können, dann kann es richtig hässlich werden, und im schlimmsten Fall droht Ihnen ein »Shitstorm«.

Bei aller Einsicht und Sachlichkeit müssen Sie sich aber natürlich nicht alles bieten lassen. Wenn Sie beleidigt oder sogar bedroht werden, sollten Sie als Ultima Ratio eine Löschung des negativen Feedbacks ankündigen und beim Plattformbetreiber anstreben. Das gilt auch, wenn ein Kommentar gegen Gesetze verstößt (zum Beispiel der Aufruf zu Gewalt gegen Sie oder andere Nutzer).

EIN POSITIVER GRUNDTENOR IST WICHTIG Generell sollten Sie sich darum bemühen, dass auf Ihrem Profil ein positiver Grundtenor vorherrscht. Das gilt sowohl für die von Ihnen geteilten Inhalte, als auch für die Kommentare unter diesen Inhalten. Nehmen Sie aktiv Einfluss darauf, und weisen Sie auch andere Nutzer, die unter Umständen mit einem Kommentar mit Bezug auf einen Ihrer Kontakte über die Stränge schlagen, darauf hin.

Einen positiven Grundtenor können Sie darüber hinaus etablieren, indem Sie, wie bereits erwähnt, auch auf positives Feedback eingehen. Ihre Kontakte und andere Nutzer sehen, dass Sie durchaus mitbekommen, was unter den von Ihnen geteilten Inhalten in den Kommentaren passiert. Außerdem wirken Sie damit sympathisch und erkennen an, wenn sich ein Kontakt die Zeit nimmt, auf Ihre Posts zu reagieren. Unter dem Strich fahren Sie gut mit einer Online-Kommunikationsstrategie, die den Regeln eines persönlichen Gesprächs folgt. Nur weil viele Ihrer Kontakte in sozialen Medien unter Umständen mehr oder weniger anonym sind, heißt das noch lange nicht, dass Sie nicht denselben respektvollen Umgang verdienen wie Ihre besten Geschäftskontakte.

No. 3

SIE FAHREN GUT, WENN IHRE ONLINE-KOMMUNIKATIONSSTRATEGIE, DEN REGELN EINES PERSÖNLICHEN GESPRÄCHS FOLGT.

Mehr Informationen zu diesem wichtigen Thema und der höchsten Eskalationsstufe – den »Shitstorms« – finden Sie in Kapitel 5.

MIT DEM EIGENEN BLOG EXPERTISE BEWEISEN

Es spricht viel dafür, dass Sie Ihre Website oder Ihr Online-Portfolio mit einem Blog anreichern. Ein Blog, in dem Sie sowohl in Fachartikeln Ihre Expertise beweisen als auch Einblicke in Ihre Arbeit geben, hilft Ihnen dabei, Kunden von sich und der Qualität Ihrer Dienstleistung zu überzeugen.

DAS SPRICHT FÜR EINEN BLOG

> Sie geben potenziellen Auftraggebern einen Einblick in Ihre Arbeitsprozesse und sorgen mittels Transparenz für Vertrauen.

> Sie vermitteln potenziellen Kunden einen ersten Eindruck Ihrer Person und der Qualität Ihrer Arbeit.

> Sie heben sich von Mitbewerbern ab, die kein Blog führen.

> Mit Fachbeiträgen können Sie Ihre Kompetenz unter Beweis stellen und deutlich machen, auf welchen Gebieten Sie ein Spezialist sind.

> Sie verbessern Ihr Ranking in Suchmaschinen.

> Durch ein besseres Ranking in Suchmaschinen und durch Weiterempfehlungen Ihrer Beiträge erhöhen Sie Ihre Reichweite.

> Sie können direkt mit Ihrer Zielgruppe in Kontakt treten und kommunizieren.

Zwar macht die regelmäßige Pflege eines Blogs zusätzliche Arbeit, aber es gibt kaum einen besseren Weg, Kunden zu zeigen, dass Sie sich gut auf Ihrem Gebiet auskennen. Darüber hinaus können Besucher Ihres Blogs einzelne Artikel kommentieren und zum Beispiel Fragen stellen, die Sie wiederum mit Ihrem Wissen beantworten können. Richtig angestellt ist das eine sehr gute Gesprächsbasis.

Mit einem Blog können Sie sowohl neue Kunden gewinnen als auch interessierte Bestandskunden auf dem Laufenden halten. Indem Sie auch Beiträge verfassen, die sich nicht in erster Linie an potenzielle Auftraggeber wenden, sondern Kollegen und andere Interessierte ansprechen, können Sie dafür sorgen, dass sich die von Ihnen bereitgestellten Inhalte verbreiten.

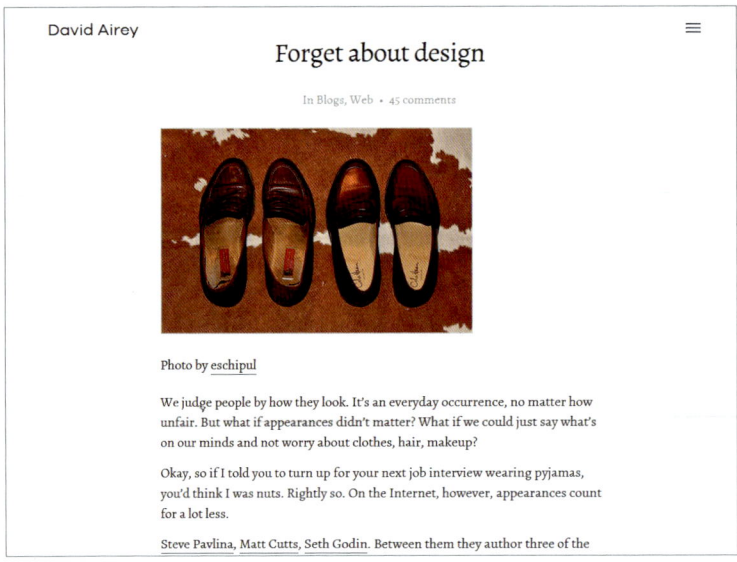

Kreative Dienstleister, die wie www.davidairey.com Ihre Website mit einem Blog aufwerten, kommen in den Genuss vieler Vorteile.

Konzentrieren Sie sich bei Artikeln, die Sie verfassen, auf die Bereiche, in denen Sie sich wirklich gut auskennen und an denen Sie Freude haben. Ein Leser merkt das sofort und erhält nicht nur einen positiven Eindruck von Ihrer Expertise, sondern wird auch Ihre Leidenschaft und Ihre Art zu kommunizieren positiv bewerten. Scheuen Sie sich nicht, Ihre Persönlichkeit in Ihre Texte einfließen zu lassen, und gewähren Sie ruhig auch mal einen Blick hinter die Kulissen Ihres Schaffens.

LASSEN SIE IHRE PERSÖNLICHKEIT IN IHRE BLOGTEXTE EINFLIESSEN.

Anfangs mag es sich noch so anfühlen, als würden Sie für sich selber schreiben. Das liegt in der Natur der Sache, und sollten Sie in Erwägung ziehen, ein Blog zu starten, sollten Sie bedenken, dass das vieler Zeit und Ausdauer bedarf. Wenn Sie aber am Ball bleiben, Ihre Beiträge regelmäßig über soziale Medien teilen und mit Fachwissen dafür sorgen, dass sich die Artikel durch Empfehlungen weiterverbreiten, werden Sie zusätzlichen Traffic generieren und mehr potenzielle Kunden als Besucher Ihres Online-Portfolios begrüßen können.

No. 3

Lassen Sie sich nicht davon entmutigen, wenn sich die Zahl der Zugriffe auf Ihre Blogbeiträge in Grenzen hält. Wenn Sie mit Herzblut dabei sind, wird sich Arbeit früher oder später auszahlen. Eine Hand voll Zugriffe von den richtigen Besuchern kann mehr Wert haben als Millionen von Views, die aber zu nichts führen. Auch wenn Sie die Zugriffszahlen auf Ihr Blog im Auge behalten sollten (siehe Kapitel 8), sind Zahlen nicht alles.

Das macht einen guten Blog aus

Die Basis eines jeden guten Blogs ist eine funktionierende technische Lösung. Dabei müssen Sie die technische Basis für Ihr Blog nicht selber programmieren, sondern können aus einer Vielzahl unterschiedlicher Lösungen wählen und diese Ihren Bedürfnissen anpassen. Einen kurzen Überblick über selbst- und fremdgehostete Lösungen erhalten Sie im Abschnitt »Blog-Anbieter oder selbst hosten« auf Seite 120.

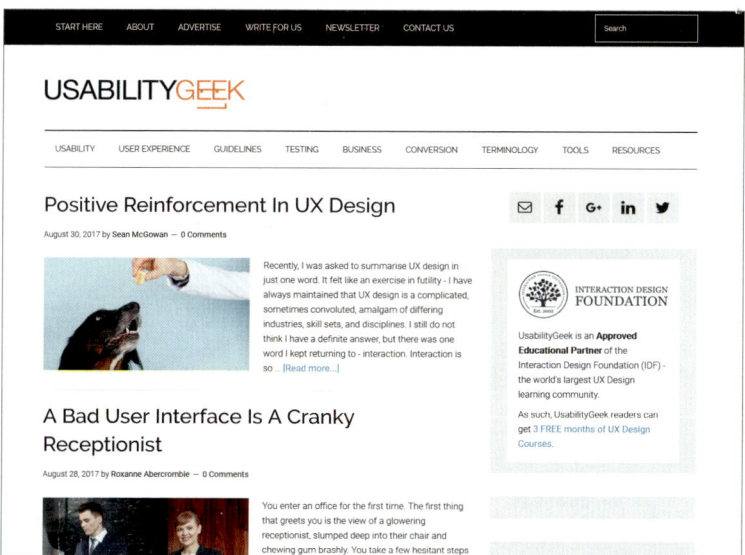

Wer mit guten Inhalten am Ball bleibt, hat die Chance, aus seinem Blog sogar ein Unternehmen zu machen. Justin Misfud ist das mit usabilitygeek.com gelungen.

Ein gutes Blog glänzt außer mit guten Inhalten mit einem ansprechenden Design und einer gut durchdachten Nutzerfreundlichkeit. Sie sollten auf komplexe Navigation und ein überladenes Interface verzichten. Besucher sollten sich direkt zurechtfinden können.

Neben einem ansprechenden Gesamtdesign bietet es sich außerdem an, Ihre Beiträge mit Videos, Illustrationen und Fotos aufzuhübschen. Auf die Weise lockern Sie besonders längere Texte auf und erschlagen den Leser nicht mit Textwüsten.

KEIN BESUCHER WIRD ERWARTEN, DASS IHRE BLOGBEITRÄGE AN EIN NÜCHTERNES NACHRICHTENPORTAL ERINNERN.

EIN BLOG ZEIGT PERSÖNLICHKEIT In einem Blog haben Sie die Möglichkeit, Ihre Gedanken auf Ihre ganz persönliche Art und Weise festzuhalten. Kein Besucher wird erwarten, dass die Beiträge Ihres Blogs an ein nüchternes Nachrichtenportal oder einen professionellen Pressebereich eines Großkonzerns erinnern. Sie sollten Ihre Texte so verfassen, dass der Stil an ein Gespräch unter Gleichgesinnten erinnert. Die persönliche Ansprache der Leser Ihres Blogs ist mindestens genauso wichtig wie der Inhalt der Beiträge.

Mit einem Blog können Sie Kunden auch einen Blick hinter die Kulissen Ihrer abgeschlossenen Projekte gewähren. (Bild: Richard Deighton) http://nuyustore.com.

Sie sollten Ihr Blog nicht als »Marketing-Schleuder« verstehen, sondern sind gut beraten, wenn Sie Ihre Texte inhaltlich an den Interessen Ihrer Besucher ausrichten. Vermeiden Sie es, ausschließlich über sich selbst und Ihre Dienstleistung zu schreiben, sondern machen Sie sich vorab Gedanken darüber, welche thematischen Schwerpunkte sich für Ihr ganz persönliches Blog eignen. Das heißt aber nicht, dass Sie nicht auch mal aus Ihrem Alltag als kreativer Dienstleister berichten dürfen. Der Blick hinter die Kulissen wird viele Besucher ebenso interessieren wie fachliche Beiträge.

No. 3

EXPERTENWISSEN UND FACHKOMPETENZ Für Sie als kreativen Dienstleister ist ein Blog ein mächtiges Werkzeug, denn Sie können damit gleich mehrere Ziele verfolgen. Zum einen eignen sich Blogs vortrefflich, um Ihren besten Arbeiten eine Bühne zu verschaffen und potenziellen Kunden darüber hinaus Einblicke in Ihr kreatives Schaffen und Ihre Arbeitsprozesse zu geben. Zum anderen eignen sich Blogs aber auch, um die eigene Fachkompetenz unter Beweis zu stellen, indem Sie Fachbeiträge verfassen und Ihr Wissen in Tutorials und How-to-Artikeln teilen.

In derartigen Texten kann es beispielsweise darum gehen, dass Sie Ihren Lesern erklären, wie Sie ein bestimmtes Projekt umgesetzt haben; Sie können dabei auch auf eventuelle Schwierigkeiten, Probleme und deren Lösung eingehen. Sie werden erstaunt sein, wie sehr Ihnen das Verfassen derartiger Artikel selber hilft, denn immerhin müssen Sie dafür selber ein Projekt Revue passieren lassen und reflektieren Ihre Arbeit. Falls noch nicht vorhanden, entwickeln Sie auf die Weise ein gutes Verständnis von einzelnen Projektphasen, und Sie lernen aus Fehlern, die Sie unter Umständen gemacht haben. Scheuen Sie sich nicht, diese Fehler in einem Blog-Beitrag anzusprechen, denn immerhin zeigen Sie damit, dass Sie sich und Ihre Arbeitsweise reflektieren und sich ständig weiterentwickeln. Sie werden die meisten potenziellen Kunden mit dieser Transparenz beeindrucken und gleichzeitig sowohl Ihre Arbeits- als auch Ihre Kommunikationsprozesse verbessern.

SIE WERDEN ERSTAUNT SEIN, WIE SEHR IHNEN DAS VERFASSEN VON ARTIKELN SELBER HILFT!

ÜBER NEUIGKEITEN INFORMIEREN Außerdem können Sie über alle Neuigkeiten schreiben, die Sie und Ihre Dienstleistung betreffen. Haben Sie ein spannendes neues Projekt an Land gezogen? Haben Sie Ihren ersten Mitarbeiter eingestellt, oder neue Räumlichkeiten bezogen? Das alles können geeignete Themen für Ihr Blog sein.

Es muss aber auch nicht immer ein umfangreicher Text sein, denn Blogs eignen sich vorzüglich, um einfach kurz etwas vorzustellen, das Sie im Internet gefunden haben und das für Ihre Leser interessant ist.

Es müssen nicht immer nur lange Texte als Inhalte für ein Blog herhalten. Auch kleine Fundstücke und Illustrationen machen sich gut, so wie bei Joshua M. Herron. http://joshuamherron.com.

WEITERE TIPPS FÜR BLOGBEITRÄGE

> Sprechen Sie Ihre Besucher nicht nur inhaltlich, sondern ruhig auch in Bezug auf die Anrede persönlich an. Das ist für Blog-Beiträge nicht ungewöhnlich und schafft zwischen Ihnen und dem Leser direkt ein persönlicheres Verhältnis.

> Versuchen Sie, Ihre Texte so zu verfassen, dass sich ein Dialog entwickeln kann. Dazu gehört unter anderem, dass sie nicht zu förmlich formulieren sollten und durchaus auch direkte Fragen an die Besucher Ihres Blogs stellen können.

> Versuchen Sie, beim Verfassen von Beiträgen eine gewisse Regelmäßigkeit zu etablieren. Das hilft nicht nur Ihnen dabei, sich an die unter Umständen ungewohnte Tätigkeit des Schreibens zu gewöhnen, sondern weckt auch bei Besuchern eine gewisse Erwartungshaltung, die dazu

führt, dass sie in regelmäßigen Abständen bei Ihnen vorbeischauen. Dabei ist es unerheblich, ob Sie einmal die Woche oder zweimal monatlich einen Artikel veröffentlichen. Wichtig ist, dass regelmäßige Besucher sich darauf verlassen können, dass sie in vorhersehbaren Abständen neue Beiträge von Ihnen vorfinden.

No. 3

> Regelmäßige Beiträge sind darüber hinaus auch gut für Ihre Platzierung in den Suchergebnissen von Google und Co. Ihre Sichtbarkeit leidet erwiesenermaßen, wenn sie nur alle drei bis vier Monate einen neuen Text veröffentlichen. Eine gute Möglichkeit, das zu vermeiden, besteht darin, circa alle zwei Monate einen festen Tag für das Verfassen gleich mehrerer Texte einzuplanen. Sie sollten die an diesem Tag verfassten Beiträge allerdings nicht alle auf einmal veröffentlichen, sondern – sofern die Texte keinen aktuellen Bezug haben – die Beiträge für die folgenden Wochen verteilt planen.

Ihr Blog ist nicht allein – befreundete Blogs als Multiplikatoren

Gelingt es Ihnen, Blogbeiträge zu verfassen, die nicht nur für potenzielle Auftraggeber interessant sind, können Sie gleich doppelt davon profitieren. Sowohl Arbeitsproben als auch Fachartikel, How-tos und Tutorials bieten die Chance, dass sie über soziale Medien von anderen Nutzern geteilt werden, und darüber hinaus ist es nicht unwahrscheinlich, dass andere Blogs auf Ihre Inhalte hinweisen. Das erhöht die Reichweite Ihrer Texte und damit auch die Wahrscheinlichkeit, dass ein Auftraggeber auf Sie und Ihre Dienstleistung aufmerksam wird.

Es ist unwahrscheinlich, dass es noch kein anderes Blog gibt, das sich den Themen widmet, mit denen Sie sich selbst in Ihrem Blog beschäftigen. Das ist allerdings nicht schlimm, denn in der Blogosphäre – also der Gemeinschaft aller Blogs – ist es nicht unüblich, dass sich ähnlich gelagerte Blogs miteinander vernetzen und sich gegenseitig inhaltlich befruchten. Eine Möglichkeit, sich ganz offiziell mit anderen Blogs zu vernetzen, ist die sogenannte Blogroll. Dabei handelt es sich um eine Linkliste in Ihrem Blog, in der Sie alle anderen Blogs erwähnen, die Sie persönlich für relevant halten. Ein Blog steht selten für sich allein, sondern die Vernetzung mehrerer Blogs miteinander ist das A und O für ein Blog, das lebendig und nicht isoliert wirkt.

ARBEITSPROBEN, FACHARTIKEL, HOW-TOS UND TUTORIALS BIETEN DIE CHANCE, ÜBER SOZIALE MEDIEN GETEILT ZU WERDEN!

MACHEN SIE AUF ANDERE BLOGS AUFMERKSAM Anders als bei Unternehmens-
websites oder großen Nachrichtenportalen besteht bei thematisch verwandten
Blogs selten ein Konkurrenzverhältnis. Daher brechen Sie sich auch keinen Zacken aus der Krone, wenn Sie andere Blogs, die über ähnliche Themen schreiben, im Blick behalten und Ihre Leser darauf aufmerksam machen. Ganz im Gegenteil: Bauen Sie sich ein Netzwerk aus befreundeten Blogs auf, und erhöhen
Sie gegenseitig mit den anderen Seiten Ihre Reichweite. Schreiben Sie nützliche
Kommentare unter Beiträgen in anderen Blogs, die Sie interessieren. Davon pro-
fitiert nicht nur das befreundete Blog, sondern auch Ihr Blog,
da Sie auf diese Weise auf sich aufmerksam machen.

**DIE BEZIEHUNGEN
ZWISCHEN BLOGGERN
IST WENIGER VON KON-
KURRENZ ALS FREUND-
SCHAFTLICH GEPRÄGT.**

Auch wenn Sie eigene Beiträge verfassen, schadet es nicht,
vorher zu schauen, ob andere Blogs bereits etwas zu dem
Thema geschrieben haben. Verlinken Sie diese Beiträge, und
nehmen Sie ruhig Bezug darauf. Erwähnen und verlinken Sie
andere Blogs in Ihren Beiträgen, spricht man dabei von einem *Trackback*. Der
Betreiber des Blogs, auf das Sie verweisen, wird über die Erwähnung informiert
und bedankt sich in vielen Fällen dafür. Das zeigt bereits, dass die Beziehungen
zwischen Bloggern in der Regel weniger von Konkurrenz, sondern freundschaft-
lich geprägt sind.

Sie sollten stets daran denken, dass ein Blog keine Einbahnstraße, sondern ein
Dialogmedium ist. Das gilt sowohl für die Kommunikation mit Kunden als auch
für die Kommunikation mit Kollegen. In vielen Fällen können sich im Kommentar-
bereich unter einem Fachartikel interessante Dialoge entwickeln, die nicht nur
allen Beteiligten, sondern auch dem Leser einen echten Mehrwert bieten.

Blog-Anbieter nutzen oder selber hosten?

Im Netz finden sich viele Anbieter von Blog-Lösungen, und egal welche davon
Sie in Betracht ziehen – Sie sollten in jedem Fall ein paar Erfahrungsberichte
dazu suchen, um einen Eindruck davon zu bekommen, ob die in Frage kommende Lösung für Sie die richtige ist. Die Chancen stehen recht gut, dass Sie bei
Ihren Recherchen bei WordPress landen.

DER PLATZHIRSCH WORDPRESS Sowohl unter fremdgehosteten als auch unter selbstgehosteten Blogsoftware-Lösungen ist WordPress der absolute Platzhirsch. Unter fremdgehosteten Lösungen versteht man Blogs, die Sie direkt bei
einem Anbieter einrichten können. Der Vorteil davon ist, dass Sie sich deutlich

weniger mit technischen Fragen auseinandersetzen müssen und mit ein paar Klicks eigentlich direkt loslegen können.

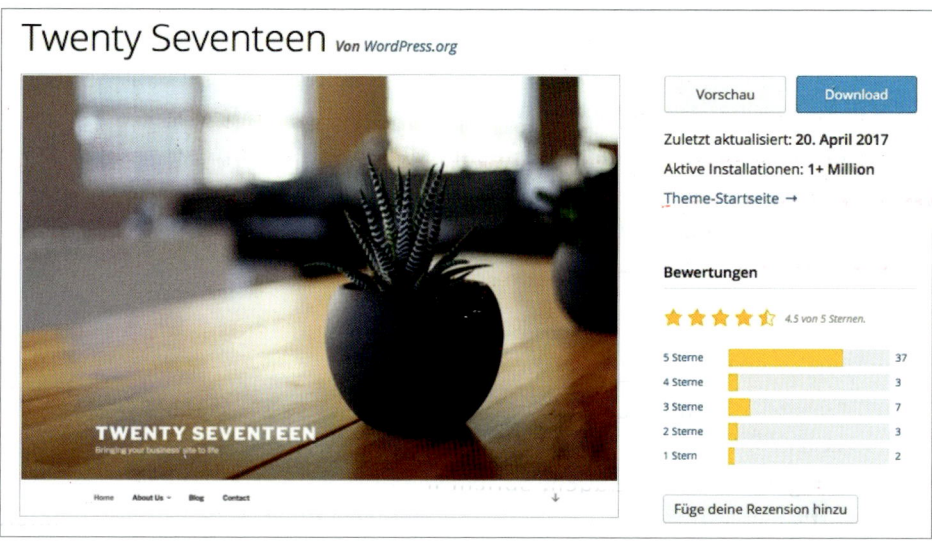

WordPress gehört zu den bekanntesten Blog-Lösungen und glänzt unter anderem mit einer Menge unterschiedlicher Themes.

Die meisten Anbieter haben eine kostenlose Basisversion im Angebot, die in der Regel auch völlig ausreichende Funktionalität bietet. Allerdings müssen Sie sich bei dieser Variante darauf einstellen, dass Design und Layout nur bedingt anpassbar sind. Außerdem erhalten Sie bei kostenlosen fremdgehosteten Angeboten in der Regel keine eigene Domain.

AUSWAHL FREMDGEHOSTETER BLOGS

> WordPress (*www.wordpress.com*)
> Tumblr (*www.tumblr.com*)
> Medium (*www.medium.com*)
> Blogspot (*www.blogger.com*)
> Blogger (*www.blogger.de*)
> Typepad (*www.typepad.com*)

Unter wordpress.com können Sie kostenlos ein Blog einrichten, das dann allerdings keine eigene Domain bietet. Wenn Sie auf eine eigene Domain Wert legen, kommen Sie nicht umhin, sich für das kostenpflichtige Angebot zu entscheiden. Der Vorteil von WordPress gegenüber vielen anderen Anbietern liegt darin, dass Sie aus vielen Designs und Vorlagen auswählen können. Zum Angebot gehört darüber hinaus, dass Sie auf grundlegendes Monitoring zugreifen können, sodass Sie sehen, wie viele Besucher sich Ihr Blog angesehen haben. Sie müssen allerdings davon ausgehen, dass WordPress ab und an Werbung in Ihrem Blog anzeigt.

ALTERNATIVEN ZU WORDPRESS Lösungen wie Tumblr und Medium dürften sich nur begrenzt für Ihre Zwecke eignen, denn die gebotenen Möglichkeiten sind stark eingeschränkt, und die Plattformen eignen sich eher für ganz spezielle Anwendungsfälle. Im Zweifel sollten Sie sich beide Anbieter genau ansehen und selber entscheiden, ob die Ausrichtung der Dienste Ihren Ansprüchen genügt.

Eine bessere Alternative zu Tumblr und Medium ist Blogspot, wenn Ihnen WordPress nicht zusagt. Auch hier können Sie schnell ein eigenes Blog einrichten und dabei aus unterschiedlichen Designs und Vorlagen wählen. Benötigen Sie eine eigene Domain, müssen Sie dafür auch bei Blogspot bezahlen.

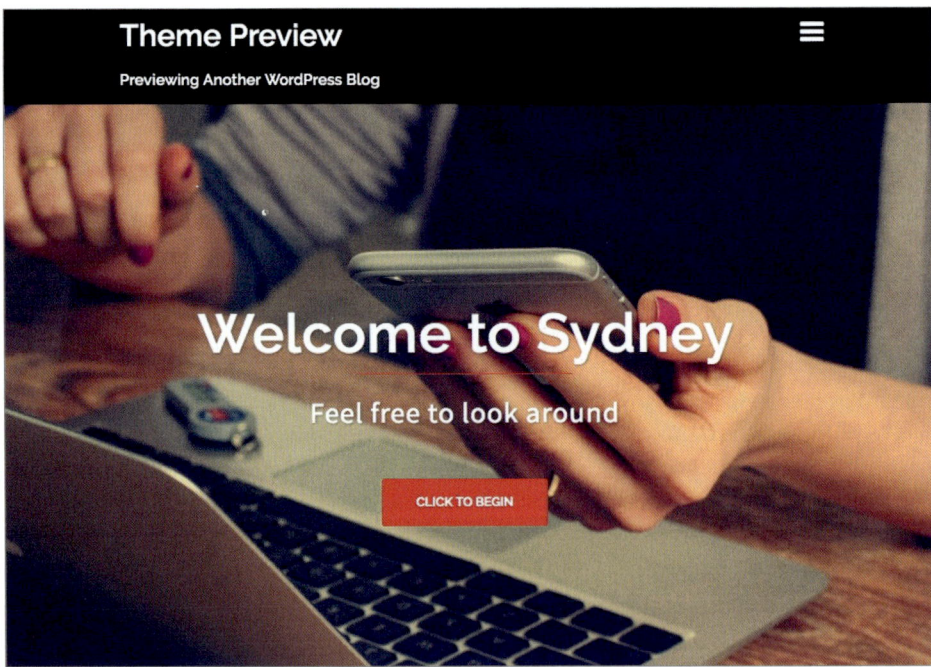

Viele Hoster bieten auch ein WordPress-Paket an. Auf diese Weise kommen Sie besonders schnell an eine Installation einer Blog-Lösung, die auch noch viele Themes und Plugins bietet.

Insgesamt ist einer selbstgehosteten Variante einem fremdgehosteten Blog fast in jeder Hinsicht der Vorzug zu geben. Zwar ist der initiale Arbeits- und Zeitaufwand für die Einrichtung höher, aber es ist den Aufwand wert. Auch im Bereich der selbtgehosteten Blogs gibt es unterschiedliche Lösungen, deren Vorstellung den Rahmen dieses Buches aber sprengen würde. Exemplarisch soll daher die wohl am weitesten verbreitete Variante WordPress beleuchtet werden.

No. 3

SELBSTHOSTEN MIT WORDPRESS Sofern Sie bereits eine eigene Website oder ein Online-Portfolio haben, stehen die Chancen nicht schlecht, dass Ihr Hoster auch WordPress anbietet und das Paket bereits im monatlichen Preis enthalten ist. Sollte das nicht der Fall sein, werden Sie bei den meisten Hosting-Anbietern für wenige Euro im Monat fündig. Unter Umständen kann es sogar sinnvoll sein, dass Sie Ihren kompletten Webauftritt mit WordPress umsetzen. Einige Hoster, die auch WordPress anbieten sind

UNTERM STRICH IST EINE SELBSTGEHOSTETE VARIANTE VORZUZIEHEN.

> All-Inkl,
> Strato,
> 1&1 oder auch
> Mittwald.

Das Ganze kostet zwischen drei und sechs Euro monatlich. Ein guter Überblick zu WordPress-Hostern findet sich bei t3n: *http://t3n.de/news/wordpress-hosting-anbieter-vergleich-604474*.

WordPress eignet sich besonders für kleine Unternehmen, um die komplette Website darauf aufzubauen. WordPress ist nämlich nicht nur eine Blogsoftware, sondern mittlerweile ein ausgereiftes Content-Management-System (CMS), mit dem Sie nicht nur Ihre Website oder Ihr Online-Portfolio aufsetzen können, sondern das auch die Pflege Ihres Webauftritts immens erleichtert. Sie können sich einfach in das Backend – also das Content-Management-System, indem Sie Ihre Inhalte anlegen und das der

WORDPRESS BRINGT VON HAUS AUS DIVERSE SUCHMASCHINEN OPTIMIERUNGEN MIT.

Besucher nicht zu Gesicht bekommt – einloggen und jederzeit selber neue Unterseiten zu Ihrer Website hinzufügen, Bilder austauschen, das Layout ändern und noch mehr grundlegende Änderungen vornehmen.

Für WordPress spricht auch, dass die Einarbeitung relativ einfach ist, sodass Sie sich schnell viele Aspekte rund um das CMS selbst beibringen können. Außerdem bringt WordPress von Haus aus diverse Suchmaschinenoptimierungen mit, die Sie nur noch verfeinern müssen, um möglichst gut in den Suchmaschinen zu ranken.

VIELE GESTALTUNGSFREIHEITEN Das Schöne an der Open-Source-Lösung Word-Press ist zudem, dass Sie sich in Bezug auf Layout, Funktionalität und Design so richtig austoben können. Dabei können Sie entweder auf eine riesige Zahl an Themes, Templates und Plugins zurückgreifen oder selber Hand anlegen. Themes finden Sie zum Beispiel direkt bei WordPress unter *http://wordpress.org/ extend/themes*, aber auch auf unzähligen Websites von Drittanbietern.

Bei den Themes geht es in erster Linie um Anpassungen von Design und Layout Ihres Blogs. Mit Plugins können Sie dagegen die Funktionalität Ihres Blogs erweitern. Auch hier finden sich unglaublich viele Erweiterungen, aus denen Sie wählen können. So stehen beispielsweise Plugins zur Verfügung, die Ihren Besuchern das Teilen von Ihren Beiträgen über unterschiedliche soziale Medien erleichtern. Auch Plugins für das Einbinden von Medien wie Videos oder Fotos von unterschiedlichen Plattformen sind einen Blick wert.

Versuchen Sie aber dennoch, Ihre Seite so individuell wie möglich zu gestalten. Setzten Sie zu sehr auf fertige Lösungen und Bibliotheken, riskieren Sie, dass Ihre Seite im Einheitsbrei untergeht. Besonders als Kreativer ist es in Ihrem eigenen Interesse, dass Ihr Blog aus der Masse hervorsticht. Setzen Sie daher nicht ausschließlich auf Templates und Themes, sondern versuchen Sie, diese mit eigenen Designs zu individualisieren.

VERSUCHEN SIE, IHRE SEITE SO INDIVIDUELL WIE MÖGLICH ZU GESTALTEN!

Sofern Sie sich für WordPress entschieden haben, schauen Sie sich einfach mal an, was alles an Themes und Plugins geboten wird. Im Netz finden sich viele Seiten, die Themes und Plugins anbieten. Dabei müssen Sie nicht zwangsläufig tief in die Tasche greifen. Auf wordpress.org finden Sie beispielsweise sowohl kostenlose Themes (*https://de.wordpress.org/themes*) als auch Plugins (*https://de.wordpress.org/ plugins*). Ein paar unverzichtbare WordPress-Plugins stellt t3n in einem Artikel vor: *http://t3n.de/news/wordpress-plugins-diese-sind-unverzichtbar-822090*.

Die Installation gestaltet sich in den meisten Fällen sehr leicht und ist mit wenigen Klicks erledigt. Auch wenn die Installation schnell erledigt ist, sollten Sie es mit den Plugins nicht übertreiben. Zum einen besteht die Gefahr, dass Sie Ihr Blog mit zu vielen Plugins überladen, was zu langen Ladezeiten führt. Zum anderen ist auch jedes zusätzliche Plugin ein potenzielles Sicherheitsrisiko.

Mit SEO und Blog das eigene Portfolio besser positionieren

Eines der wohl wichtigsten Argumente für kreative Dienstleister, ein Blog zu führen, ergibt sich aus der besseren Sichtbarkeit in Suchmaschinen. Sofern Sie Ihre Website und/oder Ihr Online-Portfolio mit einem Blog verknüpfen, betreiben Sie aktive SEO, denn Blogs werden von Suchmaschinen mit besonderer Aufmerksamkeit bedacht.

Ein Grund dafür ist, dass in Blogs regelmäßig neue Beiträge veröffentlicht werden. Suchmaschinen bewerten Websites mit vielen unterschiedlichen Inhalten, die ständig aktualisiert werden, in der Regel besser als statische Websites, die zudem noch sich häufig wiederholende Inhalte aufweisen. Außerdem geben Suchmaschinen oftmals Inhalten den Vorzug, die besonders nützlich sind. Statten Sie Ihre Website also mit einem Blog aus, schlagen Sie in SEO-Hinsicht gleich zwei Fliegen mit einer Klappe. Zum einen statten Sie Ihre gesamte Website mit einem Bereich aus, der regelmäßig für neues Suchmaschinenfutter sorgt, und zum anderen streuen Sie mit Hilfe von Tutorials, How-tos und anderen Facharti-keln noch nützliche Inhalte ein.

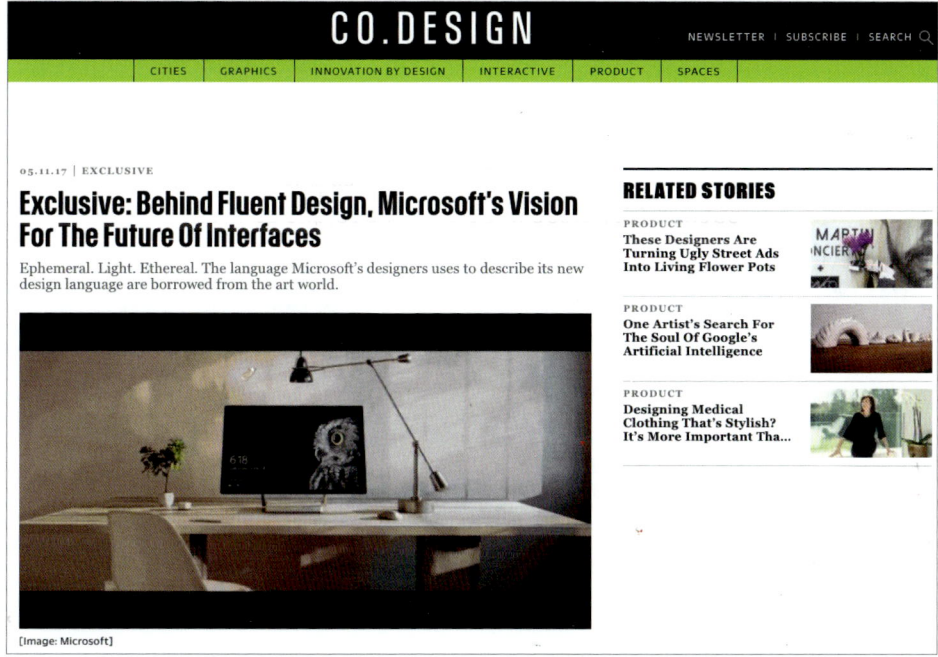

Keywords, wie hier »Fluent Design« auf www.fastcodesign.com, gehören nicht nur in den Text, sondern auch prominent in die Überschrift, in Links und in Dateinamen.

KEYWORDS OPTIMIEREN Mit Hilfe der einzelnen Blog-Beiträge können Sie zudem ganz gezielt auf bestimmte Keywords optimieren, die Sie als besonders wichtig in Bezug auf die Auftragsakquise erachten. Überlegen Sie sich einfach, wonach potenzielle Kunden suchen würden, die auf der Suche nach einem Anbieter mit Ihrem Dienstleistungsprofil sind. Sie können dann Ihre Beiträge auf diese Keywords optimieren, sodass Sie die Wahrscheinlichkeit erhöhen, über Suchmaschinen gefunden zu werden.

Stecken Sie ruhig ein wenig Zeit in Ihre Überlegungen, nach welchen Keywords potenzielle Auftraggeber suchen würden. Zusätzlich zu Ihren persönlichen Überlegungen können Sie auch mit Tools Recherche betreiben. Ein Werkzeug, das sich dazu anbietet, ist der Google AdWords Keyword-Planner, mit dessen Hilfe Sie komplette Websites (beispielsweise von Mitbewerbern), einzelne Wörter oder auch Gruppen von Wörtern auswerten. Mit Hilfe des Keyword-Planners werden Sie auf Keywords kommen, die Ihnen unter Umständen selber nicht eingefallen wären.

SIE SOLLTEN IHRE TEXTE NIEMALS NUR FÜR DIE SUCHMASCHINE SCHREIBEN!

Bei allen Optimierungsbestrebungen sollten Sie Ihre Texte aber nie für die Suchmaschine schreiben. Zum einen funktioniert SEO so nicht, und zum anderen werden Sie jeden Besucher vergraulen, weil das Ergebnis dann nichts mit einem gut zu lesenden Text gemein hat. Wie aber gelingt das? Zum Bereich Suchmaschinenoptimierung zählen nicht nur die Texte, die Sie verfassen, sondern auch Aspekte wie Links, Überschriften und Dateibenennung, insbesondere von Bildern und Bildunterschriften.

RELEVANTE SEO-ASPEKTE FÜR BLOG-BEITRÄGE

Überschriften

Für ein gutes Ranking in den Suchergebnissen spielen die Überschriften Ihrer Texte eine wichtige Rolle. Das gilt nicht nur für die Hauptüberschrift (H1), sondern auch für Unterüberschriften (H2 und H3), die Sie innerhalb eines Artikels verwenden. Wenn möglich, sollten Sie relevante Keywords in den Überschriften verwenden. Gehen Sie dabei aber mit Bedacht vor. Eine einfallsreiche Überschrift ohne Keyword ist im Zweifel besser als eine generische Headline, in der das Keyword prominent platziert wurde.

Fließtext

Es versteht sich von selbst, dass Sie im Text selbst auch die vorher definierten Keywords platzieren sollten. Sie müssen aber nicht andauernd dasselbe Keyword verwenden, denn durch zu viele Wortwiederholungen büßt Ihr

Text an Lesbarkeit ein und lässt den Leser stolpern. Arbeiten Sie daher mit Wortvariationen. Auf diese Weise schlagen Sie zwei Fliegen mit einer Klappe. Zum einen werden Ihre Leser Ihnen die Abwechslung danken, und zum anderen decken Sie mit Synonymen das volle Spektrum der Suchanfragen zu einem bestimmten Keyword ab.

Dateinamen von Bildern und Fotos

Wenn Sie wissen, welche Keywords Sie in einem Beitrag hauptsächlich verwenden wollen, passen Sie auch die Dateinamen von eingebundenen Illustrationen und Fotos so an, dass sich das Keyword im Namen wiederfindet. Im Zweifel sollten Sie die Dateinamen einfach entsprechend umbenennen.

Bildunterschriften

Binden Sie grafische Elemente nicht einfach kommentarlos in Ihren Fließtext ein, sondern geben Sie Ihren Fotos auch eine Bildunterschrift. Auch hier sollten Sie darauf achten, zumindest ab und zu relevante Keywords in die jeweilige Bildunterschrift aufzunehmen.

Links

Das Thema Links ist ebenfalls von hoher Bedeutung für die Suchmaschinenoptimierung. Das gilt sowohl eingeschränkt für den Link Ihres eigentlichen Blogbeitrags (hier geht es allerdings in erster Linie um die Lesbarkeit und spätere Auswertungen) als auch für die innerhalb des Beitrags gesetzten Links. Viele Blogsysteme wie zum Beispiel WordPress erlauben Ihnen, den Link Ihres Beitrags vor der Veröffentlichung zu individualisieren. Machen Sie davon Gebrauch, und verwenden Sie sprechende Links, die nicht aus einem Kauderwelsch aus Ziffern und Buchstaben bestehen, sondern die möglichst beschreiben, worum es in dem Beitrag geht. Auf diese Weise können Sie auch die relevanten Keywords zu Ihrem Text in dem Link zum Artikel unterbringen. Links, die Sie in Ihrem Text setzen, sollten relevant sein und das halten, was sie versprechen. Im besten Fall markieren Sie mindestens zwei bis drei Textpassagen für die Verlinkung, die die relevanten Keywords enthalten. Ist es Ihnen möglich, Ihre Keywords sowohl intern (beispielsweise auf andere Ihrer Artikel) als auch extern (relevante Artikel auf anderen Websites) zu verlinken, sollten Sie das in jedem Fall machen.

Sofern Sie dem Thema SEO etwas Liebe schenken, können Sie die Erfolge Ihrer Maßnahmen gut messen. Verwenden Sie zum Beispiel Google Analytics für Ihr Blog, werden Sie schnell sehen, wie Sie mit klug gewählten Keywords und den oben genannten SEO-Maßnahmen nach und nach mehr Besucher auf Ihre Seite leiten.

Sie werden nicht nur erkennen, mittels welcher Suchbegriffe Nutzer auf Ihre Beiträge aufmerksam werden, sondern Sie werden auch erkennen, dass das Gros Ihrer Besucher nicht über Ihre Startseite auf Ihrer Seite landen, sondern über einzelne Blogbeiträge. Mehr zum Thema Erfolgsmessung und Monitoring erfahren Sie in Kapitel 8.

Machen Sie Ihr Blog bekannt

Suchmaschinenoptimierung ist eine wichtige Säule für den Erfolg Ihres Blogs. Allerdings können Sie noch eine Reihe weiterer Maßnahmen ergreifen, um Ihren Texten zu mehr Reichweite zu verhelfen. Mit Hilfe von regelmäßigen fundierten Artikeln wird es Ihnen beispielsweise gelingen, dass Besucher Ihren Blog regelmäßig ansurfen, um zu sehen, ob Sie einen neuen Text verfasst haben. Auch die sozialen Medien eignen sich vorzüglich, um Ihr Blog bekannter zu machen. Darüber hinaus sollten Sie dafür sorgen, dass auch andere, verwandte Blogs Ihre Beiträge ab und zu verlinken.

MARKETING FÜR DAS BLOG

SEO
Durch die kluge Auswahl passender Keywords gelingt es, Nutzer, die in Suchmaschinen nach bestimmten Begriffen suchen, auf Ihre Seite zu leiten. Die Wahrscheinlichkeit ist hoch, dass unter Nutzern, die auf diesem Weg zu Ihnen finden, auch der ein oder andere potenzielle Auftraggeber ist.

Social Media
Teilen Sie jeden neuen Beitrag auch über Ihre sozialen Kanäle. Je mehr Ihrer Kontakte Ihre Beiträge weiterempfehlen, desto höher die Wahrscheinlichkeit, dass die Empfehlung auch bei einem potenziellen Auftraggeber landet.

Regelmäßige Direktzugriffe aufgrund hoher Textqualität
Wenn Sie gute Texte verfassen, erhöhen Sie die Zahl der Nutzer, die regelmäßig bei Ihrem Blog vorbeischauen. In der Regel wird es sich dabei allerdings nicht um Neukunden und potenzielle Auftraggeber handeln.

Externe Links auf Beiträge
Wenn Sie gute Arbeit leisten und selber aktiv andere in Ihrem Bereich tätige Blog-Betreiber verlinken, werden auch andere Seiten häufiger auf Ihr Blog verlinken. Auch das verschafft Ihnen mehr Reichweite.

Es versteht sich von selbst, dass Sie sowohl auf der Startseite Ihrer Website als auch in allen sozialen Medien, in denen Sie ein Profil haben, prominent auf Ihr Blog verlinken sollten. Auch Ihre E-Mail-Signatur sollte neben einem Link zu Ihrer Website und einem Link zu Ihrem Portfolio einen Link auf Ihr Blog enthalten. Außerdem können Sie auf Ihrer Visitenkarte und Ihrem Briefpapier auf Ihr Blog hinweisen.

No. 3

Am wichtigsten dürfte es jedoch sein, dass Sie aktiv am Leben in der Blogosphäre teilnehmen. Verlinken Sie häufig auf andere Blogs, benennen Sie Ihre Quellen sauber, und nehmen Sie ruhig auch mal direkten Bezug auf einen Beitrag, der sich in einem anderen Blog findet. Kommentieren Sie auch Beiträge von anderen Bloggern, die zu einem Thema schreiben, mit dem Sie sich ebenfalls beschäftigen. Das alles wird dazu beitragen, dass auch Ihr Blog bekannter wird und dass andere Betreiber auf Ihre Seite verlinken.

NEHMEN SIE AKTIV AM LEBEN IN DER BLOGOSPHÄRE TEIL!

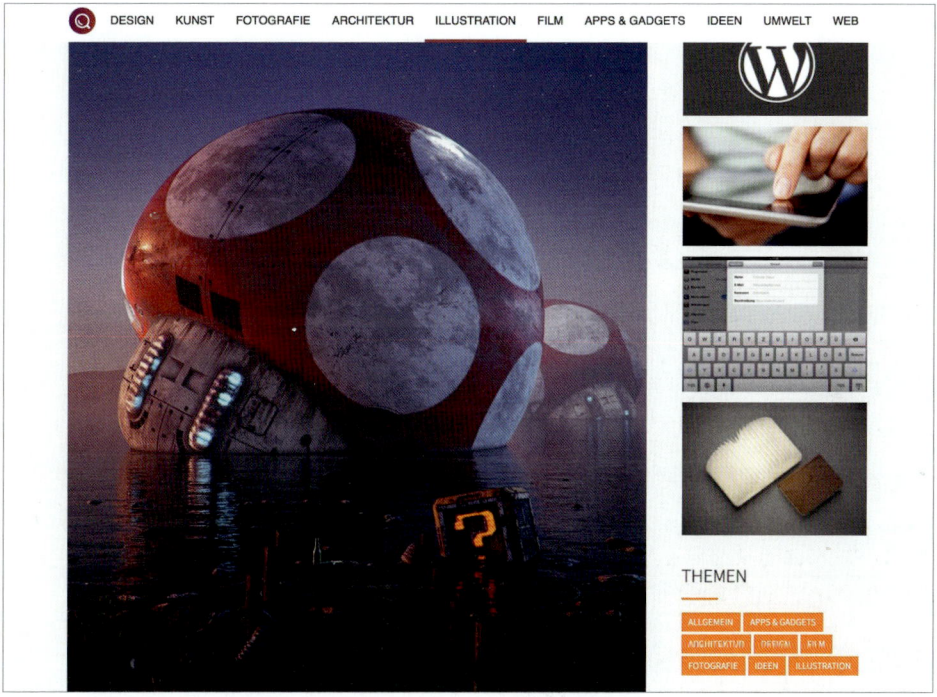

Das Design-Blog Coffeebreak des freiberuflichen Grafikdesigners Sebastian Klammer zeigt gut, wie Kreative einen Blog nutzen können: www.coffeebreak.de.

No. 4

Soziale Medien und Plattformen für Designer: Ein Überblick

SOZIALE MEDIEN UND PLATTFORMEN FÜR DESIGNER: EIN ÜBERBLICK

Neben einem Online-Portfolio sind soziale Medien für Kreative ein wichtiges Werkzeug für die Kundenakquise und Kommunikation. Die Wahl der richtigen Plattformen und Netzwerke will wohlüberlegt sein.

Die Unterschiede zwischen verschiedenen sozialen Netzwerken sind fast so zahlreich wie die Anzahl an verfügbaren Plattformen. Kreative müssen – ja sollten – *nicht* alle verfügbaren Social Networks nutzen. Auf welche Netzwerke sich der Einzelne konzentriert, hängt von unterschiedlichen Faktoren ab. Soll das jeweilige Netzwerk beispielsweise zum Pflegen der eigenen Marke, zur Kundenakquise, zum Vernetzen mit professionellen Gleichgesinnten oder als Portfolio verwendet werden? Handelt es sich bei der jeweiligen Plattform um ein Karrierenetzwerk, um ein massentaugliches Social Network wie Facebook oder um ein auf Designer spezialisiertes Medium? Wie sieht der typische Nutzer des jeweiligen Netzwerks aus? Diese und weitere Fragen sollten sich Kreative stellen, bevor ihre Wahl auf die zu verwendenden Plattformen fällt.

SOCIAL MEDIA FÜR KREATIVE – WARUM?

Erinnern Sie sich noch an StudiVZ? Soziale Netzwerke kommen und gehen – Social Media an sich hat sich jedoch im Web zur festen Größe entwickelt, an der niemand mehr vorbeikommt. Das liegt unter anderem daran, dass es bei Social Media in erster Linie um Kommunikation geht.

Damit eignen sich entsprechende Netzwerke nicht nur zur Pflege privater Kontakte, sondern auch Unternehmen und Freiberufler profitieren von den Möglichkeiten, die ihnen Social Networks bieten. Die Chancen für Sie als Kreativen sind riesig, denn immerhin tummeln sich auf Facebook, Twitter, Instagram und Co. so einige Einzelpersonen, die eine weit größere Reichweite als so manches Unternehmen haben.

Facebook eignet sich nicht nur für die Pflege privater Kontakte, sondern wird von Kreativen wie dem freiberuflichen Illustrator Claudio Cerri häufig auch eingesetzt, um potenziellen Auftraggebern die eigenen Werke zu präsentieren www.facebook.com/theartofclaudiocerri.

Der Begriff Social Media umfasst im Grunde alle digitalen Medien und Technologien des sogenannten Web 2.0. Der kleinste gemeinsame Nenner besteht darin, dass einzelne Nutzer – aber auch Unternehmen – Inhalte generieren und sich über eine Plattform via Posts, Likes und Kommentare online miteinander austauschen. Man spricht dabei von »User Generated Content«, und genau diese Art von Inhalt unterscheidet soziale Medien von klassischen Medien wie gedruckten Texten, Fernsehen oder auch Radio. Während traditionelle Medien in der Regel nur in eine Richtung funktionieren, dreht sich bei Social Media alles um den Dialog. Konsumenten werden darüber hinaus zu Produzenten, denn sie generieren und verbreiten selbst Inhalte.

BEI SOCIAL MEDIA DREHT SICH ALLES UM DEN DIALOG.

Häufig werden Sie Feedback auf in sozialen Netzwerken geteilte Designs erhalten. Reagieren Sie darauf, und setzen Sie sich mit den Kommentaren auseinander. Beispiel: Claudio Cerri, www.facebook.com/theartofclaudiocerri.

Sie sollten Social Media daher nicht als Einbahnstraße verstehen, um Ihre Kreationen und Ideen im Netz zu verbreiten. Hören Sie auch zu, denn Sie können von Ihren Followern hier und da sicher etwas lernen. Außerdem erhalten Sie unter Umständen nicht nur Aufträge über ein soziales Netzwerk, sondern auch wichtiges Feedback. Gehen Sie in den Dialog, und unterschätzen Sie dabei den Aufwand nicht. Wer auf zu vielen Plattformen unterwegs ist, wird keine davon vernünftig nutzen können.

Jede Plattform hat einen anderen Fokus

Im Detail unterscheiden sich soziale Medien teils stark voneinander, wie Sie auf den folgenden Seiten erfahren werden. Neben Text und Bild lassen sich auch Audio und Video nutzen. Manche Netzwerke sind dabei auf eine bestimmte Art von Content spezialisiert. So dreht sich beispielsweise bei Instagram oder auch Flickr alles um Bilder, während Plattformen wie YouTube oder Vimeo auf Videos spezialisiert sind. Es existieren soziale Netzwerke für fast jeden Geschmack und jede Art von Gruppierung.

Social Networks wie LinkedIn oder XING sind zum Beispiel sogenannten Karriere-netzwerke, Dribbble oder auch LoveDsgn richten sich explizit an Kreative und Plattformen wie Behance oder Cargo fungieren als Online-Portfolio mit sozialen Funktionen. Es finden sich sogar hochspezialisierte Social Media wie Fontli, bei dem es ausschließlich um Schriftarten geht.

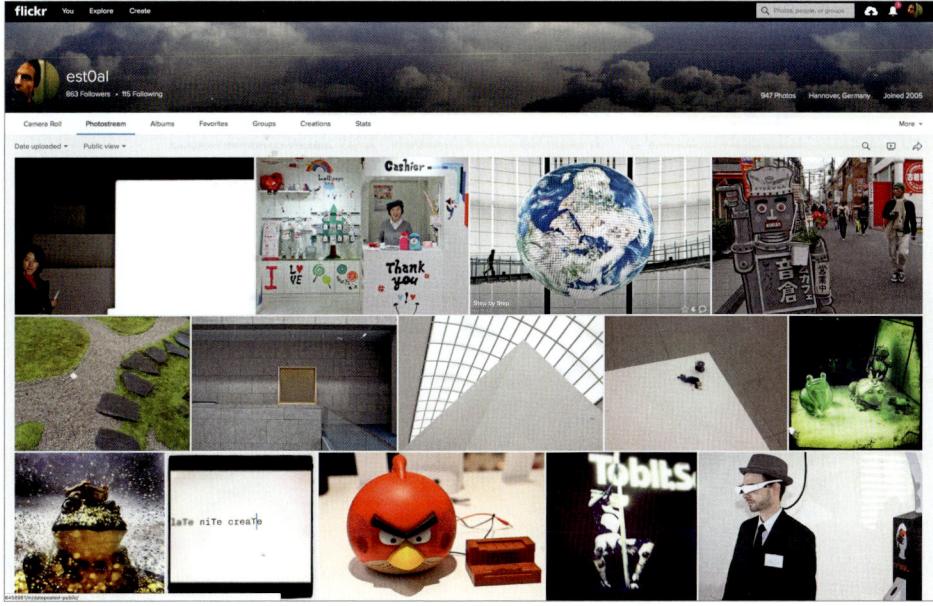

Netzwerke wie Flickr oder 500 px richten sich zwar in erster Linie an Fotografen, lassen sich aber durchaus auch für die Präsentation von Illustrationen und Designs instrumentalisieren: www.flickr.com/photos/est0al.

Egal wie spezialisiert ein soziales Netzwerk ist, einige Vorteile sind stets gleich. Social Media zeichnen sich dadurch aus, dass sie einfach zu bedienen sind, die Vernetzung mit Gleichgesinnten vereinfachen und interaktiv sind. Die Kommuni-kation ist wenig aufwändig und kostengünstig. Schließlich vereinfachen Social Media das Indexieren und damit das Auffinden von bestimmten Inhalten via Tags.

VON FACEBOOK UND XING BIS PINTEREST UND INSTAGRAM: DIE BASICS

Bei den Basics unter den sozialen Netzwerken stehen die Chancen gut, dass Sie zumindest von den meisten Plattformen schon einmal gehört haben, wenn Sie nicht bereits selbst auf einigen der Netzwerke aktiv sind. Zu den grundlegenden sozialen Medien zählen sowohl allgemeine Netzwerke wie Facebook, Twitter, YouTube und Snapchat als auch professionelle Kanäle wie die Karrierenetzwerke LinkedIn und XING. Darüber hinaus finden sich in dieser Kategorie aber auch schon ein paar Plattformen, die sich besonders für Kreative eignen. Dazu gehören unter anderem Instagram, Pinterest.

Facebook

Unter den sozialen Netzwerken geht eigentlich kein Weg an Facebook vorbei. In der westlichen Welt ist die Plattform mit mittlerweile fast zwei Milliarden Nutzern so verbreitet, dass sich eine kommerzielle Nutzung für Sie in jedem Fall anbietet. Selbst wenn Sie das Netzwerk bisher lediglich für das Posten privater Dinge verwendet habe, sollten Sie auch eine professionelle Nutzung in Erwägung ziehen.

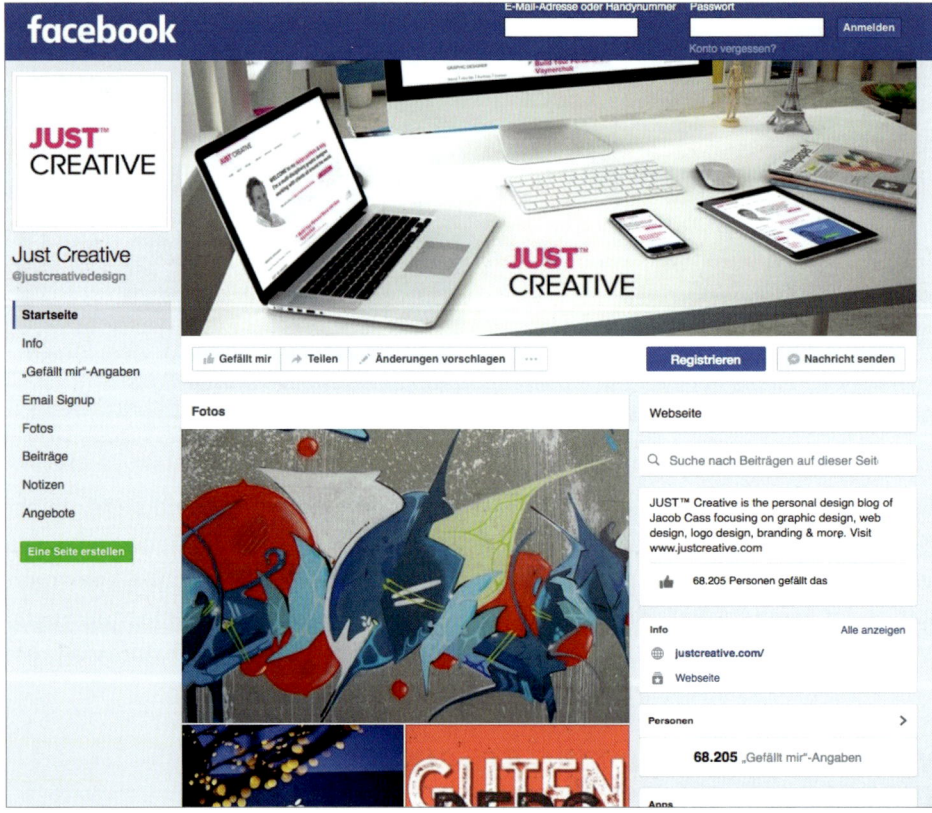

Facebook erfreut sich so großer Beliebtheit, dass die Wahrscheinlichkeit hoch ist, dass auch Sie bereits über ein Profil verfügen. Professionell sollten Sie statt auf ein privates Profil lieber auf eine offizielle Facebook-Seite setzen. Hier ist das Profil von Jacob Cass (https://www.facebook.com/justcreativedesign) zu sehen.

> Nutzung für Kreative: Imagepflege, Privat, Netzwerken, Kundenakquise, professioneller Austausch, Posten von Arbeitsproben

> Nutzer: 1,7 Milliarden (Stand: Juni 2016)

> Aktive Nutzer pro Tag: 1,13 Milliarden (Stand: Juni 2016)

> Aktive Nutzer pro Monat: 1,7 Milliarden (Stand: Juni 2016)

> Vorteile: riesige Reichweite, klare Zielgruppendefinition, Unterstützung aller Content-Typen, viele Zusatz-Tools erhältlich

> Nachteile: Reichweite muss erkauft werden, strikte AGB und Regeln

> Aktuelle Zahlen: *http://newsroom.fb.com/company-info*

No. 4

WEITEREMPFEHLUNGEN DURCH FACEBOOK-FREUNDE Selbst wenn sich unter Ihren bisherigen Facebook-Freunden keine potenziellen Kunden befinden, kann es gut passieren, dass jemand über Ihre Arbeiten stolpert und Sie weiterempfiehlt. In den seltensten Fällen kennt ein Nutzer alle seine Facebook-Freunde so gut, dass er alles über sie weiß. So ist es durchaus möglich, dass eine flüchtige Bekanntschaft, mit der Sie sich auf Facebook verbunden haben, eine Arbeitsprobe von Ihnen entdeckt und gar nicht wusste, dass Sie beispielsweise Webdesigns erstellen. Vielleicht ist diese Person gut mit dem Chef einer Agentur befreundet, von dem sie weiß, dass dieser für ein großes Projekt noch einen fähigen Freiberufler benötigt.

KOMMUNIKATION ZWISCHEN PRIVATPERSONEN UND UNTERNEHMEN Klar, Facebook in erster Linie dazu, dass Mitglieder miteinander kommunizieren können. Der Grundgedanke hinter dem Netzwerk war, dass Privatpersonen untereinander kommunizieren. Mittlerweile dient Facebook aber auch der Kommunikation zwischen Privatpersonen und Unternehmen. Genau hier liegt die Stärke, denn für Sie als Unternehmer werden beide Kommunikationswege Ihrer Kontakte miteinander vermischt. Auf die Weise kann es zu unerwarteten Empfehlungen kommen, bei denen Sie ein privater Freund einem potenziellen Kunden als Auftragnehmer empfiehlt. Auch für wertvolles Feedback und Kritik eignet sich Facebook für Kreative.

ALS GRÖSSTES NETZWERK SOLLTE FACEBOOK AUCH BERUFLICH EINE ROLLE FÜR SIE SPIELEN.

Lange Rede, kurzer Sinn: Als größtes Netzwerk sollte Facebook auch beruflich eine Rolle für Sie spielen. Nur wenn Sie sich in einer extrem kleinen Nische bewegen oder ausschließlich im B2B-Umfeld tätig sind, könnte das gegen eine Nutzung von Facebook sprechen.

NICHT JEDER INHALT WIRD JEDEM ANGEZEIGT Ein Problem bei Facebook ergibt sich für Seitenbetreiber daraus, dass die Zahl der Fans nicht unbedingt bedeutet, dass auch alle Fans die Inhalte zu Gesicht bekommen, die Sie posten. Das liegt daran, dass Facebook immer wieder am Algorithmus dreht, der dafür verantwortlich ist, was Nutzern in ihrer Timeline angezeigt wird. Besonders Unternehmen und Seitenbetreiber sind davon negativ betroffen, weil Facebook will, dass sie Geld in die Hand nehmen, damit ihre Inhalte prominenter und häufiger angezeigt werden. Damit ist Facebook kein Selbstläufer, sondern unter Umständen werden Sie Kosten in Kauf nehmen müssen, um die Reichweite zu erzielen, die Sie sich vorstellen.

Google+

Im Vergleich zu vielen anderen Netzwerken ist es bei Google+ besonders einfach, direkt und zielgruppengenau zu kommunizieren. Über ein Vehikel namens »Kreise« lassen sich gezielt bestimmte Nutzergruppen ansprechen. So können Sie beispielsweise jeweils eigene Kreise für die Gruppen »Kunden«, »Geschäftspartner« oder »Agenturen« anlegen.

AUF EINEN BLICK: Google+

> Nutzung für Kreative: Imagepflege, Netzwerken, Kundenakquise, professioneller Austausch, Posten von Arbeitsproben
> Nutzer: 2,2 Milliarden (Stand: Januar 2015)
> Aktive Nutzer pro Monat: keine offiziellen, aktuellen Zahlen
> Vorteile: viele Nutzer, direkte und zielgruppengenaue Kommunikation, häufig hochwertigere Inhalte als bei anderen Netzwerken, werbefrei, SEO
> Nachteile: geringe Aktivität, hoher Aufwand
> Aktuelle Zahlen: *http://googleblog.blogspot.de/2012/12/google-communities-and-photos.html* und *http://kevinanderson.nl/how-many-people-are-publicly-using-google-plus*

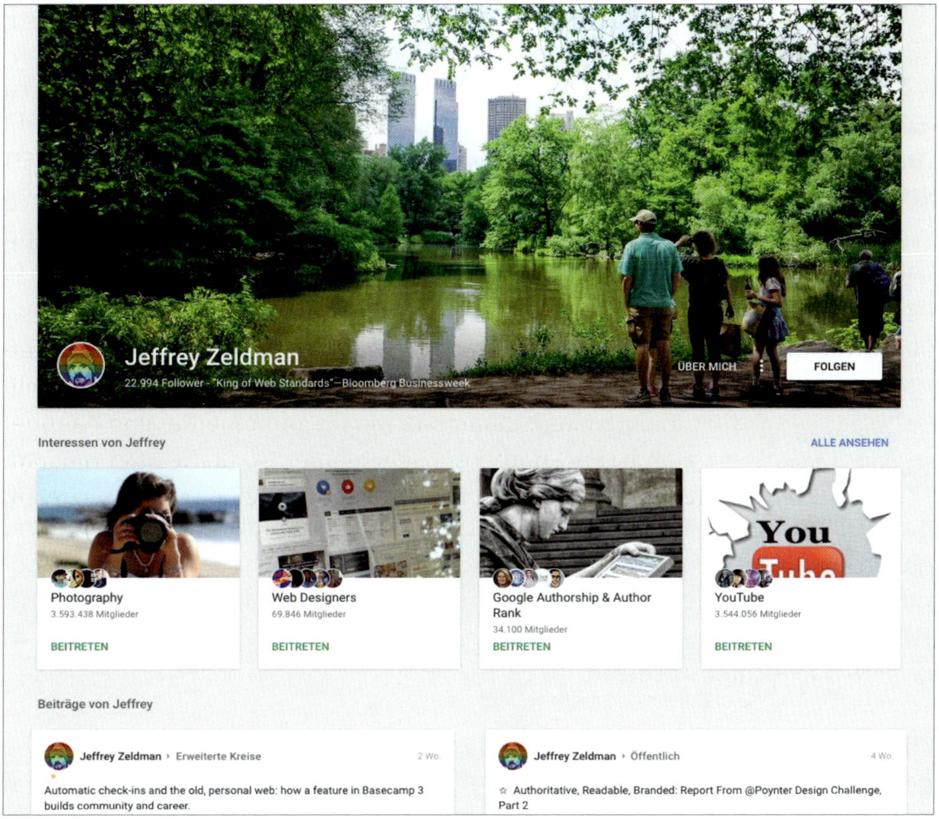

Google+ eignet sich besonders für Kreative, die sich professionell mit Gleichgesinnten austauschen wollen. Beispiel: Jeffrey Zeldman https://plus.google.com/u/1/ +JeffreyZeldman?rel=author.

GOOGLE+ – WIRD DAS ÜBERHAUPT NOCH AKTIV GENUTZT? Google+ ist ein Netzwerk, an dem sich die Geister scheiden. Auf der einen Seite hat die Plattform extrem viele Accounts, aber davon wird nur ein Bruchteil aktiv genutzt. Vielen Nutzern dürfte sogar noch nicht einmal bewusst sein, dass sie ein Profil bei Google+ haben. Dazu kommt, dass die Google-Mutter ihr Netzwerk zwar weiter betreibt, aber insgesamt seit geraumer Zeit sehr stiefmütterlich behandelt. Dennoch sollten Sie Google+ nicht per se abschreiben. Der Unterschied zu Facebook besteht darin, dass die Plattform weniger eine private als vielmehr eine professionelle Ausrichtung hat. Das zeigt sich auch im nötigen Aufwand. Sie werden mit Google+ nur erfolgreich sein, wenn Sie wirklich in den Dialog mit den Menschen treten, die Ihnen folgen. Das Netzwerk funktioniert deutlich weniger auf die Weise, dass man Inhalte postet und sie dann vergisst.

INHALTE, DIE SIE AUF GOOGLE+ POSTEN, ERHALTEN IN DEN GOOGLE-SUCHERGEBNISSEN EINE BESONDERS GUTE PLATZIERUNG.

GUTE PLATZIERUNG IN DER GOOGLE-SUCHE Darüber hinaus ist Google+ auch weiterhin eng mit anderen Google-Diensten – besonders die Google-Suche ist hier zu nennen – verknüpft, sodass sich für Sie aus einem Profil durchaus Synergien ergeben können. Für den Bereich SEO und Ihr Ranking in den Suchergebnissen kann es durchaus sinnvoll sein, Google+ eine Chance zu geben. Sucht jemand nach Ihrem Brand oder Firmennamen, erscheint auch Ihr Profil bei Google+ in den Suchergebnissen. Inhalte, die Sie auf Google+ posten, erhalten in den Google-Suchergebnissen einen Stellenwert, den Inhalte von anderen sozialen Netzwerken nicht erreichen werden.

Twitter

Beim Microblogging-Dienst Twitter liegt der Fokus auf Echtzeit-Kommunikation. Anders als bei beispielsweise Facebook, werden Posts nicht anhand eines Algorithmus angezeigt, der für den Nutzer auswählt, was er wann zu sehen bekommt. Tweets erscheinen stattdessen genau in der Reihenfolge, in der die Twitter-Nutzer ihre Nachrichten absetzen.

Twitter eignet sich weniger für die Kundenakquise, weil Posts schnell wieder aus der Timeline der Nutzer verschwinden. Durch Hashtags lassen sich Inhalte zwar auch später finden, aber insgesamt ist Twitter eine von aktuellen Ereignissen getriebene Plattform. Wenn Sie allerdings täglich Zeit investieren und am Ball bleiben, eignet sich Twitter für die Imagepflege und für PR in eigener Sache.

AUF EINEN BLICK: Twitter

> Nutzung für Kreative: Imagepflege, Professioneller Austausch, Kompetenz beweisen
> Nutzer: 1,3 Milliarden (geschätzt)
> Aktive Nutzer pro Monat: 313 Millionen (Stand: Oktober 2016)
> Vorteile: hohe Geschwindigkeit, sehr direkte bzw. aktuelle Kommunikation, Verschlagwortung via Hashtags
> Nachteile: Posts verschwinden schnell wieder und sind nur kurze Zeit für Nutzer direkt sichtbar,
> Aktuelle Zahlen: *https://about.twitter.com/company*

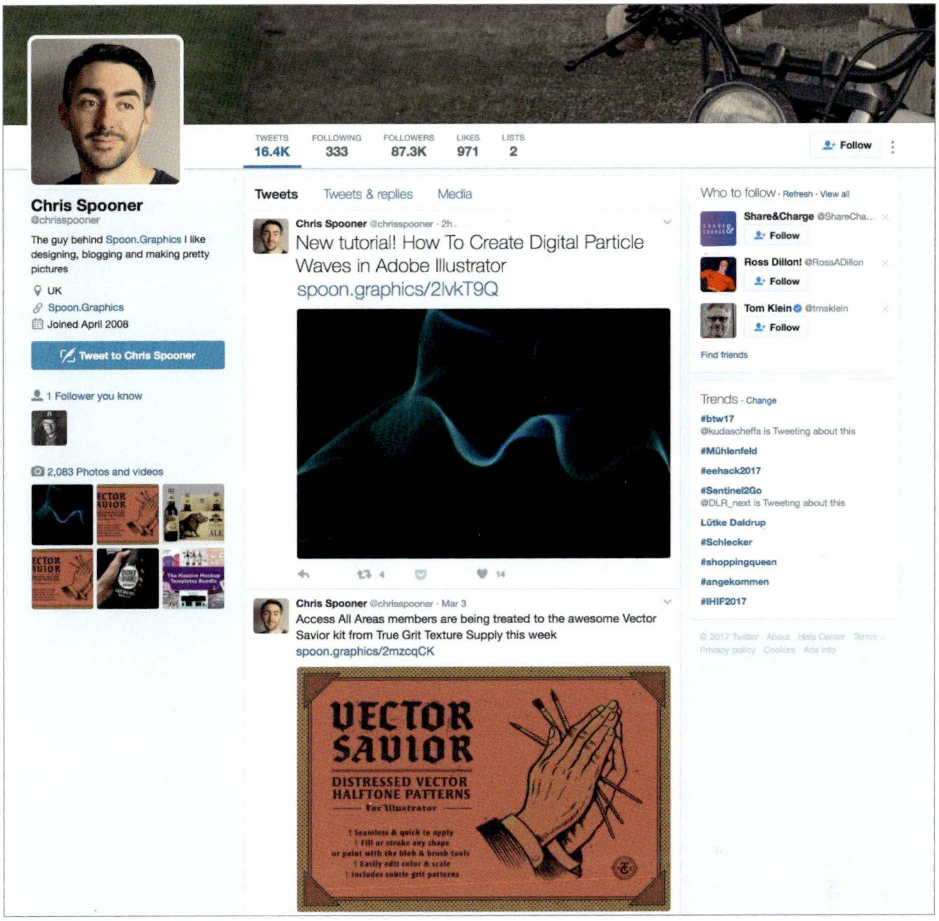

Twitter eignet sich weniger für die Kundenakquise. Investieren Sie ausreichend Zeit, ist das Netzwerk jedoch ein guter Kanal, um das eigene Image zu pflegen und PR in eigener Sache zu betreiben. Beispiel: Chris Spooner auf https://twitter.com/ chrisspooner.

Instagram

Ursprünglich drehte sich bei Instagram alles um Fotos, die Nutzer mit einzigartigen Filtern verschönern konnten. Mittlerweile setzt das seit 2012 zu Facebook gehörende Netzwerk auch auf kurze Videoschnipsel, die nach kurzer Zeit automatisch gelöscht werden. In erster Linie hat die Plattform damit auf Shootingstars wie Snapchat reagiert.

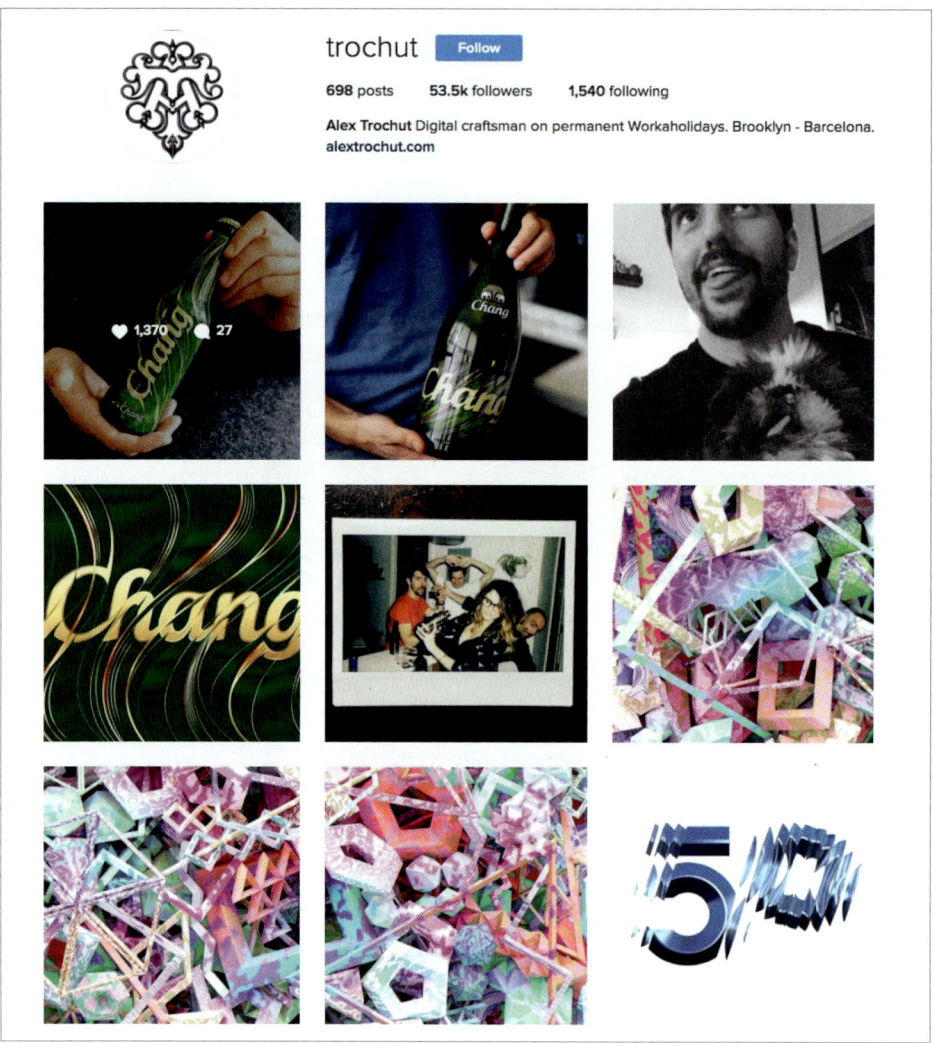

Die Zeiten, in denen es bei Instagram ausschließlich um Fotos ging, sind vorbei. Das Netzwerk wird von Kreativen unterschiedlicher Felder genutzt, um Arbeitsproben zu posten. Beispiel: Alex Trochut www.instagram.com/trochut.

Instagram ist ein typischer Vertreter der hauptsächlich mobil genutzten sozialen Medien. Das sollten Sie nicht unterschätzen, da der Trend bei der Nutzung des Internets deutlich Richtung Mobile zeigt. Wenn Sie auf Dienste wie Instagram setzen, können Sie dieser Entwicklung auch bei der Selbstvermarktung Rechnung tragen.

> Nutzung für Kreative: Imagepflege, Posten von Arbeitsproben
> Nutzer: 500 Millionen (geschätzt)
> Aktive Nutzer pro Monat: 500 Millionen (Stand: Juli 2016)
> Vorteile: mobiler Fokus, große Reichweite, visueller Fokus eignet sich optimal, um Traffic auf das eigene Portfolio zu lenken, Verschlagwortung via Hashtags
> Nachteile: keine direkten Verlinkungen möglich
> Aktuelle Zahlen: *https://business.instagram.com*

No. 4

Daher eignet sich Instagram in erster Linie für die Imagepflege. Auch wenn Sie keine direkten Links setzen können, ist es dennoch möglich, Ihr Online-Portfolio in Ihrem Profil zu verlinken. Sehen Sie das Netzwerk als eine Möglichkeit, sowohl neue Interessenten für Ihr Portfolio zu generieren als auch Ihren »Fans« zu erlauben, mobil auf dem Laufenden zu bleiben. Inhalte, die Sie posten, lassen sich mittels Hashtags kategorisieren. Darauf sollten Sie unbedingt zurückgreifen, denn mit den richtigen Hashtags werden Sie auch viele neue Follower gewinnen, die sich genau für Ihre Inhalte interessieren.

Pinterest

Pinterest ist eine Plattform, die besonders in den Bereichen Mode, Interior Design und Lebensmittel viele Anhänger hat. Die Mehrheit der Nutzer ist weiblich, und viele Unternehmen setzen insbesondere für Produkte auf Pinterest. Das heißt aber nicht, dass Sie als Kreativer keinen Nutzen aus der Plattform schlagen können.

PINTEREST KANN IHNEN HELFEN, SICH ALS MARKE ZU ETABLIEREN.

Das soziale Netzwerk lässt sich am besten als virtuelle Leinwand beschreiben, auf der Nutzer Dinge pinnen, die sie interessieren. Daher rührt auch der Name, der sich aus den Wörtern »Pin« und »Interest« zusammensetzt. Im Gegensatz zu vielen anderen Netzwerken stehen bei Pinterest Kommunikation und Interaktion im Hintergrund. Sie können die Plattform aber vorzüglich dafür instrumentalisieren, sich selbst als Marke zu etablieren und zu stärken. Einzelne Pinnwände können Sie thematisch kategorisieren, sodass Nutzer genau den Bereichen folgen können, die sie interessieren.

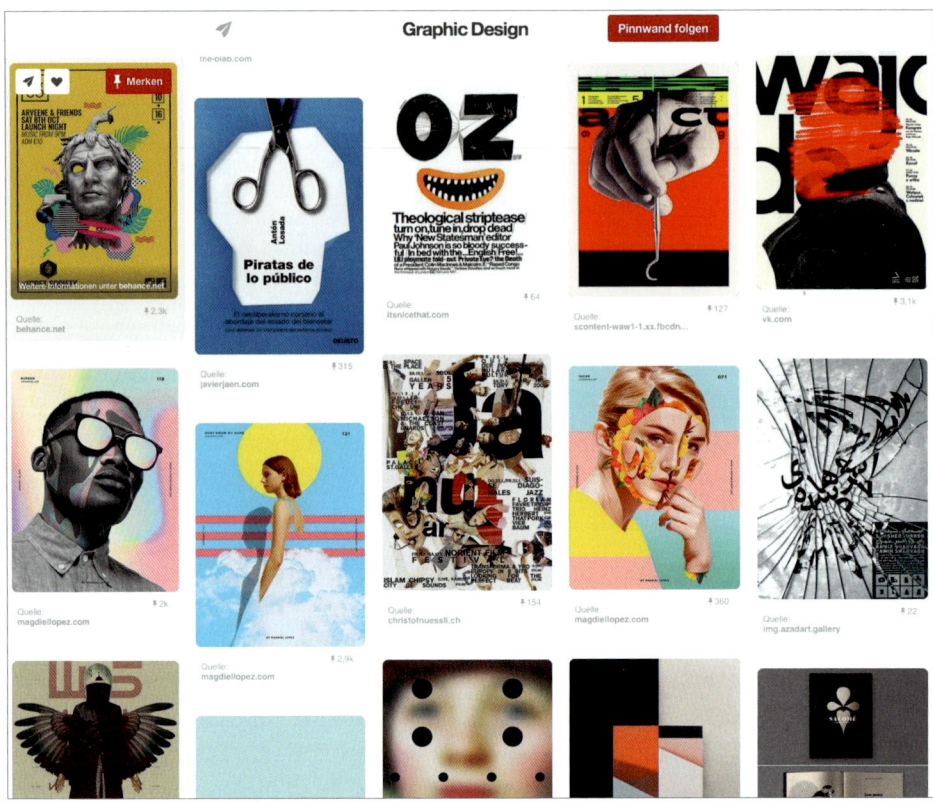

Pinterest spielt nicht nur für die produktive Inspiration eine Rolle, sondern lässt sich auch für das Posten von Arbeitsproben nutzen, so wie es hier Kazuya Arakawa zeigt: https://de.pinterest.com/kazuyadesign/graphic-design.

AUF EINEN BLICK: Pinterest

> Nutzung für Kreative: Imagepflege, Posten von Arbeitsproben, Inspiration

> Nutzer: 176 Millionen (Stand: Januar 2015)

> Aktive Nutzer pro Monat: 100 Millionen (Stand: August 2016)

> Vorteile: große Reichweite

> Nachteile: wenig Kommunikation

> Aktuelle Zahlen: *http://expandedramblings.com/index.php/pinterest-stats*

Tumblr

Tumblr lässt sich am besten als Blogging-Plattform beschreiben, auf der Nutzer hauptsächlich Bilder und animierte GIFs posten.

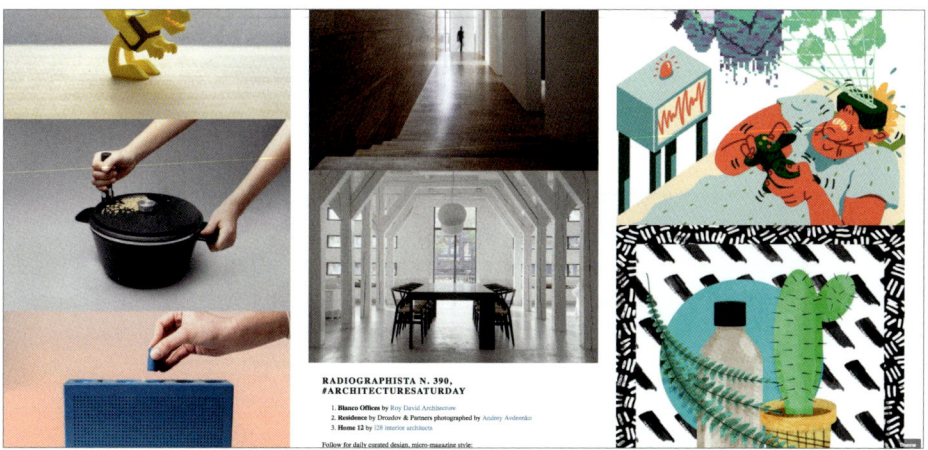

No. 4

Auch auf Tumblr lassen sich sowohl Inspirationen gewinnen als auch eigene Designs präsentieren. Beispiel: Ric Vazoli https://radiographista.tumblr.com.

Die meisten Tumblr-Blogs sind auf ein bestimmtes Thema spezialisiert. Im kreativen Bereich existieren zum einen Einzelpersonen, die ihre Werke online stellen, und zum anderen auch zu fast jedem Spezialgebiet einige Blogs, die passenden Inhalte anbieten. So finden Sie auf Tumblr beispielsweise eine rege Gemeinde, die sich für Pixel-Art interessiert. Viele begnadete Designer veröffentlichen ihre Designs im 8-bit-Stil, die dann wiederum von anderen Bloggern erneut geteilt werden. So lässt sich vorzüglich das eigene Image pflegen und die eigene Reichweite erhöhen.

AUF EINEN BLICK: Tumblr

> Nutzung für Kreative: Imagepflege, Posten von Arbeitsproben
> Nutzer: 280 Millionen (Stand: Februar 2016)
> Aktive Nutzer pro Monat: 550 Millionen (Stand: Dezember 2015)
> Vorteile: große Reichweite, Verschlagwortung via Hashtags
> Nachteile: nicht für jede Zielgruppe geeignet
> Aktuelle Zahlen: *http://expandedramblings.com/index.php/ tumblr-user-stats-fact*

YouTube

Die Videoplattform YouTube ist – ähnlich wie Facebook – heute jedem ein Begriff. Ein großer Vorteil des Netzwerks als Google-Tochter besteht darin, dass Inhalte von YouTube in den Suchergebnissen von Google bevorzugt werden. Für Sie als Kreativen eignet sich das Netzwerk – sofern Videos nicht Ihr täglich Brot sind – in erster Linie dazu, zu zeigen, wie Ihre Arbeiten und Designs entstehen. Auch Anleitungsvideos (»How-tos«) können ein probates Mittel für die Selbstvermarktung via YouTube sein.

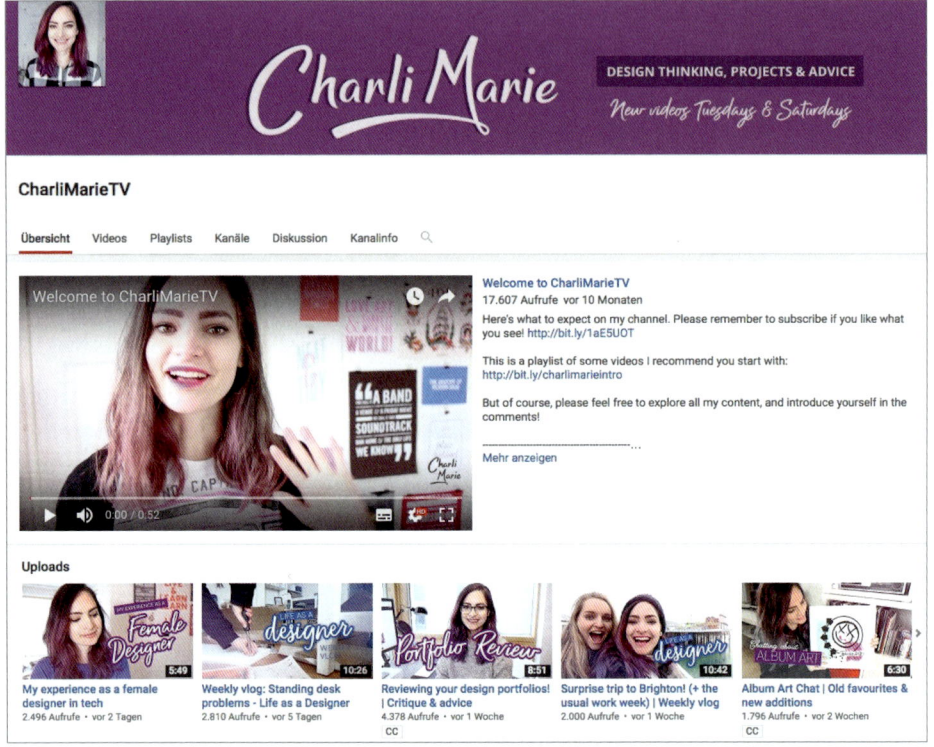

Für die meisten Designer dürfte YouTube in erster Linie als Plattform interessant sein, um mittels How-tos auf sich aufmerksam zu machen, so wie z. B. Charli Marie auf www.youtube.com/user/charlimarieTV.

AUCH YOUTUBE-BEITRÄGE WERDEN IN DEN GOOGLE-SUCHERGEBNISSEN BEVORZUGT!

So groß die Reichweite von YouTube, so groß ist auch die Konkurrenz, der Sie sich stellen müssen, sofern Sie sich für die Plattform entscheiden. Unterschätzen Sie bei Ihren Überlegungen auch den nötigen Zeiteinsatz nicht. Auch wenn Sie kein Filmprofi sein müssen und auch wenn Sie mit qualitativ nicht so anspruchsvollen Videos einen Hit landen können, sollten Sie bei der Produktion von Filmen planvoll vorgehen und nicht nur »draufhalten«, während Sie beispielsweise eine Skizze anfertigen. Den größten Erfolg versprechen auf YouTube übrigens Videos mit Viral-Potenzial, also Videos, die sich im Internet schnell und ohne größere Einwirkung des Video-Urhebers verbreiten. Das lässt sich allerdings leider schwer planen.

AUF EINEN BLICK: YouTube

> Nutzung für Kreative: Imagepflege, Kunden und Interessierten Einblicke in die eigene Arbeit geben, Training
> Nutzer: eine Milliarde (Stand: Oktober 2016)
> Aktive Nutzer pro Monat: eine Milliarde (Stand: Oktober 2016)
> Vorteile: riesige Reichweite, granulare Ansprache von Zielgruppen
> Nachteile: beim Content auf Videos beschränkt, hoher Aufwand bei der Videoproduktion, hohe »Troll-Dichte« in den Kommentaren
> Aktuelle Zahlen: *www.youtube.com/yt/press/de/statistics.html*

Vimeo

Vimeo ist sowas wie das anspruchsvollere YouTube. Die Plattform versteht sich als Portal für professionelle und fortgeschrittene Produzenten. Daher werden Sie hier auch weniger das lustige Handy-Video von einer Katze finden und stattdessen häufiger über grandios gemachte Stop-Motion-Clips und beeindruckende Independent-Filme stolpern. Die Qualität Ihrer eigenen Videos sollte dementsprechend hoch sein, und damit wird die Produktion noch aufwändiger als sie ohnehin schon ist.

In der Funktionalität und Bedienung unterscheiden sich Vimeo und YouTube dagegen kaum. Die Filme kann sich jeder Besucher ansehen. Bewertungen und Kommentare sind jedoch nur möglich, wenn man sich bei Vimeo als Nutzer angemeldet hat und eingeloggt ist. Eine Besonderheit bei Vimeo, die Sie bedenken sollten: Sofern Sie pro Woche mehr als 500 Megabyte hochladen wollen, müssen Sie ein Bezahlmodell auswählen.

Ebenfalls kostenpflichtig ist der Upload von Videos mit Werbebotschaft oder gewerblichen Hintergrund. Das gilt jedoch nicht für Künstler.

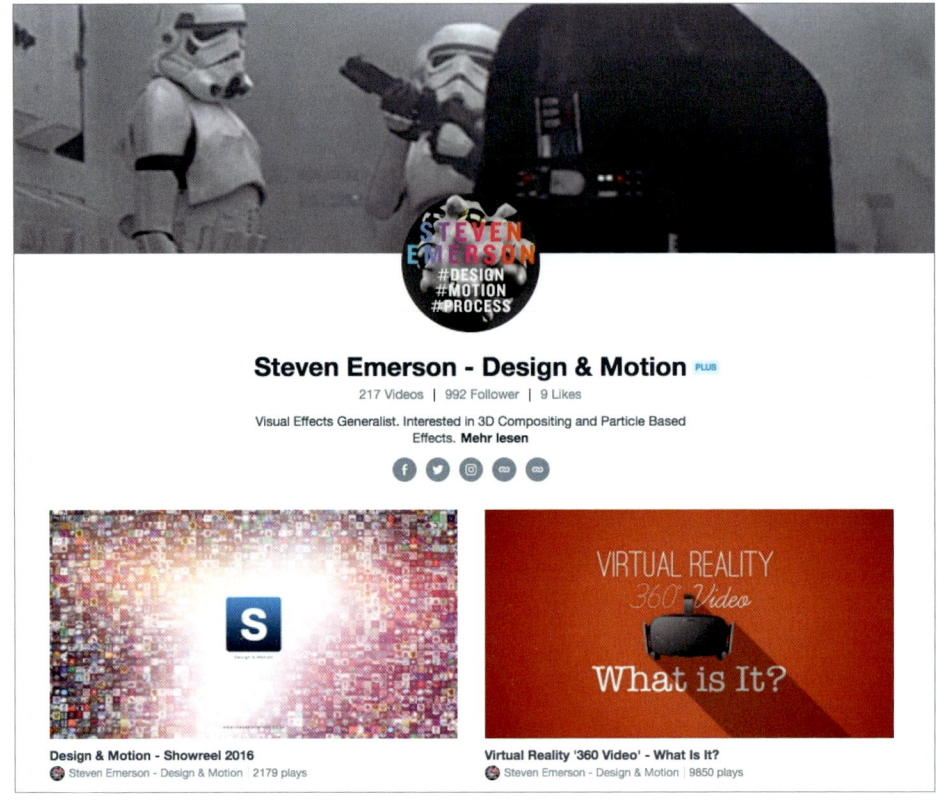

Für Motion-Designer ist Vimeo ein interessantes Netzwerk – andere Kreative mit einem Hang für Bewegtbild dürften bei YouTube besser aufgehoben sein. Beispiel: Steven Emerson https://vimeo.com/stevenemersonuk.

AUF EINEN BLICK: Vimeo

> Nutzung für Kreative: Imagepflege, Kunden und Interessierten Einblicke in die eigene Arbeit geben, Training

> Nutzer: 35 Millionen (Stand: Oktober 2015)

> Aktive Nutzer pro Monat: 170 Millionen (Stand: Oktober 2015)

> Vorteile: anspruchsvolle Filme

> Nachteile: höherer Produktionsaufwand aufgrund höherer Qualitätsstandards

> Aktuelle Zahlen: *http://expandedramblings.com/index.php/vimeo-statistics*

Snapchat

Eigentlich handelt es sich bei Snapchat nicht um ein soziales Netzwerk, sondern um eine Messaging-App. Nutzer bei Snapchat verwenden die App auf ihrem Smartphone, um Fotos und kurze Videos zu versenden, die sie zuvor mit grafischen Elementen, Verfremdungen und Animationen verändert haben. Das Besondere an Snapchat: Die Inhalte löschen sich in der Regel von selbst – wenige Sekunden nachdem der Empfänger die Inhalte betrachtet hat.

No. 4

Es existieren zwar Designer wie CyreneQ, die es dank Snapchat zu großer Bekanntheit gebracht haben, aber prüfen Sie ganz genau, ob Snapchat wirklich das Richtige für Sie persönlich ist.

AUF EINEN BLICK: Snapchat

> Nutzung für Kreative: Kunden und Interessierten Einblicke in die eigene Arbeit geben
> Nutzer: 100 Millionen (Stand: Oktober 2016)
> Aktive Nutzer pro Monat: keine Angabe
> Vorteile: Berichterstattung in Echtzeit, junge Zielgruppe
> Nachteile: Inhalte sind vergänglich, Zielgruppe sehr jung
> Aktuelle Zahlen: *www.snapchat.com/l/de-de/ads*

Snapchat ist besonders bei Jugendlichen weit verbreitet, und viele Marketingabteilungen kleiner sowie großer Unternehmen wollen besonders diesen Umstand für sich nutzen. Auch finden sich immer mehr journalistische Angebote auf Snapchat. Überlegen Sie dennoch genau, ob sich ein Einsatz auf Snapchat für Sie lohnt. Wollen Sie Kunden und Interessierten mit Videos oder Fotos einen Einblick in Ihre Arbeitsweise geben, bieten sich schon allein aufgrund der Vergänglichkeit von Snaps andere Plattformen an.

LinkedIn

Das Karrierenetzwerk LinkedIn hat eine internationale Ausrichtung, eignet sich mittlerweile aber auch gut für den deutschsprachigen Raum.

International betrachtet bietet LinkedIn eine riesige Reichweite. LinkedIn hat drei Hauptbereiche. Während Sie im »Network« Ihr eigenes berufliches Netzwerk pflegen, auf- und ausbauen können, geht es unter dem Punkt »Opportunity« um die Weiterbildung sowie die berufliche Neuorientierung. Unter »Knowledge« finden sich hingegen Kommunikationsmöglichkeiten sowie Möglichkeiten zur Wissensvermittlung. Der Account bei LinkedIn mit rudimentärer Funktionalität ist kostenlos. Dazu kommen diverse kostenpflichtige Premium-Modelle.

AUF EINEN BLICK: LinkedIn

> Nutzung für Kreative: Netzwerken, Kundenakquise, Karriere
> Nutzer: 433 Millionen (Stand: Oktober 2016)
> Aktive Nutzer pro Monat: 106 Millionen (Stand: April 2016)
> Vorteile: große Reichweite, viele Recruiter, Selbstvermarktung über Expertenbeiträge in Gruppen, Aufbau und Pflege von geschäftlichen Kontakten
> Nachteile: große Konkurrenz, eignet sich in der Regel eher für Kreative auf der Suche nach einer Festanstellung
> Aktuelle Zahlen: *https://press.linkedin.com/de-de/about-linkedin*

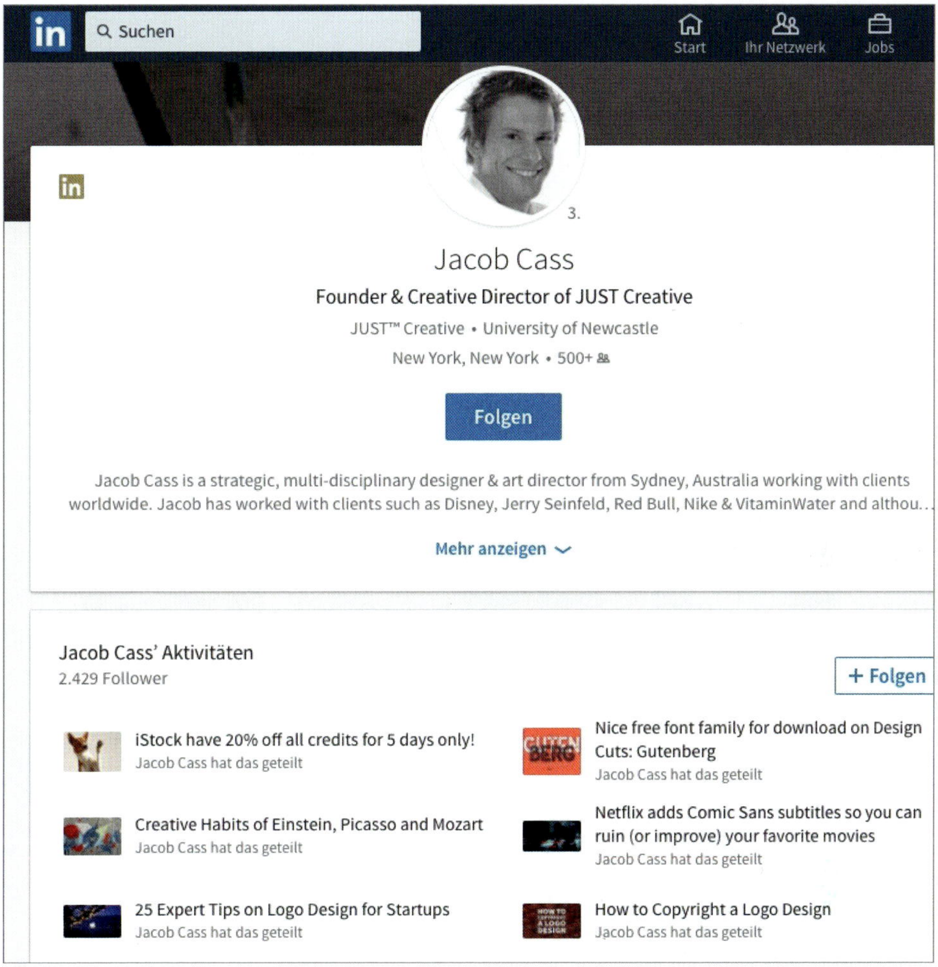

No. 4

Mindestens ein Karrierenetzwerk sollten Kreative nutzen. Jacob Cass nutzt z. B. LinkedIn: www.linkedin.com/in/justcreativedesign.

XING

Im Gegensatz zu LinkedIn beschränkt sich XING auf den deutschsprachigen Raum. Sind Sie also hauptsächlich in Deutschland, der Schweiz und Österreich auf Kundenfang, dann sind Sie bei XING genau richtig.

XING eignet sich in erster Linie, um seine Kontakte zu verwalten, das berufliche Netzwerk auszubauen und um einen neuen Job zu finden. Während LinkedIn eher von Großkonzernen genutzt wird, glänzt XING für Sie mit Möglichkeiten bei kleinen und mittleren Unternehmen.

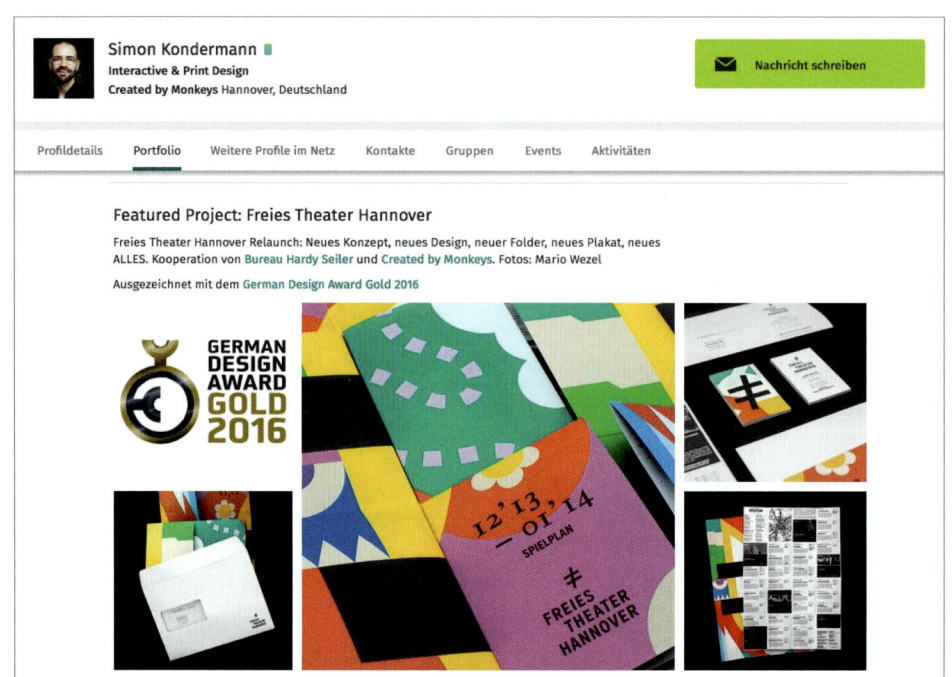

XING eignet sich als Karrierenetzwerk besonders für Kreative, die in erster Linie im deutschsprachigen Raum tätig sind. Die Plattform bietet unter anderem auch die Möglichkeit, Besuchern Einblicke in das eigene Portfolio zu geben. Hier ist das Profil von Simon Kondermann zu sehen: www.XING.com/profile/Simon_Kondermann/cv?sc_o=p2786_ns (nur sichtbar, wenn man eingeloggt ist).

AUF EINEN BLICK: Xing

> Nutzung für Kreative: Netzwerken, Kundenakquise, Karriere

> Nutzer: zehn Millionen (Stand: Juli 2016)

> Aktive Nutzer pro Monat: keine Angabe

> Vorteile: große Reichweite, viele Recruiter, Selbstvermarktung über Expertenbeiträge in Gruppen, Aufbau und Pflege von geschäftlichen Kontakten, auf den deutschsprachigen Raum spezialisiert

> Nachteile: große Konkurrenz, eignet sich in der Regel eher für Kreative auf der Suche nach einer Festanstellung

> Aktuelle Zahlen: *https://recruiting.XING.com/de/daten-und-fakten*

Eine zusätzliche Funktion von XING versteckt sich in den vielschichtigen Gruppen. Hier können Sie sich mit anderen Experten aus Ihrem Themenbereich austauschen und mit Ihrem Fachwissen glänzen. Wie auch bei LinkedIn ist die Basisversion von XING kostenlos. Darüber hinaus steht auch hier ein kostenpflichtiges Premiummodell zur Verfügung.

PORTFOLIO-PLATTFORMEN FÜR KREATIVE

No. 4

Neben Netzwerken mit einer ursprünglichen Design-Ausrichtung wie Tumblr und Pinterest, die mittlerweile auch bei vielen anderen Nutzergruppen Zuspruch finden, steht auch eine breite Palette an sozialen Medien mit einem engeren Fokus auf Kreative zur Auswahl. Viele dieser Netzwerke fungieren gleichzeitig als Portfolio-Plattform und bieten Designern daher sowohl die Möglichkeit, sich mit Gleichgesinnten zu verbinden und auszutauschen, als auch einen Weg, potenzielle Auftraggeber von ihrer Arbeit zu überzeugen.

ES IST SINNVOLL, NEBEN DEM EIGENEN ONLINE-PORTFOLIO AUCH DIE EINE ODER ANDERE PORTFOLIO-PLATTFORM ZU NUTZEN.

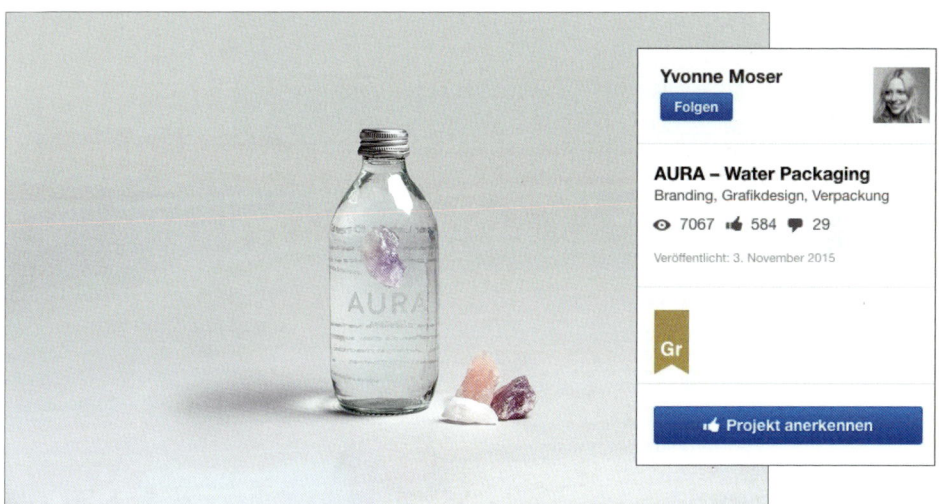

Neben einem eigenen Online-Portfolio sollten Kreative auch auf Portfolio-Plattformen wie Behance setzen. Beispiel: Yvonne Moser www.behance.net/gallery/30909267/ AURA-Water-Packaging.

Es ist ratsam, dass Sie nicht nur ein eigenes Online-Portfolio pflegen, sondern dass Sie auch aktiv die eine oder andere Portfolio-Plattform nutzen. Auf diese Weise ist die Wahrscheinlichkeit wesentlich höher, dass Unternehmen und Auftraggeber auf Sie aufmerksam werden, die Sie sonst online niemals finden würden. Plattformen wie Dribbble, Behance oder DeviantArt haben eine beachtliche Nutzerzahl. Das erhöht zwar einerseits die Konkurrenz, aber bedeutet im Umkehrschluss auch, dass dort mehr potenzielle Auftraggeber nach für ihr Projekt geeigneten Kreativen suchen.

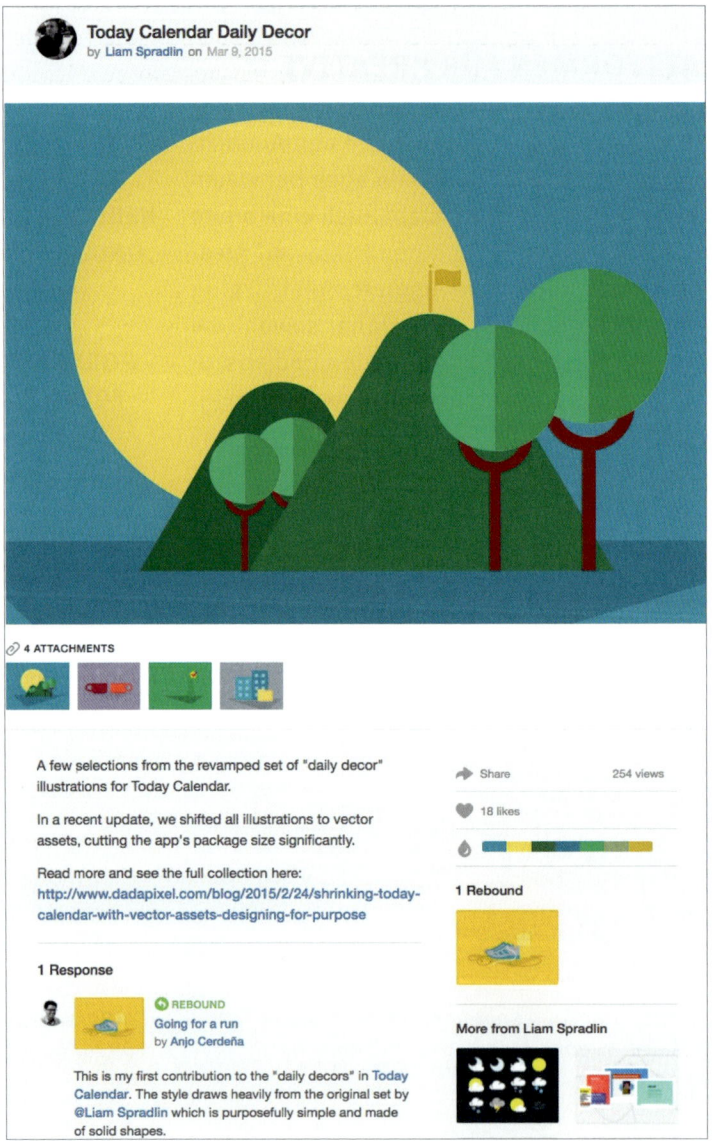

Der Vorteil von Portfolio-Plattformen wie Dribbble besteht unter anderem darin, dass Sie Feedback von Kollegen auf Ihre Kreationen erhalten. Beispiel: Liam Spradlin https://dribbble.com/shots/1965982-Today-Calendar-Daily-décor.

PORTFOLIO-PLATTFORMEN VERSUS SELBST AUFGESETZTES ONLINE-PORT-FOLIO Die Unterschiede zwischen Portfolio-Plattformen und einem selbst aufgesetzten Online-Portfolio – beziehungsweise deren Vor- und Nachteile – werden in Kapitel 7 näher beleuchtet. Dort geht es auch darum, worauf es beim Einrichten eines Portfolios ankommt. Auf den folgenden Seiten findet sich auch der ein oder andere Website-Baukasten, der das Erstellen einer Website auch ohne Programmierkenntnisse ermöglicht. Der Markt für diese Baukasten-Anbieter ist riesig. Aus diesem Grund werden in diesem Kapitel nur einige Dienste exemplarisch vorgestellt, die besonders für das Erstellen eines kreativen Online-Portfolios geeignet sind.

No. 4

KOSTEN Fast alle der vorgestellten Portfolio-Plattformen für Kreative sind kostenpflichtig. Die meisten Anbieter verlangen für die Nutzung monatliche Gebühren, bieten aber auch eine kostenlose Version an. In der Regel sind die kostenlosen Versionen in Funktionalität oder Umfang im Vergleich mit den kostenpflichtigen Versionen eingeschränkt. Entweder stehen Ihnen also weniger Funktionen, Designs und Anpassungsmöglichkeiten zur Verfügung, oder der Anbieter beschränkt Sie bezüglich der maximalen Anzahl anzulegender Projekte oder hochladbarer Inhalte. In jedem Fall bieten die kostenlosen Versionen Ihnen aber die Möglichkeit, eine Plattform auszuprobieren, um auf diesem Weg herauszufinden, ob Ihnen das Angebot zusagt.

SICH AUF WENIGE PORTFOLIO-PLATTFORMEN BEGRENZEN Wie auch bei den herkömmlichen sozialen Medien sollten Sie sich bei den Portfolio-Plattformen auf einige wenige Kanäle beschränken. Das spart zum einen Kosten und zum anderen Zeit. Die Wahl der für Sie passenden Plattform sollte sich nicht nur nach deren Größe richten –auch wenn die Wahrscheinlichkeit hoch ist, dass Sie zumindest bei einem der unter Kreativen bekannteren Vertretern wie Behance, Dribbble, CarbonMade oder DeviantArt landen. Manche Plattformen sind bei bestimmten kreativen Berufsgruppen beliebter als andere, und auch Ihr kreativer Stil spielt bei Ihrer Wahl sicher eine Rolle. So ist DeviantArt bei-

IHR KREATIVER STIL SPIELT BEI DER PLATTFORMWAHL EINE ROLLE!

spielsweise bekannt dafür, dass sich hier besonders viele Designs mit einem Fantasy-Bezug finden lassen. Sehen Sie sich am besten einige der vom Anbieter hervorgehobenen Profile und Portfolios an, um ein Gefühl für den »Charakter« der Plattform zu bekommen.

Portfoliobox

Portfoliobox erleichtert das Anlegen und Pflegen eines Online-Portfolios. Die Baukasten-Plattform bietet unter anderem Unterseiten, Galerien, ein Blog, Unterstützung für Videos und sogar einen Online-Shop. Bei Portfoliobox gibt es kein Standard-Theme, sondern Sie wählen einen Stil für jede Unterseite aus, sodass sie auch verschiedene Looks miteinander kombinieren können. Die zur Verfügung stehenden Design-Templates sind größtenteils hochwertig und sehen gut aus.

Die Baukasten-Plattform Portfoliobox unterstützt nicht nur Kreative beim Anlegen und Pflegen einer Website. Beispiel: Barekoza www.barekoza.no.

AUF EINEN BLICK: Portfoliobox

> Nutzung für Kreative: Kunden- und Auftragsakquise, Verkauf von Designs, Inspiration
> Nutzer: rund 450.000
> Vorteile: kostenlose Version verfügbar, werbefrei in der kostenlosen Version, nutzerdefiniertes CSS/JS (Pro-Version), Seiten mit Parallax-Scrolling (Pro-Version)
> Nachteile: kostenlose Version mit eingeschränkter Funktionalität
> Preis: kostenlos oder sieben Euro monatlich

Das Portfolio lässt sich direkt im Browser ohne Programmierkenntnisse bearbeiten. Dabei sind die Möglichkeiten zur Anpassung recht umfassend, denn Sie können unter anderem auch Banner, Hintergründe, Textfarbe und Schriftgröße personalisieren. Fortgeschrittene Nutzer können Änderungen via CSS vornehmen. Das ganze Portfolio oder einzelne Unterseiten lassen sich mit einem Passwort schützen. Einzelne Kreationen lassen sich auch direkt über Portfoliobox verkaufen.

No. 4

Die Gratisversion bei Portfoliobox beschränkt das Hosting auf 50 Bilder von zehn Produkten und Ihr Portfolio auf zehn Seiten. Ein PRO-Account schlägt mit rund sieben Euro zu Buche und bietet unter anderem einen eigenen Domain-Namen, bis zu 1.000 Bilder, unbegrenzte Seiten und Blog-Einträge, nutzerdefiniertes CSS und eine einfache Integration von Google Analytics.

Crevado

Crevado ist eine Plattform, auf der sich Online-Portfolios verhältnismäßig einfach erstellen lassen, und Crevado bietet ein kostenloses Modell, dies zu tun. Der Nachteil sind gebrandete Links und Werbung auf der Seite – sofern Sie sich nicht für ein Bezahlmodell entscheiden. Für die Nutzung sind keine Programmierkenntnisse nötig, und das Design lässt sich dem eigenen Geschmack anpassen.

AUF EINEN BLICK: Crevado

> Nutzung für Kreative: Kunden- und Auftragsakquise, Verkauf von Designs, Inspiration
> Nutzer: rund 400.000
> Vorteile: responsiv, kostenlose Version erhältlich, Drag-and-Drop-Erstellung des Portfolios, dedizierter Video-Upload, nutzerdefiniertes CSS, Frontend für iOS und Android optimiert
> Nachteile: gebrandete Links und Werbung bei kostenloser Nutzung, keine CSS-Anpassungen bei kostenloser Version
> Preis: kostenlos, vier Euro monatlich oder neun Euro monatlich

Positiv hervorzuheben ist die Möglichkeit, dass Videos nicht per YouTube- oder Vimeo-Link eingebettet werden müssen, sondern dass Sie diese einfach in Ihr

Portfolio hochladen können. Da die Plattform responsiv ist, sehen Crevado-Portfolios auch auf mobilen Endgeräten gut aus. Zu den Features der bezahlten Version gehören unter anderem Custom-CSS, werbefreie Links und werbefreie Seiten sowie die Möglichkeit, einzelne Kreationen zu verkaufen.

CREVADO IST RESPONSIV, DESHALB SEHEN CREVADO-PORTFOLIOS AUCH AUF MOBILEN ENDGERÄTEN GUT AUS.

Die Gratisversion beschränkt Ihr Portfolio auf maximal fünf Galerien und insgesamt 30 Bilder. Die Plus-Version für vier Euro monatlich erweitert den Umfang Ihres Portfolios auf maximal zehn Galerien und 120 Bilder. Dazu kommt noch die Möglichkeit, CSS individuell anzupassen. Die Premium-Version bietet Platz für maximal 50 Galerien und 2.000 Bilder. Außerdem lassen sich private Unterseiten und Galerien anlegen und mit einem Passwort sichern. Auch die Möglichkeit einer eigenen Domain sowie der Verkauf von Kreationen über Crevado ist dem Premium-Account vorbehalten.

Für Kreative mit einem schmalen Budget lohnt sich der Blick auf die Plattform Crevado, die sich mit Einschränkungen auch kostenlos nutzen lässt, um ein Portfolio aufzusetzen. Beispiel: Joseph Bayfield http://josephbayfield.crevado.com/ melancholia/4097367.

PortfolioLounge

PortfolioLounge ist ein kleinerer Vertreter unter den Portfolio-Baukästen, bietet aber ausreichende Anpassungsmöglichkeiten, um Ihr Online-Portfolio im Look Ihrer Marke zu erstellen. Programmierkenntnisse werden für das Aufsetzen nicht benötigt. Insgesamt steht eine beachtliche Zahl an Templates für die Gestaltung der Seite zur Verfügung. PortfolioLounge bietet unter anderem Besucher-Tracking und eine eigene Domain für Ihr Portfolio.

No. 4

PortfolioLounge lässt sich für bis zu 20 Projekte kostenlos nutzen. https://portfoliolounge.com/gallery.

AUF EINEN BLICK: PortfolioLounge

> ❯ Nutzung für Kreative: Kunden- und Auftragsakquise, Inspiration
> ❯ Nutzer: rund 25.000
> ❯ Vorteile: Besucher-Tracking, kostenlose Version verfügbar, keine Programmierkenntnisse nötig, eigener Domain-Name
> ❯ Nachteile: eingeschränkte Funktionalität in der kostenlosen Version
> ❯ Preis: kostenlos, monatlich zwölf US-Dollar für bis zu 80 Projekte oder monatlich 24 US-Dollar für bis zu 1.000 Projekte

Die kostenlose Version beschränkt das Portfolio auf 20 Projekte. Die Pro-Version mit bis zu 80 Projekten und maximal 1.000 Bildern kostet monatlich rund zwölf

US-Dollar, und die sogenannte Max-Version schlägt mit rund 24 US-Dollar für bis zu 1.000 Projekte und maximal 10.000 Bilder zu Buche.

Dribbble

Bei dieser Plattform dreht sich alles um die Frage: »Woran arbeiten Sie aktuell?« Diese Frage beantworten auf Dribbble täglich unzählige Kreative vom Webdesigner über den Illustrator und Logo-Designer bis hin zum Typographie-Profi. Dribbble wird oft als das »Twitter für Designer« bezeichnet, und der Vergleich ist im Kern gar nicht so abwegig. Nutzer teilen auf der Plattform Einblicke in ihre Arbeit. Damit unterscheidet sich Dribbble von den meisten anderen Portfolio-Plattformen, denn statt fertiger Projekte finden sich hier hauptsächlich Momentaufnahmen von der Arbeit an einem Design. Bei diesen sogenannten »Shots« handelt es sich um kleine Screenshots von Designs. Andere Nutzer können diese dann kommentieren und Feedback geben.

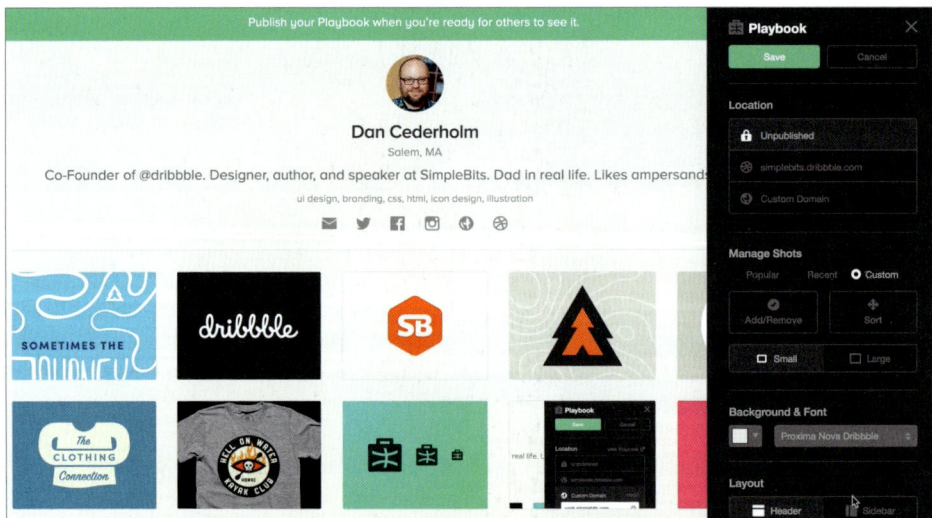

Zusätzlich zum Dribbble-Profil für das soziale Netzwerk für Kreative lässt sich die Plattform auch für das Erstellen eines Portfolios nutzen. dribbble.com/playbook/info.

Auf Dribbble treiben sich nicht nur Designer herum, sondern auch Scouts, die nach Kreativen für ihre Projekte suchen. Über die Funktion »Find Designers« könne Interessierte beispielsweise nach Designformen und Regionen suchen, um so einen passenden Kreativen für ihr Projekt zu finden.

Mittels der Funktion »Playbook« können Sie zusätzlich zu Ihrem herkömmlichen Dribbble-Profil mit nur wenigen Klicks ein Portfolio zusammenstellen, dass sich aus den im Profil enthaltenen Arbeiten zusammensetzt. Die Reihenfolge der gezeigten Arbeiten lässt sich den eigenen Bedürfnissen anpassen. Layout, Hintergrund und Fonts lassen sich ebenfalls anpassen. Positiv zu bemerken ist, dass das Playbook-Portfolio ohne Dribbble-Branding auskommt und auf Wunsch auch unter einer eigenen Domain erreichbar

AUF DRIBBBLE TREIBEN SICH AUCH SCOUTS HERUM, DIE NACH KREATIVEN FÜR IHRE PROJEKTE SUCHEN!

ist. Das Playbook-Portfolio kostet monatlich vier US-Dollar, was allerdings auch einen Pro-Account für Dribbble beinhaltet. Der Pro-Account bietet unter anderem die Möglichkeit, nach Designer unter Berücksichtigung verschiedener Kriterien zu suchen und kostet jährlich rund 20 US-Dollar. Der sogenannte Team-Account kostet rund 100 US-Dollar im Jahr. Eine kostenfreie Variante von Dribbble steht aktuell leider nicht zur Verfügung.

No. 4

Generell gilt bei Dribbble, dass Sie erst dann ein Profil erstellen können, wenn Sie von einem anderen Nutzer eingeladen werden.

AUF EINEN BLICK: Dribbble

> Nutzung für Kreative: Kunden- und Auftragsakquise, Kollaboration mit anderen Kreativen, professioneller Austausch, Online-Kurse für Designer, Inspiration

> Nutzer: rund 500.000

> Vorteile: professionelles Umfeld, Jobsuchfunktion für potenzielle Auftraggeber, kostenlose Basisversion, schnell zusammenklickbares Portfolio

> Nachteile: relativ wenig Anpassungen am Design möglich, dediziertes Portfolio (Playbook) nur kostenpflichtig

> Preis: vier US-Dollar monatlich für Playbook-Portfolio oder 20 US-Dollar jährlich bzw. 100 US-Dollar jährlich

Cargo

Cargo versteht sich als persönliche Publishing-Plattform und bietet jede Menge anpassbarer Design-Templates, mit denen sich ein Online-Portfolio erstellen lässt. Der Nutzer hat hier durchaus Einfluss darauf, wie unterschiedliche Inhalte dargestellt werden. Die Plattform glänzt darüber hinaus unter anderem mit eingängigen Werkzeugen für das Backend sowie einem durchdachten Nutzer-Interface. Allerdings hat sich in den vergangenen Jahren nicht viel getan. Sowohl technisch als auch vom Design erkennt man mittlerweile, dass der Anbieter im Gegensatz zu anderen Plattformen nicht übermäßig viel an der Seite optimiert hat.

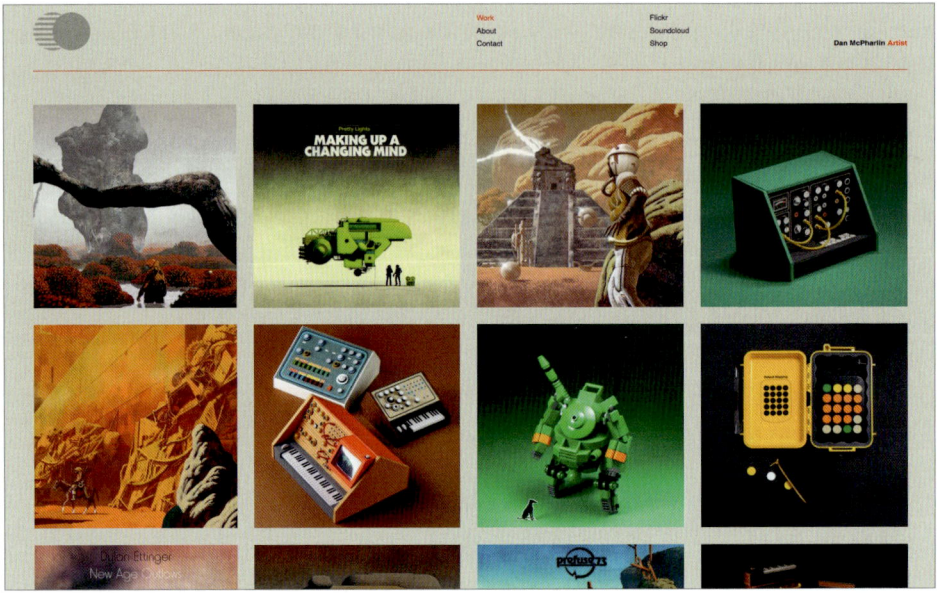

Obwohl es etwas in die Jahre gekommen ist, bietet Cargo einige Features, die man bei der Konkurrenz vergeblich sucht. Beispiel: Dan McPharlin http://danmcpharlin.net.

Cargo bietet ein paar Features, die den Dienst von vielen anderen unterscheiden. Besonders hervorzuheben sind die Social-Networking-Funktionen, die es ermöglichen, anderen Nutzern zu folgen. Auf diese Weise werden neue Arbeiten der dem eigenen Netzwerk angeschlossenen Kreativen in einem Feed gesammelt.

AUF EINEN BLICK: Cargo

> Nutzung für Kreative: Kunden- und Auftragsakquise, Inspiration
> Nutzer: (keine Angabe vorhanden)
> Vorteile: Social-Media-Funktionen, eigener Domain-Name (Pro), kostenlose Version verfügbar
> Nachteile: technisch und grafisch nicht auf der Höhe der Zeit, kostenlose Version mit eingeschränkter Funktionalität
> Preis: kostenlos oder neun US-Dollar monatlich

Die kostenlose Version von Cargo limitiert Ihr Portfolio auf zwölf Projektseiten und schränkt die Zahl zur Verfügung stehender Themes ein. Diese Beschränkungen werden in der Pro-Version zum monatlichen Preis von rund neun US-Dollar aufgehoben. Dazu bietet das kostenpflichtige Portfolio noch einen eigenen Domain-Namen und fortgeschrittene Bearbeitungsmöglichkeiten.

Behance

No. 4

Behance ist eine klassische Portfolio-Plattform für Kreative und gehört zu den bekanntesten und größten Angeboten dieser Kategorie. Das Netzwerk bietet Ihnen sowohl einen Platz, Ihre Kreationen potenziellen Kunden zu präsentieren, als auch einen Ort, an dem Sie sich mit Gleichgesinnten austauschen können.

Auf Behance können Sie verhältnismäßig leicht ein ansehnliches Portfolio erstellen, das nach Projekten organisiert ist. Die Portfolio-Plattform ist bei vielen Unternehmen bekannt, sodass die Wahrscheinlichkeit hier höher ist, einen Auftrag an Land zu ziehen. Rund 80 Millionen Seitenaufrufe am Tag sprechen für sich, und Behance gibt an, dass etwa 90 Prozent des Traffics durch Nichtmitglieder generiert wird.

AUF EINEN BLICK: Behance

> Nutzung für Kreative: Kunden- und Auftragsakquise, Inspiration, Kollaboration mit anderen Kreativen, professioneller Austausch
> Nutzer: rund 5 Millionen
> Vorteile: Synchronisation mit der Adobe Creative Cloud, Previews der mobilen Ansicht möglich, eigener Domain-Name, Live-Editing im Browser, eigene API, kostenlose Version verfügbar, Follow-Funktion, HTML- und CSS-Bearbeitung
> Nachteile: kostenlose Version mit eingeschränkter Funktionalität, kaum Möglichkeiten zur Anpassung in der kostenlosen Version
> Preis: kostenlos oder elf US-Dollar monatlich

Weitere Features von Behance sind Statistiken über die Anzahl der Besucher Ihres Portfolios, die Integration von Social-Media und die Möglichkeit, Arbeiten direkt aus Adobe-Software heraus zu teilen. Neben Stellengesuchen und Projektausschreibungen finden sich darüber hinaus diverse Diskussionsgruppen. Ebenfalls positiv ist die Follow-Funktion, die es Kreativen ermöglicht, ähnlich wie auf Facebook oder Twitter, eine Fangemeinde aufzubauen – eine Social-Media-Komponente, die nicht bei allen Portfolio-Anbietern selbstverständlich ist.

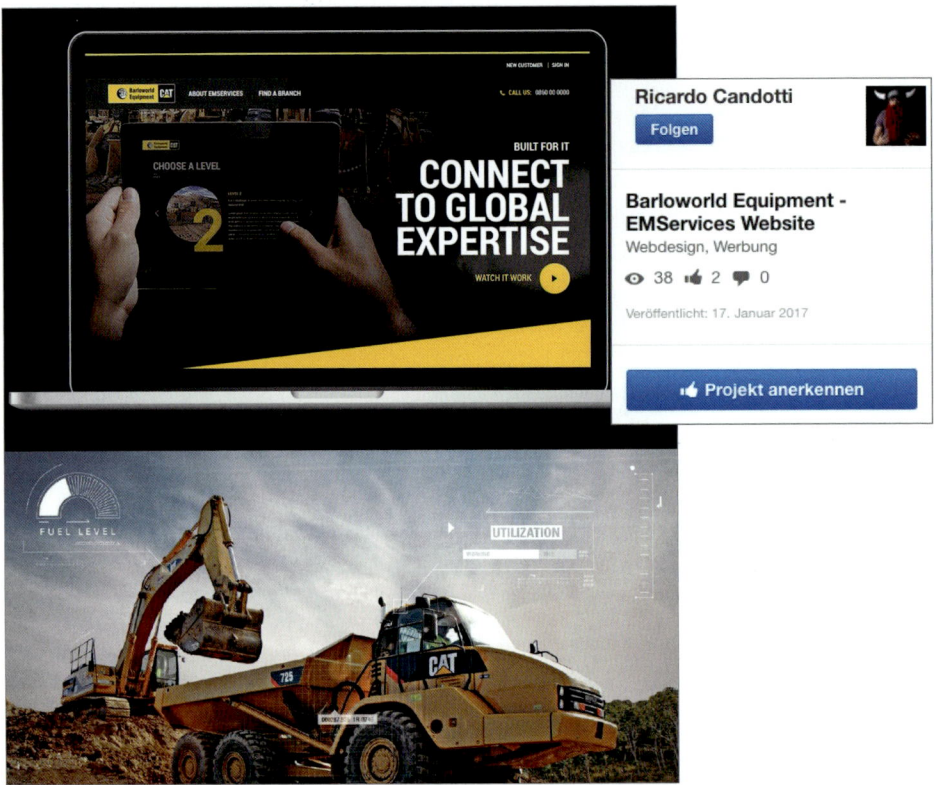

Behance dürfte für viele Kreative das Facebook ihrer Berufsgruppe sein. Ansprechende Portfolios lassen sich auf der Plattform vergleichsweise einfach umsetzen. Beispiel: Ricardo Candotti www.behance.net/gallery/47471937/Barloworld-Equipment-EMServices-Website.

Die kostenlose Version von Behance schränkt Sie nicht nur bezüglich der zur Verfügung stehenden Templates stark ein, sondern erlaubt auch kaum Änderungen am Design. Hierfür müssen Sie zur ProSite-Version wechseln, die monatlich rund elf US-Dollar kostet.

DeviantArt

Bei DeviantArt handelt es sich um eine Community, die auch für Amateure offen ist. Die Plattform legt den Fokus darauf, Künstlern einen Ort zu bieten, an dem sie ihre Werke ausstellen und verkaufen können und an dem Sie mit anderen Nutzern diskutieren und zusammenarbeiten können. Die Palette anzutreffender Medien ist dementsprechend breit gefächert. Neben traditionellen Formen wie Gemälden und Skulpturen finden sich viele digitale Werke.

No. 4

Wer ausgefallenere Kreationen zur Schau stellen will, ist bei DeviantArt in jedem Fall richtig. Das Anlegen eines Profils und verschiedener Galerien geht leicht von der Hand. DeviantArt eignet sich besonders für Kreative, die nach Feedback oder anderen Kreativen für eine Zusammenarbeit suchen.

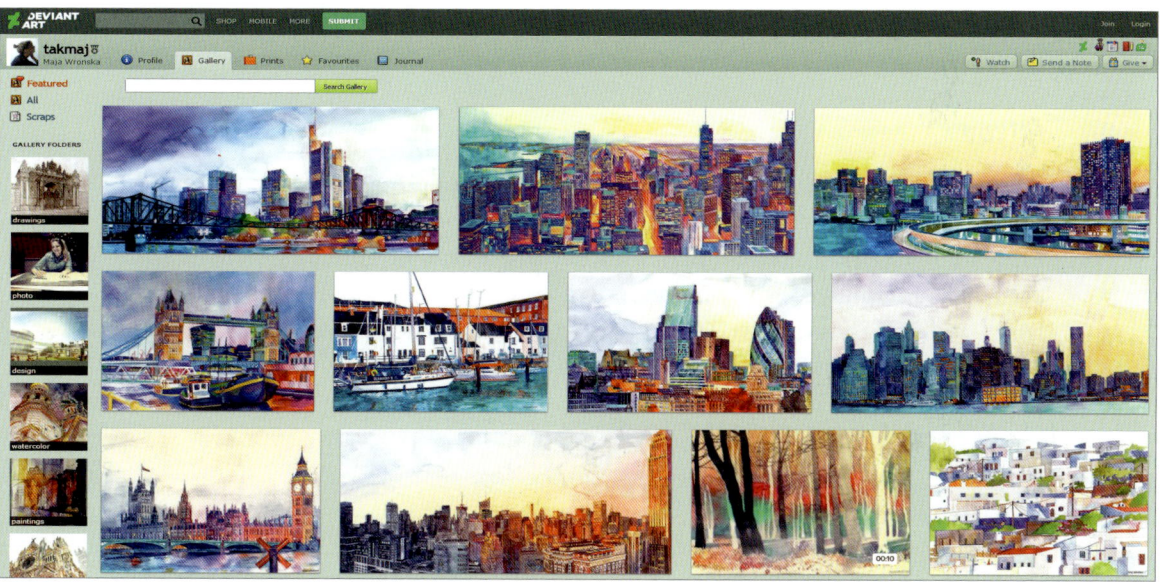

Ein Profil bei DeviantArt dient nicht nur als Portfolio – Kreative können über die Plattform auch eigene Kreationen verkaufen. Beispiel: Maja Wronska http://takmaj. deviantart.com.

Neben der kostenlosen Version haben Sie bei DeviantArt auch die Möglichkeit für rund 50 US-Dollar jährlich zum Core Member zu werden. Zu den Vorteilen der kostenpflichtigen Version gehört eine werbefreie Website, die Möglichkeit der Profil-Anpassung, erweiterte Reports und Statistiken, eine Speichererweiterung auf zehn Gigabyte und ein besonderes Symbol neben dem Nutzernamen.

WER AUSGEFALLENERE KREATIONEN ZUR SCHAU STELLEN WILL, IST BEI DEVIANTART IN JEDEM FALL RICHTIG.

> Nutzung für Kreative: Kunden- und Auftragsakquise, Verkauf von Designs, Kollaboration mit anderen Kreativen, professioneller Austausch, Inspiration
> Nutzer: rund 38 Millionen
> Vorteile: leicht verständlicher Wizard, unbegrenztes Hosting für das Portfolio und Bilder, eigener Domain-Name, kostenlose Version verfügbar
> Nachteile: unter Umständen stilistisch nicht für jeden passend, Ausrichtung eher künstlerisch
> Preis: kostenlos oder 50 US-Dollar jährlich

Allyou

Bei Allyou handelt es sich um einen weiteren Portfolio-Anbieter, der sich auf die Kreativbranche spezialisiert hat. Das Erstellen des Online-Portfolios ist ohne Programmierkenntnisse möglich, und der Dienst bietet eine ausreichende Anzahl von Templates und Gestaltungsmöglichkeiten inklusive verschiedener Fonts und Farbänderungen. Darüber hinaus können Sie bei Bedarf auch eigene Schriftarten verwenden.

> Nutzung für Kreative: Kunden- und Auftragsakquise, Inspiration
> Nutzer: rund 50.000
> Vorteile: keine Programmierkenntnisse nötig, kostenlose Test-Version (14 Tage) erhältlich, Upload eigener Schriftarten, eigener Domain-Name (nur in der teuersten Variante)
> Nachteile: kostenlose Version mit zeitlicher Beschränkung
> Preis: kostenlos, zwölf US-Dollar monatlich oder 20 US-Dollar monatlich

Die kostenlose Test-Version von Allyou ist auf zwei Wochen beschränkt. Die Basis-Version des Dienstes kostet monatlich rund zwölf US-Dollar, und die

166

Pro-Version bietet für rund 20 US-Dollar monatlich unter anderem eine eigene Domain.

Der template-basierte Portfolio-Baukasten Allyou lässt sich zwei Wochen kostenlos testen: www.allyou.net/de/aypeople.

Carbonmade

Carbonmade bietet ein überzeugendes Design und ein eingängiges Nutzer-Interface, um Kreationen und Designs in einem Portfolio zu präsentieren. Sie können Ihr Carbonmade-Portfolio auf vielfache Art und Weise personalisieren. Unter anderem lassen sich Stil, Logo und sogar Domain-Name festlegen. HTML-Kenntnisse werden dabei nicht benötigt. Die kostenlose Version schränkt die Möglichkeiten zur Anpassung des eigenen Portfolios ein, sodass Sie lediglich die Farbe, den Font und die Bildgrößen individuell verändern können.

Im Vergleich zu vielen anderen Plattformen sind die Möglichkeiten, Ihr Portfolio zu individualisieren, etwas eingeschränkter. Das ist allerdings in diesem Fall nicht unbedingt schlimm, weil die zur Verfügung stehenden Optionen allesamt gut durchdacht sind und gleichzeitig auch dem Auge schmeicheln. Dieser Minimalismus zieht sich wie ein roter Faden durch die Plattform. So stehen aktuell beispielsweise auch lediglich sechs Themes zur Verfügung – im Vergleich zur Konkurrenz fast schon erschreckend wenig. Dennoch lassen sich die Themes im

Detail weiter anpassen und sorgen so für einen individuellen Stil. So können Sie beispielsweise die Breite Ihres Portfolios, das Format der Vorschaubilder und die Platzierung von Inhalten beeinflussen.

Die Portfolio-Plattform Carbonmade bietet zwar nur wenige Templates, aber dafür sind diese wohldurchdacht bezüglich Interface und Design. Beispiel: Sébastien Rousseau https://srousseau.carbonmade.com/projects/5711339.

AUF EINEN BLICK: Carbonmade

> Nutzung für Kreative: Kunden- und Auftragsakquise, Inspiration
> Nutzer: rund 950.000
> Vorteile: HD-Vidoe-Upload, Statistiken, Audio-Uploads, Archivierungsmöglichkeiten, kostenlose Test-Version verfügbar, Suchfunktion für Auftraggeber, eigener Domain-Name (Pro), Statistiken und Auswertungen
> Nachteile: kostenlose Version limitiert Möglichkeiten zur Anpassung, relativ wenig Auswahl bei Themes und Designs
> Preis: kostenlos oder sechs, zwölf oder 18 US-Dollar monatlich

Neben der kostenlosen Test-Version bietet Carbonmade drei kostenpflichtige Modelle an. Die »Okay-Version« kostet sechs US-Dollar monatlich und limitiert Ihr Portfolio auf zehn Projekte und 100 Bilder. Die »Whoo!-Version« erlaubt für monatlich zwölf US-Dollar bis zu 50 Projekte und 500 Bilder. Außerdem kommen noch eine eigene Domain, Passwortschutz, Statistiken und ein nicht Carbonmade-gebrandetes Portfolio dazu. Die »Laser-Whale-Version« hebt die Beschränkungen für Projekte und Uploads vollständig auf. Sie kostet monatlich 18 US-Dollar.

No. 4

Dropr

Dropr versteht sich sowohl als Online-Portfolio-Plattform als auch als kreatives Netzwerk. Das Erstellen eines Portfolios geht hier schnell von der Hand, denn Sie können sich mit einem Facebook-, Twitter- oder Google-Plus-Profil anmelden und dann Ihr Portfolio per Drag-and-Drop zusammenstellen. Positiv hervorzuheben sind die vielen unterstützten Medien- und Dateiformate sowie das responsive Design, das auch eine Darstellung auf vielen mobilen Endgeräten sicherstellt.

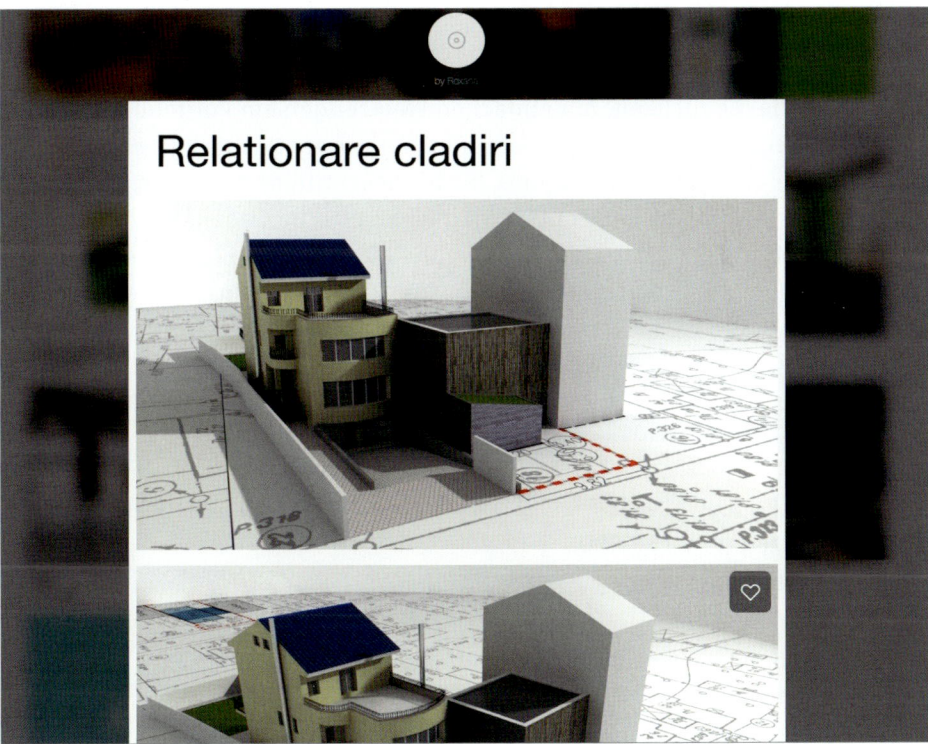

Bei Dropr lassen sich Portfolios per Drag-and-Drop zusammenstellen. Beispiel: Roxana
http://dropr.com/roxanac/186609/relationare_cladiri/+?p=1407140.

> Nutzung für Kreative: Kunden- und Auftragsakquise, Inspiration
> Nutzer: rund 25.000
> Vorteile: Unterstützung vieler Bild- und Videoformate, responsiv, kostenlose Version verfügbar
> Nachteile: kostenlose Version mit eingeschränkter Funktionalität
> Preis: kostenlos, zehn US-Dollar monatlich oder 100 US-Dollar jährlich

Die kostenlose Version bringt Einschränkungen bei Funktionen und Speicherplatz mit. Die »Guru-Version« hebt diese Einschränkungen auf und kostet monatlich rund zehn US-Dollar. Der Jahresbeitrag beläuft sich auf rund 100 US-Dollar.

Krop

Krop bietet die Möglichkeit, mit einfachen Werkzeugen ein Portfolio zusammen zu stellen. Regelmäßige Updates liefern immer wieder Nachschub an zur Verfügung stehenden Stilen. Die Features für fortgeschrittene Nutzer in Kombination mit tausenden Styles und Fonts ermöglichen es – im Gegensatz zu manchen anderen Plattformen –, dass Sie Ihrer Kreativität freien Lauf lassen können und einen individuelleren Look für Ihre Web-Visitenkarte zusammenstellen können.

AUF EINEN BLICK: Krop

> Nutzung für Kreative: Kunden- und Auftragsakquise, Inspiration
> Nutzer: rund 100.000
> Vorteile: kostenlose Version verfügbar, fungiert auch als Job-Plattform
> Nachteile: eingeschränkte Funktionen bei der kostenlosen Test-Version
> Preis: kostenlos oder acht 8 US-Dollar monatlich für vollen Funktionsumfang

Darüber hinaus fungiert Krop als eine Art Job-Plattform, und große Unternehmen wie beispielsweise Facebook, Netflix, Tesla, Twitter oder auch Apple gehen auf der Plattform immer mal wieder auf Talentsuche.

AUF KROP GEHEN FACE-BOOK, NETFLIX, TESLA, TWITTER ODER AUCH APPLE AUF TALENTSUCHE.

No. 4

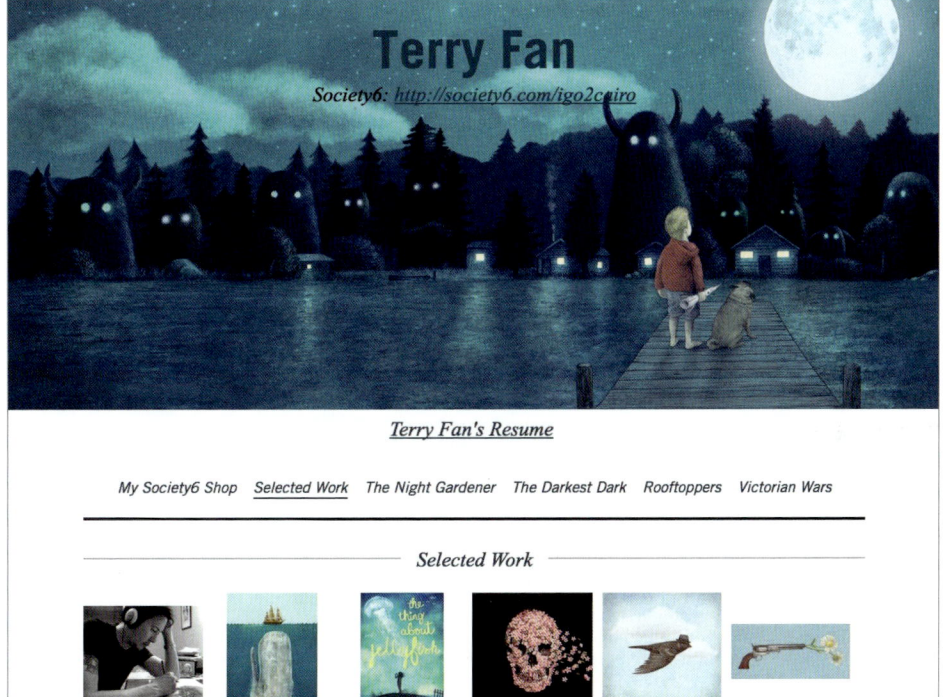

Krop ist eine Mischung aus Karrierenetzwerk und Portfolio-Plattform.
Beispiel: Terry Fan www.krop.com/terryfan/#/212059/2759291.

Neben der kostenlosen Test-Version bietet Krop auch eine Pro-Version für rund acht US-Dollar an, die Ihnen den vollen Funktionsumfang zugänglich macht.

SONSTIGE PLATTFORMEN UND SPECIAL-INTEREST-NETWORKS

Neben den großen sozialen Netzwerken und den speziell auf Kreative zugeschnittenen Plattformen existieren noch eine Reihe von Angeboten, die für den ein oder anderen Kreativen ein interessanter Kanal sein können. Neben den großen Foto-Plattformen wie Flickr oder 500 px, die sich durchaus auch als Online-Portfolio für Designer »missbrauchen« lassen, gibt es noch einige Special-Interest-Networks mit einem besonders engen Fokus beispielsweise auf Fonts oder Farben.

Auf den folgenden Seiten finden Sie allerdings auch einige auf den ersten Blick völlig abwegige Vertreter wie die Blogging-Plattform Medium oder SlideShare als Anlaufstelle für alles rund um Präsentationen. Warum auch diese Angebote für Sie als Kreativen durchaus in Frage kommen können, erfahren Sie in der jeweiligen Beschreibung des entsprechenden Dienstes.

500px

Auch wenn 500px sich explizit an Fotografen wendet, können auch Kreative aus anderen Bereichen einen Nutzen aus der Plattform ziehen. Eine Möglichkeit besteht darin, anderen einen Einblick in die eigene Arbeit zu geben – es wird quasi durch Fotos ein Blick hinter die Kulissen der Entstehung eines Designs oder Projekts vermittelt. Natürlich ist es auch möglich – wenn auch ungewöhnlich – die Plattform als Portfolio für die eigenen Kreationen zu nutzen.

Als ein Portfolio für Kreationen, bei denen es sich nicht um Fotos handelt, eignet sich 500px weniger. Dafür lässt sich die Plattform beispielsweise nutzen, um Einblicke in die eigene Arbeit zu geben. Beispiel: Daryna Kossar https://500px.com/darynakossar.

In den meisten Fällen sollte so oder so die kostenlose Version ausreichen, die 20 Uploads pro Woche erlaubt. Darüber hinaus existieren noch zwei kostenpflichtige Modelle für rund zwei beziehungsweise rund sechs US-Dollar monatlich. Interessant könnte für Sie noch das »Awesome-plus-Adobe«-Modell sein. Hier erhalten Sie für rund 14 US-Dollar noch Zugang zur Adobe Creative Cloud inklusive der Cloud-Versionen von Photoshop und Lightroom.

AUF EINEN BLICK: 500px

No. 4

> Nutzung für Kreative: Einblicke in die eigene Arbeit geben, alternatives Portfolio, Image-Pflege
> Nutzer: rund 9 Millionen
> Vorteile: kostenlose Version verfügbar, persönlicher Shop für den Verkauf von Fotos
> Nachteile: primär auf Fotografie ausgerichtet
> Preis: kostenlos oder zwei, sechs oder 14 US-Dollar monatlich

Flickr

Wie bei 500 px handelt es sich auch bei Flickr um eine Plattform, die in erster Linie Fotografen ansprechen soll. Muss man bei 500 px etwas genauer hinsehen, finden sich bei Flickr durchaus Nutzer, die in erster Linie Illustrationen oder Webdesign-Beispiele hochladen oder ausstellen. Auch die ein oder andere Gruppe auf dieser Plattform widmet sich Fotografie-fernen Design-Themen, sodass Sie hier in guter Gesellschaft sind, wenn Sie nicht nur eine Fotoreportage zu Ihrem kreativen Prozess posten, sondern Ihre Werke in einer Art Portfolio zur Schau stellen.

AUF EINEN BLICK: Flickr

> Nutzung für Kreative: Einblicke in die eigene Arbeit geben, alternatives Portfolio, Image-Pflege
> Nutzer: rund 120 Millionen
> Vorteile: kostenlose Version verfügbar, 1.000 Gigabyte Speicherplatz
> Nachteile: primär auf Fotografie ausgerichtet
> Preis: kostenlos oder sechs US-Dollar monatlich

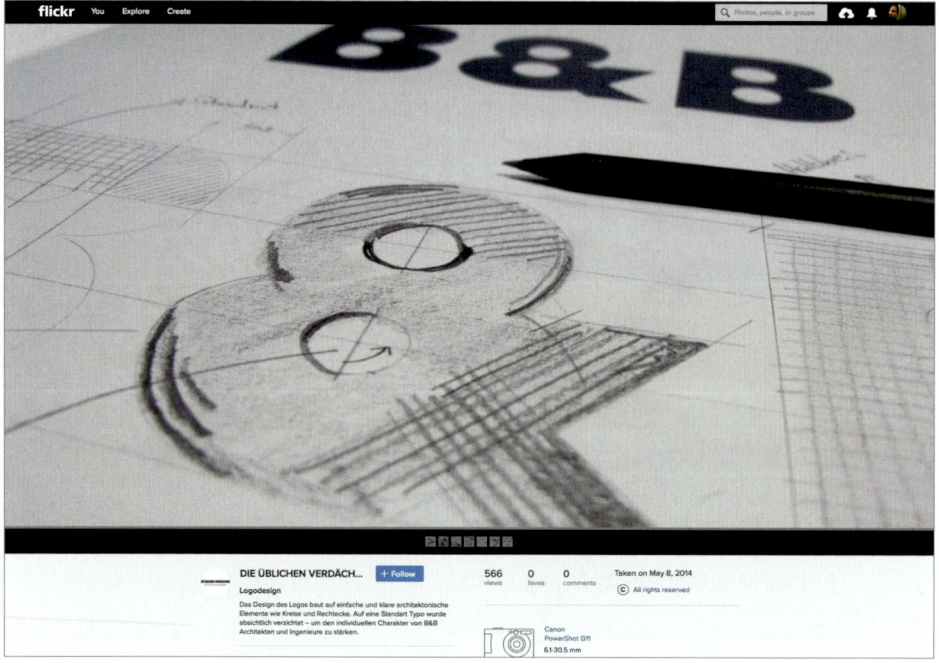

*Auf der Foto-Plattform Flickr präsentieren neben freiberuflichen Designern auch
vereinzelt Agenturen wie Die Üblichen Verdächtigen ihre Arbeiten. Beispiel:
Die Üblichen Verdächtigen www.flickr.com/photos/duev/13996756930.*

Auch bei Flickr dürfte Ihnen die kostenlose Version ausreichen, immerhin beinhaltet sie 1.000 Gigabyte Speicherplatz. Die Pro-Version kostet rund sechs
US-Dollar monatlich und garantiert eine werbefreie Nutzung, Statistiken und einen zwanzigprozentigen Preisnachlass bei der Nutzung von Adobe Photoshop
CC und Adobe Lightroom CC.

Medium

Eine Blogging-Plattform dreht sich in der Regel in erster Linie rund um das ge-
schriebene Wort. Sie werden sich wahrscheinlich als visuell veranlagter Kreativer fragen, was Ihnen ein aktives Engagement bei einem derartigen Dienst bringen soll. Die Antwort auf diese Frage können Sie schnell selber geben, wenn
Sie einmal im Suchfeld die Begriffe »UX«, »Creative Process« oder einfach nur
»Design« eingeben. Es finden sich hunderte, teils hochprofessionelle Texte zu
dem Thema – viele davon von Designern geschrieben.

Sofern Sie ein wenig mit Worten umgehen können, sollten Sie ernsthaft in Erwägung ziehen, einen Dienst wie Medium zu nutzen, oder Sie sollten stattdessen

eigene Fachtexte in einem an Ihr Portfolio angeschlossenem Blog veröffentlichen. Medium bietet Ihnen den Vorteil einer recht hohen Reichweite, sodass Sie viele Leser aus ganz unterschiedlichen Branchen erreichen können.

No. 4

Mittels eines Blogs oder einer Plattform wie Medium können Sie Ihr Wissen vermitteln und so Ihre Reputation aufpolieren. Beispiel: Chantal Jared https://medium.com/@ chantastique

AUF EINEN BLICK: Medium

> Nutzung für Kreative: Kunden- und Auftragsakquise, professioneller Austausch, Information
> Nutzer: (keine Angabe vorhanden)
> Vorteile: Wettbewerbsvorteil
> Nachteile: zeit- und arbeitsintensiv
> Preis: kostenlos

Stecken Sie ein wenig Zeit und Mühe in das Veröffentlichen von Fachartikeln, besteht der Vorteil darin, dass Sie sich von anderen Kreativen in Ihrem Bereich abheben. Sie beweisen Kompetenz, kommen mit Gleichgesinnten ins Gespräch und können potenzielle Auftraggeber viel besser von Ihrer Expertise und Ihrem Können überzeugen, indem Sie beispielsweise als Designer auf eigene Texte verweisen, die von anderen Designern gelesen werden.

SlideShare

Ähnlich wie Medium handelt es sich auch bei SlideShare um eine Plattform, die nicht unbedingt auf den ersten Blick für Designer geeignet scheint. Statt um Artikel geht es hier allerdings um Präsentationen. Damit eignet sich SlideShare für Kreative, die ohnehin ab und an mit PowerPoint oder Keynote zu tun haben, weil sie beispielsweise eine Präsentation für einen Vortrag auf einem Kongress oder einer Messe erstellen müssen.

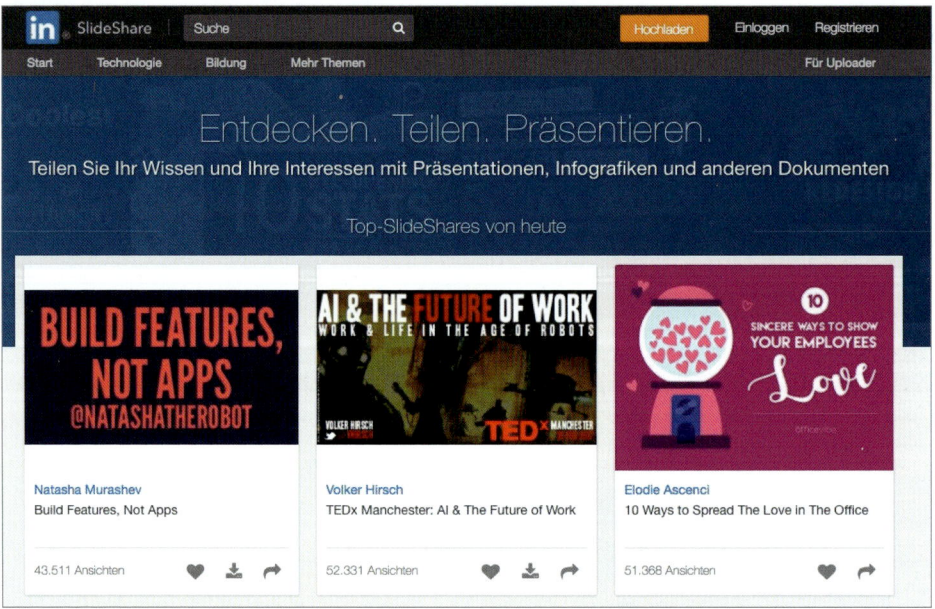

Wer häufiger als Speaker auftritt, kann seine Präsentationen auch auf SlideShare hochladen und so seine Reputation stärken. https://de.slideshare.net.

Wenn Sie sich ohnehin die Arbeit gemacht haben, sollten Sie in Erwägung ziehen, die fertige Präsentation auch bei SlideShare hochzuladen. Auf diese Weise können Sie bei Kollegen und potenziellen Kunden Ihre Expertise unter Beweis stellen.

> Nutzung für Kreative: Kunden- und Auftragsakquise, professioneller Austausch, Information
> Nutzer: rund 70 Millionen
> Vorteile: Wettbewerbsvorteil
> Nachteile: nur sinnvoll, wenn man ohnehin Präsentationen zu Design-Themen erstellt
> Preis: kostenlos

No. 4

about.me

about.me treibt das Konzept, das die Macher von Flavors.me verfolgen, noch etwas weiter. Eine about.me-Profilseite ist am ehesten mit einem Eintrag in den Gelben Seiten vergleichbar. Sie können auf Ihrer Seite Links zu Ihren Profilen bei anderen sozialen Netzwerken hinterlegen und mittels eines prominenten Buttons Besucher auf eine beliebige Seite – wie zum Beispiel Ihr Portfolio – leiten.

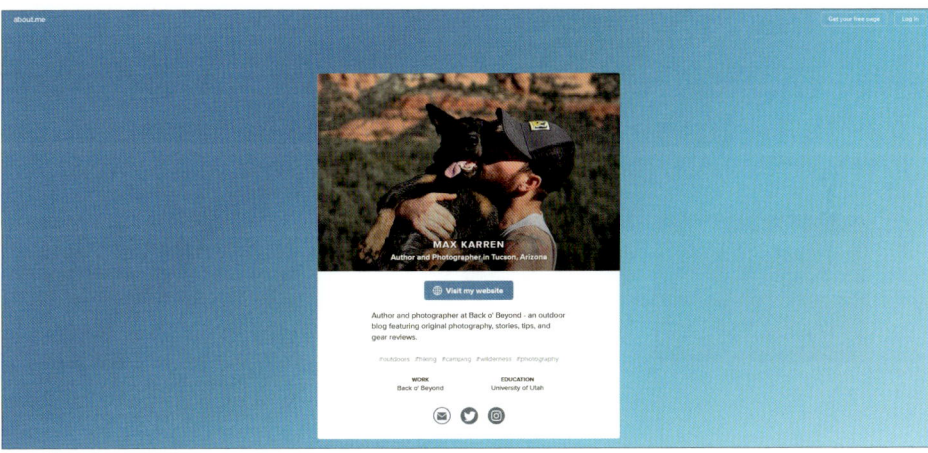

Dienste wie about.me lassen sich am besten als Gelbe Seiten für das Internet beschreiben. Beispiel: Max Karren https://about.me/maxkarren.

Der sogenannte »Spotlight-Button« ist für jeden Nutzer verpflichtend, und es stehen diverse Buttons wie »View My Portfolio«, »Hire Me«, »Read My Blog« oder »Visit My Website« zur Auswahl. Mit der übersichtlichen Anordnung der Informationen zu Ihnen und dem prominenten Call-to-Action können Sie alle für Interessierte relevanten Informationen bündeln und gleichzeitig dafür sorgen, dass die Besucher beispielsweise auf Ihrem Portfolio landen.

COLOURlovers

Exemplarisch für sehr nischige Netzwerke steht COLOURlovers. Wie der Name bereits vermuten lässt, dreht sich bei COLOURlovers alles um Farbe.

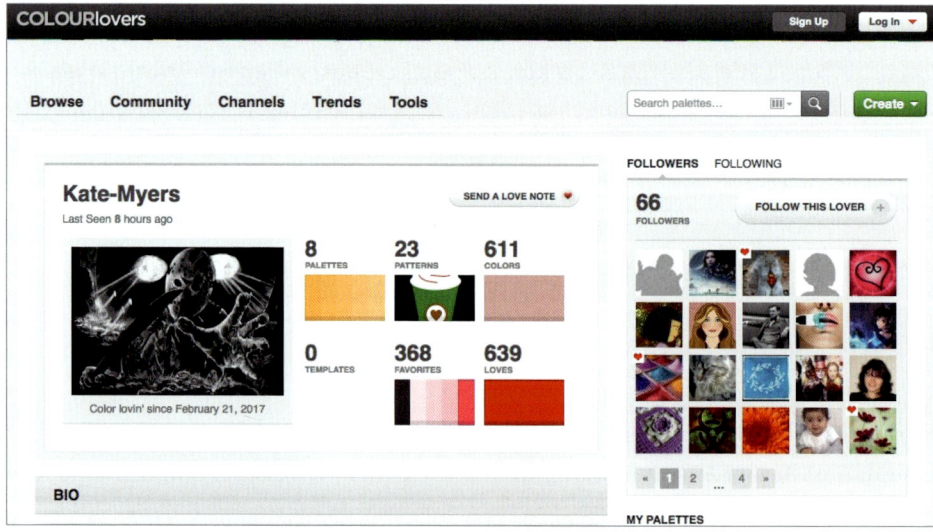

Mittlerweile existiert für fast jede Nische und Spezialisation auch das passende soziale Netzwerk. Bei COLOURlovers liegt der Fokus auf Farben. Beispiel: Kate Myers www.colourlovers.com/lover/Kate-Myers.

Das Netzwerk fungiert als Inspirationsquelle für kreative Projekte. Nutzergenerierte Farbpaletten und Muster stehen jedem zur Verfügung. Die Plattform wird neben Kreativen besonders von Menschen genutzt, die auf der Suche nach dem richtigen »Anstrich« für ihr Website-Design sind.

No. 4

DIE RICHTIGEN NETZWERKE WÄHLEN

Welche Netzwerke nun genau für Sie passen, lässt sich nicht pauschal beantworten. Auf den Seiten dieses Kapitels haben Sie die verschiedenen Möglichkeiten kurz kennengelernt. Auf Basis der vorangehenden Informationen sollten Sie nun in der Lage sein, die einzelnen Plattformen bezüglich ihrer strategischen Vor- und Nachteile beurteilen zu können. Das erspart Ihnen im Einzelfall jedoch nicht, sich ein wenig tiefer mit jedem in Frage kommenden Kandidaten auseinanderzusetzen. Sehen Sie sich Ihre Favoriten an, und versuchen Sie zu beurteilen, welche Netzwerke am besten zu Ihnen und Ihren Zielen passen. Nicht außer Acht lassen sollten Sie dabei auch Ihre Zielgruppe. Die Wahl der für Sie passenden Plattformen basiert in erster Linie auf Ihrem Geschäftsmodell, Ihren Dienstleistungen, Ihrer Zielgruppe – und der Ihnen für die Pflege der unterschiedlichen Accounts zur Verfügung stehenden Zeit.

Fangen Sie in jedem Fall klein an. Drei bis maximal fünf Plattformen reichen vollkommen aus. Alles was darüber hinaus geht, wird in zu viel Zeitaufwand resultieren und Ihnen Kapazitäten nehmen, die Sie an anderer Stelle weit dringender benötigen. Sagt Ihnen ein Netzwerk zu, das Sie noch gar nicht kennen, gehen Sie strukturiert vor. Beschäftigen Sie sich mit der Plattform, schauen Sie, was andere Nutzer dort posten und wie sie dabei vorgehen. Bekommen Sie ein Gefühl für die Stimmung und den Ton, der dort vorherrscht. Darüber hinaus sollten Sie auch Ihre Suchmaschine bemühen, um herauszufinden, wie Best Practices in diesem Bereich aussehen und wo Fallstricke lauern. Erst dann sollten Sie sich anmelden und langsam selber aktiv werden.

No. 5

Zur Marke werden: Erste Schritte zur Social-Media-Strategie

No. 5

ZUR MARKE WERDEN: ERSTE SCHRITTE ZUR SOCIAL-MEDIA-STRATEGIE

Designer sollten lieber weniger Social-Media-Plattformen nutzen, diese dafür aber richtig. Mit der richtigen Strategie werden Sie in sozialen Netzwerken zur Marke.

Sie sollten sich bewusst darüber sein, dass selbst die Pflege nur eines sozialen Netzwerks sehr arbeitsintensiv ist. Auch wenn man nicht nur auf ein Pferd, sondern auf mehr als eine Plattform setzen sollte, lautet die Devise: Weniger ist mehr. Designer sollten daher lieber weniger Plattformen nutzen, diese dafür aber richtig. Wer es vernünftig anstellt, wird sich schon bald selbst als Marke positionieren können und auf diese Weise mehr Aufträge erhalten.

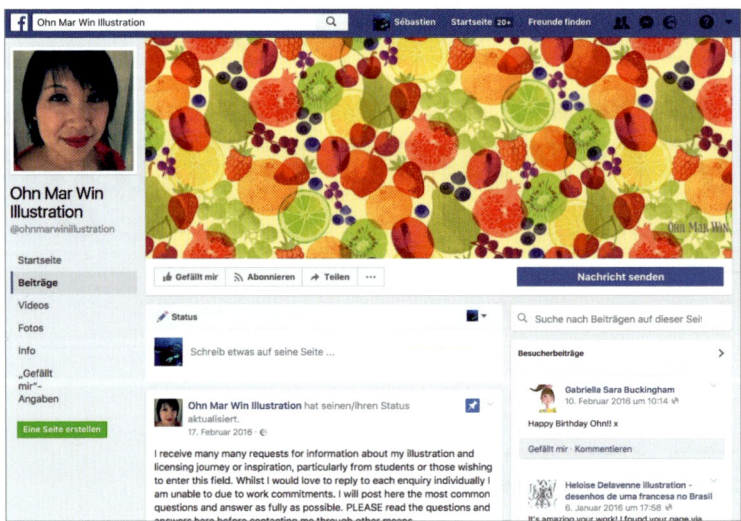

Bei der Anzahl an sozialen Netzwerken sollten Sie sich auf einige wenige Plattformen konzentrieren, diese aber vernünftig pflegen. Die in England lebende Illustratorin Ohn Mar Win pflegt neben Ihrer Website drei Social-Media-Profile. Hier zu sehen ist ihr Facebook-Profil: www.facebook.com/pg/ohnmarwinillustration.

Auf Instagram zeigt sie nicht nur ihre Illustrationen, sondern in kurzen Videos auch wie sie an bestimmten Designs arbeitet: www.instagram.com/ohn_mar_win.

No. 5

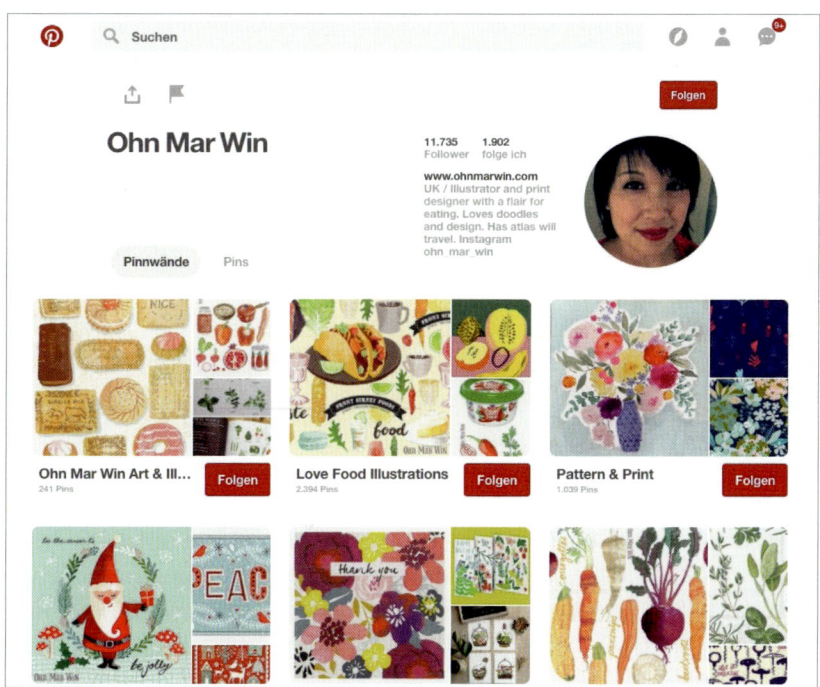

Bei Pinterest trägt Ohn Mar Win ihre Illustrationen auf nach Kategorien geordneten Boards zusammen und rundet damit ihre Social-Media-Strategie ab: www.pinterest.de/ohnmarwin.

Indem Sie sich bereits von Anfang an Gedanken über die für Sie sinnvollen Plattformen machen, ersparen Sie sich spätere Enttäuschungen. In diesem Kapitel geht es um die Frage, wie Sie eine für Ihre Tätigkeit passende Social-Media-Strategie entwickeln können.

KREATIVE SOLLTEN WENIGER PLATTFORMEN NUTZEN, DIESE DAFÜR ABER RICHTIG.

Als Erstes sollten Sie sich Gedanken dazu machen, wie Sie sich selbst als Marke positionieren können. Überlegen Sie sich, was Sie von der Konkurrenz unterscheidet und was Sie besonders macht. Erst dann geht es an die nötigen Vorarbeiten für Ihre Social-Media-Strategie.

In diesem Kapitel erfahren Sie unter anderem, wie Sie mit bestehenden Profilen auf sozialen Netzwerken verfahren sollten und wie Sie festlegen, was genau Sie mit Ihrer Strategie erreichen wollen. Außerdem erfahren Sie, wie Sie herausfinden können, wer zu Ihrer Zielgruppe gehört und wie Sie bei der Auswahl der für Sie wichtigen Plattformen verfahren können. Dazu gehört zum Beispiel auch die Konkurrenzanalyse, mit deren Hilfe Sie wertvolle Erkenntnisse für Ihre eigene Strategie erlangen können.

Neben allgemeingültiger Social-Media-Etikette gilt es für Kreative einige Besonderheiten bei der Nutzung sozialer Medien zu berücksichtigen. Der Rest von Kapitel 5 ist der Relevanz und Nutzung sozialer Netzwerke gewidmet. Abschließend geht es um Fragen wie: Wie häufig sollten Sie Posts mit Ihrem Netzwerk teilen? Wie gehen Sie mit negativen Reaktionen um? Wie können Sie neue Fans und Follower gewinnen? Und welche Möglichkeiten haben Sie, um aus der Masse hervorzustechen?

DER DESIGNER ALS MARKE

Keine Frage: Die Konkurrenz für Designer und andere Kreative ist riesig. Potenzielle Auftraggeber haben die Wahl aus einer schier nicht zu überblickenden Masse an Freiberuflern, die nicht nur untereinander, sondern auch noch mit diversen Kreativagenturen konkurrieren. Wie also schaffen Sie es, sich von der Masse abzuheben? Sicherlich nicht allein über den Preis. Tappen Sie – besonders als Einsteiger – nicht in die Falle, zu denken, dass Sie mit niedrigen Stundensätzen erfolgreich sein werden. Das mag zwar anfangs funktionieren, aber nachhaltiges Wirtschaften sieht anders aus. Haben Sie einem Auftraggeber einmal einen geringen Preis für Ihre Leistungen berech-

WAS SOLL MAN TUN, UM UNTER MILLIONEN VON KREATIVEN AUFZUFALLEN?

net, wird es bei Folgeaufträgen schwer, den Kunden von höheren Kosten zu überzeugen. Im schlimmsten Fall werden Sie so mittelfristig wirtschaftlich scheitern.

Wenn Sie sich in Ihrem fachlichen Umfeld umsehen, werden Sie erkennen, dass bekannte Freiberufler und Agenturen immer eine Marke repräsentieren. Sie haben es geschafft, sich in ihrem Bereich so zu etablieren, dass sowohl ihre Arbeit als auch ihr Unternehmen selbst markant sind und einen Wiedererkennungswert aufweisen. Wichtige Werkzeuge, die Sie nutzen müssen, um selbst zur Marke zu werden, sind die sozialen Medien. In diesem Kapitel geht es darum, wie Sie die unterschiedlichen Plattformen dafür instrumentalisieren können und wie Sie eine für Sie passende Social-Media-Strategie entwickeln können.

No. 5

Was macht Sie besonders?

Um sich als Marke zu positionieren, müssen Sie im ersten Schritt völlig unabhängig von sozialen Medien überlegen, was Sie und Ihre Arbeit so besonders macht. Wodurch unterscheiden Sie sich von anderen starken Mitbewerbern? Wo liegen Ihre Stärken? Was sind Ihre Alleinstellungsmerkmale?

Überlegen Sie sich, was Sie besonders macht und womit Sie sich von Mitbewerbern abheben. Die Illustratorin und Fotografin Kerstin Hiestermann (www.instagram.com/ spielkkind) hat ihr Alleinstellungsmerkmal in einem außergewöhnlichen Stil gefunden. Sie verbindet auf ihren Fotos, die sie unter anderem als Grußkarten verkauft, Illustrationen mit echten Lebensmitteln und Pflanzen.

Das klingt erst mal einfach, aber wenn Sie anfangen, ernsthaft über Ihre Allein-stellungsmerkmale nachzudenken, werden Sie unter Umständen feststellen, dass Ihre ersten Ideen gar keine so einzigartigen Fähigkeiten beschreiben. Suchen Sie nicht nur im Fachlichen nach Besonderheiten. Natürlich können auch bestimmte Stile, Techniken oder Know-how Alleinstellungsmerkmale sein, aber auch Besonderheiten bei der Kommunikation oder die Spezialisierung auf eine bestimmte Gruppe von Auftraggebern können etwas Besonderes sein.

Selbst Zuverlässigkeit und die Fähigkeit, Deadlines einzuhalten, sind nicht selbstverständlich unter Freiberuflern. Besonders kleine Unternehmen – aber auch einige Agenturen – legen mehr Wert darauf, dass selbstständige Kreative pünktlich und zuverlässig liefern, als auf besonders außergewöhnliche Qualität der abgelieferten Designs. Insgesamt ist es von Vorteil, wenn Sie bei Ihren Überlegungen auf mehr als nur ein Alleinstellungsmerkmal kommen. Nur so wird es Ihnen gelingen, sich wirklich von Mitbewerbern zu unterscheiden.

BEISPIELE FÜR ALLEINSTELLUNGSMERKMALE Die folgenden Beispiele für besondere Charakteristika sollen Ihnen als Inspiration dienen, um sich selber bewusst zu machen, was Sie professionell so besonders macht:

> Sie beherrschen einen seltenen Stil
> Sie setzen bei Ihrer Arbeit auf ungewöhnliche Techniken
> Sie bringen Hintergrundwissen über eine bestimmte Branche wie zum Beispiel Reifenhersteller mit
> Sie verfügen über ein besonderes technisches Verständnis
> Sie beherrschen eine exotische Software
> Sie richten sich an eine besondere Kundengruppe
> Sie kalkulieren Ihre Preise fair
> Sie erledigen Projekte sehr strukturiert mit Milestones und allem was dazu gehört
> Sie haben Erfahrung als Teammitglied von agil geleiteten Projekten
> Sie liefern stets pünktlich und sind ein zuverlässiger Auftragnehmer

LASSEN SIE SICH AUCH VON DER KONKURRENZ INSPIRIEREN: WELCHE ALLEINSTELLUNGS-MERKMALE HABEN IHRE MITBEWERBER? Nutzen Sie ruhig auch die Möglichkeit, sich von Ihrer Konkurrenz inspirieren zu lassen. Es schadet nicht, wenn Sie sich ein paar Mitbewerber herauspicken und herausfinden, mit welchen Alleinstellungsmerkmalen Ihre Konkurrenten versuchen, Kunden von sich zu überzeugen. Sie können sich auch durch kleine Details als für potenzielle Auftraggeber einzigartigen Dienstleister etablieren. Wenn Sie Ihr Business starten oder wenn Sie es bisher versäumt haben, selbst zur Marke zu werden, sollten Sie ausreichend Zeit investieren, um für sich selbst genau zu definieren, was Sie so besonders macht. Das ist die Grundvoraussetzung für eine Social-Media-Strategie, die auch zum Erfolg führt.

Immerhin wird eines der Ziele Ihrer Strategie sein, Kunden zu akquirieren und Aufträge zu generieren. Wenn ein potenzieller Auftraggeber das Gefühl hat, dass Sie seine Anforderungen erfüllen und möglichst genau für den Auftrag passen, wird der Preis nur eine sekundäre Rolle spielen. Genau das sollten Sie anstreben.

No. 5

Verkaufen Sie Ihre Alleinstellungsmerkmale

Es bringt wenig, wenn Sie zwar selbst wissen, was Ihre Alleinstellungsmerkmale sind, Sie diese aber nicht kommunizieren. Als Kreativer kommen Sie nicht umhin, zu einem gewissen Grad auch Verkäufer zu sein – Sie verkaufen Ihre Dienstleistungen und müssen dabei in der Lage sein, Kunden von sich und Ihrer Arbeit zu überzeugen.

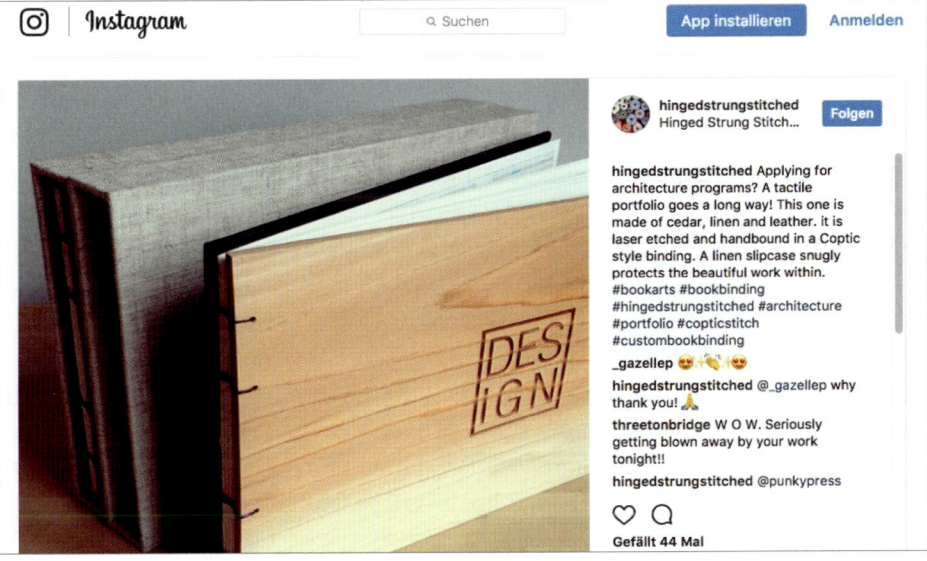

Zeigen Sie online, was Ihre Alleinstellungsmerkmale sind, und kommunizieren Sie offen über alle Besonderheiten, die sich nicht visuell darstellen lassen. Hinged Strung Stitched setzt die außergewöhnlichen, handgefertigten Portfolios auf Instagram perfekt in Szene: www.instagram.com/p/U-Yl8uDgAI.

Auch hier sollten Sie sich eine Strategie zurechtlegen. Stellen Sie sich vor, Sie wollen sich neue Lautsprecher kaufen und haben dafür den nahegelegenen

Elektronikgroßmarkt als Anlaufstelle auserkoren. Sie betreten den Markt und haben das Glück, in der entsprechenden Abteilung einen freien Mitarbeiter zu erwischen. In der Hoffnung, gut beraten zu werden, stellen Sie ein paar fach-spezifische Fragen, denn wer kauft schon gern die Katze im Sack. Statt Antworten auf Ihre Fragen zu erhalten, be-kommen Sie drei unterschiedliche Boxen präsentiert, die zu Ihren Preisvorstellungen passen und diese teilweise sogar unterbieten. Aber nach ein paar Sätzen hohlen Marketing-blablas wissen Sie immer noch nicht, welche Speaker Ihre Anforderungen am besten erfüllen, obwohl Sie sich extra schon vorher in das Thema eingelesen haben. Sie stellen weitere Fragen, doch der genervte Mitarbeiter wimmelt Sie nach kurzer Zeit ab und verschwindet. Die Chancen stehen hoch, dass Sie den Elektronikmarkt nicht wie erhofft mit neuen Lautsprechern verlassen.

ZEIGEN SIE IHRE ALLEIN STELLUNGSMERKMALE UND KOMMUNIZIEREN SIE ÜBER ALLE BESONDERHEITEN!

Sie erzählen einem Bekannten von Ihren Erfahrungen und haben Glück. Erst kürz-lich hat er gute Erfahrungen mit einem kleinen Fachgeschäft gemacht und emp-fiehlt Ihnen, dort einmal vorbei zu schauen und Ihre Lieblings-CD mitzunehmen. Dort angekommen werden Sie direkt von einem Mitarbeiter begrüßt, der sich in einem Kundengespräch befindet. Er bittet Sie, zehn Minuten zu warten und sich schon einmal umzusehen oder einen Kaffee zu nehmen. Nachdem der Verkäufer sich von seinem zufrieden wirkenden Kunden verabschiedet hat, widmet er sich Ihnen. Nachdem Sie Ihr Anliegen vorgetragen haben, stellt der Verkäufer ein paar Fragen und zeigt sich hocherfreut, dass Sie direkt eine eigene CD mitgebracht ha-ben. In der Folge schließt er mehrere unterschiedliche Boxen an einen Verstärker an, der Ihrem ähnelt, und lässt Sie die Lautsprecher anhand der von Ihnen mitge-brachten Musik beurteilen. Gemeinsam schließen Sie Schritt für Schritt eine nach der anderen Box aus, bis Sie ein scheinbar passendes Modell gefunden haben, über das Sie sogar selbst schon online gestolpert waren. Leider liegt der Preis ein wenig über dem Onlinepreis, aber nach Ihrer Odyssee entscheiden Sie, dass sie die Lautsprecher sofort mitnehmen wollen. Sie zahlen 70 Euro mehr als bei Ama-zon, der Verkäufer legt noch ein Paar hochwertige Lautsprecherkabel obendrauf, und Sie verlassen glücklich und zufrieden das kleine Fachgeschäft.

Die Parallele dazu, wie Kreative auf unterschiedliche Art und Weise Ihre Dienst-leistungen anbieten, ist gar nicht so abwegig, wie Sie vielleicht im ersten Mo-ment denken. Auch Sie müssen Kunden überzeugen, indem Sie sich motiviert und interessiert zeigen, gut zuhören, die Fragen der Kunden beantworten, ihre Bedürfnisse verstehen, sie mit Detailfragen löchern, auf sie eingehen, Ihre Al-leinstellungsmerkmale kommunizieren und zeigen, dass Sie sich auskennen.

In Bezug auf alle fachlichen Aspekte sollten Sie den Fokus auf alle relevanten Bereiche legen, in denen Sie wirklich firm sind. Versuchen Sie, in einem ersten Gespräch Themen zu vermeiden, bei denen Sie ins Straucheln geraten könnten. Andernfalls ist ein potenzieller Auftraggeber schnell wieder weg. Versuchen Sie, authentisch zu sein, und vermitteln Sie Ihrem Gegenüber Ihre Leidenschaft für Ihre Arbeit. Wenn es Ihnen gelingt, einem potenziellen Kunden zu zeigen, dass Sie für Ihre Arbeit brennen, wird der Funke schnell überspringen. In den Kapiteln 2 und 3 ging es im Detail darum, wie Sie Kunden gewinnen und richtig mit diesen kommunizieren. Blättern Sie gerne noch mal zurück, falls Sie zu diesen Themen mehr in die Tiefe gehen wollen.

No. 5

Die persönliche Komponente

Bei allen nichtfachlichen Besonderheiten, die Sie auszeichnen, sollten Sie größten Wert darauflegen, authentisch und ehrlich zu sein. Besonders in sozialen Netzwerken ist es leicht, eine perfekte Fassade zu erschaffen. Wenn man sich auf einigen Plattformen umschaut, könnte man der Annahme erliegen, dass jeder dort ein perfektes Leben führt. Im privaten Kontext ist das schon bedenklich, aber im professionellen Umfeld ist eine derartige Fassade Gift. Sie wollen sich als Marke positionieren, und das wird nur funktionieren, wenn Ihre digitale Fassade auch mit der Realität korrespondiert.

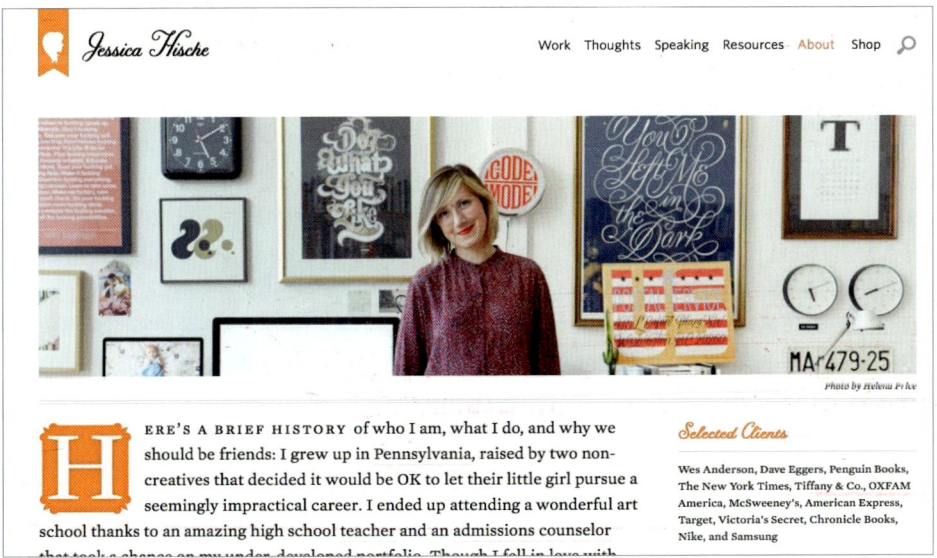

Wer sich online nicht verstellt und authentisch präsentiert, kann mit der persönlichen Note bei potenziellen Auftraggebern punkten. Wie das geht, zeigt z. B. Jessica Hische auf http://jessicahische.is/anoversharer.

VORARBEITEN FÜR IHRE SOCIAL-MEDIA-STRATEGIE

Wie Sie bereits in Kapitel 4 gesehen haben, umfassen die sozialen Medien eine Vielzahl unterschiedlicher Plattformen mit teilweise ganz unterschiedlichen Zielen. Mit großer Wahrscheinlichkeit nutzen Sie diverse Netzwerke bereits persönlich. Egal ob Sie eine strikte Trennung zwischen persönlichen und professionellen Accounts bevorzugen oder nicht, sollten Sie alle bestehenden Social-Media-Profile optimieren und aufräumen. Dieser Schritt kommt noch vor den ersten Überlegungen« bezüglich einer Social-Media-Strategie für Ihre kreative Tätigkeit.

Bestehende Profile aufräumen

Evaluieren Sie jedes Profil auf allen Plattformen, auf denen Sie sich jemals registriert haben – auch solche, die Sie eigentlich gar nicht mehr nutzen. In erster Linie sollten Sie beim ersten Durchgang darauf achten, ob Sie Informationen öffentlich sichtbar gemacht haben, von denen Sie nicht wollen, dass ein potenzieller Arbeitgeber diese sieht. Es wäre ärgerlich, wenn ein Kunde über eines Ihrer privaten Profile stolpert und dort beispielsweise aufgrund von falsch vorgenommenen Privatsphäre-Einstellungen über Informationen stolpert, die Ihn davor zurückschrecken lassen, Sie mit einem Projekt zu betrauen.

BEITRÄGE LÖSCHEN Im zweiten Schritt geht es an den Frühjahrsputz. Löschen Sie alle Beiträge – nicht nur die aktuellen –, von denen Sie nicht wollen, dass diese gefunden werden. Beachten Sie dabei auch die Beiträge Ihrer Freunde und Follower, die Sie unter Umständen erwähnt oder Fotos von Ihnen gepostet haben. In diesen Fällen müssen Sie sich natürlich an die jeweilige Person wenden und sie bitten, den unerwünschten Beitrag zu entfernen. Es ist allerdings nicht mit dem reinen Löschen auf der jeweiligen Plattform getan, denn wenn ein Beitrag in einem Netzwerk oder von einer Website gelöscht wird, existiert er noch im Cache von Google und anderen Suchmaschinen. Bis der gelöschte Beitrag auch aus den Suchmaschinen

BIS EIN GELÖSCHTER BEITRAG AUCH AUS DEN SUCHMASCHINEN VERSCHWINDET, KANN EINIGE ZEIT VERGEHEN.

verschwindet, kann es Tage bis im Extremfall Monate dauern, je nachdem wann die entsprechende Suchmaschine die Änderung registriert. Alternativ zum Löschen von Beiträgen können Sie bei manchen Plattformen auch die Sichtbarkeit der Informationen, die Sie nicht öffentlich zugänglich machen wollen, auf »privat« stellen.

PRIVATSPHÄRE-EINSTELLUNGEN ÜBERPRÜFEN Generell gehört zum »sozialen Frühjahrsputz« auch die Überprüfung der jeweiligen Privatsphäre-Einstellungen. An dieser Stelle passieren die meisten Fehler, und Sie können zukünftigen Ärger vermeiden, wenn Sie sich durch die entsprechenden Einstellungen arbeiten. Sofern Sie Ihre privaten von Ihren professionellen Profilen trennen wollen, sollten Sie alle privaten Accounts so einstellen, dass Beiträge nur von Ihren Freunden und Bekannten gesehen werden können. Sie dürfen dann mit Ihren privaten Accounts auch keine Freundschaftsanfragen von Kunden und möglichen Auftraggebern annehmen.

Sie sollten außerdem dafür Sorge tragen, dass jedes Ihrer Social-Media-Profile eine prägnante Beschreibung, ein sympathisches Portraitfoto und gegebenenfalls ein passendes Titelbild aufweist.

No. 5

Business-Netzwerke nutzen und optimieren

Sofern Sie noch keines der beiden großen Karrierenetzwerke XING und LinkedIn nutzen, sollten Sie sich zumindest bei einem registrieren. Sehen Sie das Ganze als Ihre Online-Visitenkarte. Es ist mittlerweile gang und gäbe, dass Recruiter und Headhunter auf LinkedIn und XING setzen. Dabei geht es nicht nur um Festanstellungen – die Karrierenetzwerke werden auch genutzt, um Freiberufler für Agenturen oder für einzelne Projekte zu finden. Zu Ihrem Profil gehört neben Ihrem Lebenslauf und einem professionellen Portrait sowohl bei XING als auch bei LinkedIn eine Auflistung Ihrer Fähigkeiten und Dienstleistungen. Bei XING können Sie sich als Kreativer im Bereich »Über mich« ein wenig austoben, weil Sie dort auch mit Bildmaterial arbeiten können.

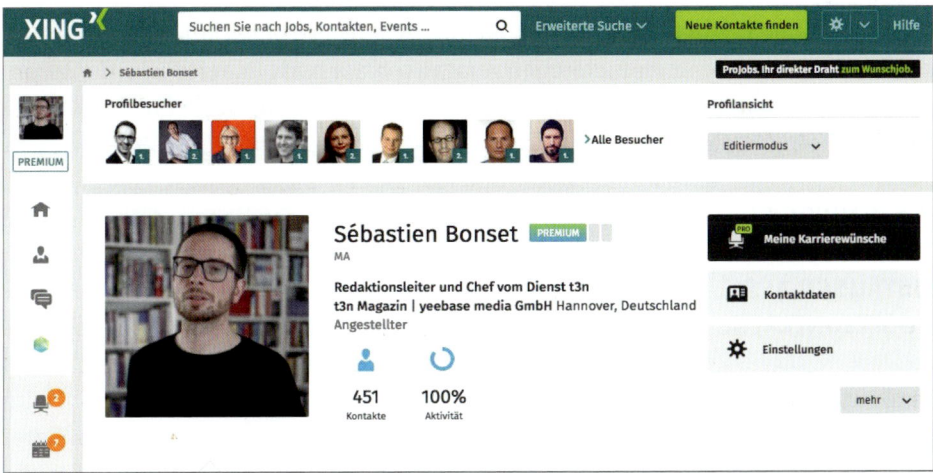

Ein Karrierenetzwerk wie XING oder LinkedIn gehört zu jeder Social-Media-Strategie. Hier sehen Sie meinen XING-Account: www.XING.com/profile/Sebastien_Bonset.

AUSGEWÄHLTE KONTAKTE HINZUFÜGEN Bei beiden Netzwerken können Sie Kontakte hinzufügen. Beachten Sie hierbei aber, dass sich sowohl XING als auch LinkedIn in dieser Hinsicht von Plattformen wie Facebook unterscheiden. Natürlich können Sie beispielsweise auch Freunde oder ehemalige Mitschüler hinzufügen, aber der eigentliche Sinn besteht darin, Kontakte hinzuzufügen, mit denen oder für die Sie arbeiten. Häufig vernetzen sich Nutzer in Karrierenetzwerken, nachdem bereits ein persönlicher Kontakt zustande gekommen ist. Stolpern Sie über ein Profil einer Person, mit der Sie sich vernetzen wollen, sollten Sie nicht einfach eine Blanko-Anfrage rausschicken, sondern das Ganze thematisch aufhängen. Willkürliches »Adden« kommt bei XING und LinkedIn in der Regel nicht so gut an.

PROFIL AUF »ÖFFENTLICH« STELLEN Ein Profil bei einem Karrierenetzwerk gehört in jedem Fall zu Ihrer Social-Media-Strategie, und die Wahrscheinlichkeit ist hoch, dass Sie ohnehin schon einen Account bei XING und/oder LinkedIn haben. Auch Ihre bestehenden Profile sollten Sie optimieren. Sofern noch nicht geschehen, richten Sie Ihr XING- oder LinkedIn-Profil auf Ihre kreative Tätigkeit aus, und vor allem: machen Sie Ihr Profil öffentlich zugänglich, und stellen es nicht auf »privat«. Profile von Karrierenetzwerken erscheinen in den Suchergebnissen in der Regel ziemlich weit oben, sodass mögliche Kunden, die nach Ihnen suchen, schnell Ihre Online-Visitenkarte finden können.

IN GRUPPEN AKTIV BETEILIGEN Neben diesem Zweck bieten beide Netzwerke auch wichtige Möglichkeiten für Sie, sich als Marke und Experte zu positionieren sowie zu netzwerken. Beteiligen Sie sich aktiv in den thematisch für Sie relevanten Gruppen, denn dort werden Sie nicht nur nützliche Kontakte knüpfen, sondern sich durch einen fachlichen Austausch auch als Experte positionieren. Gleiches können Sie erreichen, indem Sie interessante Beiträge und Links posten. In dieser Hinsicht ähneln die Karrierenetzwerke mittlerweile nämlich durchaus Facebook und Co. Gehen Sie mit dieser Möglichkeit jedoch maßvoll um, und posten Sie lieber seltener, dafür aber relevant.

IN GRUPPEN KÖNNEN SIE SICH DURCH EINEN FACHLICHEN AUSTAUSCH ALS EXPERTE POSITIONIEREN.

Berücksichtigen Sie bei der Optimierung Ihrer Profile in Karrierenetzwerken auch die in den Abschnitten »Was macht Sie besonders?« (Seite 185) und »Die persönliche Komponente« (Seite 189) erwähnten Alleinstellungsmerkmale. Indem Sie besondere Zertifikate, Qualifikationen oder technische Fähigkeiten konkret aufführen, erhöhen Sie die Chance, dass Ihr Profil von potenziellen Auftraggebern gefunden wird. Oftmals suchen Recruiter nämlich nach ganz bestimmten Schlagworten.

Karrierenetzwerke bieten unterschiedliche Möglichkeiten, sich als Experte zu einem Thema zu positionieren. Sie können sowohl an Diskussionen in thematischen Gruppen teilnehmen als auch Links, Inhalte und Artikel mit Ihrem Netzwerk teilen. Hier sehen Sie meinen LinkedIn-Account: www.linkedin.com/in/sébastien-bonset-99b94bb2.

NETZWERKE UND VERBÄNDE FÜR DESIGNER Neben den beiden großen Karrierenetzwerken gibt es noch einige für Designer relevante Netzwerke und Verbände, bei denen Sie allerdings teilweise auch jährliche Mitgliedsbeiträge entrichten müssen. Die Vorteile der einzelnen Netzwerke müssen Sie für sich persönlich bewerten, aber die Mitgliedschaft kann sich durchaus lohnen. Einige der im folgenden Kasten aufgeführten Institutionen – wie zum Beispiel die Allianz deutscher Designer e. V. – richten regionale Treffen, Workshops, Seminare und Events aus, auf denen Sie sich mit Gleichgesinnten, aber auch mit potenziellen Kunden vernetzen können.

NETZWERKE UND VERBÄNDE FÜR DESIGNER

> AGD – Allianz deutscher Designer e. V.

> BDG – Berufsverband der Deutschen Kommunikationsdesigner e. V.

> European Freelancers' Movement

PLANVOLL ZUM ERFOLG:
EINE EIGENE SOCIAL-MEDIA-STRATEGIE ENTWICKELN

Es hört sich alles so leicht an: Setzen Sie einfach ein paar Posts auf Facebook und Twitter ab. Legen Sie ein XING-Profil an und ruck, zuck rennen Ihnen po-

WER ES RICHTIG ANSTELLT, WIRD ÜBERRASCHT SEIN, WAS SICH MIT SOCIAL MEDIA ALLES ERREICHEN LÄSST.

tenzielle Auftraggeber die Tür ein. In der Realität sieht das aber anders aus, denn ohne die richtige Strategie sind die sozialen Medien kein Marketingselbstläufer. Wer es hingegen richtig anstellt, wird überrascht sein, was sich mit Social Media alles erreichen lässt. Mit einer Social-Media-Strategie im Gepäck können Sie mehr Traffic auf Ihrem Portfolio oder Ihrer Website generieren, sich beruflich besser vernetzen und besser auf bestehende und potenzielle Kunden eingehen.

BEISPIEL FÜR EINE PERSÖNLICHE SOCIAL-MEDIA-TEILSTRATEGIE

Ein Grafikdesigner möchte neue Kunden gewinnen, indem er Einblicke in seinen Workflow gibt und potenzielle Auftraggeber so von seinen Fähigkeiten und seiner Arbeitsweise überzeugt. Er definiert für sich ein klares Ziel, das die wichtigsten Aspekte der folgenden Unterkapitel beinhaltet: »Ich will auf meiner professionellen Facebook-Seite Fotos teilen, die vermitteln, was mich persönlich und professionell ausmacht. Die Fotos sollen anhand eines aktuellen Projekts, an dem ich arbeite, nicht nur meine grafischen Fähigkeiten zeigen, sondern auch, dass ich kreativ und organisiert arbeite. Ich möchte an jedem Wochentag ein neues Foto posten und das Ganze für zwei Wochen durchziehen. Jedes Foto soll mindestens 40 Likes und zehn Kommentare erhalten. In dem Zeitraum von zwei Wochen möchte ich außerdem fünf neue, hochwertige Kontakte in meinem Netzwerk begrüßen können.«

Der Stützpfeiler Ihrer Strategie, um die es auf den folgenden Seiten gehen soll, lautet »Beharrlichkeit«. Verfolgen Sie Ihre Strategie beharrlich. Es bringt nichts, wenn Sie eine für Sie und Ihre Zielgruppe passende Strategie lediglich definieren oder nur anfangs umsetzen. Bleiben Sie am Ball, und lassen Sie sich zu Beginn nicht verunsichern. Wenn Sie Ihre Strategie die erste Woche in die Realität umsetzen, werden Sie keine Resultate erkennen. Setzen Sie sie den ersten Monat lang beharrlich um, werden Sie erste Ergebnisse erkennen, und wenn Sie es schaffen, das erste Jahr am Ball zu bleiben, werden Sie die Ergebnisse deutlich erkennen.

Erst wenn Sie bereit dazu sind, sich auf das beharrliche Verfolgen einer Strategie einzulassen, lohnt sich der Aufwand, einen Plan zu schmieden. Bei der Planung Ihrer Social-Media-Strategie müssen Sie vier Aspekten besondere Aufmerksamkeit schenken:

1.	Was wollen Sie erreichen?	3.	Wo finden Sie Ihre Zielgruppe?
2.	Wer gehört zu Ihrer Zielgruppe?	4.	Was treibt Ihre Konkurrenz?

Nachdem Sie bereits erfahren haben, welche Vorarbeiten Sie für die Planung Ihrer Social-Media-Strategie leisten sollten, geht es in diesem Unterkapitel um die eben gestellten vier Fragen. Das verbleibende Kapitel 5 widmet sich dann anschließend dem Feinschliff Ihrer Strategie und geht auch auf einige Besonderheiten für Kreative und den Umgang mit sozialen Netzwerken ein.

Ziele definieren

No. 5

Ähnlich wie bei einem Business-Plan gilt es auch bei der Social-Media-Strategie, sich seiner Ziele bewusst zu werden. Alle weiteren Planungen sind auf das Erreichen dieser Ziele abgestimmt.

Überlegen Sie, wie Ihre aktuellen geschäftlichen Ziele aussehen. Wollen Sie mehr Neukunden generieren oder das Verhältnis zu Bestandskunden verbessern? Wollen Sie Ihren Stundensatz erhöhen oder vielleicht Ihre Bekanntheit steigern? Wollen Sie Kollegen und potenziellen Kunden Ihre Expertise beweisen? Eine neue Branche als Zielgruppe erreichen? Oder wollen Sie den Traffic von sozialen Netzwerken auf Ihr Online-Portfolio oder Ihre Website ankurbeln? Das alles sind Fragen, die auch das Ziel Ihrer Social-Media-Strategie beeinflussen.

MÖGLICHE BEISPIELE FÜR ALLGEMEINE SOCIAL-MEDIA-ZIELE

> Markenbekanntheit erhöhen

> Reichweite erhöhen

> Neue Zielgruppen erreichen

> neue Kunden akquirieren

> Sichtbarkeit in Suchmaschinen verbessern

> von Weiterempfehlungen profitieren

> Produkte gemeinsam mit Kunden entwickeln

> Trends in Ihrem Bereich erkennen

> Recherche zu Wettbewerbern oder Kundengruppen verbessern

> Expertise vermitteln und eigenes Ansehen erhöhen

> Bestandskunden zufrieden stellen

> Prozesse optimieren

> Service für Kunden verbessern

> Kreationen online verkaufen

> Dialog mit der eigenen Community verbessern

> professionelles Netzwerk aufbauen oder verbessern

> Online-Reputation verbessern

> Multiplikatoren wie Blogbetreiber oder Journalisten ansprechen

Egal welche individuellen Ziele Sie verfolgen – die Wahrscheinlichkeit ist hoch, dass auch allgemeinere Ziele, die bei fast allen Kreativen gleich sein werden, für Ihre Strategie geeignet sind. So sollten Sie sich zumindest schon einmal die folgenden drei Ziele für Ihre Social-Media-Strategie notieren und bei der Ausführung beachten:

1. Ich will mich/mein Unternehmen als Marke etablieren und stärken.
2. Ich will bestehende Kunden auch in Zukunft als Kunden an mich binden.
3. Ich will die Kosten für mein Marketing möglichst gering halten.

REALISTISCHE ANZAHL VON ZIELEN SETZEN Übertreiben Sie es bei der Anzahl der Ziele, die Sie sich für Ihr Social-Media-Engagement vornehmen nicht zu sehr, denn zu viele Ziele können Sie vom Erreichen selbiger ablenken. Für den Anfang ist es ratsam, sich zwei Hauptziele und zwei für Sie etwas weniger wichtige Ziele vorzunehmen.

SETZEN SIE SICH NICHT ZU VIELE ZIELE, DENN ZU VIELE ZIELE LENKEN AB! Werden Sie bei der Definition der Ziele möglichst konkret, aber bleiben Sie dabei vor allem realistisch. In welchem Zeitraum wollen Sie was genau erreichen? Sind Ihre Ziele überhaupt erreichbar? Bei allen bisher genannten Beispielen handelt es sich um sogenannte »qualitative Ziele«. Im Marketing bezeichnet ein qualitatives Ziel einen zu erreichenden Zustand, der sich nicht ohne Weiteres messen lässt.

ZIELE MESSBAR MACHEN Um die Fortschritte auf dem Weg zum Erreichen dieser Ziele einschätzen zu können, gilt es, die qualitativen Ziele zu quantifizieren. Das bedeutet, man muss sie messbar machen. Werden Sie sich bewusst darüber, welche Parameter nötig sind, damit ein Ziel als erreicht gilt.

Haben Sie sich zum Beispiel vorgenommen, über soziale Medien neue Kontakte zu generieren und diese zu Kunden zu machen, müssen Sie sich die Frage stellen, wann genau dieses Ziel erreicht ist. Wie viele neue Kontakte wollen

Sie generieren? Wie viele davon wollen Sie erfolgreich in Kunden umwandeln? Wann also gilt dieses Ziel für Sie als erreicht? Bei derartigen Fragen kommt dem Social-Media-Monitoring eine große Bedeutung zu. Mehr zum Thema Tracking und Erfolgsmessung lesen Sie im Abschnitt »Erfolg messen: Social-Media-Monitoring« ab Seite 335 sowie im Abschnitt »Social Media und Kreative im Alltag« ab Seite 207.

CHECKLISTE FÜR KORREKT DEFINIERTE ZIELE

✓ Ihre Ziele sollten so spezifisch wie möglich sein.
Beispiel: Statt »Ich möchte mehr Kunden gewinnen« lieber: »Innerhalb der kommenden drei Monate möchte ich 20 Prozent mehr Neukunden als im Vergleichszeitraum des vergangenen Jahres an mich binden.«

✓ Ihre Ziele sollten realistisch und erreichbar sein.
Beispiel: Statt »Ich möchte 500 Prozent mehr Kunden gewinnen als im vergangenen Jahr« lieber: »Ich möchte 25 Prozent mehr Kunden gewinnen als im vergangenen Jahr.«

✓ Ihre Ziele sollten im besten Fall messbar sein.
Beispiel: Statt »Ich möchte erfolgreicher auf Facebook werden« lieber: »Ich möchte erreichen, dass ein Post von mir im Durchschnitt 30 Likes und fünf Kommentare erhält. Darüber hinaus sollten meine Posts durchschnittlich fünf Mal geteilt werden.«

✓ Ihre Ziele sollten eine Deadline haben, bis zu der Sie sie erreichen wollen.
Beispiel: Statt »Ich möchte fünf neue Kunden als Auftraggeber an Land ziehen« lieber: »Innerhalb des kommenden Quartals möchte ich fünf Neukunden gewinnen.«

No. 5

Die vorangehende Checkliste orientiert sich grob am weit verbreiteten SMART-Prinzip aus dem angelsächsischen Sprachraum, das auch in deutschsprachigen Marketingabteilungen weit verbreitet ist. Die Buchstaben des Akronyms SMART stehen für »specific«, »measurable«, »achievable«, »relevant« und »timely«.

Zielgruppe definieren

Haben Sie Ihre Ziele definiert, wissen Sie, in welche Richtung es gehen soll. Allerdings wissen Sie zu diesem Zeitpunkt wahrscheinlich noch nicht, wie Sie dahin kommen sollen. Eine erfolgreiche Social-Media-Strategie ist perfekt auf eine bestimmte Zielgruppe abgestimmt.

Wenn Ihre Social-Media-Präsenz darunter leidet, dass Ihr Netzwerk wenig mit Ihnen interagiert und kommuniziert, dann liegt das unter Umständen daran, dass Sie ein falsches Bild von Ihrer Zielgruppe haben. Auch in sozialen Netzwerken kommt es darauf an, die richtigen Nutzer zum richtigen Zeitpunkt mit der richtigen Message zu erreichen.

DIE PLATTFORMEN IHRER ZIELGRUPPE NUTZEN Ein für Sie praxisfernes Extrembeispiel verdeutlicht die Problematik. Stellen Sie sich vor, sie setzen eine Website für Senioren auf und versuchen, mit Posts auf Snapchat das Interesse Ihrer Zielgruppe zu wecken und Traffic für Ihre Seite zu generieren. Die Chancen stehen hoch, dass Ihr Unterfangen scheitert, denn die Zahl an Nutzern, die in Ihre Zielgruppe fallen und die über ein Snapchat-Profil verfügen, dürfte verschwindend gering sein. Für eine erfolgversprechende Social-Media-Strategie ist es unerlässlich zu wissen, wer zu Ihrer Zielgruppe gehört und auf welchen Plattformen diese Menschen zu finden sind.

Zugegeben: Das Beispiel dürfte fern Ihrer Realität liegen, aber es verdeutlicht dennoch, dass es wichtig ist, sich darüber klar zu werden, wen Sie genau ansprechen wollen. Möchten Sie als Freelancer hippe Agenturen als Auftraggeber gewinnen, wird Ihre Social-Media-Strategie anders aussehen, als wenn Sie die Versicherungsbranche als neuen Tätigkeitsbereich für sich erschließen wollen.

KATEGORIEN VON ZIELGRUPPEN Im Marketing werden Zielgruppen nach vier Kategorien definiert: demografisch, geografisch, psychografisch und verhaltensbezogen. Auch wenn für die Social-Media-Strategie von Kreativen nicht jede Kategorie relevant ist, finden Sie der Vollständigkeit halber in folgender Tabelle einen kurzen Überblick darüber, welche Faktoren in der jeweiligen Kategorie eine Rolle spielen.

Kategorie	Faktoren
Demografie	Geschlecht, Alter, Ausbildungsstand, Beruf, Einkommen, Herkunft, Familienstand
Geografie	Region, Bevölkerungsdichte
Psychografie	Charakter, Motivation, Vorlieben, Lebensstil
Verhalten	Kundenstatus, Markentreue, Nutzennachfrage, Einstellung zur Marke

Sofern Sie ein Faible für theoretische Überlegungen zum Thema »Zielgruppen« entwickeln, können Sie auch auf diverse Studien zurückgreifen. So hat das Markt- und Sozialforschungsunternehmen Sinus beispielsweise eine recht häufig zitierte Typologie für Zielgruppen entwickelt. Das Unternehmen erstellt seit den Achtzigerjahren die sogenannten Sinus-Milieus, bei denen es sich um eine Typologie handelt, die sowohl soziodemografische, geografische, verhaltensbezogene und lebensweltliche Variablen umfasst. Aktuelle Studien und Milieus finden sich auf der Website des Sinus-Instituts, *www.sinus-institut.de.*

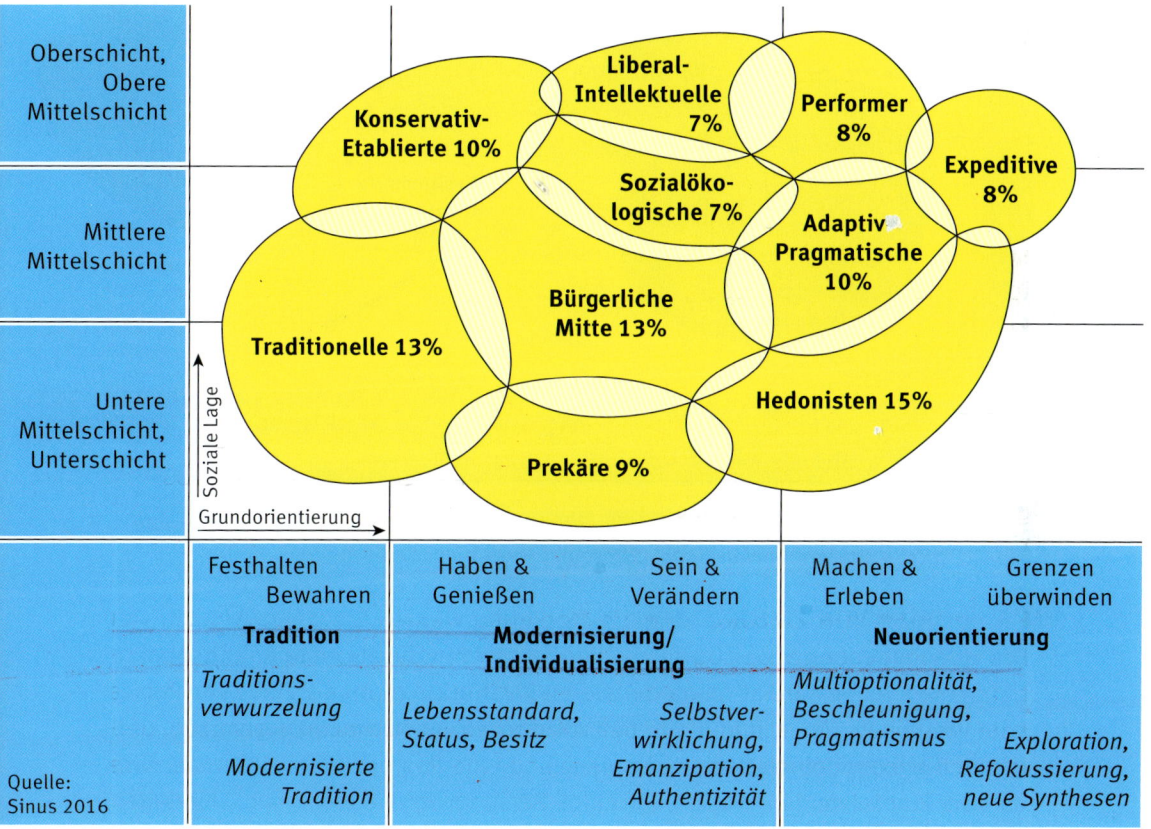

Die Sinus-Milieus bieten einen guten Einstieg in theoretische Überlegungen zu allgemeinen Zielgruppen.

Interessanter für Sie ist eine Studie des Deutschen Instituts für Vertrauen und Sicherheit im Internet (DIVSI), die die Sinus-Milieus mit der allgemeinen Internetnutzung verbindet. Auf dem folgenden Bild erkennen Sie unterschiedliche Vorlieben und Haltungen gegenüber dem Internet verschiedener Gruppierungen. Das ist für Sie durchaus relevant, denn wenn Sie feststellen, dass Ihre Zielgruppe oder ein Teil selbiger in ein Milieu fällt, das dem Internet und damit sozialen Medien eher skeptisch gegenübersteht, dann wird das auch Auswirkungen auf Ihre Strategie haben müssen.

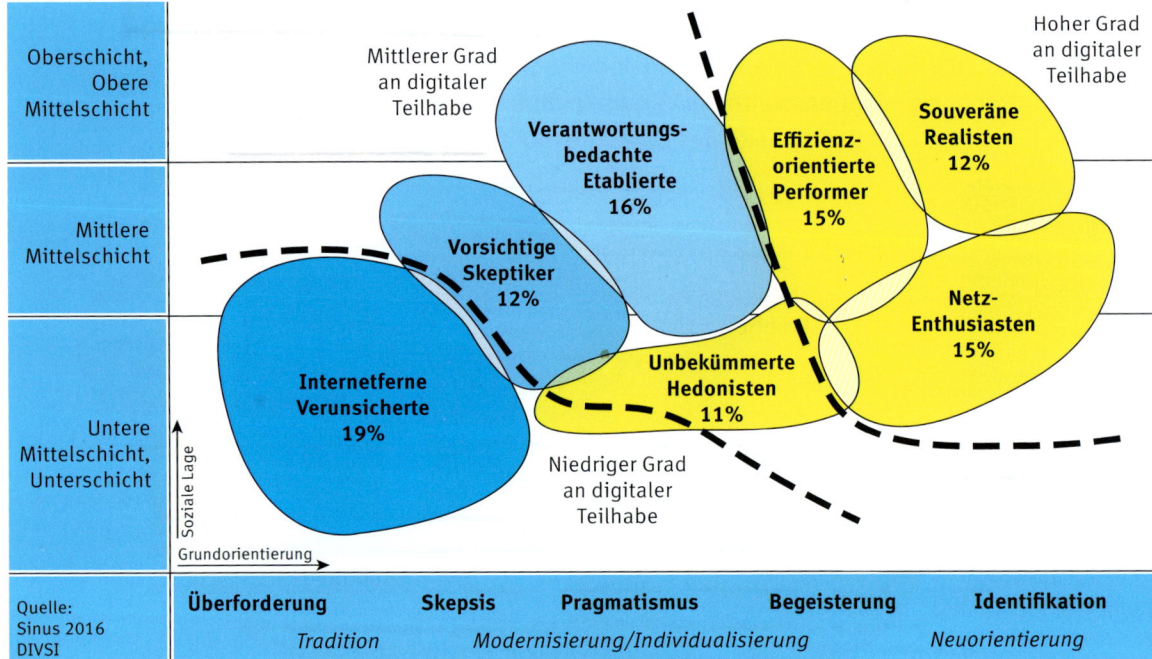

Der Grad der digitalen Teilhabe unterschiedlicher Milieus hat je nach Ihrer Zielgruppe einen Einfluss auf Ihre Social-Media-Strategie. www.divsi.de.

Die vorangehenden Statistiken und Theorien sollten Sie als erste Anhaltspunkte betrachten. Im besten Fall charakterisieren Sie Ihre Zielgruppe anhand von Personas. Versuchen Sie, sich in die unterschiedlichen Typen hineinzuversetzen, und geben Sie jedem einen Namen, ein Alter und eine Position. Versuchen Sie, sich darüber klar zu werden, was die jeweilige Person mag und nicht mag. Überlegen Sie, worin die Motivation der jeweiligen Person besteht. Kurz: Versuchen Sie, ein möglichst genaues Bild eines typischen Vertreters Ihrer Zielgruppe zu zeichnen.

Soziale Netzwerke auswählen

Viele Unternehmen und Freelancer machen den Fehler, ein Profil für jedes verfügbare soziale Netzwerk zu erstellen, ohne sich zu überlegen, welche Plattformen Ihnen den größten Erfolg bei möglichst geringem Zeiteinsatz liefern. Im schlimmsten Fall wirkt sich das dann schädlich aus, weil ein halbes Jahr nachdem sie all diese Accounts angelegt haben 90 Prozent davon brachliegen und bei potenziellen Kunden, die zufällig über ein inaktives Profil stolpern, einen schlechten Eindruck hinterlassen.

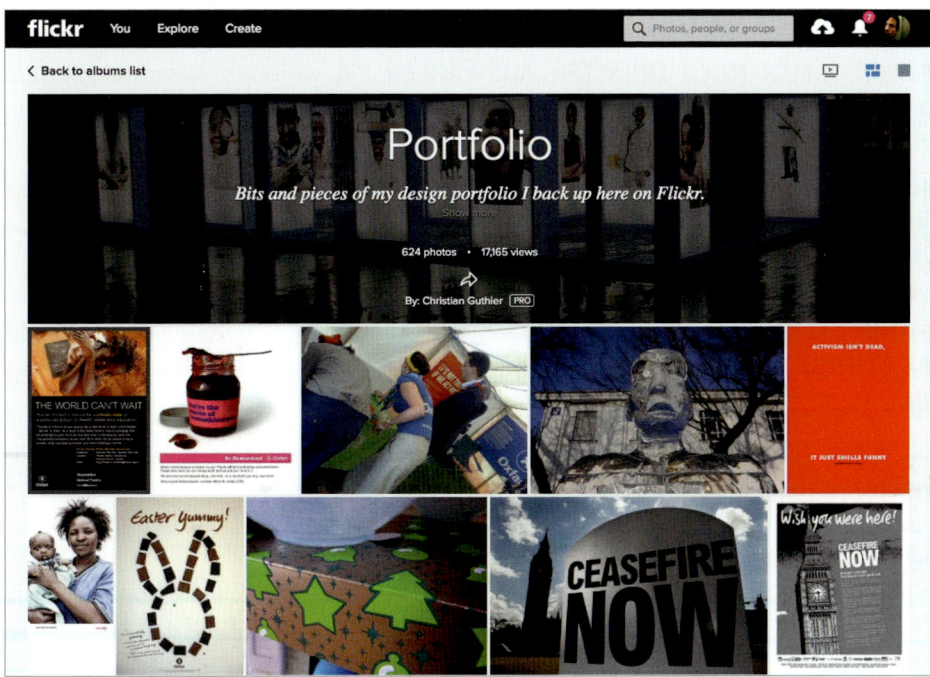

Auch für Grafikdesigner kann sich der Einsatz auf Foto-Plattformen lohnen, sofern die eigene Zielgruppe dort aktiv ist. Christian Guthier gewährt beispielsweise auf Flickr Einblicke in sein Design-Portfolio: www.flickr.com/photos/wheatfields.

Sobald Sie sich ein möglichst detailliertes Bild über die Zusammensetzung Ihrer Zielgruppe gemacht haben, können Sie diese Erkenntnisse auch in die Auswahl der für Sie relevanten Social-Media-Plattformen einfließen lassen. Allerdings sollte das nur ein Aspekt der Wahl der richtigen Kanäle sein. Generell sollten Sie auf mehr als nur eine Plattform setzen, aber es dabei nicht übertreiben.

WENIGER IST MEHR Der korrekte Umgang mit sozialen Medien ist zeitaufwändig, und aus diesem Grund ist es ratsam, sich auf ein paar Plattformen zu beschränken, diese dann aber richtig zu »bespielen«. Neben der Frage, in welchen sozialen Medien Ihre Zielgruppe zu finden ist, spielt ergo auch der nötige Zeitaufwand für die Pflege Ihres Profils auf den entsprechenden Plattformen eine Rolle. Auch wenn der Zeitaufwand von Medium zu Medium variiert, sollten Sie für jedes Netzwerk, auf dem Sie ein professionelles Profil pflegen, täglich mindestens eine halbe Stunde einplanen. In der Regel ist es schließlich nicht damit getan, einfach nur einen Post abzusetzen und sich zurückzulehnen. Es gilt vielmehr, auch auf Kommentare einzugehen und zu antworten, Anfragen zu sichten, das eigene Netzwerk im Blick zu behalten und sich ebenfalls in den Streams der Kontakte aktiv zu beteiligen.

PLATTFORMEN NACH INHALTEN AUSWÄHLEN Ein weiteres Auswahlkriterium richtet sich nach den Ihnen zur Verfügung stehenden Inhalten. Während ein Kanal wie Instagram in erster Linie für den Einsatz von Fotos fungiert, eignet sich beispielsweise Google+ besonders für qualitativ hochwertige Inhalte mit einem gewissen Diskussionspotenzial. Hierzu haben Sie bereits in Kapitel 3 hilfreiche Informationen an die Hand bekommen, und in Kapitel 6 geht es um unterschiedliche Inhalte, von denen Sie vielleicht bisher gar nicht alle Content-Typen in Ihre Kalkulationen mit einbezogen haben.

FÜR JEDES NETZWERK, AUF DEM SIE EIN PROFESSIONELLES PROFIL PFLEGEN, SOLLTEN SIE TÄGLICH MINDESTENS EINE HALBE STUNDE EINPLANEN.

Die Konkurrenz analysieren und im Auge behalten

Zwar kann es durchaus Sinn ergeben, sich bereits vor der Entscheidung, welche sozialen Netzwerke für Sie relevant sind, anzusehen, wo Ihre Konkurrenz aktiv ist, aber spätestens sobald Sie sich für ein paar Plattformen entschieden haben, sollten Sie etwas Zeit in die Konkurrenzanalyse stecken. Auf diese Weise können Sie wertvolle Erkenntnisse für Ihre eigene Social-Media-Strategie erlangen.

Bei der Analyse achten Sie zum einen auf die Aktivitäten Ihrer Konkurrenz und zum anderen darauf, welche Art Beiträge, welche Form der Ansprache und welche Inhalte auf welchen sozialen Netzwerken funktionieren. Nehmen Sie die erlangten Erkenntnisse jedoch lediglich als Anhaltspunkt für Ihr eigenes Social-Media-Engagement, und kopieren Sie die Strategien der Konkurrenz nicht nur plump.

Das Ganze hört sich aufwändiger an, als es tatsächlich ist. Suchen Sie sich einfach vier bis fünf geeignete Konkurrenten heraus. Daraufhin recherchieren Sie kurz, auf welchen Plattformen diese aktiv sind, um dann einen Blick auf ihre jeweilige Content-Strategie zu werfen. Schauen Sie sich dazu einfach an, was jeder einzelne Konkurrent über den vergangenen Monat gepostet hat und wie die unterschiedlichen Beiträge in seinem Netzwerk angekommen sind. Dabei sollte Ihr besonderes Interesse der Art der Beiträge gelten und wie Kommentare vom eigenen Netzwerk beantwortet werden.

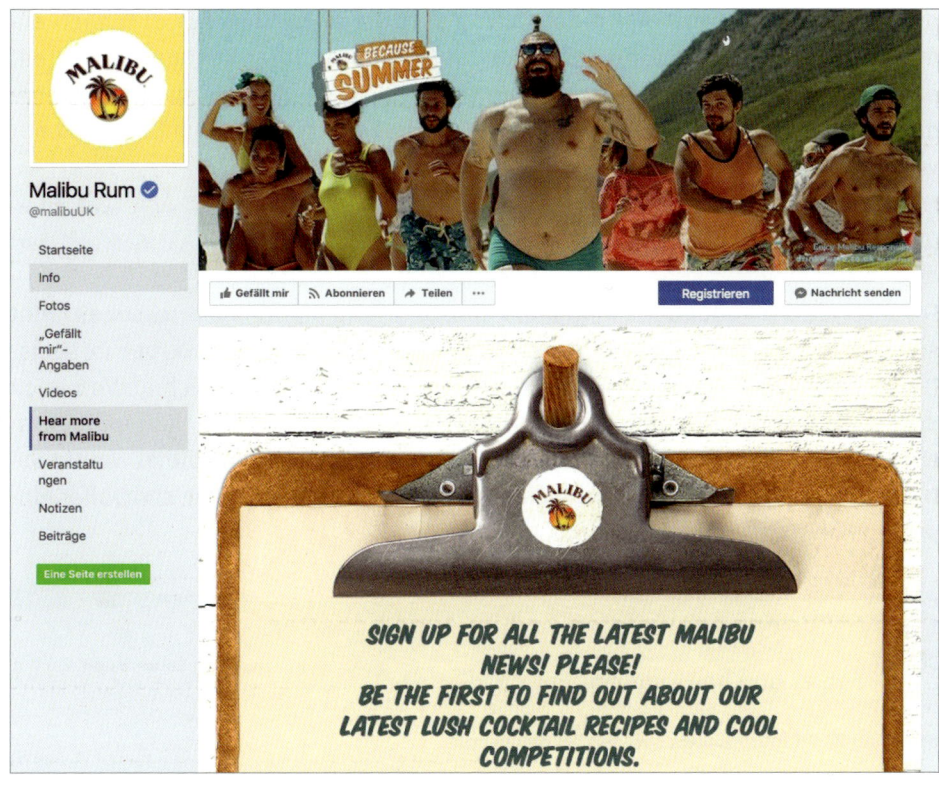

Auch von fachfernen Unternehmen lässt sich viel lernen, wenn es um einen wirksamen Auftritt in sozialen Medien geht. Malibu Rum versteht es beispielsweise gut, die Einzigartigkeit des Brands auf Facebook zu präsentieren: www.facebook.com/malibuUK/app/543742849041639.

ENGAGEMENT-RATE Schenken Sie auch der Anzahl seiner Follower und Friends Beachtung, bekommen Sie ein Gefühl dafür, wie häufig er Beiträge teilt und an welchen Wochentagen und zu welchen Tageszeiten die erfolgreichsten Posts abgesetzt werden. Die sogenannte Engagement-Rate ist eine wichtige Kennzahl für Social-Media-Manager. Auch wenn Sie als Außenstehender keine detaillierten Einblicke in diese Metrik erhalten können, ist eine dahingehende Analyse durchaus hilfreich.

ZUM ENGAGEMENT GEHÖREN JEGLICHE REAKTIONEN WIE LIKES, KOMMENTARE, SHARES, RETWEETS ETC.

Zum Engagement gehören jegliche Reaktionen wie Likes, Kommentare, Shares, Retweets etc. Wenn Sie sich beispielsweise die letzten 30 Beiträge eines Konkurrenten ansehen, zählen Sie einfach für jeden Beitrag die Anzahl von Reaktionen des Netzwerks darauf, addieren Sie diese Zahl und teilen Sie sie durch die Gesamtzahl der Follower oder Fans. Auf die Art und Weise erhalten Sie nach und nach ein Gefühl dafür, wie es um die Social-Media-Aktivitäten Ihrer Konkurrenz bestellt ist. Ein hohes Engagement des eigenen Netzwerks ist stets wertvoller, als eine möglichst hohe Anzahl von Beiträgen zu posten, die dann aber im Endeffekt nur wenige Follower interessieren.

Erfolg messen: Social-Media-Monitoring

Die Analyse der Konkurrenz liegt nicht nur kurzfristig in Ihrem Interesse, es lohnt sich auch, dauerhaft einen Blick darauf zu haben, was Mitbewerber in sozialen Medien treiben. Auf diese Weise wissen Sie stets, wie Sie sich im Vergleich schlagen. Das setzt natürlich voraus, dass Sie – sobald Ihre Social-Media-Strategie steht – auch Ihre eigenen Aktivitäten analysieren. Nicht zuletzt wollen Sie herausfinden, ob Sie Zeit verschwenden, die Sie an anderer Stelle sinnvoller einsetzen könnten.

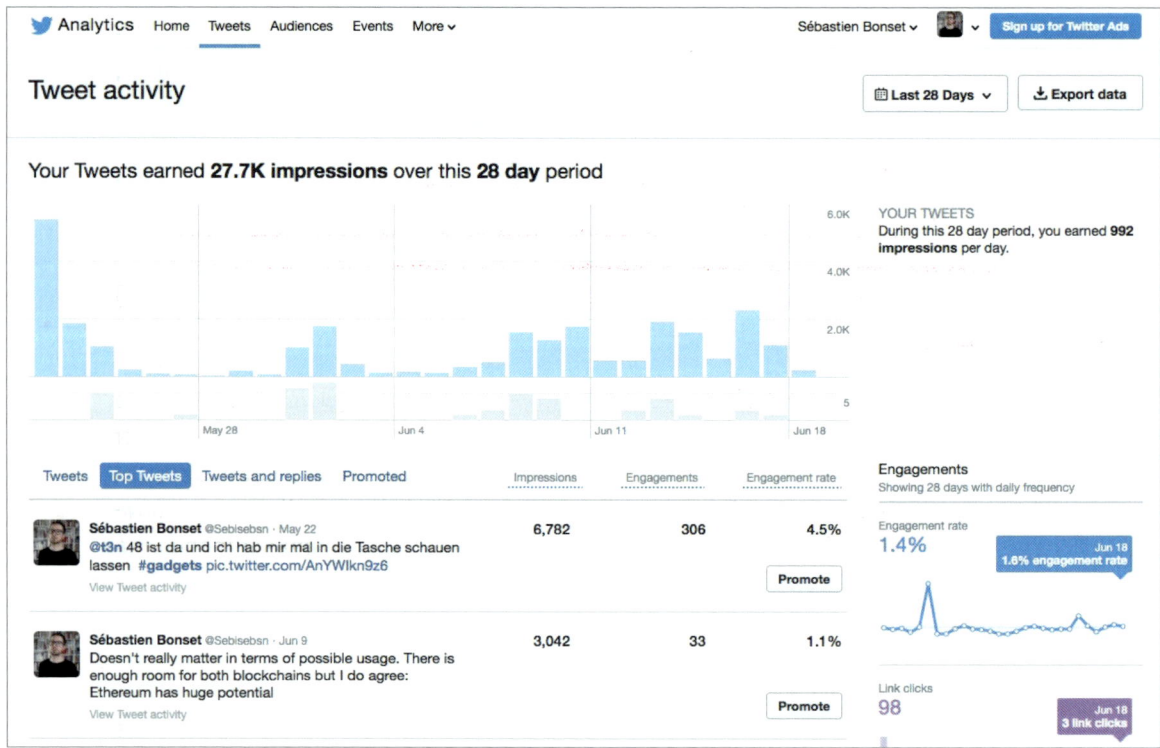

Viele soziale Netzwerke bieten Analysemöglichkeiten, mit denen Sie quantitative Ziele überwachen können. https://twitter.com/Sebisebsn.

Jeder Grundpfeiler Ihrer Social-Media-Strategie kann sich außerdem mit der Zeit ändern. Es kann sein, dass Sie nach einem halben Jahr feststellen, dass Sie mittlerweile ganz andere Ziele über soziale Netzwerke erreichen wollen, weil sich beispielsweise die Auftragslage oder Ihr Fokus geändert hat. Das kann zur Folge haben, dass sich auch Ihre Zielgruppe verschiebt und plötzlich andere Netzwerke in Ihren Fokus rücken müssen. Generell sollten Sie daher ein Auge auf Ihre Social-Media-Profile haben.

WARUM SOCIAL-MEDIA-MONITORING WICHTIG IST Wie entwickelt sich Ihr Netzwerk quantitativ und qualitativ? Wie entwickelt sich Ihre Reichweite? Wie entwickelt sich die Sichtbarkeit Ihrer Posts? Wie sieht es mit der Interaktion der Nutzer mit Ihren Posts aus? Das alles sind Fragen, die in den Bereich des Social-Media-Monitorings fallen.

Das weite Feld des Social-Media-Monitorings eignet sich nicht nur für die Erfolgsmessung Ihrer Aktivitäten, sondern lässt sich beispielsweise auch heranziehen, um herauszufinden, in welchen Netzwerken Ihre Zielgruppe aktiv ist. Zudem können Sie mittels der richtigen Techniken Erkenntnisse darüber erlangen, was andere über Sie denken und posten.

Mittels eines guten Monitorings erfahren Sie außerdem, was bestehende Kunden an Ihnen und Ihren Dienstleistungen schätzen, und was Ihnen fehlt. Aufgrund des Feedbacks, das Sie erhalten, können Sie Ihre Dienstleistung verbessern und unter Umständen sogar erkennen, welche Themen und Techniken besonders gefragt sind.

DREI SCHRITTE DES SOCIAL-MEDIA-MONITORINGS Im Folgenden erhalten Sie einen kurzen Überblick zu diesem Thema. Kapitel 8 steigt diesbezüglich tiefer in die Materie ein und widmet sich auch der Erfolgsanalyse Ihrer Aktivitäten auf Ihrer Website beziehungsweise Ihrem Portfolio sowie eventuellen Bestrebungen, eine bessere Positionierung in den Ergebnissen von Suchmaschinen zu erreichen.

Social-Media-Monitoring ist ein Prozess, der in drei Stufen abläuft. Zuerst müssen Sie Daten erheben, um diese im zweiten Schritt zu analysieren. Abschließend müssen Sie die auf diese Weise erlangten Ergebnisse interpretieren. Dies ist eine Aufgabe, die besonders für freiberuflich Tätige in ihrer Gänze kaum zu bewältigen ist. Nicht ohne Grund beschäftigen große Unternehmen teilweise eine ganze Abteilung, die sich dieser Aufgabe widmet. Dennoch sind diese drei Schritte auch für Einzelkämpfer zu empfehlen.

SOCIAL-MEDIA-MONITORING IN DREI SCHRITTEN

1. Datenerhebung

Bei der Datenerhebung geht es darum, dass Sie ausgewählte Netzwerke nach bestimmten für Sie relevanten Begriffen durchsuchen. Dabei kann es sich in Ihrem Fall beispielsweise um bestimmte Dienstleitungen, kreative Techniken oder den Namen von direkten Konkurrenten handeln. Je nachdem, zu welchen Begriffen Sie Daten erheben, kann das Ergebnis des ersten Schrittes überwältigend sein. Nicht alle von Ihnen gesammelten Daten werden relevant sein. Aus diesem Grund müssen Sie die Daten vor der Analyse bereinigen.

2. Datenanalyse

Die Analyse der erhobenen Daten unterteilt sich in einen quantitativen und einen qualitativen Teil. Die quantitative Analyse beinhaltet beispielsweise die Anzahl an Posts zu bestimmten Begriffen oder die Anzahl von Reaktionen (Kommentare, Likes, Retweets etc.) auf Posts mit bestimmten Begriffen. Die qualitative Analyse hingegen dreht sich eher um unzählbare Daten. Hier geht es eher um Inhalte und Stimmungen. Dazu gehören beispielsweise Trends, der Grundton von Beiträgen, aber auch die Identifikation von Influencern und Multiplikatoren – also von Meinungsführern zu einem bestimmten Begriff.

3. Dateninterpretation

Bei der Interpretation der Daten geht es in erster Linie darum, dass Sie mittels der gesammelten und analysierten Daten konkrete Handlungen ableiten. So könnten Sie in diesem Schritt beispielsweise den Fokus darauf legen, in welchen sozialen Netzwerken Ihre Zielgruppe anzutreffen ist. Sie können die gewonnenen Daten allerdings auch dahingehend interpretieren, welche Art von Dienstleistung oder kreativer Technik besonders gefragt ist oder von der Konkurrenz wenig angeboten wird. Ebenso können Sie die Frage beantworten, was Kunden besonders an Ihnen oder einem Konkurrenten schätzen oder was Kunden fehlt.

Tiefere Einblicke in das Social-Media-Monitoring erhalten Sie, wie bereits erwähnt, in Kapitel 8. Dort erfahren Sie zum Beispiel auch, wie Sie für Ihr Monitoring relevante Begriffe herausfinden, auf welche Tools und Dienste Sie für das Social-Media-Monitoring setzen können und wie Sie für Sie relevante Kennzahlen bestimmen.

SOCIAL MEDIA FÜR KREATIVE IM ALLTAG

Sobald Sie sich für die für Sie relevanten Plattformen entschieden haben, ist der Grundstein für Ihre Social-Media-Strategie gelegt. Zu dieser Strategie zählt aber auch Ihr Umgang mit den von Ihnen gewählten sozialen Netzwerken. Dabei geht es nicht nur um die Inhalte, die Sie selbst teilen, sondern auch darum, wann und wie häufig Sie Posts veröffentlichen. Schließlich gehört auch Ihr eigener Social-Media-Konsum zu Ihrer Strategie.

Auf den folgenden Seiten geht es einerseits um allgemeine Aspekte der Social-Media-Nutzung für Kreative und andererseits um ganz spezielle Maßnahmen für Ihren professionellen Erfolg in den sozialen Medien. Dieser Erfolg hängt natürlich auch ganz besonders von den Inhalten ab, die Sie als Kreativer mit Ihren Fans und Followern teilen. Aus diesem Grund ist diesem Aspekt mit Kapitel 6 ein eigener Abschnitt gewidmet. Sobald Ihre Strategie steht, können Sie sich daranmachen, über soziale Netzwerke auf Kundenakquise zu gehen. Worauf es dabei ankommt, haben Sie zu großen Teilen bereits in Kapitel 2 erfahren. In Kapitel 3 haben Sie zudem bereits Tipps zur Kommunikation mit Kunden, Fans und Followern erhalten. Diese beiden Themenbereiche vertiefen wir in diesem Kapitel noch.

No. 5

AUCH IHREN EIGENEN (BERUFLICHEN) SOCIAL-MEDIA-KONSUM SOLLTEN SIE PLANEN!

Die Bedeutung von sozialen Medien für die Kreativbranche

Das Aufkommen sozialer Netzwerke hat die Kreativbranche immens verändert, denn ohne Social Media und die damit verbundene Möglichkeit, sich als Kreativer als eigenständige Marke zu etablieren und von potenziellen Auftraggebern gefunden zu werden, wäre ein selbstständiges Arbeiten als Freiberufler nur schwer möglich. Dynamisch agierende Agenturen profitieren von den Vorteilen sozialer Medien immens. Doch jede Medaille hat zwei Seiten, und der Nachteil an der verbesserten Auffindbarkeit und höheren Aufmerksamkeit besteht darin, dass die Zahl erfolgreicher Freiberufler sprunghaft angestiegen ist. Das führt dazu, dass die Konkurrenz in Bereichen wie beispielsweise dem Grafikdesign mittlerweile riesig ist.

DIE KONKURRENZ IST IN BEREICHEN WIE DEM GRAFIKDESIGN MITTLERWEILE RIESIG.

Daraus folgt, dass besonders kreative Freelancer mittlerweile nicht nur Profis in ihrem jeweiligen Bereich sein müssen, sondern dass sie auch echte Social-Media-Experten mit einer entsprechenden Strategie sein sollten. Die sozialen Medien haben nicht nur Einfluss auf Ihre Auftragsakquise, sie sind auch für den professionellen Austausch mit Gleichgesinnten, das Vernetzen mit anderen Personen, die Weiterbildung und die tägliche Arbeit unerlässlich. Auch wenn Sie zu Ihrer Branche auf dem Laufenden bleiben wollen, kommen Sie heute an Social Media nicht mehr vorbei. Als Kreativer werden Sie Social Media natürlich auch für die Präsentation Ihrer besten Arbeiten sowie als Inspirationsquelle nutzen.

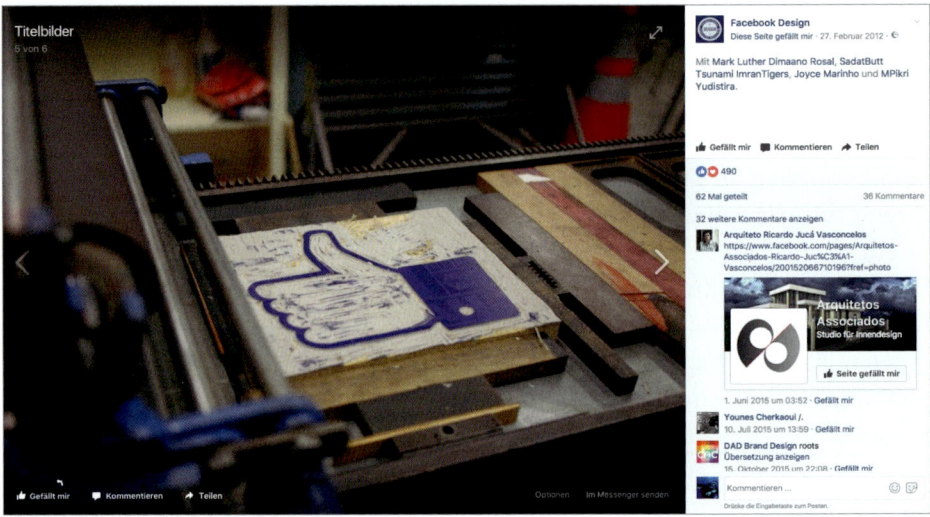

Soziale Medien dienen Kreativen nicht nur zur Kundenakquise, sondern auch für den Austausch mit Gleichgesinnten. (Bild: Facebook, www.facebook.com/design)

EINSATZZWECKE SOZIALER MEDIEN FÜR KREATIVE

> Etablierung als Marke und Steigerung der Bekanntheit
> Erhöhung der Sichtbarkeit
> professioneller Austausch mit Gleichgesinnten
> Vernetzung mit Kollegen und Partnern
> Weiterbildung
> Fachwissen teilen
> Präsentation der besten Arbeiten
> Kennenlernen von Erwartungen und Bedürnissen der Zielgruppe
> direktes Feedback darüber, was Kunden von Ihnen und Ihrer Dienstleistung halten
> Kundenakquise als nicht primärer Einsatzzweck, sondern als natürliche Folge aus den vorangehenden Einsatzzwecken

Was Sie sich persönlich von der Nutzung sozialer Medien versprechen, haben Sie bereits bei der Zieldefinition im Rahmen der Vorarbeiten für Ihre Social-Media-Strategie festgelegt. Bei der alltäglichen Nutzung sozialer Medien geht es darum, diese Ziele zu erreichen. Wie realistisch die von Ihnen gesetzten Ziele sind, hat direkten Einfluss darauf, wie erfolgreich und motiviert Sie diese im Alltag umsetzen.

Haben Sie die falschen Erwartungen an das Erreichen Ihrer Ziele, werden Sie Social Media nach kurzer Zeit vernachlässigen. Höchstwahrscheinlich erwarten Sie sich von Ihrem zeitlichen Engagement in den sozialen Netzwerken den Gewinn neuer Kunden. Diese Erwartung ist in den meisten Fällen die falsche, und die Kundenakquise sollte nicht das primäre Ziel Ihrer Strategie sein.

No. 5

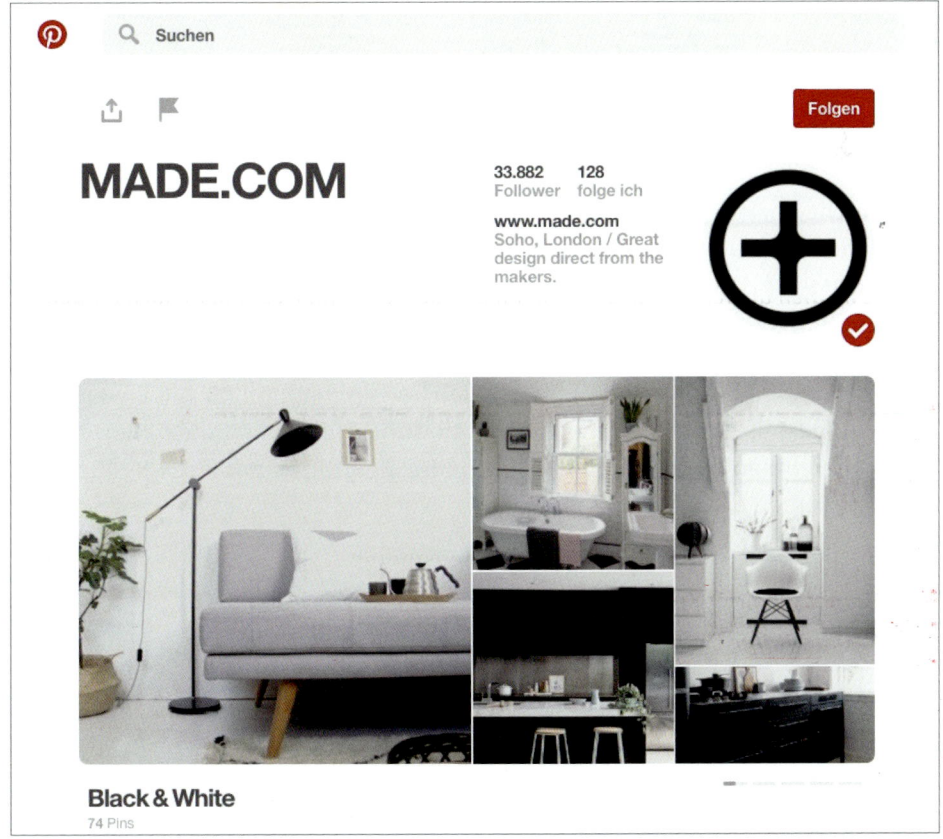

Made.com nutzt Pinterest vorbildlich: www.pinterest.de/madedotcom. Statt das Netzwerk als reinen Verkaufskanal einzusetzen, wird der Dialog mit dem Netzwerk gesucht. Nutzer erhalten jede Menge Inspiration für Interior Design.

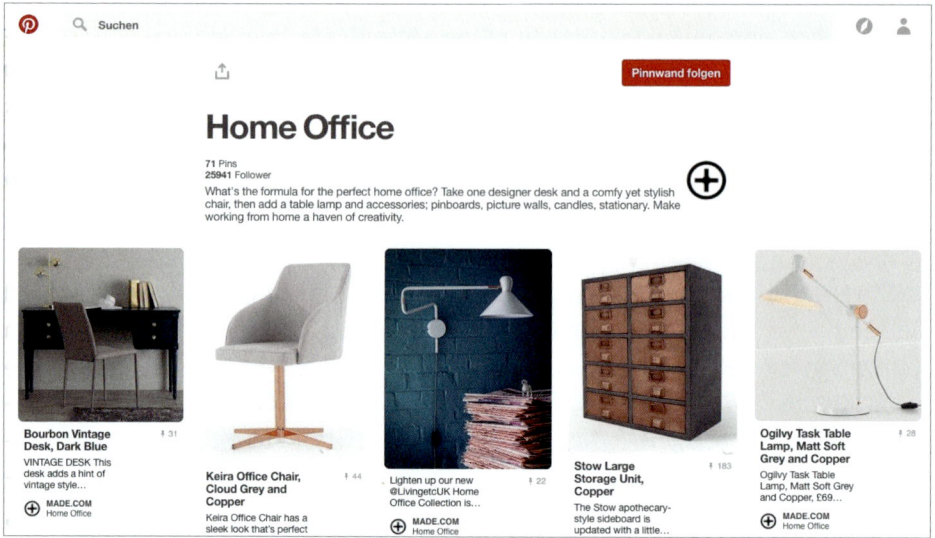

Follower von Made.com können auch Fotos ihrer Einrichtung einsenden, die das Unternehmen dann auf dem Pinterest-Profil teilt.

Ebenso wie soziale Netzwerke keine kostenlose Werbeplattform sind, sind Sie auch kein primärer Verkaufskanal für Ihre Dienstleistungen. Das heißt natürlich nicht, dass Sie keine neuen Kunden über soziale Medien gewinnen können, ganz im Gegenteil. Das sollte bei Ihrer Social-Media-Strategie zwar schon der Hintergedanke, aber nicht das primäre Ziel sein. Wenn Sie soziale Netzwerke als Plattformen für den Austausch mit Gleichgesinnten und für die Erweiterung Ihres professionellen Netzwerks sehen, sind Sie auf einem guten Weg. Außerdem helfen Ihnen soziale Medien dabei, Ihre Zielgruppe mit ihren Bedürfnisse kennenzulernen und zu verstehen.

Im besten Fall betrachten Sie Social Media für Ihren Beruf als ganz normales Werkzeug, das gleichberechtigt neben Skizzenbuch, Software und allen anderen Tools existiert, ohne die Sie Ihre Arbeit nicht erledigen können.

Allgemeine Nutzungstipps

So wichtig soziale Medien mittlerweile für die Kreativbranche sind, so wichtig ist auch ein bedachter und gezielter Einsatz dieses Werkzeugs, denn Social Media entwickeln sich schnell zu einem wahren Zeitfresser. Manch einer wird sich bei der privaten Nutzung von sozialen Netzwerken schon einmal dabei erwischt haben, wie ein übermäßiger Konsum nicht nur von den »wirklich wichtigen Dingen« ablenkt, sondern sogar zu einer totalen Reizüberflutung führen kann. Das ist besonders dann gefährlich, wenn Sie sich durch die ständig eingehenden Benachrichtigungen aus den Netzwerken von Ihrer Arbeit abhalten lassen. Tun Sie sich den Gefallen, und hinterfragen Sie sowohl bei eigenen Beiträgen als auch beim Konsum von Beiträgen Ihrer Kontakte stets kritisch, in welchem Maße das sinnvoll ist.

SOZIALE MEDIEN KÖNNEN WAHRE ZEITFRESSER SEIN, DIE VON WICHTIGEN DINGEN ABLENKEN.

FESTE ZEITEN EINPLANEN Planen Sie am besten täglich feste Zeiten für Social Media ein. Sie werden dieses Werkzeug nur erfolgreich nutzen können, wenn Sie den nötigen zeitlichen Aufwand einbringen. Es reicht definitiv nicht aus, alle Jubeljahre einen Post abzusetzen, weil Sie dann einfach in den Streams Ihrer Follower nicht wahrgenommen werden. Spammen Sie jedoch auch nicht die Timelines Ihrer Kontakte mit zu vielen Beiträgen voll. Haben Sie etwas Sinnvolles beizutragen, teilen Sie es. Vermeiden Sie es aber, krampfhaft Beiträge zu posten, nur weil es »mal wieder an der Zeit wäre«.

No. 5

AKTIV BETEILIGEN Grade im professionellen Umfeld ist ein regelmäßiger Austausch unerlässlich. Der Fokus hier liegt tatsächlich auf »Austausch«, denn wenn Sie nur einseitig kommunizieren, werden Sie in sozialen Netzwerken wenig Erfolg haben. Seien Sie nicht nur Publisher, sondern beteiligen Sie sich aktiv mit Kommentaren unter Beiträgen Ihres Netzwerks, beantworten Sie Kommentare unter Ihren Beiträgen, tauschen Sie sich aus und hinterlassen Sie hier und da einen Like.

INTERESSANTE INHALTE TEILEN Nutzen Sie soziale Netzwerke auch nicht als kostenlose Werbeplattform. Das wird nicht funktionieren, und kann sogar dazu führen, dass Sie sich selbst damit schaden. Besonders in Bezug auf Inhalte, die Sie selber über soziale Netzwerke teilen wollen, sollten Sie sich stattdessen stets fragen, was genau aus welchem Grund für potenzielle Kunden, Kollegen oder andere Fans und Follower interessant ist. Denken Sie dabei auf Plattform-Ebene. Statt einen Beitrag auf allen Netzwerken zu teilen, auf denen Sie aktiv sind, sollten Sie lieber überlegen, welche Plattform sich für den jeweiligen Inhalt am besten eignet.

Sie sollten sich also beim Verfassen eigener Beiträge zum einen überlegen, welche Art von Inhalt Sie teilen wollen, und zum anderen festlegen, auf welchen Netzwerken Sie diese Inhalte verbreiten wollen. Dazu sollten Sie sich verdeutlichen, in welchen sozialen Medien der jeweilige Beitrag wohl das größte Interesse wecken wird, und sich die Frage stellen, in welcher Form Sie den Inhalt veröffentlichen wollen.

ALLGEMEINE NUTZUNGSHINWEISE FÜR DIE SOCIAL-MEDIA-STRATEGIE

> Social Media als Werkzeug verstehen
> Social Media nicht als kostenlose Werbeplattform nutzen
> feste tägliche Zeiten für Social Media in den Arbeitstag einplanen
> regelmäßige Beiträge verfassen, es dabei aber nicht übertreiben
> nicht einfach nur Beiträge veröffentlichen, sondern auch aktiv beteiligen und mit dem eigenen Netzwerk austauschen
> für Ihre Zielgruppe interessante Beiträge verfassen
> kein Streufeuer – statt Beiträge auf allen Kanälen zu teilen, lieber überlegen, welche Inhalte sich für welche Netzwerke eignen

NUTZERGRUPPE IM HINTERKOPF HABEN Wenn Sie diese Aspekte beachten und es dann noch schaffen, Ihren Beiträgen eine für Sie typische persönliche Note zu geben, können Sie wenig falsch machen. Sie sollten beim Verfassen von Beiträgen allerdings auch stets die vorherrschende Nutzergruppe jeder für Sie in Frage kommenden Plattform im Hinterkopf behalten, da dies unter Umständen auch einen Einfluss auf die Ansprache und auf die zu erwartende Kommunikation haben kann.

Beim Verfassen und Teilen von Beiträgen spielen die folgenden Fragen eine Rolle:
> Um welche Art von Inhalt geht es?
> Für wen ist dieser Inhalt relevant und interessant?
> In welchen Netzwerken finden sich die meisten Interessenten?
> Auf welche Art soll der Inhalt geteilt werden?
> Welche Art der Ansprache ist auf den in Frage kommenden Plattformen die Regel?
> Wie können Sie Ihrem Beitrag eine persönliche Note geben?

Timing und Häufigkeit von Posts

Es ist gar nicht so einfach, die richtige Frequenz für Posts auf sozialen Netzwerken zu bestimmen. Teilen Sie zu selten Inhalte, gehen Sie in der Flut aus Informationen unter. Teilen Sie dagegen zu häufig Inhalte mit Ihren Followern, wird das schnell als nerviger Spam empfunden. Wo also liegt der »Sweet Spot«? Die Antwort auf diese Frage hängt von einigen Faktoren ab.

Zum einen spielt es eine Rolle, um welches Social Network es sich dreht. Zum anderen hängt das allerdings auch von Ihren Zielen und Ihren Dienstleistungen ab. Außerdem müssen Sie auch Ihre Zielgruppe und die Art der geteilten Inhalte berücksichtigen. Es spielt darüber hinaus auch eine Rolle, welche Hashtags und Keywords Sie verwenden. Schließlich ist es auch wichtig, in wie vielen Netzwerken Sie aktiv sind. Sie werden schnell erkennen, dass die optimale Anzahl an Posts pro Netzwerk zwar übersichtlich ist – allerdings läppert sich der Aufwand beim Einsatz unterschiedlicher Plattformen.

NUR EINE AUSWAHL AN PLATTFORMEN »BESPIELEN« Seien Sie auf so vielen Kanälen wie unbedingt nötig aktiv, denn nur so können Sie gewährleisten, dass Ihre Follower das Gefühl haben, dass Sie mit Herz dabei sind. Posten Sie also nur in jenen Netzwerken, die für Sie relevant sind und in denen Sie auch selbst aktiv interagieren wollen. Sollten Sie erkennen, dass Sie in einem Netzwerk nur unregelmäßig oder halbherzig unterwegs sind, sollten Sie Ihr Profil lieber löschen und sich die Zeit sparen.

No. 5

Sie sehen bereits: Das richtige Timing und die beste Frequenz für Ihre Posts hängen von vielen Faktoren ab. Das erschwert es ungemein, universell gültige Tipps zu geben. Zumindest für die gängigen sozialen Netzwerke gibt es aber im Businesskontext einige allgemeingültige Empfehlungen, um die es im Folgenden gehen soll.

IHRE FOLLOWER SOLLTEN IMMER DAS GEFÜHL HABEN, DASS SIE MIT HERZ DABEI SIND!

Häufigkeit von Posts pro Tag in ausgewählten Netzwerken	
Facebook	ca. zwei
Twitter	ca. drei
XING	ca. einen
LinkedIn	ca. einen
Instagram	ca. zwei
Pinterest	ca. fünf
Tumblr	ca. fünf
Google+	ca. drei

Diese Werte müssen Sie nicht zwangsläufig als Maximalwerte verstehen, aber die Frequenz pro Netzwerk sollten Sie nicht signifikant unter- oder überschreiten, damit Sie von Ihren Kontakten optimal wahrgenommen werden.

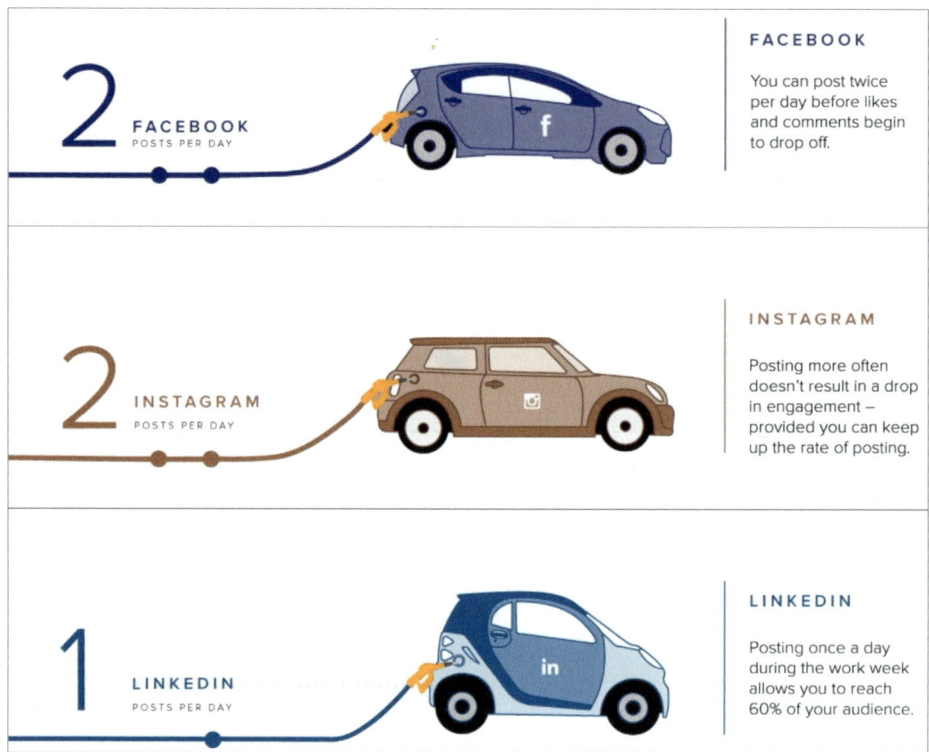

FACEBOOK
2 FACEBOOK
POSTS PER DAY

You can post twice
per day before likes
and comments begin
to drop off.

INSTAGRAM
2 INSTAGRAM
POSTS PER DAY

Posting more often
doesn't result in a drop
in engagement –
provided you can keep
up the rate of posting.

LINKEDIN
1 LINKEDIN
POSTS PER DAY

Posting once a day
during the work week
allows you to reach
60% of your audience.

Online finden sich unzählige Infografiken zum Thema »Posting-Frequenz in sozialen Medien«. Die vollständige Infografik von SumAll im Bild finden Sie unter http://blog. sumall.com/wp-content/uploads/2015/02/how-often-post-social-media-infographic.tif.

LANGSAM AN FREQUENZ HERANTASTEN Versuchen Sie, sich behutsam an die für Ihre Zwecke optimale Frequenz heranzutasten, und bedenken Sie dabei, dass Nutzer unterschiedlicher Plattformen die jeweiligen Beiträge ganz unterschiedlich wahrnehmen. Während ein Tweet in der Regel binnen weniger Sekunden erfasst werden kann, trifft das auf einen Post bei XING beispielsweise selten zu, da dieser umfangreicher als ein Beitrag auf Twitter sein dürfte.

Generell sollten Sie in sich hineinfühlen und sich bewusstmachen, wie Sie persönlich auf unterschiedliche Nutzer in unterschiedlichen Netzwerken reagieren. Wie häufig lesen Sie beispielsweise selber Beiträge von anderen auf LinkedIn? Ab welcher Häufigkeit von Beiträgen sind Sie von einem Nutzer genervt? Haben Sie vielleicht sogar schon einen Kontakt aufgrund zu häufiger Posts entfolgt?

DAS RICHTIGE TIMING FINDEN Neben der Frequenz spielt auch das Timing eine wichtige Rolle. Immerhin wollen Sie mit Ihren Beiträgen möglichst viele Kontakte erreichen. Doch wann sind die meisten Nutzer aktiv? Das variiert tatsächlich von Plattform zu Plattform. Auch hier lassen sich zwar keine pauschalen Aussagen treffen, aber es gibt Richtwerte, an denen Sie sich orientieren können. Während Karrierenetzwerke zum Beispiel in der Regel wochentags frequentiert werden, dürfte Pinterest am Wochenende den größten Anklang finden. Andere Netzwerke wie Facebook oder Twitter dagegen werden fast gleichmäßig über die Woche verteilt genutzt.

Experimentieren Sie auch hier auf jeder Plattform mit den Zeiten, um Inhalte zu veröffentlichen. Nur so werden Sie herausfinden, wann die Mehrheit Ihrer Kontakte jeweils aktiv ist. Hierbei bietet es sich an, mit geeignetem Social-Media-Monitoring festzustellen, wann genau Sie mit Ihren Beiträgen die größte Reichweite erzielen, wann die meisten Nutzer mit Ihren Beiträgen interagieren und wann Sie die meisten Klicks auf Ihrer Website verzeichnen. Möglichkeiten für diese Erfolgskontrolle finden Sie in Kapitel 8.

Darum sind Follower und Fans wichtig

Wie an anderer Stelle bereits angemerkt, profitieren Sie von Followern und Fans, egal auf welchem sozialen Netzwerk, auf unterschiedliche Art und Weise. Besonders den Faktor »Mundpropaganda« sollten Sie dabei auf keinen Fall unterschätzen. Je mehr Menschen Ihnen in sozialen Medien folgen, desto höher die Wahrscheinlichkeit, dass Sie und Ihre Dienstleistung weiterempfohlen werden. Dabei geht es nicht ausschließlich um bestehende Kunden und Menschen, die Ihre Dienstleistungen möglicherweise in Anspruch nehmen können. Es ist nicht unwahrscheinlich, dass ein entfernter Bekannter oder ein alter Schulfreund, mit dem Sie zum Beispiel auf Facebook befreundet sind, sich genau im richtigen Moment daran erinnert, dass Sie beispielsweise Websites designen und Sie jemandem empfiehlt, den Sie gar nicht kennen, der aber Bedarf an Ihren Leistungen hat.

Ebenfalls großartig für Sie ist es, wenn ein Kunde, für den Sie ein Projekt erfolgreich abgeschlossen haben, postet, wie zufrieden er mit Ihrer Dienstleistung ist. Das ist natürlich nicht neu, denn auch in Zeiten vor Social Media und Internet haben zufriedene – aber auch unzufriedene – Kunden Ihre Erfahrungen mit anderen geteilt. Die klassische Mundpropaganda funktioniert im Kern im Digitalen genau wie in der analogen Welt, nur eben weit effizienter und mit einer viel größeren Reichweite. Setzen Sie bewusst darauf, dass andere Sie weiterempfehlen. Nichts ist überzeugender als eine Empfehlung von jemandem, den man gut kennt und dem man vertraut.

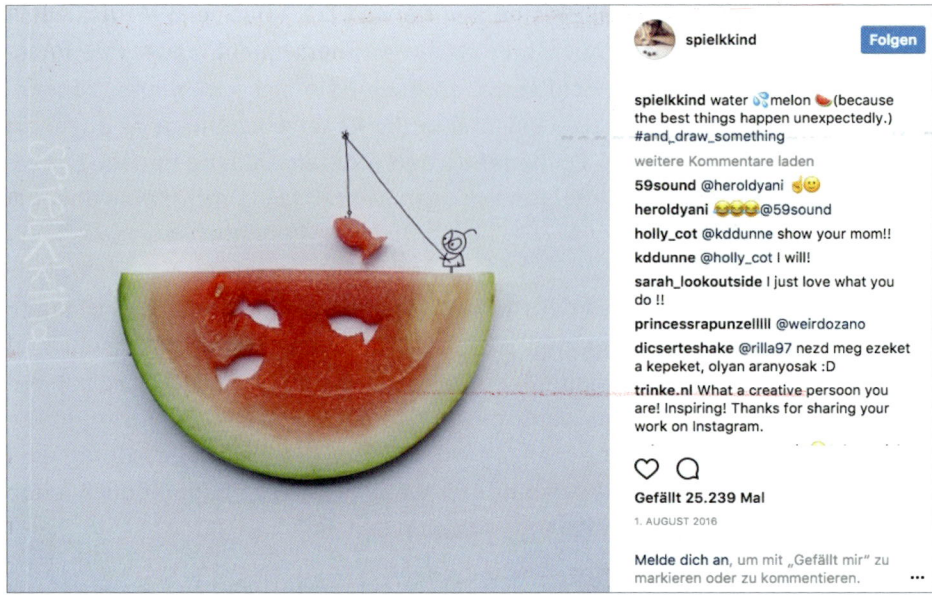

Dieser Post auf Instagram hat mehr als 25.000 Likes und mehr als 400 Kommentare: www.instagram.com/p/BIkcqEoAVzR/?taken-by=spielkkind. Je mehr Fans und Follower Sie haben, desto größer ist die Wahrscheinlichkeit, dass Sie weiterempfohlen werden:

MEHR FANS UND FOLLOWER BEDEUTEN MEHR REICHWEITE Je mehr Fans und Follower Sie in den sozialen Medien hinter sich vereinen, desto größer Ihre Reichweite und desto größer die Wahrscheinlichkeit, dass einer Ihrer Kontakte freiwillig Marketing für Sie betreibt. Allein aus diesem Grund kommt den sozialen Medien eine so große Bedeutung zu, und genau aus demselben Grund sollten Sie alles tun, um zu Ihren Kontakten ein gutes Verhältnis zu pflegen. Das Ziel ist es, beim Großteil aller Kontakte stets präsent zu sein, damit man auch genau im richtigen Moment an Sie denkt.

> **MEHR FANS UND FOLLOWER BEDEUTEN MEHR REICHWEITE.**

Wer weiß schon, in welchen Situationen Sie ein Kontakt einem potenziellen Auftraggeber empfiehlt? Egal ob im Meeting auf der Arbeit, bei dem es um ein Redesign der Unternehmenswebsite geht, oder ob sich beim Grillen mit Freunden ein Gespräch entwickelt, in dem es darum geht, dass ein Bekannter einer Ihrer Kontakte für seinen Tischlereibetrieb Flyer entwerfen will – stellen Sie sicher, dass Sie Ihren Social-Media-Kontakten so gut wie möglich im Gedächtnis bleiben. Das ist umso wichtiger, je mehr Sie sich das Nutzerverhalten in sozialen Medien vergegenwärtigen. Überlegen Sie, wie viel Zeit Sie in sozialen Netzwerken verbringen und welchen Anteil das an Ihrer gesamten Online-Zeit hat. Mittlerweile verbringen Menschen online am meisten Zeit mit Social Media. Allein dieser Fakt zeigt, wie wichtig es ist, dass Sie das Thema nicht vernachlässigen.

Follower und Fans gewinnen

Fans und Follower abseits des eigenen Bekanntenkreises zu gewinnen, mag am Anfang jeder Social-Media-Strategie wie ein Ding der Unmöglichkeit erscheinen. Mit den richtigen Maßnahmen ist das aber gar nicht so schwer. Bevor Sie sich jedoch Gedanken über umzusetzende Maßnahmen machen, sollten Sie Ihr bisheriges Verhalten in sozialen Medien überdenken. Nur wer sich selber einbringt und dabei einen sympathischen Eindruck vermittelt, wird wirklich erfolgreich sein.

No. 5

Zum einen stellen Sie mit einem engagierten und menschlichen Einsatz sicher, dass bestehende Fans und Follower Ihnen treu bleiben, und zum anderen werden auch viele potenziell neue Kontakte erst mal schauen, wie Sie sich in der Vergangenheit im Netzwerk verhalten haben. Haben Sie auf Fragen und Feedback reagiert? Sind Sie auch dann freundlich und sachlich geblieben, wenn es in den Kommentaren kontrovers zuging? Teilen Sie ausschließlich eigene Inhalte, ohne auf Ihre Kontakte einzugehen? Das alles sind Aspekte, die durchaus einen Einfluss auf die Steigerung Ihrer Social-Media-Reichweite haben.

Ein Weg zu mehr Fans und Followern besteht darin, dass Sie Ihrer Website Social-Buttons verpassen, sodass Besucher Ihre Inhalte – wie auf http://ohnmarwin.com mit einem Button für Pinterest – mit nur einem Klick in sozialen Netzwerken teilen können.

Außerdem sollten Sie Ihre Zielgruppe kennen und dabei möglichst gut einschätzen können, welche Inhalte Ihre Kontakte interessieren. Schließlich sollten Sie sich vor dem Ergreifen von Maßnahmen eingestehen, dass diese nur zum Ziel führen, wenn Sie am Ball bleiben. Es bringt nichts, wenn Sie sich einen Monat Mühe geben und danach abreißen lassen.

Viele Wege führen nach Rom, und das gilt auch für die Steigerung Ihrer Reichweite in sozialen Netzwerken. Das Spektrum an Maßnahmen, die ultimativ zu mehr Fans und Followern führen können, reicht von technischen Aspekten wie der Integration von Social-Share-Buttons auf Ihrer Website oder auf Ihrem Online-Portfolio, über relevanten und qualitativ hochwertigen Content bis hin zur Tonalität Ihrer Beiträge. Im folgenden Kasten finden Sie einige Anregungen für Ihre ganz persönliche Strategie, um die Zahl Ihrer Fans und Follower zu erhöhen.

MASSNAHMEN ZUR GEWINNUNG VON MEHR FANS UND FOLLOWERN

Social-Share-Buttons für Website und Portfolio

Versehen Sie Ihre Website, Ihr Portfolio, einzelne Beiträge und Blog-Artikel mit Buttons, die es Besuchern erleichtern, Ihre Inhalte über soziale Medien zu teilen. Hierfür stehen diverse Plugins zur Verfügung.

Social-Media-Profile in E-Mail-Signatur

Integrieren Sie Links zu Ihren wichtigsten Social-Media-Profilen in Ihrer E-Mail-Signatur.

Social-Media-Profile auf Website und Portfolio nennen

Die Kontaktseite Ihrer Website ist prädestiniert dafür, Besucher auf Ihre unterschiedlichen Profile aufmerksam zu machen. Auch die Über-mich-Seite eignet sich für Links zu Ihren Profilen.

Cross-Promotion

Es schadet nichts, ab und an die eigenen Social-Media-Profile in anderen Netzwerken zu promoten. Weisen Sie beispielsweise Ihre Facebook-Freunde ab und an auf Ihr Twitter- oder Behance-Profil hin.

Einheitliche Profilnamen

Im besten Fall können Nutzer, die in einem sozialen Netzwerk nach Ihnen suchen, Sie unter Ihrem Namen finden. Sie erleichtern Interessierten die Suche erheblich, wenn Sie darüber hinaus über unterschiedliche Netzwerke hinweg einheitliche Nutzernamen verwenden.

Eigene, relevante Inhalte

Posten Sie eigene und für Ihre Zwecke relevante Inhalte, die auch Ihre Zielgruppe interessieren.

Qualität statt Quantität

Auch wenn Sie nicht zu selten Inhalte teilen sollten, sollte Ihr Fokus auf qualitativ hochwertigen Beiträgen liegen. Gute Inhalte werden naturgemäß weitaus häufiger geteilt und verschaffen Ihnen so mehr Aufmerksamkeit.

Wissen teilen und nicht abgehoben wirken

Teilen Sie Ihr Wissen mit der Social-Media-Gemeinde, aber tun Sie dies nicht von oben herab, sondern auf eine freundliche, hilfreiche Art.

Humor und positive Vibes

Das ist sicher nicht jedermanns Sache, aber wenn es Ihnen gelingt, humorvoll zu posten und zu kommentieren, erhöht das die Wahrscheinlichkeit, dass Ihnen neue Kontakte folgen. Generell werden Sie mit positiven Inhalten erfolgreicher sein als jemand, der sich viel in sozialen Netzwerken aufregt und beschwert. Keiner will drei Mal pro Woche einen Post sehen, in dem es darum geht, dass die Bahn schon wieder Verspätung hat.

Posts analysieren

Behalten Sie ein Auge darauf, welche Ihrer Posts besonders erfolgreich sind und waren. Daraus können Sie Rückschlüsse für künftige Beiträge ziehen.

Hashtags

Versehen Sie Ihre Beiträge mit relevanten und wenn möglich »trending« Hashtags. Oft suchen Social-Media-Nutzer nach bestimmten Schlagwörtern, und mit dem Einsatz relevanter Hashtags erhöhen Sie die Chance, dass Ihre Beiträge und damit Sie gefunden werden.

Posting-Frequenz

Teilen Sie regelmäßig Beiträge, um sichtbar zu bleiben, aber übertreiben Sie es nicht. Zu viele Beiträge in kurzer Zeit nerven.

Inhalte anderer Nutzer teilen

Wenn Sie die Beiträge anderer Nutzer teilen, erhöhen Sie die Chance, dass diese Nutzer auch Ihre Beiträge teilen. Seien Sie dabei jedoch nicht wahllos, sondern achten Sie darauf, dass die geteilten Beiträge zu Ihnen passen und für Ihre Kontakte relevant sind.

Reaktionen

Teilen Sie nicht nur Beiträge, sondern reagieren Sie auch auf Fragen, Beschwerden, Lob und Kommentare.

Virale Inhalte

Nicht wirklich planbar, aber toll, wenn man es hinbekommt. Unter viralen Inhalten versteht man einen Beitrag, der sich quasi von selbst über soziale Netzwerke verteilt – zum Beispiel, weil er witzig, unglaublich oder qualitativ besonders beeindruckend ist.

Geschichten erzählen

Menschen lieben Geschichten, und wenn es Ihnen gelingt, mit Ihren Beiträgen eher Geschichten zu erzählen als offensichtliches Marketing zu betreiben, werden Sie großen Anklang finden.

Anderen Nutzern folgen

Warten Sie nicht darauf, dass andere Ihnen folgen, sondern werden Sie auch selbst aktiv. Suchen Sie relevante Nutzer, und folgen Sie ihnen. Sofern Sie ein paar gemeinsame Interessen haben, stehen die Chancen gut, dass diese Nutzer Ihnen zurückfolgen.

Nicht jede der genannten Maßnahmen muss in Ihrem Fall passen, und es reicht, wenn Sie sich für den Anfang für ein paar Möglichkeiten entscheiden. Evaluieren Sie, welches Vorgehen am besten zu Ihnen passt und was in Ihrem Fall den größten Erfolg verspricht. Und vor allem: bleiben Sie am Ball! Der Erfolg stellt sich, egal bei welcher Maßnahme, in den seltensten Fällen direkt ein, sondern es bedarf großer Beharrlichkeit, um die eigene Reichweite in sozialen Medien nachhaltig zu steigern.

Engagement mit potenziellen Kunden

Sobald Sie einen Stamm von Fans und Followern aufgebaut haben, gilt es, potenzielle Kunden zu identifizieren und mit ihnen ins Gespräch zu kommen. Überlegen Sie einmal, wie der perfekte Kunde für Sie aussieht, denn den Kontakten, auf die Ihre Definition zutrifft, sollten Sie besondere Aufmerksamkeit schenken.

WENN KONTAKTE VON IHREN KREATIONEN BEGEISTERT SIND, WERDEN SIE REGELMÄSSIG VORBEISCHAUEN UND IN SOZIALEN NETZWERKEN GUT ÜBER SIE SPRECHEN!

Wahrscheinlich werden viele Ihrer Stammkunden in diese Kategorie fallen. Versuchen Sie, auch in sozialen Medien ein gutes Verhältnis zu diesen Kunden zu pflegen, denn das sind die Menschen, die Sie weiterempfehlen, weil Sie mit Ihrer Dienstleistung zufrieden sind.

Sofern Sie Kontakte haben, die von Ihren Kreationen und Dienstleistungen begeistert sind, haben Sie Kontakte, die regelmäßig bei Ihnen vorbeischauen und in sozialen Netzwerken potenziell gut über Sie sprechen. Überlegen Sie sich, aufgrund welcher Tatsachen diese Kontakte Sie schätzen und weiterempfehlen. Die Erkenntnisse Ihrer Überlegungen können Ihnen dabei helfen, neue zufriedene Kunden zu generieren. Achten Sie darauf, auf welche Beiträge zufriedene Kunden in welchen Netzwerken zu welchen Zeiten reagieren, dann wissen Sie auch, mit was Sie wann und wo auch andere potenzielle Kunden in sozialen Medien erreichen können.

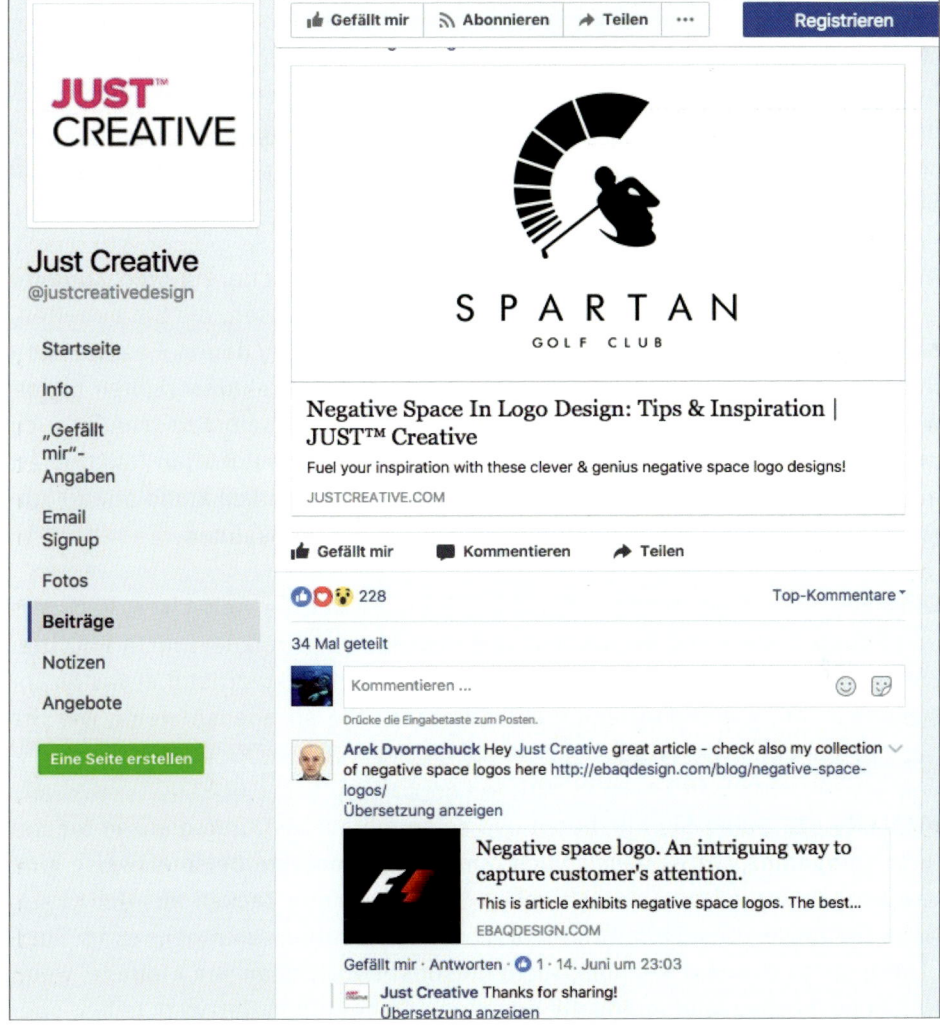

Treten Sie in den Dialog mit Ihren Kontakten. Auf der Facebook-Seite von Jacob Cass, www.facebook.com/justcreativedesign, hat der Betreiber einen Beitrag geteilt, worauf ein Kontakt mit einem Verweis auf eine zum Thema passende Sammlung kommentiert. Dies ist eine gute Möglichkeit, sich zu bedanken.

BEDÜRFNISSE, WÜNSCHE UND INTERESSE ERKENNEN An dieser Stelle hört es aber nicht auf, denn im besten Fall kommen Sie mit potenziellen Kunden auch ins Gespräch. Hören Sie auf deren Bedürfnisse, Wünsche und Interessen. Das ist durchaus vergleichbar mit der Kommunikation in der analogen Welt, denn auch in herkömmlichen Gesprächen ergibt sich die Qualität der Kommunikation aus der Fähigkeit der Gesprächsteilnehmer, einander zuzuhören, aufeinander einzugehen und die Interessen des Gegenübers zu berücksichtigen.

Auf diese Weise schlagen Sie zwei Fliegen mit einer Klappe. Zum einen fühlen sich Ihre Social-Media-Kontakte von Ihnen verstanden und bei Ihnen gut aufgehoben. Zum anderen gewinnen Sie wertvolle Erkenntnisse für Ihr Geschäft. Indem Sie ein Ohr auf den Social-Network-Gleisen haben, können Sie feine Nuancen wahrnehmen und erfahren, was Kunden an Ihnen schätzen und an welchen Stellen Sie noch besser werden sollten.

AUCH SELBST KOMMENTIEREN Natürlich sollten Sie nicht nur zuhören, sondern auch aktiv reagieren, wenn Ihre Kontakte Beiträge verfassen, die Sie betreffen, oder wenn Ihre Kontakte in Posts auf Aspekte eingehen, zu denen Sie etwas beitragen können. Es versteht sich von selbst, dass Sie Direktnachrichten beantworten sollten. Seien Sie aber nicht schüchtern oder sich selbst zu schade, auch unter Beiträgen anderer Nutzer zu kommentieren. Kommunikation funktioniert nur im Dialog. Vermeiden Sie es daher, in sozialen Netzwerken Monologe zu führen oder einfach nur Ihre Marketing-Message herauszuposaunen.

Es ist zwar durchaus möglich, dass Sie mit einem Beitrag viele Likes, Retweets und andere generische Reaktionen verzeichnen, aber trotzdem nicht mit Ihrer Zielgruppe kommunizieren. Das bringt Ihnen vielleicht kurzfristig etwas für Ihr Ego, aber Ihre Kundenbeziehungen verbessern Sie so ebenso wenig wie Sie neue Kunden dazu gewinnen.

»TEILEN« SIE Seien Sie hilfsbereit, wo es angebracht ist, und glänzen Sie mit Ihrer Kompetenz, wo es passt. Sucht einer Ihrer Kontakte beispielsweise eine Wohnung in Ihrer Stadt, dann brechen Sie sich keinen Zacken aus der Krone, wenn Sie dieses Gesuch mit Ihrem Netzwerk teilen. Immerhin geht es im Social-Web um Geben und Nehmen. Nicht umsonst spricht man von »Teilen«, wenn Nutzer in sozialen Medien Inhalte erstellen und mit ihrem Netzwerk teilen, oder einen Inhalt eines anderen Nutzers teilen.

Bei allen Aktivitäten sollte es Ihnen darum gehen, Geben und Nehmen im Gleichgewicht zu halten. Sie teilen eine für Ihre Kontakte interessante Information und erhalten im Gegenzug positives Feedback, also sollten Sie ebenso eine nette Nachricht hinterlassen, wenn jemand etwas Interessantes mit Ihnen teilt oder gut über Sie spricht.

Das Feedback auf die eigenen Arbeiten gehört zu den Gründen, warum Kreative in sozialen Medien aktiv sein sollten. Hier reagiert Kelli Anderson auf Feedback: www.instagram.com/kellianderson.

Es spricht auch nichts dagegen, dass Sie Ihr Netzwerk proaktiv um Feedback bitten. Menschen teilen in der Regel gerne ihre Meinung, und das werden sie zum Beispiel auch tun, wenn Sie Ihre Fans und Follower um ihre Meinung zu einem abgeschlossenen Projekt, einer neuen Illustration oder Ihrem Web-Auftritt fragen. Geben Sie Ihrem Netzwerk das Gefühl, dass Ihnen die Meinung Ihrer Kontakte wichtig ist – denn das ist sie für Sie. Setzen Sie alles daran, Ihre treuen

BITTEN SIE IHRE BESUCHER RUHIG AKTIV UM FEEDBACK.

Kontakte zu pflegen, ihnen zu »geben« und positive Anerkennung zukommen zu lassen, während Sie potenzielle Neukunden auf sympathische Art und Weise von sich und Ihrer Dienstleistung überzeugen und ihr Vertrauen gewinnen.

Wenn Sie in sozialen Medien kommunizieren, sollten Sie das offen, ehrlich, aufgeschlossen und freundlich tun. Nur so können Sie bei potenziellen Kunden Vertrauen wecken. Stellen Sie bei allen Aktivitäten stets Ihre Kontakte, und nicht sich selbst in den Vordergrund. Sofern Sie immer die Bedürfnisse Ihrer Kontakte im Hinterkopf haben, offen und ehrlich mit Feedback umgehen und freundlich kommunizieren, haben Sie nicht viel zu fürchten.

Mit Bewertungen, Kommentaren und Shitstorms umgehen

Manchmal geht bei der Kommunikation etwas schief. Das trifft insbesondere auf die schriftliche digitale Kommunikation zu. Häufig hat der Gesprächspartner zu viel Raum, etwas in einen Beitrag zu interpretieren, etwas zwischen den Zeilen zu lesen oder etwas komplett misszuverstehen. Es ist leicht, mit positiven Bewertungen und Kommentaren umzugehen, aber für die meisten Menschen ist es erheblich schwerer, auf negatives Feedback adäquat zu reagieren.

Mit einem ausgewachsenen Social-Media-Shitstorm – also einer riesigen Welle der Empörung – dürften die meisten Unternehmen und Nutzer komplett überfordert sein. Im besten Fall wissen Sie, wie es gar nicht erst zum Shitstorm kommt, und selbst der Umgang mit diesem unangenehmen Phänomen lässt sich erlernen.

Reagieren Sie auf negatives Feedback nicht aus dem Bauch heraus. Selbst wenn die Kritik unberechtigt ist, sollten Sie freundlich bleiben und mit einem Lächeln auf den Kommentar eingehen.

Im besten Fall wird über Sie und Ihre Dienstleistung in sozialen Netzwerken nur gut gesprochen. Machen Sie aber, selbst in diesem Idealfall, nicht den Fehler, zu denken, dass Sie nichts unternehmen müssen. Ihr guter Ruf hängt auch davon ab, dass Sie auf positives Feedback reagieren. Besonders wenn ein Nutzer Sie direkt anspricht und Ihnen positives Feedback gibt, sollten Sie sich erkenntlich zeigen und bedanken. Auch dann, wenn Sie zufällig über einen Post stolpern, der Sie nicht direkt anspricht, aber dennoch lobend erwähnt, zahlt sich ein kurzes »Dankeschön« aus.

==RUHEN SIE SICH NICHT AUF LORBEEREN AUS. – IHR GUTER RUF HÄNGT AUCH DAVON AB, DASS SIE AUF POSITIVES FEEDBACK REAGIEREN!==

AUF NEGATIVES FEEDBACK REAGIEREN Noch wichtiger ist es aber, dass Sie auf negatives Feedback reagieren. Das können Sie auf die richtige Art und Weise tun oder auf die falsche. Falsch ist es in jedem Fall, wenn Sie gar nicht reagieren. Das ist die schlechteste Variante! Der richtige Umgang mit Kritik ist aber generell nicht einfach, und das trifft auch auf die Reaktion auf negatives Feedback in sozialen Medien zu. Wenn Sie einen Beitrag oder Kommentar lesen, in dem jemand nicht mit Ihnen oder Ihrer Dienstleistung zufrieden ist, atmen Sie erst mal durch. Emotionale Reaktionen auf Kritik gehen fast immer nach hinten los.

No. 5

Auch wenn Sie selbst der Meinung sind, dass die Kritik unangebracht oder unangemessen ist, sollten Sie keinesfalls aus dem Bauch heraus darauf reagieren. Wenn Sie durchgeatmet haben, versuchen Sie genau zu ergründen, was die Gründe für das negative Feedback sind. In einer Stellungnahme zu der Kritik sollten Sie sich als Erstes freundlich für das Feedback bedanken. Das sollten Sie auch dann tun, wenn die Kritik völlig aus der Luft gegriffen ist oder es sich einfach nur um Pöbelei handelt. Der Grund dafür liegt auf der Hand: selbst wenn Sie das wissen, können andere Kontakte das vielleicht nicht richtig einschätzen. Ist Ihre erste Reaktion unfreundlich, dann stehen Sie plötzlich wie der Buhmann da. Eleganter ist es, wenn Sie es schaffen, dass sich der Verfasser einer ungerechtfertigten Kritik im Dialog selber disqualifiziert, während Sie ihm mit einem offenen Ohr und freundlichen Antworten begegnen.

Um das zu erreichen, müssen Sie sachlich bleiben. Lassen Sie sich nicht auf ein niedriges Niveau ziehen, und vermeiden Sie es, sich provozieren zu lassen. Wenn Sie freundlich und sachlich bleiben, während Ihr Gegenüber sich Kommentar um Kommentar im Ton vergreift, wird es nicht lange dauern, bis Ihnen andere Kontakte aus Ihrem Netzwerk zur Seite springen und den Streithahn auf sein Fehlverhalten hinweisen.

KRITIK REFLEKTIEREN UND NICHT LÖSCHEN Versuchen Sie, in der Kritik den wahren Kern zu finden. Sobald Sie den Finger auf das wirkliche – und berechtigte – Ansinnen des Kritikers legen können, überlegen Sie, was Sie tun können, um die Kritik auszuräumen. Sprechen Sie offen darüber, was Sie unternehmen wollen, um den kritisierten Umstand auszuräumen, und halten Sie Ihr Netzwerk über Ihren Fortschritt auf dem Laufenden. So stellen Sie nicht nur den Kritiker zufrieden, indem Sie Ihren Fehler einsehen und auf das Feedback eingehen, sondern Sie zeigen auch allen anderen Fans und Followern, dass Sie souverän mit Kritik umgehen können.

ERSTE HILFE BEI NEGATIVEM FEEDBACK

Durchatmen
Wenn Sie negatives Feedback erhalten, reagieren Sie nicht direkt aus dem Bauch heraus oder mit einem emotionalen Kommentar.

Kritik nicht persönlich nehmen
Lob ist natürlich angenehmer als Kritik. Versuchen Sie dennoch, nicht beleidigt zu sein, wenn Sie negatives Feedback erhalten.

Kritik nicht löschen
Unterlassen Sie das Entfernen negativer Beiträge und Kommentare, außer sie sind gesetzeswidrig oder grob beleidigend.

Feedback bewerten
Lesen Sie die Kritik ganz genau, und versuchen Sie, einzuschätzen, worum es dem Verfasser geht.

Nachfragen
Es kann durchaus vorkommen, dass Ihnen nicht ganz klar ist, was genau kritisiert wird. Fragen Sie freundlich nach, und bitten Sie um Aufklärung.

Zeitnahe Reaktion
Auch wenn Sie erst durchatmen sollten, ist eine zeitnahe Reaktion auf das Feedback angebracht. Solange Sie Kritik unkommentiert lassen, können Sie sie auch nicht ausräumen oder richtigstellen.

Sachlich und freundlich reagieren
Bedanken Sie sich für das Feedback, und bleiben Sie freundlich und sachlich. Auch wenn Ihr Gegenüber das nicht ist.

Keine abgehobenen Antworten
Vermeiden Sie es, die Diskussion von oben herab zu führen, und lassen Sie die Finger von PR-Floskeln.

Problem lösen
Sofern die Kritik gerechtfertigt ist, sollten Sie sich entschuldigen, dem Verfasser mitteilen, dass Sie das Problem lösen wollen, und ihn darüber aufklären, in welcher Form Sie das zu tun gedenken.

Es gibt aber auch Fälle, in denen Ihre Reaktion nur im Melden des Beitrags beim Betreiber des sozialen Netzwerks bestehen kann. Das trifft immer dann zu, wenn ein Beitrag oder Kommentar gegen das Gesetz verstößt, zu Gewalt aufruft oder übermäßig beleidigend ist und sich ein Nutzer komplett im Ton vergriffen hat. Ansonsten gilt für kritische Beiträge und Kommentare: keinesfalls löschen! Löschen Sie negatives Feedback, können Sie sicher sein, dass der Nutzer noch einen Gang hochschaltet und seinen Unmut über das Entfernen des Beitrags mit seiner ursprünglichen Kritik an anderer Stelle veröffentlicht. Im schlimmsten Fall springen andere Nutzer auf den Zug auf, die Angelegenheit verselbstständigt sich und, ehe Sie sich versehen, stehen Sie mitten in einem Shitstorm.

No. 5

DER SHITSTORM Zusammengefasst bezeichnet der Begriff »Shitstorm« das massive Auftreten negativer Kommentare zu einer Person oder einem Unternehmen in sozialen Medien. Häufig wird ein Shitstorm durch einen vermeintlich unbedeutenden Fehltritt und darauffolgendes Fehlverhalten oder Uneinsichtigkeit des Verfassers ausgelöst. Es kommt zu einer Flut von negativen Kommentaren, deren Anzahl kaum noch zu handhaben ist und von denen sich viele nicht mehr mit dem Ursprung des Shitstorms beschäftigen und ins Beleidigende abrutschen. Klingt unangenehm, ist es auch.

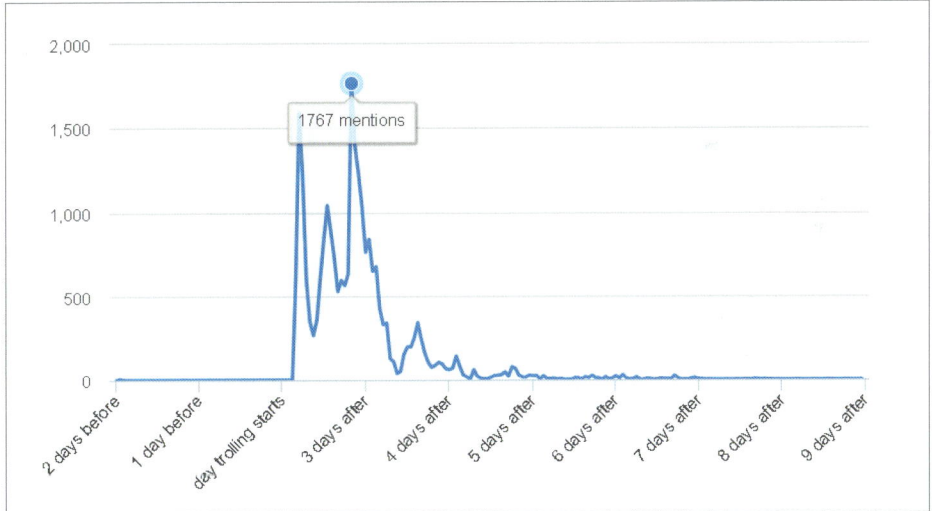

So sieht ein Shitstorm beim Monitoring aus. Das Diagramm auf BuzzFeed, https://goo.gl/vDAgjP, stammt aus einer Analyse eines Shitstorms auf Twitter.

Auch wenn Sie hoffentlich niemals selbst Ziel eines Shitstorms werden und die Wahrscheinlichkeit gering ist, dass ein Shitstorm bei Ihnen so verheerend aus-

fällt wie bei manch großem Unternehmen, finden Sie zur Orientierung im Folgenden ein paar Beispiele für prominente Shitstorms aus der Vergangenheit.

IM AUGE DES STURMS Anfang 2017 musste sich Pepsi einem riesigen Shitstorm beugen. Der Stein des Anstoßes war ein Werbeclip, in dem Model Kendall
Jenner hektisch ein Fotoshooting verlässt, weil sich draußen eine Demonstration anbahnt. Jenner reicht einem Polizisten eine Dose Pepsi und sorgt damit
für Frieden. Aus dem Zusammenhang gerissen klingt das noch nicht aufregend,
beachtet man allerdings den Zeitpunkt, zu dem Pepsi den Clip geschaltet hat,
wird ersichtlich, warum sich so viele Menschen in den sozialen Medien darüber
aufgeregt haben.

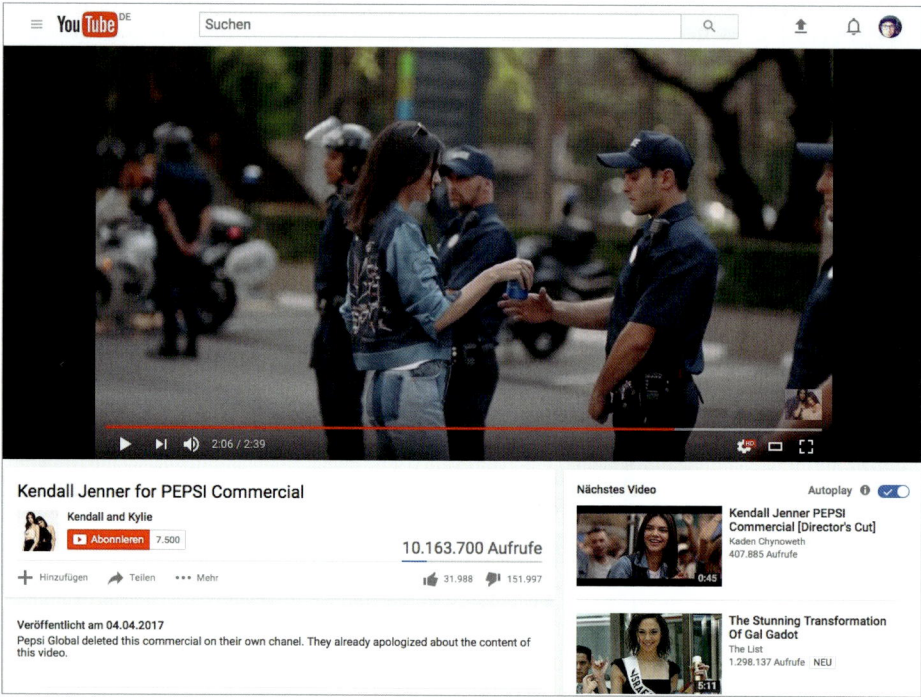

*Pepsi löste mit einem Werbeclip, in dem bewusst mit Assoziationen zu politischen
Ausschreitungen in den USA rund um die Black-Lives-Matter-Bewegung gespielt wurde,
einen riesigen Shitstorm aus: www.youtube.com/watch?v=dA5Yq1DLSmQ.*

Dem Getränkehersteller wurde nämlich vorgeworfen, dass er die Black-Lives-Matter-Bewegung in den USA, die sich nach einigen Vorfällen aktiv gegen Polizei-
gewalt gegen Afroamerikaner einsetzt, für kommerzielle Zwecke instrumentali-
siert habe. Pepsi spielte in dem Werbespot bewusst mit Bildern, die zuvor die
Nachrichten dominiert hatten. So erinnert die Szene, in der Jenner die Pepsidose

überreicht, stark an ein Foto, auf dem eine Demonstrantin namens Leshia Evans auf einer Kundgebung in Baton Rouge zu sehen war. Evans wurde in Gewahrsam genommen, als sie sich anwesenden Polizisten näherte.

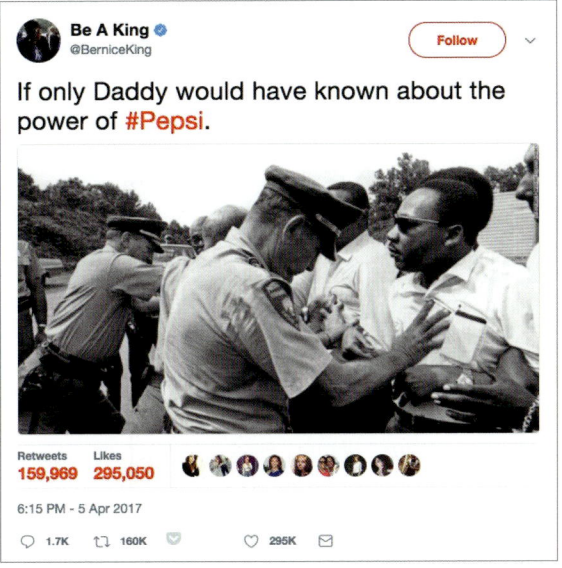

Bernice King, die Tochter von Martin Luther King, gehörte auf Twitter beim Pepsi-Shitstorm ebenfalls zu den Kritikern: https://twitter.com/BerniceKing/ status/849656699464056832/photo/1.

Auf Twitter setzte sich für den Shitstorm der Hashtag #PepsiLivesMatter durch, unter dem sich noch heute viele negative Kommentare finden lassen: https://twitter.com/Ordinary_af00/status/ 849675532081954818/photo/1.

In diesem Fall zog der Shitstorm auf Twitter auf und nahm dort seinen Lauf. Selbst die Tochter des verstorbenen Bürgerrechtlers Martin Luther King konnte sich einen bissigen Kommentar nicht verkneifen. In kurzer Zeit prasselten negative Kommentare auf den Pepsi-Konzern ein, sodass das Unternehmen sich nach 24 Stunden gezwungen sah, den Werbeclip zu entfernen und sich zu entschuldigen.

United Airlines hatte bereits Erfahrungen mit Shitstorms, als sich die Fluggesellschaft Anfang 2017 erneut in die Social-Media-Nesseln setzte. Zuvor hatte die Airline zwei junge Mädchen aus einem ihrer Flugzeuge verwiesen, weil jene nicht anständig bekleidet gewesen sein sollten. Die Mädchen hatten Leggings getragen. Im April 2017 ging es aber um einen noch schwerwiegenderen Fall, denn das gewaltsame Entfernen von Passagieren aus einem Flugzeug erhitzte die Gemüter der Internetgemeinde zurecht, zumal der Passagier bei der Aktion von Sicherheitsleuten verletzt wurde.

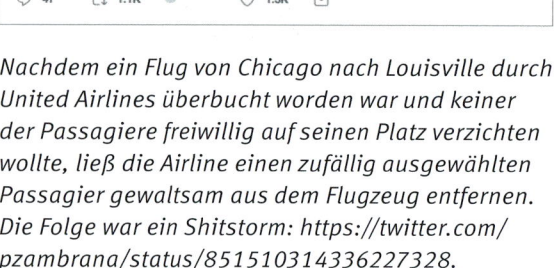

Nachdem ein Flug von Chicago nach Louisville durch United Airlines überbucht worden war und keiner der Passagiere freiwillig auf seinen Platz verzichten wollte, ließ die Airline einen zufällig ausgewählten Passagier gewaltsam aus dem Flugzeug entfernen. Die Folge war ein Shitstorm: https://twitter.com/pzambrana/status/851510314336227328.

Nachdem die gewaltsame Entfernung eines Passagiers bekannt wurde, dauerte es nicht lange, bis das Internet die Fluggesellschaft mit Kritik und schwarzem Humor überschüttete: https://twitter.com/bobvulfov/status/851508172888166400.

WOGEN GLÄTTEN Oscar Munoz, CEO von United Airlines, versuchte die Wogen in den sozialen Medien zu glätten und stellte sich dabei denkbar ungeschickt an. Er sprach davon, Kunden umzuquartieren (»re-accommodate«), was natürlich für das gewaltsame Entfernen eines Passagiers eine ungünstige Wortwahl ist. Unter dem Strich machte Munoz die Situation deutlich schlimmer, und auch in der Folge lässt sich das Krisenmanagement der Airline als ungenügend bezeichnen. Interne Anweisungen der Fluggesellschaft gelangten an die Öffentlichkeit und widersprachen den öffentlichen Äußerungen des CEO. Der United-Airlines-Vorfall ist ein Paradebeispiel dafür, wie man nicht mit einem Shitstorm umgehen sollte.

==WENN SIE DIE RATSCHLÄGE FÜR REAKTIONEN AUF KRITIK BEHERZIGEN, BLEIBEN SIE VON EINEM SHITSTORM VERSCHONT.==

Die Tipps für den Umgang mit einem Shitstorm sind in weiten Teilen identisch zu den Aspekten, die Sie bei einzelnen negativen Beiträgen oder Kommentaren beachten sollten. Wenn Sie die oben genannten Ratschläge für Reaktionen auf Kritik beherzigen, sollten Sie in der Regel von einem ausgewachsenen Shitstorm verschont bleiben. Behalten Sie in jedem Fall Ihre Profile in allen sozialen Netzwerken im Auge, um frühzeitig reagieren zu können.

Mittels Social-Media-Monitoring erkennen Sie schnell, wenn ein Sturm aufzieht. Verzeichnen Sie beispielsweise einen ungewöhnlichen Anstieg von Diskussionen, Beiträgen und Kommentaren, die sich auf Sie und Ihre Dienstleistung beziehen, besteht unter Umständen Gefahr und damit Handlungsbedarf. Wie Sie Ihre Profile überwachen können, erfahren Sie in Kapitel 8.

Dos und Don'ts bei der Social-Media-Nutzung

No. 5

In sozialen Medien wird häufig wesentlich lockerer kommuniziert als über andere Kanäle. Das eröffnet die Möglichkeit, mit Kunden und potenziellen Auftraggebern in einen Dialog auf Augenhöhe einzutreten. Allerdings sollten Sie es mit der Lockerheit nicht übertreiben, denn sonst riskieren Sie, dass Ihr Gegenüber Sie als unprofessionell und flapsig wahrnimmt.

Wie in der analogen Welt existieren ein paar Regeln für den Umgang miteinander, die Sie für Ihre Kommunikation beherzigen sollten. Neben einigen grundlegenden Verhaltensregeln gibt es auch ganz konkrete Konventionen, die Sie beachten sollten, um einen guten Eindruck zu hinterlassen.

KONVENTIONEN FÜR DIE NUTZUNG SOZIALER MEDIEN

Freundlich und offen kommunizieren
Wie in der analogen Welt auch sollten Sie offen und freundlich kommunizieren und sich nicht auf Schlammschlachten einlassen.

Fokus behalten
Behalten Sie stets die Interessen Ihrer Zielgruppe im Hinterkopf, wenn Sie Beiträge verfassen. Idealerweise sind die meisten Ihrer Beiträge relevant für Ihre Kontakte und driften nicht zu sehr ins Private ab.

Posten Sie für jedes Netzwerk individuell
Copy&Paste für Beiträge ist ein No-Go. Häufig werden Ihnen dieselben Nutzer auf unterschiedlichen Plattformen folgen. Aus diesem Grund sollten Sie dafür sorgen, dass Ihre Kontakte nicht einen identischen Post in vier oder fünf Netzwerken angezeigt bekommen. Auf Twitter sind Beiträge beispielsweise wesentlich kürzer als auf Facebook, wo Sie Links idealerweise mit einem kurzen Text anteasern und vielleicht sogar multimedial aufwerten.

Quellen angeben

Sie werden nicht nur selbst produzierte Inhalte mit Ihren Fans und Followern teilen, sondern auch Links und Fundstücke, die von anderen Nutzern erstellt wurden. Geben Sie an, woher der jeweilige Inhalt kommt, verlinken Sie Websites und Nutzer.

Spam vermeiden

Posten Sie nicht immer wieder dieselben Inhalte, und nötigen Sie Ihr Netzwerk nicht, Ihre Inhalte zu teilen, zu liken oder zu kommentieren.

Auf Feedback reagieren

Egal ob private Nachricht, Mention oder Kommentar – Sie sollten darauf reagieren.

Bedanken

Bedanken Sie sich für jegliche Form von Feedback, für Weiterleitungen und für Erwähnungen durch andere Nutzer.

Grundsätzlich sollten Sie Ihre Kontakte stets in den Mittelpunkt all Ihrer Social-Media-Bemühungen stellen. Bedenken Sie, dass ein Kontakt, dem Sie helfen, dem Sie Aufmerksamkeit schenken oder den Sie mit relevanten Informationen versorgen, ein Kontakt ist, der positiv über Sie spricht und Sie im besten Fall weiterempfiehlt. Sie sollten sich in sozialen Medien nicht verstellen. Das fällt schnell auf. Stattdessen sollten sie so authentisch wie möglich bleiben, denn das ist nicht nur am wenigsten anstrengend, sondern kommt auch am besten an.

STELLEN SIE IHRE KONTAKTE STETS IN DEN MITTELPUNKT ALL IHRER SOCIAL-MEDIA-BEMÜHUNGEN!

Laden Sie Ihre Kontakte dazu ein, auf Ihren Social-Media-Profilen am gegenseitigen Austausch teilzunehmen, und bitten Sie proaktiv um Feedback. Vergessen Sie dabei aber nie, dass soziale Netzwerke kein reines Marketingtool sind. Es geht um ein Geben und Nehmen und um Gespräche auf Augenhöhe. Vermeiden Sie marktschreierische Beiträge, in denen Sie die Welt darüber informieren, wie überragend Ihre Dienstleistung ist. Noch schlimmer wäre es, wenn Sie Ihre Mitbewerber diskreditieren. Pflegen Sie stattdessen eine gleichberechtigte Kommunikation mit allen interessierten Kontakten, und hören Sie dabei ganz genau zu. Sie werden überrascht sein, was Sie alles in Erfahrung bringen können, wenn Sie nur aufmerksam zuhören, genau hinschauen und auf Ihr Netzwerk eingehen.

Das gilt im Übrigen auch für Ihre Mitbewerber. Schauen Sie regelmäßig auf deren Profilen vorbei, denn so bringen Sie in Erfahrung, was sie in sozialen Netz-

werken richtig machen und was falsch. Sie haben auf diese Weise die Möglichkeit, aus den Fehlern des Wettbewerbs zu lernen und es besser zu machen.

CHECKLISTE FÜR IHRE SOCIAL-MEDIA-STRATEGIE

✓ Alleinstellungsmerkmale definieren

Überlegen Sie, was Sie besonders macht und mit welchen Argumenten Sie
sich von Mitbewerbern abheben können. Alleinstellungsmerkmale können
beispielsweise bestimmte Stile, Techniken, Know-how, Besonderheiten bei
der Kommunikation oder die Spezialisierung auf eine bestimmte Gruppe von
Auftraggebern sein.

✓ Alleinstellungsmerkmale kommunizieren

Als kreativer Dienstleister sind Sie bis zu einem gewissen Grad auch Verkäufer. Sie verkaufen Ihre Dienstleistungen und müssen dabei in der Lage sein,
Kunden von sich und Ihrer Arbeit zu überzeugen. Das geht am besten mit
den Aspekten, die Sie Ihrer Konkurrenz voraus haben.

✓ Bestehende Profile aufräumen

Schauen Sie sich jedes Profil auf allen Plattformen, auf denen Sie sich
jemals registriert haben, an. Dazu gehören auch soziale Netzwerke, die Sie
eigentlich gar nicht mehr nutzen. Achten Sie darauf, ob Sie Informationen
öffentlich sichtbar gemacht haben, von denen Sie nicht wollen, dass ein potenzieller Auftraggeber sie sieht. Sie sollten vermeiden, dass ein Kunde aufgrund von falsch vorgenommenen Privatsphäre-Einstellungen über Informationen stolpert, die Ihn davon abhalten, Sie mit einem Projekt zu betrauen.

✓ Ziele definieren

Wie lauten Ihre geschäftlichen Ziele? Wollen Sie mehr Neukunden generie-
ren oder das Verhältnis zu Bestandskunden verbessern? Wollen Sie Ihren
Stundensatz erhöhen oder vielleicht Ihre Bekanntheit steigern? Wollen
Sie Kollegen und potenziellen Kunden Ihre Expertise beweisen? Eine neue
Branche als Zielgruppe erreichen? Oder wollen Sie den Traffic von sozialen
Netzwerken auf Ihr Online-Portfolio oder Ihre Website ankurbeln? Das alles
sind Fragen, die auch das Ziel Ihrer Social-Media-Strategie beeinflussen.
Für den Anfang ist es ratsam, sich zwei Hauptziele und zwei für Sie etwas
weniger wichtige Ziele vorzunehmen.

✓ Zielgruppe definieren

Wenn Ihr Netzwerk wenig mit Ihnen interagiert und kommuniziert, dann liegt
das unter Umständen daran, dass Sie ein falsches Bild von Ihrer Zielgruppe
haben. Auch in sozialen Netzwerken kommt es darauf an, die richtigen Nutzer zum richtigen Zeitpunkt mit der richtigen Message zu erreichen.

No. 5

Charakterisieren Sie Ihre Zielgruppe anhand von Personas. Versuchen Sie, sich in die Nutzertypen hinein zu versetzen und sich darüber klar zu werden, was die jeweilige Person mag und was nicht. Überlegen Sie, worin die Motivation des jeweiligen Nutzertyps besteht. Kurz: Versuchen Sie, ein möglichst genaues Bild eines typischen Vertreters Ihrer Zielgruppe zu zeichnen.

✔ Soziale Netzwerke auswählen

Machen Sie nicht den Fehler, ein Profil für jedes verfügbare soziale Netzwerk zu erstellen, ohne sich zu überlegen, welche Plattformen Ihnen den größten Erfolg bei möglichst geringem Zeiteinsatz liefern. Sobald Sie sich ein möglichst detailliertes Bild über die Zusammensetzung Ihrer Zielgruppe gemacht haben, können Sie diese Erkenntnisse auch in die Auswahl der für Sie relevanten Social-Media-Plattformen einfließen lassen. Allerdings sollte das nur ein Aspekt bei der Wahl der richtigen Kanäle sein. Generell sollten Sie auf mehr als nur eine Plattform setzen, aber es dabei nicht übertreiben.

✔ Karrierenetzwerke

Sie sollten in min. einem Karrierenetzwerk präsent sein. Auch Ihre bestehenden Profile sollten Sie optimieren. Sofern noch nicht geschehen, richten Sie Ihr XING- oder LinkedIn-Profil auf Ihre kreative Tätigkeit aus und machen Sie Ihr Profil öffentlich zugänglich, indem sie es nicht auf »privat« stellen.

✔ Konkurrenzanalyse

Nehmen Sie sich Zeit, die Social-Media-Auftritte Ihrer Konkurrenz zu analysieren. Auf diese Weise können Sie wertvolle Erkenntnisse für Ihre eigene Social-Media-Strategie erlangen. Bei der Analyse achten Sie zum einen auf die Aktivitäten Ihrer Konkurrenz und zum anderen darauf, welche Art Beiträge, welche Form der Ansprache und welche Inhalte auf welchen sozialen Netzwerken funktionieren. Nehmen Sie die erlangten Erkenntnisse jedoch lediglich als Anhaltspunkt für Ihr eigenes Social-Media-Engagement, und kopieren Sie die Strategien der Konkurrenz nicht nur plump.

✔ Social-Media-Monitoring

Die Analyse der Konkurrenz sollte zu Ihren regelmäßigen Aufgaben gehören. Auf diese Weise wissen Sie stets, wie Sie sich im Vergleich schlagen. Das setzt voraus, dass Sie – sobald Ihre Social-Media-Strategie steht – auch Ihre eigenen Aktivitäten analysieren. Nicht zuletzt wollen Sie herausfinden, ob Sie Zeit verschwenden, die Sie an anderer Stelle sinnvoller einsetzen könnten.

✔ Social Media ist kein Verkaufskanal

Ebenso wie soziale Netzwerke keine kostenlose Werbeplattform sind, sind Sie auch kein Verkaufskanal für Ihre Dienstleistungen. Das heißt natürlich nicht, dass Sie keine neuen Kunden über soziale Medien gewinnen können, ganz im Gegenteil. Das sollte aber bei Ihrer Social-Media-Strategie nicht das primäre Ziel sein. Wenn Sie soziale Netzwerke als Plattformen für den Austausch mit Gleichgesinnten und für die Erweiterung Ihres professionellen Netzwerks sehen, sind Sie auf einem guten Weg.

✔ Regelmäßige Aktivität

Es ist nicht einfach, die richtige Frequenz für Posts auf sozialen Netzwerken zu bestimmen. Teilen Sie zu selten Inhalte, gehen Sie in der Flut an Beiträgen unter. Teilen Sie zu häufig, wird das schnell als nerviger Spam empfunden. Seien Sie auf so vielen Kanälen wie unbedingt nötig aktiv, und posten Sie nur in den Netzwerken, die für Sie relevant sind und in denen Sie auch selbst aktiv interagieren wollen. Sollten Sie erkennen, dass Sie in einem Netzwerk nur unregelmäßig oder halbherzig unterwegs sind, sollten Sie Ihr Profil lieber löschen und sich die Zeit sparen. Neben der Frequenz spielt auch das Timing eine wichtige Rolle.

✔ Social-Media-Profile verlinken

Versehen Sie Ihre Website, Ihr Portfolio, einzelne Beiträge und Blog-Artikel mit Social-Buttons. So können Besucher Ihre Inhalte über soziale Medien teilen. Integrieren Sie außerdem Links zu Ihren Social-Media-Profilen in Ihrer E-Mail-Signatur. Die Kontaktseite Ihrer Website eignet sich um Besucher auf Ihre unterschiedlichen Profile aufmerksam zu machen.

✔ Erzählen Sie Geschichten

Menschen lieben Geschichten, und wenn es Ihnen gelingt, mit Ihren Beiträgen eher Geschichten zu erzählen als offensichtliches Marketing zu betreiben, werden Sie großen Anklang finden.

✔ Inhalte anderer Nutzer teilen

Teilen Sie Beiträge anderer Nutzer. So erhöhen Sie die Chance, dass diese Nutzer auch Ihre Beiträge teilen. Seien Sie dabei jedoch nicht wahllos, sondern achten Sie darauf, dass die geteilten Beiträge zu Ihnen passen und für Ihre Kontakte relevant sind.

✔ Reagieren Sie auf Ihre Kontakte

Teilen Sie nicht nur Beiträge, sondern reagieren Sie auch auf Fragen, Beschwerden, Lob und Kommentare.

✔ Suchen Sie potenzielle Kontakte

Warten Sie nicht darauf, dass andere Ihnen folgen, sondern werden Sie auch selbst aktiv. Suchen Sie relevante Nutzer und folgen Sie ihnen. Sofern Sie ein paar gemeinsame Interessen haben, stehen die Chancen gut, dass diese Nutzer Ihnen zurückfolgen.

No. 6

Werke richtig in Szene setzen und eine Content-Strategie entwickeln

No. 6
WERKE RICHTIG IN SZENE SETZEN UND EINE CONTENT-STRATEGIE ENTWICKELN

Neben einer Social-Media-Strategie sollten Sie ebenfalls eine Content-Strategie entwickeln. Die richtigen Inhalte sind nicht nur für Ihren Auftritt in sozialen Netzwerken wichtig, sondern auch für ein Portfolio. Wer als Webdesigner, Grafiker, Fotograf oder anderweitig kreativ tätig ist, sollte eine Auswahl seiner Arbeiten online präsentieren. Auf diese Weise werden potenzielle Auftraggeber oder Arbeitgeber – sofern man auf der Suche nach einer Festanstellung ist – auf einen aufmerksam.

Ebenso wie in der Offline-Welt fungiert das Portfolio auch online als Visitenkarte jedes Designers. Der berufliche Erfolg hängt maßgeblich davon ab, wie gut es Ihnen gelingt, das eigene Erscheinungsbild zu pflegen. Egal ob Sie sich für ein ganz individuelles Online-Portfolio oder eine der vielen Portfolio-Plattformen entscheiden – es gilt, die eigenen Werke optisch ansprechend zu präsentieren, eine eingängige Navigation zu ermöglichen, authentisch zu sein und bei Besuchern Interesse zu wecken. Hierfür lohnt sich der initiale Aufwand, eine Content-Strategie zu entwickeln.

ES GIBT VIELE ARTEN VON CONTENT, DIE UNTERSCHIEDLICHE STÄRKEN UND SCHWÄCHEN AUFWEISEN.

Wie aber findet man heraus, welche Inhalte und welche Kreationen besonders dafür geeignet sind, Aufmerksamkeit zu wecken? Und in welcher Form sollte dieser Content präsentiert werden? Als beschreibender Text? Als für sich allein stehendes Bild? Als Video? Es gibt eine Vielzahl unterschiedlicher Contenttypen. Deren Stärken und Schwächen zu kennen, ist der erste Schritt zu einer erfolgreichen Content-Strategie.

Besonders im Online-Umfeld spricht man auch im deutschsprachigen Raum eher von »Content« als von »Inhalten«. Auch wenn beide Begriffe, objektiv betrachtet, eigentlich dieselbe Bedeutung haben, geht »Content« im Marketingkontext über »Inhalte« hinaus.

Nicht nur Agenturen wie Lounge Lizard nutzen ihr Online-Portfolio als Visitenkarte.
Auch Freiberufler sollten ihre Arbeiten im Internet möglichst professionell präsentieren.
www.loungelizard.com.

WELCHER CONTENT EIGNET SICH FÜR KREATIVE?

Bevor es an die Entwicklung einer Content-Strategie geht, lohnt sich ein Blick auf
die unterschiedlichen Arten von Content. Die Inhalte, mit denen Sie sich online
präsentieren, entscheiden darüber, ob Sie das Interesse potenzieller Auftraggeber, Arbeitgeber und Kollegen wecken können. Daher sollten Sie sich sehr genau überlegen, welchen Content und wieviel unterschiedliche Inhalte Sie zeigen
wollen.

Der Begriff »Content« hat in den 90er Jahren Einzug in die deutsche Sprache gehalten, um bei digitalen Medien eine Trennung zwischen informativen Inhalten
auf der einen und Werbung sowie Infrastruktur des Mediums auf der anderen
Seite zu erreichen. Trotz dieser Unterscheidung werden die Begriffe »Content«
und »Inhalt« im Folgenden synonym verwandelt.

Verschiedene Contenttypen

Content kommt im Internet in ganz unterschiedlichen Formen vor. Artikel, Software, Fotos, Videos und Musik zählen ebenso dazu wie Forenbeiträge, Infografiken und Animationen. Online-Inhalte gehören stets einer der folgenden Oberkategorien an: Text, Bild, Bewegtbild, Audio (in Form von Podcasts), Interaktiv und

Download. Die folgende Tabelle verdeutlicht die Kategorien und listet einige für Kreative wichtige Content-Arten auf.

Text	Bild	Bewegtbild	Interaktiv	Download
Listen	Skizzen	GIFs	Apps	Apps
How-to	Fotos	How-to-Video	Software	Software
Case Study	Screenshots	Demo		Demo
Fachartikel	Infografiken	Kurzvideos (Instagram, Snapchat etc.)		Präsentationen
Gastbeiträge für Fachmedien	Illustrationen	Slideshows		Whitepaper
		Animationen		Fonts
		Webinare		Templates
				Icon-Sets
				Bildschirm-hintergründe
				Vektorgrafiken
				Texturen

Kreative müssen und sollten sich nicht ausschließlich auf die Inhaltstypen konzentrieren, die zu ihrem Dienstleistungsspektrum gehören. So kann es für einen Illustrator zum Beispiel auch Sinn ergeben, ab und an einen Text zu erstellen, um Expertise zu vermitteln. Ein Webdesigner kann auch mal ein Foto teilen, das einen Bezug zu seiner Arbeit hat, und ein Fotograf kann durchaus auch ein Video veröffentlichen, das einen Einblick hinter die Kulissen eines interessanten Shootings gibt. Im Folgenden finden Sie unterschiedliche Inhalte, die Sie online professionell einsetzen können.

Textinhalte

Textinhalte eignen sich besonders dazu, potenziellen Auftraggebern und Kollegen Ihre Kompetenz und Ihr Fachwissen zu vermitteln.

Artikel ist aber nicht gleich Artikel. Sie können unterschiedliche Textformate für das Vermitteln ganz unterschiedlicher Informationen nutzen. Dabei müssen Sie nicht immer auf einen ausführlichen Fachartikel setzen, sondern könnten Ihre Exptertise zum Beispiel auch in einem Listicle unter Beweis stellen.

Artikel zeigen kreatives Know-how und Expertise

LISTICLES Es bietet sich generell an, sich als Kreativer nicht nur mit seinen Arbeiten zu präsentieren, sondern sich online auch als Profi einen Namen zu machen. Hierzu eignet sich ein eigenes Blog, in dem man Artikel zu

LISTICLES ERMÖGLICHEN SCHNELLES LESEN UND SIND SCHNELL ZU SCHREIBEN.

seinen Spezialgebieten veröffentlicht, vorzüglich. Zum Artikel-Mix gehören unter anderem Listicles, in denen sich beispielsweise Tools oder relevante Dienste vorstellen lassen. Auf die Art und Weise kann man sich nicht nur unter Kollegen, sondern auch unter potenziellen Auftraggebern einen Namen machen.

No. 6

Unter einem Listicle versteht man einen Artikel in Listenform. Diese Artikelform erfreut sich besonders bei Bloggern, aber auch bei vielen Online-Medien großer Beliebtheit.

HOW-TO Das eigene Fachwissen lässt sich besonders gut mittels How-to-Artikel unter Beweis stellen. Das können sowohl Texte sein, in denen beispielsweise Schritt für Schritt beschrieben wird, wie sich eine Software für eine bestimmte Aufgabe nutzen lässt, als auch Artikel, in denen grundlegende kreative Techniken erklärt werden. Ebenso wie Listicles handelt es sich auch bei How-to-Artikeln um eine besonders effektive Form des Content-Marketings.

CASE STUDY Lassen Sie Interessierte an ihrem kreativen Entwicklungsprozess teilhaben! Case Studies erzählen eine Geschichte, in der der Leser erfährt, wie der Kreative seinem Kunden bei der Lösung eines bestimmten Problems geholfen hat. Diese Textform ist eine ideale Möglichkeit, sein Fachwissen in einem praktischen Kontext zu präsentieren. Potenzielle Auftraggeber sehen so nicht nur das finale Resultat, sondern bekommen im besten Fall auch einen Eindruck davon, wie der Kreative arbeitet.

Bei Case Studies handelt es sich also ebenfalls um erklärende Beiträge, die sich jedoch im Gegensatz zu How-tos auf einzelne Projekte beziehen. Ein gutes Beispiel für eine Case Study ist die Umsetzung einer Website für einen Kunden. Im Rahmen eines derartigen Artikels kann ein Webdesigner die Ausgangslage beim Kunden ebenso beschreiben wie den kreativen Prozess, der zum Ergebnis geführt hat.

Die indonesische Agentur Dreino Studio hat eine wirklich beeindruckende Case Study zum Entstehungsprozess eines Produktes online gestellt. Text, Bilder und Videos finden sich unter www.behance.net/gallery/26350567/The-Wild-Trail.

FACHARTIKEL Fachartikel können sich mit How-to-Texten und anderen fachspezifischen Beiträgen überschneiden. Der Hauptunterschied besteht in Tiefe und Zielgruppe, denn mit dieser Textform richten sich Kreative ganz klar an eine professionelle Zielgruppe. Allerdings lässt sich mit einem gut geschriebenen Fachartikel in manchen Fällen auch ein potenzieller Auftraggeber überzeugen, der unter Umständen weit weniger tief in der Materie steckt.

GASTBEITRÄGE Es muss nicht immer das eigene Blog sein. Alle relevanten Artikelformen lassen sich auch als Gastartikel auf anderen Websites veröffentlichen. Zwar kann der Aufwand für die Erstellung eines entsprechenden Textes erheblich sein – und meist bleibt diese Arbeit auch unbezahlt –, aber man kann mit Gastbeiträgen in Printpublikationen und bei Online-Medien für eine höhere Aufmerksamkeit sorgen, die sich wiederum in neuen Aufträgen auswirken kann.

Bildinhalte

Bildinhalte dürfte für die meisten Kreativen der wichtigste Inhaltstyp für die Online-Präsentation sein. Egal ob fertige Designs, Scribbles, Skizzen, Screenshots oder Infografiken – in diesem Bereich können Sie sich richtig austoben.

SKIZZEN Es muss nicht immer das fertige Werk sein. Oft lohnt sich auch die Veröffentlichung von Arbeitsskizzen und Scribbles. Diese Art des Contents gibt dem Betrachter nicht nur einen Einblick in die Arbeitsweise des Kreativen und in den Entstehungsprozess, viele Skizzen wirken bereits überaus eindrucksvoll.

FOTOS Auch wenn man kein Fotograf ist, eignen sich Fotos als Inhalt gut. Je nachdem welche Message man transportieren will, kommen Fotos des Arbeitsplatzes, fertiger Produkte oder des Entstehungsprozesses in Frage. Bei t3n erfreuen sich beispielsweise Fotos vom Entstehungsprozess des Covers in den sozialen Medien stets großer Beliebtheit.

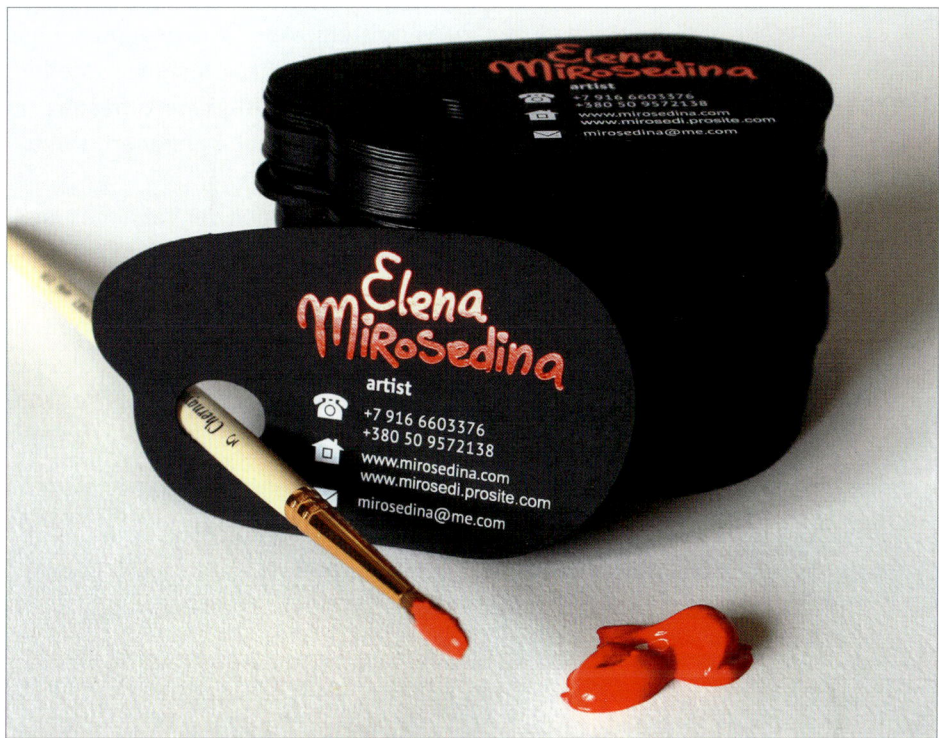

Bei vielen Produkten eignen sich Fotos besser als das »nackte« Design, um Besucher zu beeindrucken. www.behance.net/gallery/5078707/Palette-Business-Card.

Der dort für die Covers des t3n-Magazins verantwortliche Grafiker dokumentiert den Prozess häufig sehr detailliert – egal ob für das Magazincover gebastelt, gebacken oder ein Fotoshooting durchgeführt werden muss. Der Kreativität sind hier keine Grenzen gesetzt.

Möchte man als Webdesigner nicht immer nur Screenshots von für Kunden erstellten Websites online stellen, kann man beispielsweise auch die Website in einem geöffneten Browser auf einem Laptop präsentieren, das man in einer passenden Umgebung fotografiert. Das resultiert zwar im Vergleich zu einem Screenshot in einem höheren Aufwand, wirkt aber auch um ein Vielfaches ansprechender.

SCREENSHOTS Screenshots sind der schnellste und unkomplizierteste Weg, Illustrationen, Zeichnungen, Webseiten und ähnliche Kreationen zu präsentieren.

INFOGRAFIKEN Infografiken eignen sich in vielerlei Hinsicht, um Aufmerksamkeit zu generieren. Zum einen lassen sich so die handwerklichen und kreativen Fähigkeiten unter Beweis stellen, zum anderen eignet sich diese Content-Art sehr gut, um Fachwissen zu vermitteln. Aber ein Designer muss nicht unbedingt nur Infografiken zum Thema »Design« erstellen. Auch völlig fachfremde Bereiche sind einen Blick wert, besonders wenn man Aufträge in einer bestimmten Branche generieren will.

==INFOGRAFIKEN MACHEN OPTISCH VIEL HER UND WERDEN GERNE GETEILT!==

Hat man es beispielsweise auf Auftraggeber aus der Versicherungsbranche abgesehen, kann man einfach ein paar relevante Zahlen – beispielsweise zu den beliebtesten Zusatzversicherungen der Deutschen – zusammentragen und diese visuell ansprechend in einer Infografik aufarbeiten. Gut gemachte Infografiken mit korrekt interpretiertem Zahlenmaterial haben je nach Thema das Potenzial, sich viral zu verbreiten und so für ein massives Aufmerksamkeitsplus zu sorgen.

Mittels Infografiken lassen sich gezielt potenzielle Kunden in bestimmten Branchen ansprechen. www.ultimatemats.com.

ILLUSTRATIONEN Kreative, die im Bereich Illustration tätig sind, sollten ihre Werke natürlich auch online präsentieren. Selbst Illustrationen, die nicht im Rahmen eines Projekts entstanden sind, können durchaus geeigneter Content sein, denn sie geben nicht nur einen Überblick über die unterschiedlichen Stile, die ein Designer beherrscht, sondern sorgen oft auch darüber hinaus bei Laien für Begeisterung. Sie sind damit ein gutes Aushängeschild für die eigenen Fähigkeiten.

Die Website Species in Pieces, www.species-in-pieces.com, beinhaltet wunderschöne Illustrationen gefährdeter Tierarten aus der Feder von Bryan James.

GIFS GIFs eignen sich besonders für die Verbreitung via Social Networks. Egal ob witziger Cartoon, Entstehungsprozess oder Mini-Einblicke in den Arbeitsalltag – mit GIFs lässt sich der Stream bei Facebook, Twitter und Co. auflockern. Darüber hinaus eignen sich animierte GIFs auch zur Demonstration von Content. Mittels GIF lässt sich beispielsweise gut zeigen, wie ein Feature einer Website oder einer Software funktioniert.

Bewegte Bilder und Videos

Bewegte Bilder als Inhalte für Ihren Online-Auftritt sind sehr aufwändig, aber unter Umständen lohnt sich die investierte Arbeit, denn diese Inhaltsform erfreut sich einer wachsenden Beliebtheit – besonders bei jüngeren Nutzern. Wenn Sie nicht grade Animationen designen, können Sie Formate wie Videos, Slideshows oder Webinare sowohl für die Vermittlung von Wissen und Kompetenz als auch für einen Einblick in den Entstehungsprozess Ihrer Kreationen nutzen.

HOW-TO-VIDEOS Ähnlich wie How-to-Texte eignen sich auch How-to-Videos dazu, sich im Netz einen Namen zu machen. Im Vergleich zur Textform machen Videos bestimmte Arbeitsabläufe noch anschaulicher. Statt die Videos selbst zu hosten, bietet sich eine Veröffentlichung auf YouTube oder Vimeo an, denn so lässt sich eine größere Zielgruppe ansprechen und die Videos lassen sich besser finden.

DEMOS Egal ob man eine App, eine Desktop-Software oder eine Website entworfen hat – eine Demo in Form eines Videos gibt oft einen besseren Überblick als ein einfacher Screenshot, denn so kann man auf alle wichtigen Aspekte und Details eingehen. Besonders UX-Designer sollten Demo-Videos in Erwägung ziehen.

KURZVIDEOS Kurzvideos auf beispielsweise Instagram oder Snapchat eignen sich besonders gut, einen Einblick in den eigenen Arbeitsalltag zu geben oder ein bestimmtes Projekt anzuteasern. Versieht man das Ganze noch mit einem Verweis auf das eigene Blog, Portfolio oder den YouTube- beziehungsweise Vimeo-Channel, kann man die Aufmerksamkeit auf ausführlicheren Content lenken.

GERADE AUF SNAPCHAT ODER INSTAGRAM SIND KURZVIDEOS BELIEBT.

Auch Live-Videos mittels Dienste wie Meerkat oder Periscope sind eine gute Möglichkeit, sich im Gespräch zu halten. Anwendungsfälle können beispielsweise die Coverage eines fachspezifischen Events oder Einblicke in ein Shooting für ein Projekt sein.

SLIDESHOWS Neben Fotos, Screenshots und Videos eignen sich auch Slideshows für die Präsentation erfolgreich abgeschlossener Projekte. Man sollte darauf achten, dass man der entsprechenden Galerie nicht zu viele Bilder hinzufügt – egal ob man die Slideshow in sozialen Netzwerken teilt oder im Online-Portfolio integriert. Es ist besser, sich auf einige wenige, eindrucksvolle Beispiele zu konzentrieren, als auf Masse zu gehen.

ANIMATIONEN Wer als Game-Designer oder Animator beim Film tätig ist oder Animationen für einen anderen Bereich produziert, sollte diese sowohl für das eigene Portfolio verwenden als auch auf anderen Kanälen verteilen.

WEBINARE Webinare (Seminare, die im Netz gehalten werden) eignen sich sowohl als erweiterte Form von How-to-Videos als auch für die Demonstration von Projekten. Da der Kreative dabei die Zuschauer an die Hand nimmt, um ihnen die Informationen nahezubringen, ist diese Content-Form auch eine gute Möglichkeit, sich selbst als Marke etwas mehr Gesicht und Persönlichkeit zu geben.

PODCASTS Während Video-Formate visuellen und Audio-Content vereinen, dreht sich bei Podcasts alles um das gesprochene Wort. Damit eignet sich diese Art von Inhalt nur bedingt für Designer. In erster Linie lassen sich Podcasts zur Vermittlung von Wissen oder zum Kommentieren von Designtrends nutzen. Für die Kundenakquise ist diese Form von Content daher eher ungeeignet.

No. 6

Inspirations- und Downloadmaterial für Kreative bieten

Im kreativen Bereich bestehen einige Überschneidungen zwischen interaktiven Content-Arten und Downloads. Wer an Apps und Software arbeitet, sollte die entsprechenden Produkte in seinem Portfolio mittels eines der anderen Inhaltstypen anteasern und dann entsprechend auf den Download in einem App-Store oder auf einem Download-Portal verlinken.

IST DER CONTENT ÜBER-ZEUGEND, FUNGIEREN DIE KOSTENLOSEN INHALTE ALS GUTE WERBUNG FÜR KOS-TENPFLICHTIGE INHALTE!

Zu für Kreative relevanten Downloads zählen allerdings auch Fonts, Templates, Icon-Sets, Bildschirmhintergründe, Vektorgrafiken, Texturen und Ähnliches. Dieser Content lässt sich sowohl kostenpflichtig als auch kostenlos anbieten. In manchen Fällen lohnt es sich, zumindest einen Teil derartiger Inhalte kostenlos zur Verfügung zu stellen. Ist der Content überzeugend, fungieren kostenlose Inhalte als gute Werbung für kostenpflichtige Inhalte. *Plattformen wie Flaticon, dribbble oder fontspace.com erlauben Kreativen, sowohl kostenlos als auch kostenpflichtig Icons, Fonts, Vektorgrafiken, Texturen und mehr anzubieten.*

Über offensichtliche Downloads hinaus eignen sich für Designer und Kreative unter Umständen auch Präsentationen und White Paper als herunterladbare Inhalte. Bei diesen Formen des Contents geht es weniger darum, Geld zu verdienen, als vielmehr darum, sich selbst als Marke zu stärken und sich als Profi in seinem Bereich zu positionieren.

Retro Vectors gehört zu den Plattformen, die kostenlose Design-Ressourcen anbieten und Kreativen damit eine gute Möglichkeit bieten, bekannter zu werden.

DER WEG ZUR EIGENEN CONTENT-STRATEGIE

Spricht man von einer Content-Strategie, umfasst das nicht nur die strategische Planung, sondern ebenso die Erstellung und Verbreitung von Inhalten. Bei allen Überlegungen sollten Sie stets drei Aspekte berücksichtigen: Die Inhalte müssen für Ihre Zielgruppe

1. relevant,
2. leicht zugänglich und
3. nützlich sein.

Noch bevor Sie irgendetwas anderes planen, sollten Sie Ihre Zielgruppe definieren. Dabei müssen Sie nicht nur berücksichtigen, wer Ihre Zielgruppe eigentlich ist, sondern auch, auf welchen Plattformen sie anzutreffen ist und für welche Inhalte und Themen sie sich interessiert. Mehr dazu erfahren Sie in Kapitel 5, »Zur Marke werden: Erste Schritte zur Social-Media-Strategie«.

Ziele setzen

Nach der Definition der Zielgruppe geht es daran, sich Ziele zu setzen. Was wollen Sie genau erreichen? Seien Sie bei der Beantwortung dieser Frage so spezifisch wie möglich. Ziele wie »Mehr Aufträge an Land ziehen« oder »Mehr Umsatz generieren« sind zu allgemein gehalten und sorgen von Anfang an dafür, dass Ihre Strategie zu schwammig und damit nur schwer umzusetzen ist.

Zielführender sind genaue Kennzahlen. So könnten Sie sich beispielsweise vornehmen, in den kommenden sechs Monaten die Zahl der Besucher ihres Portfolios, die über ein soziales Netzwerk auf Sie aufmerksam werden, um 20 Prozent zu steigern. Wie Sie Ihre Ziele möglichst genau formulieren können, können Sie auch noch einmal im Abschnitt »Planvoll zum Erfolg: Eine Social-Media-Strategie entwickeln« auf Seite 193 nachlesen.

No. 6

Bestehenden Content erfassen und optimieren

Im nächsten Schritt sollten Sie Ihre bestehenden Inhalte evaluieren. Wer nicht direkt Berufseinsteiger ist, wird bereits einige Werke und Beiträge online haben – unter Umständen verstreut über mehrere Webseiten, Plattformen und soziale Medien.

Etablierte Kreative wie der Produktdesigner Brett Lovelady von Astro Studios, die bereits über ein Portfolio verfügen, haben in der Regel bereits bestehende Inhalte von unterschiedlichen Plattformen erfasst und optimiert in ihrem Portfolio aufgeführt.

Spätestens jetzt ist es an der Zeit, sich einen Überblick darüber zu verschaffen:

> Wo befindet sich was?
> Sind die Inhalte noch aktuell?
> Wie sieht es mit der Qualität aus?
> Lohnt es sich, einige ältere Kreationen durch vergleichbare neue und hochwertigere Designs auszutauschen?

Es bietet sich darüber hinaus an, bestehende Inhalte aufzuwerten. Sie können beispielsweise bestehende Designs in Ihrem Portfolio um fehlende Hintergrundinformationen zur Entstehung ergänzen.

Der russische Illustrator Ivan Belikov zeigt auf Behance auch den Entstehungsprozess seiner Illustrationen. Die Fotos eignen sich auch für seine Website, denn sie geben Besuchern interessante Einblicke in die Arbeit des Kreativen: www.behance.net/so_static.

Sind die bestehenden Inhalte erfasst, geordnet und auf dem neuesten Stand, geht es ans Eingemachte. Ihre Strategie sollte dabei auf drei Säulen basieren:

1. Erstens geht es darum, neue Inhalte zu erstellen, die relevant, informativ und interessant für Ihre Zielgruppe sind.

2. Zweitens sollten Sie dabei berücksichtigen, auf unterschiedliche Arten von Content zu setzen.

3. Und drittens müssen Sie erreichen, dass die Inhalte auch von Ihrer Zielgruppe wahrgenommen werden.

Designs durch Bloginhalte ergänzen

Designs sind nicht alles. Wenn Sie auf Ihrer Website oder Ihrem Portfolio noch kein Blog integriert haben, ist das durchaus eine Überlegung wert.

Wer seinen Online-Auftritt regelmäßig aktualisiert, erhöht seine Sichtbarkeit und kann so mehr Besucher anziehen. Ein kurzer zu Ihrer Kompetenz passender Artikel ist schneller erstellt als ein professionelles Design, sodass sich ein Blog vorzüglich dafür eignet, häufiger neue Inhalte online zu stellen. So erhöhen Sie nicht nur Ihre Chancen, von potenziellen Auftraggebern gefunden zu werden, sondern stellen auch Ihre Kompetenz unter Beweis.

Als Kreativer bietet es sich in vielen Fällen an, ein Blog mit der eigenen Website zu verknüpfen. Das muss nicht unbedingt so kompliziert aussehen wie hier bei Lee Campbell. (Foto: Lee Campbell auf Unsplash)

Natürlich sollten Sie aber auf allen Kanälen regelmäßig neue Inhalte veröffentlichen. Ihr Portfolio sollten Sie, wenn möglich, häufiger als einmal im Jahr aktualisieren. Je nachdem wie umtriebig Sie sind, kann es sich nach erfolgreichem Abschluss eines repräsentativen Projekts anbieten, dieses gegen eine ältere Referenz im Portfolio auszutauschen. In den meisten sozialen Netzwerken, in denen Sie mit einem Profil vertreten sind, sollten Sie ruhig mehrmals pro Woche posten. Das können relevante Fundstücke aus dem Netz sein, über die Sie gestolpert sind – aber auch kurze Einblicke in Designprozesse und in Ihren Arbeitsalltag eignen sich. Dabei sollten Sie darauf achten, mit unterschiedlichen Inhaltsformen zu spielen – hier ein Foto, dort ein kurzes Video, an dritter Stelle ein Listicle usw. Und auch ein Einzeiler oder eine hochgeladene Skizze zahlen sich für Ihre Sichtbarkeit aus.

AKTUALISIEREN SIE IHR PORTFOLIO AM BESTEN HÄUFIGER ALS EINMAL IM JAHR.

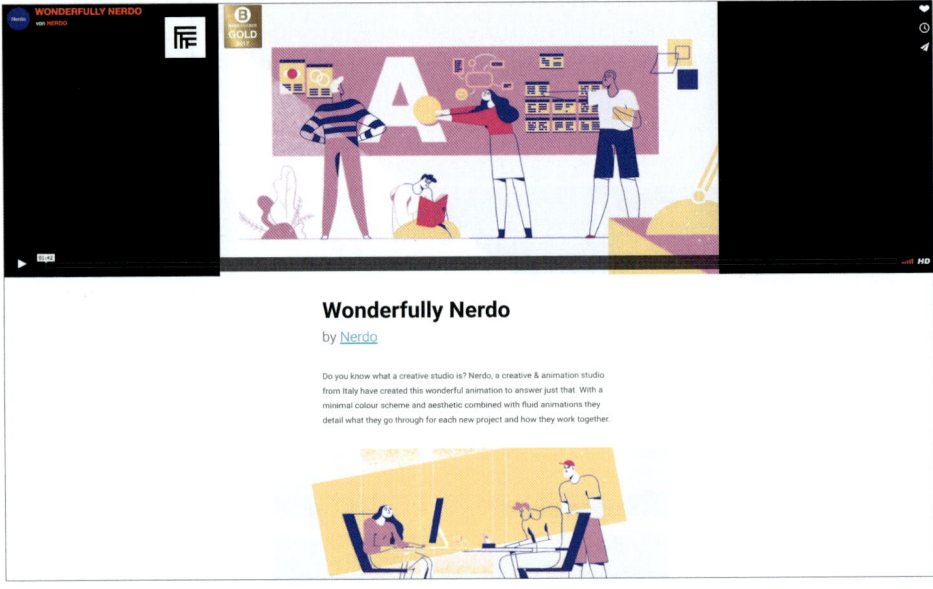

Kleine Fundstücke aus dem Internet eignen sich hervorragend für einen kurzen Beitrag. Die Betreiber des Blogs FormFiftyFive streuen regelmäßig Hinweise auf Animationen ein, die sie im Netz gefunden haben.

Designer sind in der vorteilhaften Situation, dass ihre Inhalte sich besonders gut dafür eignen, das Interesse anderer Menschen zu wecken. Fotos und Videos funktionieren im Web einfach besser als reiner Text. Die Gründe dafür hat Hub-Spot in einer anschaulichen Infografik aufbereitet, in der beispielsweise auch darauf hingewiesen wird, dass Posts in sozialen Netzwerken bis zu 94 Prozent häufiger angesehen werden, wenn sie visuelle Elemente enthalten.

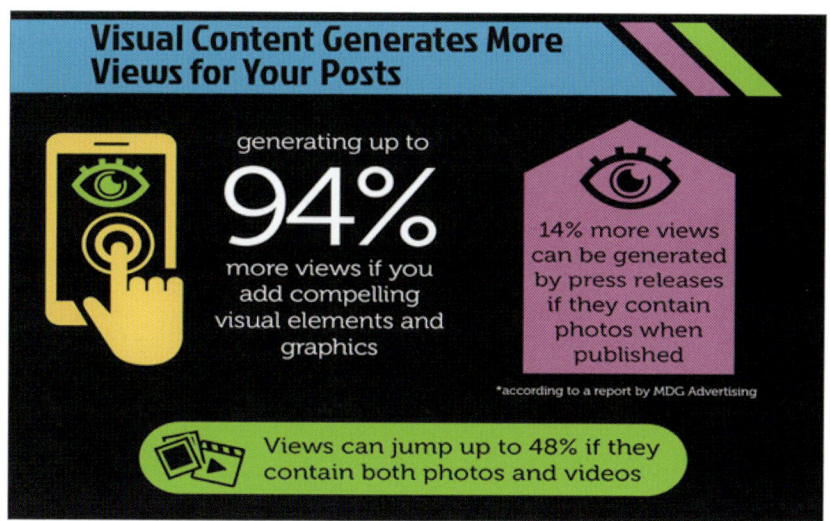

Bilder sprechen für sich. Wer Beiträge mit visuellen Elementen aufwertet, kann sich über bis zu 94 Prozent mehr Views freuen.

Für Abwechslung sorgen und Inhalte variieren

Generell bietet es sich an, unterschiedliche Inhaltstypen zu verwenden und dabei auch darauf zu achten, auf welchen Kanälen welche Inhalte am besten funktionieren. Betreiben Sie beispielsweise ein professionelles Profil bei Facebook, sollten Sie regelmäßig Videos und Bilder teilen, da diese Formen des Contents dort besonders erfolgversprechend sind.

Doch egal auf welchem Kanal Sie aktiv sind, sollten Sie sich nie auf eine Art von Content einschießen. Sorgen Sie für Abwechslung und vor allem: Gehen Sie auf die Besucher ein, und sorgen Sie für Interaktion. Das gilt besonders für soziale Netzwerke, wo Nutzer gewohnt sind, nicht mit Inhalten alleingelassen zu werden. Reagieren Sie auf Kommentare und Kritik! Mehr Informationen zu diesem Thema finden Sie in Kapitel 5.

SCHIESSEN SIE SICH NICHT AUF EINE ART VON CONTENT EIN; VARIIEREN SIE IHRE INHALTE!

Bei den unterschiedlichen Inhaltstypen müssen Sie darüber hinaus bedenken, dass sich der Aufwand der Erstellung unterschiedlicher Inhalte stark voneinander unterscheidet. Dies verdeutlicht eine Grafik on Newsvend, die nicht nur die Effizienz unterschiedlichen Contents zeigt, sondern auch den Aufwand für die Erstellung aufschlüsselt.

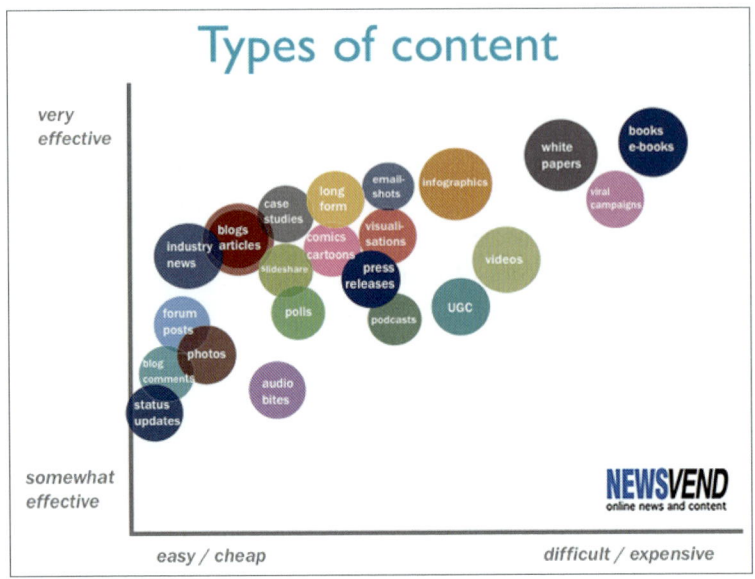

Die unterschiedlichen Inhaltsformen sind in der Erstellung unterschiedlich zeit- und kostenintensiv (www.newsvend.com).

Sie sollten die Matrix allerdings nicht zu wörtlich nehmen, denn unter dem Strich hängt die Effizienz der unterschiedlichen Inhaltstypen auch von Ihrer Zielgruppe ab. Außerdem werden manche Arten von Content in gewissen Fällen einfach ungeeignet sein, beim Vermitteln einer gewünschten Message verwendet zu werden.

Inhalte verbreiten

Was passiert mit frisch erstellten Inhalten? Es wäre falsch, sie einfach auf dem eigenen Portfolio zur Verfügung zu stellen und darauf zu warten, dass die richtigen Menschen sie wie durch Zufall entdecken. Vielmehr sollten Sie – besonders im Zusammenhang mit dem Online-Portfolio oder einem eigenen Blog – Ihre Inhalte vermarkten und auf sie hinweisen.

BEREITEN SIE FRISCHE INHALTE AUF UND VERMARKTEN SIE DIESE RICHTIG.

Dabei unterscheidet man zwischen interner Vermarktung und externer Vermarktung. Bevor Sie sich Gedanken darum machen, wie Sie es schaffen, dass vielleicht Design-Blogs und andere Websites Ihre neuen Inhalte verlinken, müssen Sie einige Voraussetzungen erfüllen. Stellen Sie sicher, dass Ihr Content gut formatiert, auf der eigenen Seite leicht zu finden und im besten Fall auch via Suchmaschine ohne Probleme auffindbar ist. Mehr zu letztgenanntem Aspekt findet sich im Abschnitt »Schenk der Suchmaschine etwas Liebe: SEO und Google Ad-Words« auf Seite 276.

Zur Vermarktung gehört aber auch, dass Sie auf neue Inhalte hinweisen – am besten in allen relevanten sozialen Netzwerken und auf allen relevanten Plattformen, die Sie nutzen. Dabei ist es durchaus hilfreich, wenn Sie Content, den Sie in Ihrem Portfolio einbinden, auch mit Social-Sharing-Buttons versehen. Auf die Weise können Besucher direkt aus Ihrem Portfolio heraus alle Werke, die ihnen gefallen, auf Facebook, Twitter und Co. teilen.

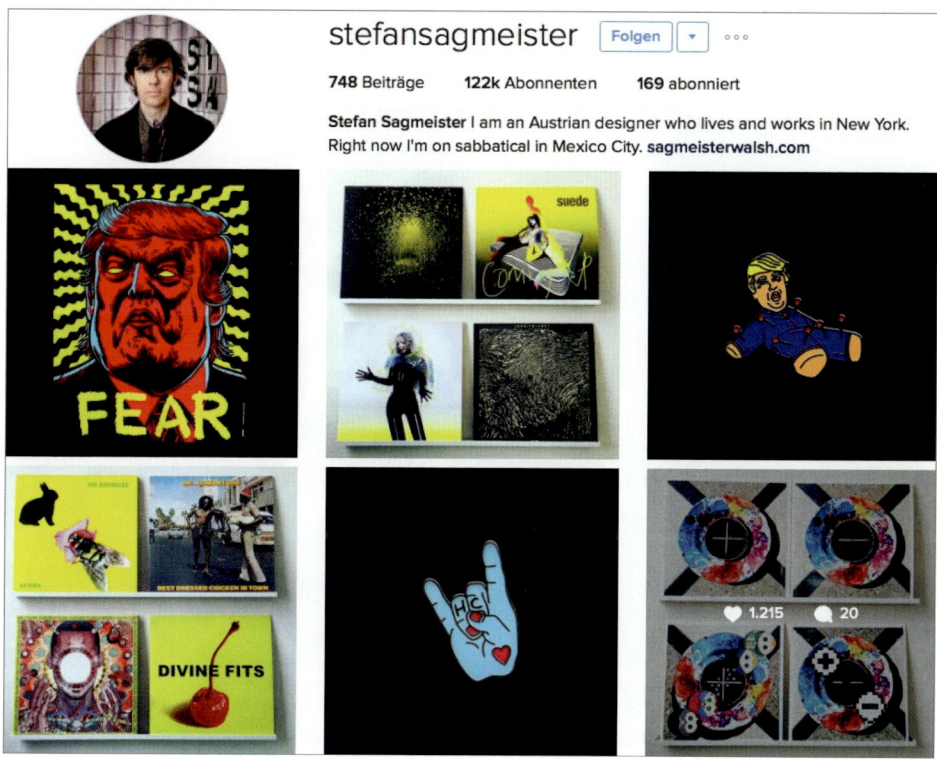

Der Österreicher Stefan Sagmeister nutzt unter anderem Instagram, um auf neue Designs aufmerksam zu machen. www.instagram.com/stefansagmeister.

DAS EIGENE ONLINE-PORTFOLIO VERSUS PORTFOLIO-PLATTFORMEN

Nicht alle der vorangehend vorgestellten Inhalte eignen sich für das Portfolio. Während viele Inhalte des Typs »Text« sich noch mittels eines an das Portfolio angeschlossenen Blogs verknüpfen lassen, wird Content wie ein GIF, ein Video oder auch ein Podcast eher auf anderen Plattformen oder in sozialen Netzwerken zum Einsatz kommen. Das Portfolio enthält dagegen in erster Linie fertige Designs. Ob Sie Ihre Kreationen in einem individuellen Online-Portfolio, auf einer Portfolio-Plattform oder mittels einer Kombination aus beiden Möglichkeiten zur Schau stellt, will wohl überlegt sein.

Die Qual der Wahl

Sie müssen heutzutage weder programmieren können, noch müssen Sie ein Webdesigner sein, um ein beeindruckendes Online-Portfolio zu erstellen und zu pflegen. Zahlreiche Dienste und Plattformen, die Sie bereits in Kapitel 4 kennengelernt haben, nehmen Ihnen einen Großteil der Arbeit ab.

Für das Content-Management-System WordPress sind viele gut aussehende Themes erhältlich, die das Aufsetzen eines Blogs mit dem CMS deutlich erleichtern. http://euthemians.com/themes/corpus.

Die Wahl der Portfolio-Plattform orientiert sich an Ihren Anforderungen und an Ihrem bestehenden Netzwerk. Es lohnt sich übrigens, bei Portfolio-Plattformen auch das Kleingedruckte zu lesen, denn viele vermeintlich kostenlose Dienste erlauben die kostenfreie Nutzung lediglich unter Einschränkungen oder nur zeitlich begrenzt.

DIE WAHL DER PORTFOLIO-PLATTFORM ORIENTIERT SICH AN IHREN ANFORDERUNGEN UND AN IHREM BESTEHENDEN NETZWERK!

Die bekanntesten und verbreitetsten Vertreter sind Behance, Carbonmade, Dropr, Krop, Portfoliolounge, Dribbble, FolioHD, Format, Coroflot und Shown'd. Einige der Plattformen bieten Ihnen nicht nur ein Portfolio, sondern auch diverse soziale Funktionen, sich mit Kollegen auszutauschen, und sogar die Möglichkeit, direkt auf der Plattform Aufträge zu akquirieren.

Eine weitere Möglichkeit besteht darin, ein Online-Portfolio selbst aufzusetzen. Dabei muss man nicht immer gleich das Rad neu erfinden, sondern Sie können beispielsweise auf Systeme wie WordPress setzen, für die bereits jede Menge Templates verfügbar sind, die Ihnen viel Arbeit abnehmen.

Es spricht nichts dagegen, zusätzlich zu einem selbst erstellten Portfolio noch eine oder mehrere Portfolio-Plattformen zu nutzen – ganz im Gegenteil. Der Aufwand hält sich in Grenzen, und Sie erhöhen die Sichtbarkeit.

No. 6

Die Vorteile eines individuellen Online-Portfolios

Besonders als Kreativer spielt es eine Rolle, dass das eigene Portfolio möglichst einzigartig aussieht und sich auch in der Nutzung von der Masse abhebt. Gleichzeitig stellen Sie bereits wichtige Skills unter Beweis.

Zu den Vorteilen eines selbst erstellten Portfolios gehört die Möglichkeit, ungewöhnliche Design- und Usability-Entscheidungen zu treffen. Bei Charlotte Tang werden die Arbeitsproben eingefärbt, sobald der Nutzer mit der Maus über einen Eintrag fährt. http://charlottetang.com.

Zudem lässt sich ein individuelles Portfolio wesentlich besser auf die eigenen Fähigkeiten und Dienstleistungen abstimmen als ein Portfolio bei den unterschiedlichen Portfolio-Plattformen. Diese haben ihre Berechtigung, aber wenn möglich sollten sie Portfolio-Plattformen in erster Linie als Zusatzangebot zu ihrer individuellen Website nutzen.

BEI EINEM EIGENEN PORFOLIO SIND IHRER KREATIVITÄT KEINE GRENZEN GESETZT.

Bei einem eigenen aufgesetzten Portfolio sind der Kreativität keine Grenzen gesetzt. Immerhin hat man die Möglichkeit, die entsprechende Website von Grund auf neu zu erschaffen. Zugegeben, das ist sehr arbeitsaufwändig und kann je nach Fähigkeiten viel Zeit in Anspruch nehmen. Allerdings ist das Ergebnis dann nicht nur einzigartig, sondern eben auch genau auf Sie als Kreativer und und auf Ihre Marke abgestimmt.

DAS EIGENE ONLINE-PORTFOLIO

Wer sich als Kreativer auf die Suche nach Arbeit macht – egal ob es sich um eine Festanstellung oder um Aufträge für Freelancer handelt – benötigt ein Portfolio. Natürlich können Sie sich auch auf Empfehlungen von Bestandskunden und ehemaligen Arbeitgebern verlassen, aber wenn man ehrlich ist, wird kaum eine Agentur und kaum ein Unternehmen einen Designer beauftragen, ohne dessen bisherige Arbeiten unter die Lupe genommen zu haben.

Der einfachste und schnellste Weg, diese Informationen bereitzustellen, ist ein Online-Portfolio. Heutzutage wird das von vielen Unternehmen sogar erwartet. Viele kreativ Tätige haben sich diesem Trend angepasst und haben eine entsprechende Website aufgesetzt. Allerdings kommt es nicht selten vor, dass die Seite ihrem Anspruch nicht gerecht wird. Selbst die Portfolios von Designern, die wirklich beeindruckende Arbeiten beinhalten, generieren lächerlich wenig Traffic und damit auch nur wenige Aufträge. Wie sich das vermeiden lässt, erfahren Sie auf den verbleibenden Seiten von Kapitel 6.

DIREKT ZEIGEN, WORUM ES GEHT Generell sollte ein Besucher Ihres Online-Portfolios auf den ersten Blick erkennen können, was ihn erwartet. Sie sollten als Inhalte Ihre besten Arbeiten auswählen und diese so professionell wie möglich präsentieren. Das ist zwar aufwändig und kostet viel Zeit, ist die Mühe aber in jedem Fall wert. Im besten Fall gelingt es Ihnen, sich mittels Ihres Portfolios als Brand zu etablieren und Ihre Reputation zu verbessern.

Darüber hinaus kann man gar nicht häufig genug betonen, wie wichtig es ist, sich über die Ziele im Klaren zu sein, die man mit seinem Portfolio verfolgt. Möchten Sie einfach mehr Aufträge generieren? Insbesondere in welchen Branchen wollen Sie auf Kundenfang gehen? Sind Sie auf der Suche nach einer Festanstellung? All das sind nur einige mögliche Ziele, die Kreative mit einem eigenen Portfolio verfolgen können. Und natürlich werden Sie ganz andere Anforderungen erfüllen müssen, wenn Sie eine Festanstellung anstreben, als wenn Sie als Selbstständiger neue Kunden akquirieren wollen.

EIN ONLINE-PORTFOLIO IST WIE EIN SCHAUFENSTER, IN DEM SIE 24 STUNDEN AM TAG UND SIEBEN TAGE DIE WOCHE IHRE BESTE WARE PRÄSENTIEREN.

No. 6

Sobald Sie sich darüber klar geworden sind, was genau Sie mit Ihrem Online-Portfolio erreichen wollen, sollte dieses Ziel jeden Aspekt Ihrer Seite beeinflussen. Das betrifft nicht nur die Arbeiten, die Sie im Portfolio selbst zeigen, sondern auch Bereiche wie die Navigation, die Ansprache von Besuchern und das Design der Website. Ein Online-Portfolio ist wie ein Schaufenster, in dem Sie 24 Stunden am Tag und sieben Tage die Woche Ihre beste Ware präsentieren. Es zeigt, wer Sie sind und was Sie können.

Mehr als nur eine Web-Visitenkarte

Das Online-Portfolio fungiert nicht ausschließlich als Vertriebskanal für Ihre Dienste. Vielmehr sollten Sie es als Ihre Visitenkarte im Internet betrachten. Mittlerweile ist es Usus, dass Unternehmen online nach Kreativen jeder Couleur suchen. Stößt ein potenzieller Kunde zum ersten Mal auf Ihre Seite, gilt wie in vielen anderen Bereichen auch: Der erste Eindruck zählt.

Idealerweise erhalten Besucher Ihrer Website nicht nur einen positiven ersten Eindruck von Ihren Arbeiten, sondern besonders auch von Ihnen als Dienstleister. Es ist wenig zielführend, wenn ein Kreativer möglichst überzeugende Arbeiten präsentiert, aber durch Rechtschreibfehler, ein suboptimales Layout des eigenen Portfolios oder das Vorenthalten wichtiger Informationen den Eindruck erweckt, nicht gewissenhaft, unorganisiert oder nicht kommunikativ während eines Projekts zu arbeiten.

Potenzielle Kunden, die beispielsweise einen Webdesigner für ein Projekt suchen, werden sich beim ersten Besuch Ihrer Seite nicht nur fragen, ob sie möchten, dass ihr eigener Webauftritt so aussieht wie Ihrer. Sie werden auch bewerten, ob Sie den Eindruck erwecken, professionell im Team arbeiten zu können und ob Sie sich an Deadlines halten – schlicht, ob Sie ein zuverlässiger Partner für das jeweilige Anliegen sind.

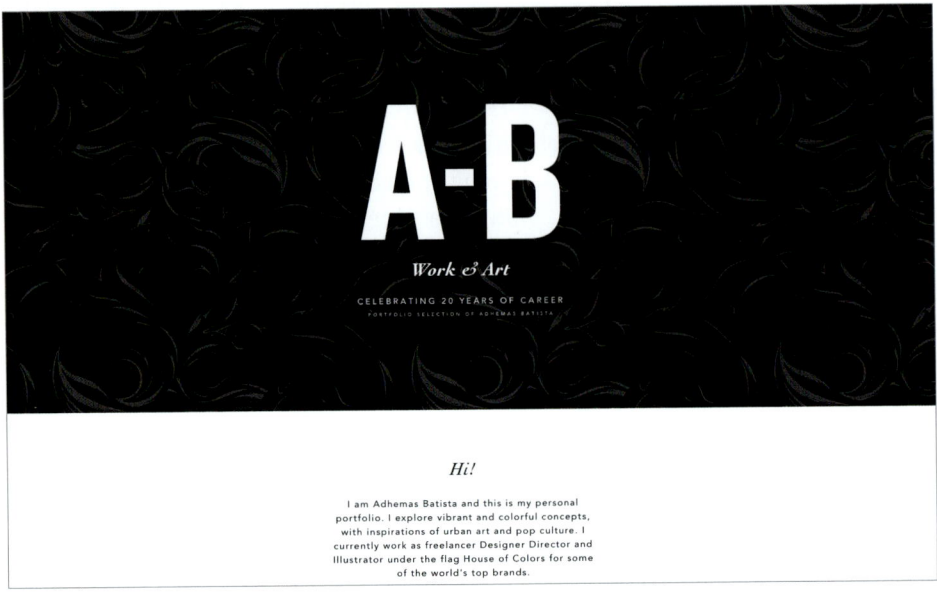

Der Startseite Ihres Portfolios sollten Sie besonders viel Aufmerksamkeit schenken. Der erste Eindruck zählt, wie bei dem bekannten Designer Adhemas Batista zu sehen: www.adhemas.com.

Die Startseite

Wie immer im Leben gilt auch für Ihr Online-Portfolio: Der erste Eindruck zählt. Versuchen Sie, jeden Besucher direkt auf der Startseite abzuholen. Das gelingt besonders gut, wenn Sie eine komplexe Navigation und ein komplexes Design vermeiden und dabei die wichtigsten Fragen, die potenzielle Kunden haben, direkt auf der Homepage beantworten.

DER ERSTE EINDRUCK ZÄHLT. DAS GILT AUCH FÜR IHR ONLINE-PORTFOLIO!

Besucher sollten auf einen Blick erkennen können, was es mit Ihrem Portfolio auf sich hat. Zu den essentiellen Informationen gehören unter anderem:

> Informationen zum Inhaber des Portfolios
> Kontaktinformationen
> aktuelle Arbeitsproben
> ein Überblick abgeschlossener Projekte
> ein Überblick vergangener Auftraggeber

Diese grundlegenden Informationen lassen sich leicht über entsprechende Navigationspunkte und über ein paar einleitende Sätze bereitstellen. Detailliertere Informationen finden Besucher dann auf den Unterseiten der Navigationspunkte »Arbeitsproben«, »About« und »Kontakt«.

Die Startseite von Maria de la Guardia ist einfach gehalten, sodass Besucher auf einen Blick sehen können, was die Designerin zu bieten hat: www.mariadelaguardia.com.

Die About-Seite

Eine About-Seite bietet Ihnen die Möglichkeit, potenziellen Auftraggebern nähere Informationen zu Ihrer Person zu geben. Hier lassen sich beispielsweise Auszeichnungen, die Sie für Ihre Arbeit erhalten haben, aufführen. Auch Zusatzqualifikationen, Zertifikate und Hinweise auf kollaborative Projekte, an denen Sie mitgearbeitet haben, passen perfekt in diese Rubrik. Es schadet auch nicht, wenn Sie Besuchern aufzeigen, wie Sie bei der Arbeit an Projekten vorgehen und wo Ihre Schwerpunkte liegen. Weisen Sie darauf hin, dass Sie Deadlines halten können und dass Sie kommunikativ und ein Teamplayer sind – sofern das der Wahrheit entspricht.

ERZÄHLEN SIE ÜBER SICH UND IHRE FERTIGKEITEN. DABEI SOLLTEN SIE ALLERDINGS NICHT ZU DICK AUFTRAGEN, ABER AUCH NICHT ZU BESCHEIDEN SEIN.

Für Besucher, die sich fragen, ob Sie der richtige Ansprechpartner für ihr Anliegen sind, sind das wichtige Informationen, um bewerten zu können, ob Sie halten können, was Ihre Arbeitsproben versprechen. Daher sollten Sie die Gelegenheit ergreifen und mittels eines kurzen Textes beschreiben, wer Sie sind und wie Sie arbeiten. Dabei sollten Sie nicht zu dick auftragen, aber auch nicht zu bescheiden sein. Seien Sie authentisch und ehrlich, dann ist ein potenzieller Kunde nicht überrascht, wenn er Sie persönlich kennenlernt.

Kontaktseite

Auch wenn Sie möglichst auf allen Unterseiten Ihres Portfolios einen Call-to-Action und Kontaktmöglichkeiten anbieten sollten, ist eine Kontaktseite wichtig. Immerhin ist eines der Hauptziele Ihrer Seite, Besucher zu Kunden zu machen. Dafür müssen Besucher Ihres Portfolios Sie auch kontaktieren können.

Die Kontaktmöglichkeiten auf den Unterseiten Ihres Portfolios sollten Sie prominent platzieren. Jedoch müssen auf den Unterseiten nicht alle Kontaktinformationen integriert sein. Die Kontaktseite beinhaltet dagegen alle relevanten Kontaktmöglichkeiten von E-Mail-Adresse und Kontaktformular, über Social-Media-Accounts wie Twitter und Facebook bis hin zu Profilen auf Portfolio-Plattformen. Gegebenenfalls sollten Sie auch eine Telefonnummer nennen, unter der interessierte Auftraggeber Sie für Rückfragen erreichen können.

Ein Blog hinzufügen

Sie sollten regelmäßig Ihre Arbeitsproben aktualisieren, um beschäftigt zu erscheinen, und Sie sollten auch in Erwägung ziehen, Ihrem Portfolio ein Blog hinzuzufügen. In einem Blog können Sie regelmäßig kürzere oder lange Artikel verfassen, die sich rund um Ihre Arbeit oder Ihren Fachbereich drehen.

So bieten sich beispielsweise Artikel an, in denen Sie einige Hintergrundinformationen zu laufenden Projekten liefern und vielleicht auch Behind-the-Scenes-Fotos von noch nicht fertigen Designs integrieren. Das Verfassen von Hintergrundartikeln ist eine großartige Möglichkeit, mit dem eigenen Fachwissen nicht nur bei potenziellen Arbeitgebern, sondern auch bei Kollegen zu glänzen. Schreiben Sie darüber, wenn Sie über eine interessante Fonts-Sammlung gestolpert sind oder wenn sie auf einer relevanten Veranstaltung anwesend sind. Das alles wirkt sich sowohl auf den Traffic als auch darauf aus, was für ein Bild Sie Besuchern von sich vermitteln können. Ein Blog bietet Ihnen die Möglichkeit, wesentlich mehr Besucher auf Ihr Portfolio zu locken und hat den netten Nebeneffekt, dass Sie unter Umständen durch regelmäßige Aktualisierungen Ihrer Seite besser in den Suchergebnissen von Google ranken.

SCHREIBEN SIE DARÜBER, WENN SIE ÜBER EINE INTERESSANTE FONTS-SAMMLUNG O. Ä. GESTOLPERT SIND.

Es lohnt sich, seinem Portfolio auch ein Blog hinzuzufügen. So können Sie nicht nur Fachkompetenz unter Beweis stellen, sondern tun auch noch etwas für Ihr Ranking bei Google. http://emmas.blogg.se/about.

CHECKLISTE FÜR EIN KUNDENZENTRIERTES PORTFOLIO

Bevor es an das Befüllen des Online-Portfolios mit Arbeitsproben geht, stehen noch einige Vorarbeiten an. Wenn Sie mittels Ihres Portfolios mehr Neukunden gewinnen wollen, sollten Sie einige Aspekte beachten. Die folgenden Punkte können Sie als Checkliste verwenden, um Ihr Portfolio abzuklopfen.

Setzen Sie jeden der aufgeführten Aspekte um, werden Sie Ihr Portfolio von einer Website, auf der Sie lediglich Ihre Werke präsentieren, zu einer Informationsquelle machen, bei der potenzielle Kunden erfahren, was Sie Ihnen bieten können. So wird aus einem herkömmlichen Showcase ein Portfolio, mit dem sich tatsächlich neue Aufträge akquirieren lassen.

1. Struktur und Hierarchie der Inhalte
2. einfache Navigation
3. »Was bringt mir das?«-Test

4. verständliche Sprache
5. Einwände entschärfen
6. Call-to-Action
7. Testimonials
8. Designs im Kontext

Klarer Aufbau, hierarchisch geordnete Inhalte

Eigentlich gilt das für jede Website, aber besonders für Ihr Portfolio sollten Sie sich diesen Rat zu Herzen nehmen. Eine klar und hierarchisch strukturierte Website ist die Grundvoraussetzung für Ihren Erfolg. Besucher sollten sofort erkennen, was Sie sich als Erstes ansehen sollen. Die wichtigsten Informationen sollten Nutzer auch als Erstes wahrnehmen.

Das Portfolio von Björn Meier (http://bjoernmeier.com) besticht durch das minimalistische Design und durch eine eingängige Usability.

Doch damit hört es nicht auf. Nehmen Sie Ihren Besucher an die Hand, und führen Sie ihn. Besonders für Web- und UX-Designer sollte das nicht neu sein – und dennoch finden sich online viele Portfolios, die diese »Selbstverständlichkeit« missachten.

Man kann sich in Bezug auf eine gute Hierarchie der Inhalte an Blogs orientieren. Wie bei einem Blog-Beitrag auch kann es eine gute Herangehensweise sein, die Inhalte seines Portfolios mit Überschriften, Zwischenüberschriften, gefetteten Textpassagen und ähnlichen Formatierungen zu gliedern und aufzulockern. Der Vorteil dieser typografischen Herangehensweise: Der Nutzer wird wie bei einem Magazin oder einer Zeitung durch den Inhalt geleitet.

Funktionalität ist Trumpf: Einfache Navigation

Ihr Portfolio sollte leicht zu navigieren sein. Das klingt zwar selbstverständlich, erweist sich in der Praxis aber nicht als Selbstverständlichkeit. Viele selbstaufgesetzte Portfolios neigen dazu, den Besucher mit einer zu verspielten oder »kreativen« Navigation zu überfordern. Damit tun sich die Betreiber keinen Gefallen, denn Besucher werden nur auf einer Website verweilen, auf der sie auf Anhieb begreifen, was sie wo finden. Das hört sich einfacher an, als es tatsächlich ist, denn beim Aufbau des Portfolios muss man alle Eventualitäten und Szenarien durchspielen.

Die Art-on-the-Run Film School Berlin setzt eine einfach gehaltene, vertikale Navigation ein, die durch die zusätzliche Nummerierung stark an eine Liste erinnert.

Neben den Basics wie gut strukturierten Inhalten und einer eingängigen Navigation, spielen auch Überlegungen eine Rolle, die unterschiedliche Arten der Nutzung berücksichtigen. Was passiert zum Beispiel, wenn jemand nicht die Verkaufsargumente auf der Startseite liest, sondern direkt in das Portfolio hineinnavigiert? Wollen Sie sicherstellen, dass dieser Besucher erfährt, warum gerade Sie aus der Masse der Konkurrenz herausstechen, müssen Sie unter Umständen einige Informationen, die Sie auf Ihrer Startseite zur Verfügung stellen, auch auf den Unterseiten Ihres Portfolios wiederholen.

Der »Was bringt mir das«-Test

Sie kennen das sicher selbst: Egal welche Art von Inhalt Sie sich ansehen – Sie werden sich immer eine der folgenden Fragen stellen, nämlich »Was bringt mir das?«, »Wie kann ich davon profitieren?« und »Warum sollte mich das interessieren?« Diese Fragen sollten Sie bei der Erstellung Ihres Portfolios zu jedem Zeitpunkt im Hinterkopf haben. »Ich arbeite seit sieben Jahren als Designer«, »Ich habe in Berlin studiert«, oder »Ich beherrsche folgende Techniken« – was hat Ihr Besucher von dieser Information?

DIE KUNST IST, ALLE RELEVANTEN INFORMATIONEN FÜR DEN BESUCHER STETS IN EINEN ZUSAMMENHANG ZU BRINGEN.

In der Regel werden potenzielle Kunden, die auf Ihrer Seite landen, ein Problem haben, von dem sie hoffen, dass Sie es lösen können. Es bringt dem Besucher in diesem Fall nichts, wenn Sie ihm mitteilen, dass Sie seit sieben Jahren als Designer tätig sind. Auch die Information, dass Sie Webseiten designen können, geht noch nicht weit genug. Es gilt, diese Art von Informationen immer mit den Bedürfnissen potenzieller Kunden zu verknüpfen. Eine bessere Aussage als »Ich arbeite seit sieben Jahren als Designer« wäre beispielsweise: »In den vergangenen sieben Jahren habe ich zahlreichen Unternehmen mit meiner Arbeit dabei helfen können zu wachsen.«

Die Kunst besteht darin, alle relevanten Informationen nicht einfach dem Besucher Ihres Portfolios mitzuteilen, sondern sie stets in einen Zusammenhang zu bringen, der für einen potenziellen Kunden relevant ist. Nur auf dieses Weise werden aus Besuchern Kunden.

Leicht verständliche Texte

Vermeiden Sie in Ihren Texten Schachtelsätze, umständliche Formulierungen, Phrasen und Bullshit-Bingo. Egal worum es geht – schreiben Sie in kurzen, gut verständlichen Sätzen, und strukturieren Sie Ihre Texte in kurze Absätze. Das lockert den Text auf und sorgt dafür, dass der Nutzer die bereitgestellten Informationen besser und leichter erfassen kann.

VERMEIDEN SIE SCHACHTELSÄTZE, UMSTÄNDLICHE FORMULIERUNGEN, PHRASEN UND BULLSHIT-BINGO.

Statt »Als interdisziplinärer Designer bin ich auf kundenzentriertes Design spezialisiert, das Unternehmen dabei hilft, ihre individuellen Ziele zu erreichen und dabei unterschiedliche Herausforderungen zu meistern« schreiben Sie lieber: »Mein Design hilft Ihrem Unternehmen dabei, eine Geschichte zu erzählen. Mit meiner Arbeit orientiere ich mich an Ihren Bedürfnissen und denen Ihrer Zielgruppe. Auf diese Weise habe ich bereits vielen Klienten dabei helfen können, mehr Kunden zu überzeugen.«

Kritikern den Wind aus den Segeln nehmen

Überlegen Sie, welche Fragen Sie besonders häufig hören, wenn Sie sich selbst pitchen und einen Kunden von sich überzeugen müssen. Welche Einwände von potenziellen Auftraggebern haben Sie schon häufiger gehört? Sicherlich gehören die folgenden Aussagen zu den Klassikern: »Wie hoch ist der Stundensatz?«, »Der Stundensatz ist viel zu hoch!«, »Wie läuft ein Projekt genau ab?«, »Erhalte ich Zwischenergebnisse?«, »Kann ich im laufenden Projekt noch Einfluss auf das Design nehmen?« oder »Was genau unterscheidet Sie von anderen Designern?«.

No. 6

Beantworten Sie diese Fragen in Ihrem Online-Portfolio, präsentieren Sie Gegenargumente auf Einwände und haben Sie dabei stets den »Was bringt mir das«-Test im Kopf. Wenn Sie das geschickt anstellen, werden Sie sich nur noch selten mit derartigen Fragen und Einwänden herumärgern müssen. Vertrauen Sie – sofern vorhanden – Ihrer Erfahrung aus früheren Verhandlungen und Kundenanfragen.

Besucher einfangen und zu Kunden machen

Natürlich sollten Ihre Arbeiten für sich sprechen. Beeindruckende Designs können in manchen Fällen bereits ausreichen, um aus einem Besucher einen neuen Auftraggeber zu machen. Geben Sie dem potenziellen Kunden aber immer auch prominent die Möglichkeit, mit Ihnen in Kontakt zu treten. Egal ob Sie gut sichtbare Kontakt-Buttons an strategisch wichtigen Positionen in Ihrem Portfolio platzieren oder den Besucher mittels Links führen – ein sogenannter Call-to-Action ist ein unverzichtbares Mittel, um einen Besucher Ihres Portfolios von einem passiven Betrachter zu einem Akteur zu machen, der sich mit Ihnen in Verbindung setzt.

Behalten Sie aber dennoch im Hinterkopf, dass es auch Menschen gibt, die sich tiefergehend über Sie und Ihre Arbeit informieren möchten. Platzieren Sie detailliertere Informationen auf Unterseiten. Wer ohnehin von Ihnen überzeugt ist, benötigt nicht mehr als eine prominente Möglichkeit, sich mit Ihnen in Verbindung zu setzen. Besucher, die erst noch überzeugt werden müssen, werden dagegen nach weiterführenden Informationen suchen. Besonders dieser Art von

Besucher sollten Sie Aufmerksamkeit widmen, denn wer nicht sofort überzeugt ist, dass Sie der Richtige sind, sucht nicht nur nach Argumenten, die für Sie sprechen, sondern auch nach Argumenten, um eben nicht Sie zu beauftragen. Versuchen Sie daher, eventuelle Einwände vorauszusehen und diese abzuschwächen. Erklären Sie, wie Sie in der Vergangenheit Ihren Kunden beim Erreichen ihrer Ziele helfen konnten. Seien Sie überzeugend, und geben Sie auch den unentschlossenen Besuchern regelmäßig die Möglichkeit, sich mit Ihnen mittels eines Buttons oder Kontaktfeldes in Verbindung zu setzen.

Die Agentur Beyond versteht es direkt auf der Startseite gut, das Interesse des Besuchers zu wecken und diesen mit einem prominenten Call-to-Action-Button zur Interaktion zu verleiten.

Mit Empfehlungen überzeugen

Ihre Arbeiten und Designs können noch so überzeugend sein, doch wie soll ein potenzieller Auftraggeber zu 100 Prozent sicher sein, dass Sie nicht das Blaue vom Himmel versprechen? Egal ob beim Online-Shopping oder bei der Suche nach Fachkräften oder Agenturen – Nutzer suchen im Web immer nach Erfahrungsberichten, Bewertungen und Empfehlungen anderer Nutzer. Das können Sie sich zunutze machen, indem Sie einfach ein paar Ihrer ehemaligen oder bestehenden Kunden bitten, ein kurzes Testimonial zu verfassen.

NUTZER SUCHEN IM WEB IMMER NACH ERFAHRUNGSBERICHTEN, BEWERTUNGEN UND EMPFEHLUNGEN ANDERER NUTZER.

Die Agentur Focus Lab hat Testimonials und Empfehlungen visuell beeindruckend auf der eigenen Website integriert.

Immerhin versprechen Sie den Besuchern Ihres Online-Portfolios, dass Sie der richtige Kreative für den Job sind. Indem Sie ein paar positive Erfahrungsberichte von Auftraggebern bereits abgeschlossener Projekte aufführen, geben Sie potenziellen neuen Kunden ein Gefühl der Sicherheit. Im besten Fall beantworten ein paar der Testimonials einige der in Kapitel 3 aufgeführten Fragen und schwächen Einwände wie »Das ist aber teuer« ab.

Arbeiten in einen Zusammenhang bringen

Geht es an das Befüllen des Portfolios mit Ihren Arbeiten, sollten Sie Ihre Designs nicht für sich sprechen lassen. Geben Sie jeder Arbeit einen Kontext, indem Sie ein paar Hintergrundinformationen anbieten. Teilen Sie Besuchern mit, was im jeweiligen Fall das Ziel des Kunden war. Welches Problem galt es zu lösen? Wie lief das Projekt ab? Wie sah der Prozess aus, der zum Ergebnis führte? Und teilen Sie dem Besucher Ihres Portfolios vor allem mit, wie sich Ihre Arbeit für den Kunden ausgewirkt hat – sofern Sie hierzu Informationen haben.

Informationen wie die folgenden sprechen für sich: »Nach dem Relaunch der Website mit dem neuen Design konnte die monatliche Besucherzahl verdoppelt werden.«, oder »Das neue User Interface des Online-Shops führte bereits im ersten Monat zu 30 Prozent mehr Umsatz.«

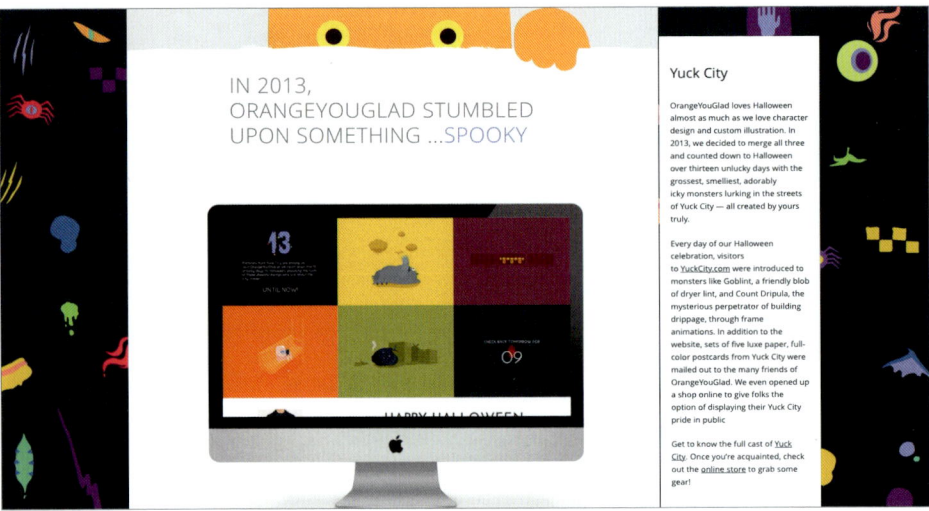

Wer seine Arbeiten in einen Kontext einbettet und nicht einfach nur die Designs zeigt, befriedigt den erhöhten Informationsbedarf potenzieller Auftraggeber. http://orangeyouglad.com.

Indem Sie Ihre Arbeit in einen geschäftlichen Zusammenhang bringen, erreichen Sie zweierlei. Zum einen klicken sich Besucher durch Ihre Designs und beantworten für sich die Frage, ob sie die jeweilige Arbeit mögen oder nicht. Zum anderen werden Ihre Besucher jede Ihrer Arbeiten in einem ganz anderen Licht betrachten. Selbst wenn ihnen persönlich ein Design aus ästhetischen Gründen nicht gefällt, werden sie Ihre Arbeit respektieren.

DIE EIGENEN WERKE ONLINE RICHTIG PRÄSENTIEREN

Es wurde ja bereits darauf hingewiesen, dass Sie Ihr Portfolio als Ihre Visitenkarte im Web sehen sollten. Natürlich ist Ihr Portfolio in erster Linie ein Vetriebskanal für Ihre Dienstleistungen, aber es ist noch viel mehr. Wenn es Ihnen gelingt, mit Ihrem Portfolio eine Geschichte zu erzählen, werden sich Besucher viel eher an Ihre Arbeiten erinnern. Das gilt nicht nur für die im vorausgehenden Kapitel beschriebenen Zusatzinformationen zu den in Ihrem Portfolio aufgeführten Projekten, sondern auch für Sie als Person. Teilen Sie Ihren Besuchern mit, wer Sie sind, was es mit Ihrem Design-Ansatz auf sich hat und wo Ihre Leidenschaften sowie Stärken liegen.

Arbeitsproben: Weniger ist mehr

Wer schon mehrere Jahre als Designer arbeitet, hat ein Problem. Die Wahrscheinlichkeit ist hoch, dass die Festplatte mit alten Projekten prall gefüllt ist. Sollten Sie in einer ähnlichen Position sein, stellen Sie sich wahrscheinlich die Frage, welche und vor allem wieviele Arbeitsproben und Projekte Sie Ihren Besuchern zumuten können. Auf der einen Seite sollten Sie nicht zu viele Projekte in Ihr Portfolio aufnehmen, um potenzielle Kunden nicht zu überfordern. Auf der anderen Seite sollten es aber auch nicht zu wenig Arbeiten sein, damit sich Ihr Portfolio nicht blutarm anfühlt.

No. 6

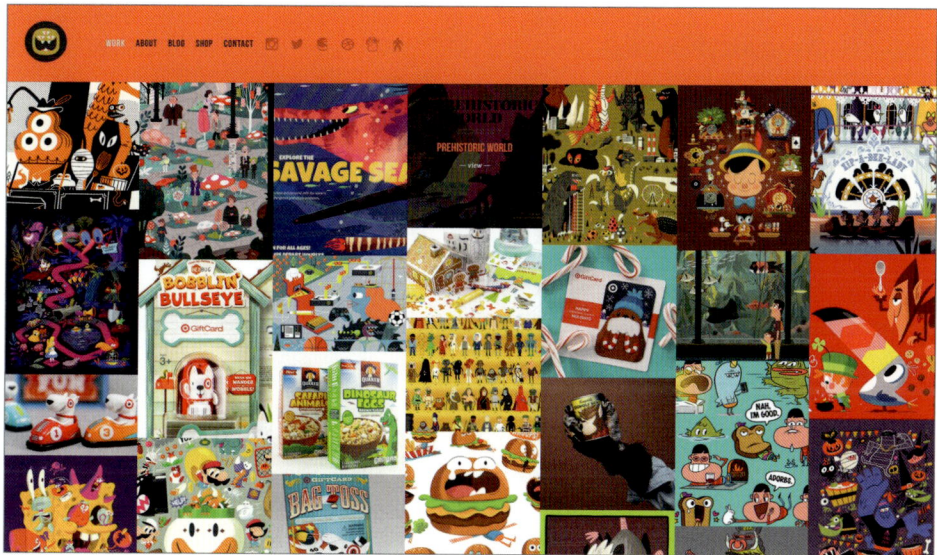

Designer und Illustrator Christopher Lee bietet zwar eine ansehnliche Sammlung seiner Arbeitsproben, aber mit der Masse unterschiedlicher Arbeiten überfordert er den Besucher. www.thebeastisback.com.

Ein ganz guter Richtwert für Projekte in einem Online-Portfolio sind acht Arbeitsproben. Liegen Sie deutlich darüber, werden Besucher Ihrer Seite Probleme haben, sich an alles zu erinnern. Auch das Zurechtfinden in Ihrem Portfolio wird bei mehr als acht Arbeitsproben mühsam. Konzentrieren Sie sich daher auf Ihre allerbesten Kreationen. Auf diese Weise bleibt Ihre Arbeit dem Besucher möglichst positiv in Erinnerung. Es sollten aber auch nicht viel weniger als acht Projekte vorgestellt werden, da dies schnell den Eindruck vermitteln kann, dass

Ihnen entweder Erfahrung fehlt oder dass Sie unter Umständen nicht mehr an guten Projekten zu bieten haben.

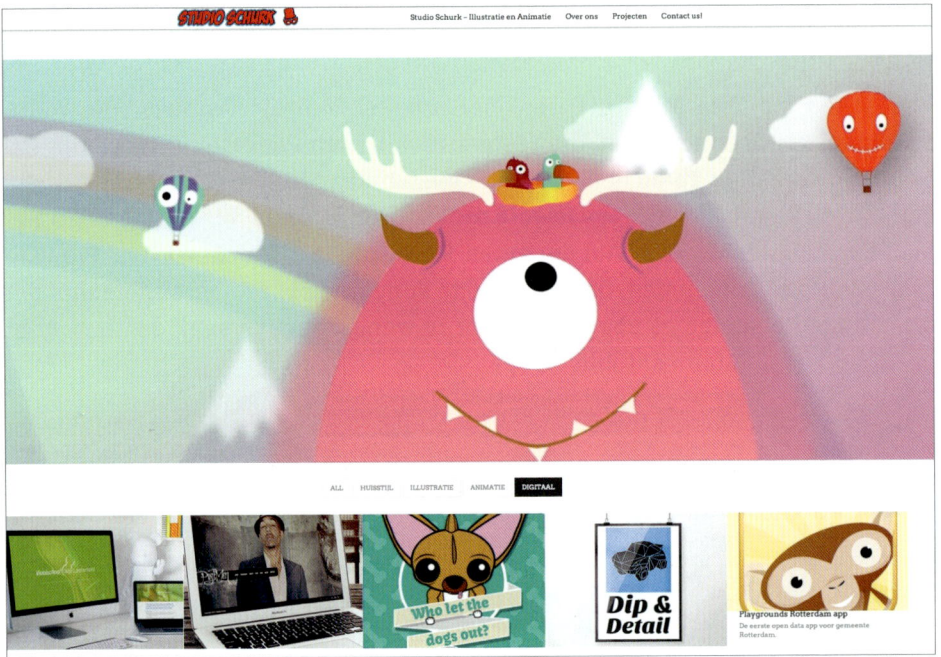

Die Niederländer von Studio Schurk zeigen nur ausgewählte Arbeitsproben und gliedern diese in Oberkategorien wie »Digital«, »Animationen« und »Illustrationen«. studioschurk.nl.

Die Zahl Acht ist allerdings nicht in Stein gemeißelt, sondern sollte von Ihnen angepasst werden, je nachdem wie detailliert Sie die Projekte präsentieren. Muss der Besucher pro Projekt viel scrollen oder sich durch viele Unterseiten navigieren, sollten Sie die Anzahl präsentierter Arbeiten verringern. Konzentrieren Sie sich eher auf die reine Präsentation Ihrer Kreationen und liefern Sie keine oder nur wenige Hintergrundinformationen zum jeweiligen Projekt, dann dürfen es auch mehr als acht Beispiele Ihres Könnens sein.

Möglichst frische Arbeiten zeigen

Es bringt Ihnen wenig, wenn Sie zwar Ihre besten Arbeiten in Ihr Portfolio aufnehmen, diese aber allesamt fünf Jahre in der Vergangenheit liegen. Potenzielle Kunden fühlen sich wohler, wenn sie sehen, dass Sie mit aktuellen Arbeiten dienen können. Natürlich können Sie auch ein oder zwei ältere Projekte in Ihr Portfolio aufnehmen – besonders wenn es sich dabei um sehr umfangreiche oder sehr repräsentative Tätigkeiten handelt –, aber prinzipiell sollten Arbeiten in Ihrem Portfolio nicht älter als drei Jahre sein.

Indem Sie sich auf maximal drei Jahre alte Projekte konzentrieren, erleichtern Sie sich selbst auch den Auswahlprozess.
Generell sollten Sie Ihre Auswahl immer so priorisieren, dass Sie jüngeren Arbeiten den Vorzug geben. Sollten Sie sich einmal nicht entscheiden können, kann es helfen, kommerziellen Projekten den Vorzug vor Konzeptarbeiten und privaten Projekten zu geben.

Jeder Arbeitsprobe eine Aufgabe geben

No. 6

Sie sollten sich für jede Arbeitsprobe, die Sie in Ihr Portfolio aufnehmen, den genauen Grund für die Integration bewusst machen. Jedes vorgestellte Projekt sollte nämlich eine ganz bestimmte Aufgabe erfüllen und damit eine Daseinsberechtigung in Ihrem Online-Portfolio haben. Oft werden sich die Aufgaben, die die einzelnen Projekte auf Ihrer Seite spielen, auf den ersten Blick sehr ähneln. Immerhin versuchen Sie, mit Ihren Arbeitsproben Ihre Stärken zu unterstreichen und zu zeigen, dass Sie gut kreativ arbeiten können.

Versuchen Sie, bei der Auswahl Ihrer Arbeitsproben daher, so genau wie möglich zu definieren, was genau der Grund für die Integration des jeweiligen Projekts ist. Der Grund sollte nicht lauten: »Das Projekt soll zeigen, dass ich ein guter Designer bin.« Das reicht einfach nicht, wenn Sie einen abwechslungsreichen Mix von Arbeitsproben auf Ihrer Seite bieten möchten. Nur wenn Sie sicherstellen, dass sich Ihre Arbeitsproben in den Details voneinander unterscheiden, kann es Ihnen gelingen, Ihren Besuchern die volle Bandbreite Ihrer Fähigkeiten zu vermitteln.

So könnten Sie beispielsweise ein Projekt im Portfolio aufnehmen, weil es besonders gut zeigt, wie Ihr Design-Prozess aussieht – das wäre ein vortrefflicher Grund für die Auswahl einer bestimmten Arbeit. Oder Sie wählen ein Projekt aus, weil es Ihre Illustrations-Skills besonders gut zeigt. Selbst etwas allgemeiner gehaltene Gründe können für die Aufnahme eines bestimmten Projekts in Ihr Portfolio sprechen. Vielleicht ist eine Ihrer Arbeiten einfach so gut, dass Sie damit potenziellen Auftraggebern zeigen können, dass Sie in der Lage sind, qualitativ hochwertige Designs zu kreieren, mit denen sich sogar Preise gewinnen lassen.

Das Portfolio von Jack Freeman, http://urbanape.uk/digital.html, ist ein gutes Beispiel dafür, dass es sich auszahlt, genau zu überlegen, welche Arbeiten man online präsentieren möchte.

Sie sollten einzelnen Fähigkeiten nicht zu viel Platz einräumen – es sei denn, Sie wollen wirklich nur ein Portfolio online bringen, in dem es um einen einzelnen Design-Bereich geht. Wenn Sie beispielsweise Webdesign, Illustrationen und 3D-Rendering beherrschen, wählen Sie für jeden dieser Bereiche Ihre beste Arbeit der vergangenen drei Jahre aus. Zeigen Sie nur Arbeitsproben aus dem Bereich Webdesign, ist die Wahrscheinlichkeit hoch, dass Besucher, die auf Ihrer Seite landen, einfach nur ein Webdesign-Portfolio sehen und nie von Ihren anderen Qualitäten erfahren.

Den Weg zum finalen Werk erzählen

Egal an wen Sie sich richten und egal welche Arbeiten Sie in Ihrem Portfolio zeigen, lassen Sie Ihre Arbeit nicht für sich allein sprechen. Bringen Sie Ihre Werke in einen Zusammenhang, und erzählen Sie eine Geschichte. Das ist überzeugend und führt dazu, dass ein Besucher, dem eine Arbeit ästhetisch nicht gefällt, diese nicht sofort abtut und dennoch schätzen kann.

Skizzieren Sie das komplette Projekt, indem Sie die Anfangsvoraussetzungen erläutern, die Anforderungen des Kunden beschreiben, den – falls vorhanden – vorherigen Zustand analysieren und Ihr Vorgehen beschreiben.

Die Agentur Fable&Co. präsentiert ihre Arbeiten mit vielen Hintergrundinformationen zum jeweiligen Projekt: http://fableco.uk.

Statt nur Ihre Arbeitsproben im Portfolio aufzunehmen, sollten Sie also jede Arbeit richtig vorstellen und mit Hintergrundinformationen anreichern. Das ist zwar eine Menge Arbeit, aber meist wird ein Portfolio mit weniger, dafür aber detailliert beschriebenen Arbeitsproben erfolgreicher sein als ein Portfolio mit vielen Arbeitsproben ohne zusätzliche Informationen. Die Vorstellung eines Redesigns einer Website könnte beispielsweise neben der Arbeitsprobe selbst folgende Informationen beinhalten:

> Kunde
> Anforderungen des Kunden
> Skizzierung des gesamten Projekts
> Vorstellung Ihrer Aufgaben innerhalb des Projekts
> Analyse der ursprünglichen Website
> Herausforderungen
> Lösungsansätze
> Verwendete Techniken und Software
> Vorgehensweise
> Testimonial des Kunden

Sie können diese Informationen entweder übersichtlich als Bullet-Point-Liste bereitstellen oder aber auch als einen ausführlichen Text, in dem Sie eine Geschichte erzählen. Egal wie Sie das jeweilige Projekt vorstellen, es ist für jeden Besucher interessanter, als sich nur Ihre Designs anzusehen.

Work in progress

Haben Sie alle Werke, die Sie zeigen wollen, ausgewählt und in bestmöglichem Licht präsentiert, ist es nicht vollbracht. Ein Online-Portfolio sollte leben und ist damit stets in Arbeit (»a work in progress«). Diese Notwendigkeit ergibt sich schon allein aus dem Fakt, dass Sie möglichst keine Arbeiten zeigen sollten, die älter als drei Jahre sind.

Im besten Fall unterziehen Sie Ihre Seite alle sechs Monate einer Frischzellenkur – mindestens aber einmal im Jahr. Bei dieser Frequenz stellen Sie zum einen sicher, dass halbwegs regelmäßige und interessierte Kunden spüren, dass Sie umtriebig sind. Zum anderen stellen Sie bei diesem Intervall sicher, dass Sie noch alle Details und Dokumentationen von neuen Projekten, die Sie in Ihrem Portfolio aufnehmen, zur Hand oder im Kopf haben. Es müssen übrigens auch nicht immer nur abgeschlossene Projekte den Weg in Ihr Online-Portfolio finden. Teilen Sie Ihren Besuchern doch einfach mit, womit Sie sich aktuell beschäftigen oder woran Sie arbeiten.

DAS PORTFOLIO SUCHMASCHINENFIT MACHEN

Es liegt nah, dass Besucher Ihres Online-Portfolios auch online nach Ihnen gesucht haben. Sie sollten daher beim Erstellen und Pflegen Ihrer Website auch Suchmaschinen und damit Search Engine Optimization (SEO) berücksichtigen. Ihr Portfolio sollte für Suchmaschinen optimiert sein, damit potenzielle Kunden Sie auch finden können. Wenn Sie für Akquise und Marketing etwas Geld in die Hand nehmen wollen, bieten sich dagegen beispielsweise Google AdWords an.

IHR PORTFOLIO SOLLTE FÜR SUCHMASCHINEN OPTIMIERT SEIN, DAMIT POTENZIELLE KUNDEN SIE AUCH FINDEN!

Schenk der Suchmaschine etwas Liebe

Es gibt sicherlich etwas, in dem Sie besonders gut sind – im besten Fall gibt es sogar ein paar Aspekte, mit denen Sie sich von Ihrer Konkurrenz abheben. Stellen Sie diese Fähigkeiten nicht nur in Ihrem Portfolio in den Vordergrund, sondern stellen Sie auch sicher, dass Ihr Portfolio gefunden wird, wenn ein potenzieller Kunde nach den Keywords sucht, die Ihren Alleinstellungsmerkmalen entsprechen. Sie optimieren Ihr Portfolio für Suchmaschinen mittels SEO.

Bei SEO geht es, vereinfacht gesagt, darum, eine Website so zu optimieren, dass genau Ihre Zielgruppe sie bei einer Online-Suche findet. Im besten Fall sind Sie bei Google – die meisten Nutzer setzen mittlerweile auf diese Suchmaschine – bei für Sie wichtigen Suchbegriffen unter den ersten Ergebnissen. Sie optimieren Ihr Portfolio also auf Begriffe, nach denen potenzielle Kunden Sie suchen könnten, und Sie optimieren auf diese Begriffe so, dass Sie möglichst weit oben »ranken«.

Besonders beim Thema Suchmaschinenoptimierung zahlt es sich aus, zu planen und sich die Frage zu stellen, mit welchen Begriffen potenzielle Kunden die von Ihnen gebotene Dienstleistung im Internet suchen könnten. (Foto: Jonathan Simcoe auf Unsplash)

Das Ziel bei allen Bestrebungen sollte es sein, zumindest mit ein paar Keywords auf der ersten Ergebnisseite bei Google zu landen. Zugegeben, die Konkurrenz ist höchstwahrscheinlich in Ihrem Bereich hoch. Daher ist es auch müßig, Ihr Portfolio beispielsweise auf »Webdesign« zu optimieren. Bei derartig generischen Begriffen haben Sie keine Chance auf ein gutes Ranking. Konzentrieren Sie sich auf Alleinstellungsmerkmale und auf Ihre besonderen Qualitäten.

Darüber hinaus ist SEO ein ständiger Prozess. Eine einmal optimierte Seite rankt nicht automatisch bis ans Ende aller Tage gut. Um auch langfristig eine gute Positionierung zu behalten, gilt es, kontinuierlich nachzubessern. Das Internet ist schnelllebig, und Google passt seine Suchalgorithmen ständig an. Dem muss man Rechnung tragen, wenn man mit seinem Portfolio dauerhaft sichtbar bleiben will. Mit dem Thema »SEO« lassen sich ganze Bücher füllen, daher kann an dieser Stelle nur ein grober Überblick gegeben werden.

Suchmaschinenoptimierung (SEO) für Anfänger

Wenn Sie einen ersten Einstieg in die Suchmaschinenoptimierung finden wollen, bietet es sich an, Google Analytics zu nutzen. Mit Hilfe dieses Tools können Sie unter anderem verfolgen, wie sich die Besucherzahlen Ihres Portfolios über die Zeit entwickeln. Google Analytics eignet sich vorzüglich, um zu bewerten, ob einzelne Optimierungen Ihrer Website, geschaltete Anzeigen über Google AdWords oder andere Marketingmaßnahmen Früchte tragen.

Generell haben Sie drei Stellschrauben für die Suchmaschinenoptimierung Ihres Portfolios: Ihren Server beziehungsweise Ihren Hoster, Ihre Inhalte und die Usability Ihrer Website.

Mit Google Analytics behalten Sie den Überblick darüber, wie viele Besucher sich Ihr Portfolio ansehen und wie sich diese Zahl über die Zeit verändert. (Foto: Edho Pratama auf Unsplash)

Google kann erkennen, wie schnell sich Ihre Website aufbaut und wie schnell Inhalte laden. Laden beispielsweise Ihre Bilder nur langsam, weil sie zu groß sind, wird Ihre Website in den Suchergebnissen herabgestuft. Schon allein aus diesem Grund sollten Sie genau überlegen, welche Ihrer Arbeiten Sie zeigen wollen und welche Sie lieber nicht in Ihrem Portfolio aufführen.

Die Inhalte Ihres Portfolios sind für eine gute Positionierung in den Suchergebnissen von Google die wichtigste Stellschraube. Suchmaschinen versuchen stets zu bewerten, wie relevant die Inhalte einer Seite für bestimmte Suchanfragen sind. Sie können darauf direkten Einfluss nehmen, indem Sie entsprechende Keywords verwenden. Dabei muss es sich nicht zwangsläufig um alleinstehende Wörter handeln. Hier ein paar Tipps:

FÜR EINE GUTE POSITIONIERUNG IN DEN SUCHERGEBNISSEN VON GOOGLE SIND DIE INHALTE IHRES PORTFOLIOS DIE WICHTIGSTE STELLSCHRAUBE.

No. 6

> Sie können Ihre Seite für mehrere dieser Begriffe optimieren und auch Wortkombinationen wie »Webdesign für Unternehmenswebsite« bieten sich an – sofern Sie diese Leistung auch tatsächlich bieten.
> Belassen Sie es nicht bei einer einmaligen Nutzung der Keywords auf Ihrer Website, sondern streuen Sie die Begriffe regelmäßig, aber mit Bedacht ein. Besonders auf der Startseite Ihres Portfolios sollten Sie auf »Geschwafel« verzichten und relevante Keywords verwenden.
> Es reicht es nicht allein, bestimmte Keywords in Ihren Texten zu nutzen. Google ist mittlerweile erstaunlich kompetent, wenn es darum geht, Inhalte zu bewerten. Sie sollten nicht nur Ihre Texte optimieren, auch Links und Bilddateinamen sollten den für Sie relevanten Begriffen Rechnung tragen.
> Verlinken Sie Ihr Portfolio so häufig wie möglich mit externen Seiten, und sorgen Sie dafür, dass auch andere Seiten auf Ihr Portfolio verlinken. Das wirkt sich ebenfalls positiv auf Ihre Positionierung in Suchmaschinen aus. Achten Sie darauf, dass die verlinkten Seiten und die Seiten, die auf Ihr Portfolio zurück verlinken, relevant sind. Es bringt Ihnen in der Regel wenig, wenn z. B. ein Blog zum Thema »Reisetaschen« auf Ihr Portfolio linkt. Am meisten werden Ihnen Links von Online-Medien wie News-Portalen und Blogs bringen, die in einem Beitrag zu einem für Sie relevanten Thema auf Ihr Portfolio verweisen.
> Nicht vergessen: Verlinken Sie Ihr Portfolio mit Ihren Profilen in allen sozialen Medien und bei allen Portfolio-Plattformen.
> Sorgen Sie dafür, dass Besucher Ihrer Seite möglichst lange auf dieser verweilen. Google bewertet Ihr Portfolio nämlich auch danach, wie lange die Verweildauer von Nutzern ist. Hier kommen die Nutzerführung und Usability Ihres Portfolios ins Spiel. Nehmen Sie Besucher an die Hand, und ermutigen Sie sie dazu, sich nicht nur die Startseite anzusehen. Dazu gehört auch, dass Ihr Portfolio nicht nur am großen Bildschirm funktioniert und korrekt dargestellt wird, sondern auch auf Smartphones und Tablets.

Es lohnt sich, wenn Sie sich in das Thema »SEO« einlesen und vielleicht sogar einen einführenden Kurs besuchen, denn Ihr Portfolio wird sich nur gegen die Websites Ihrer Konkurrenz behaupten können, wenn Sie eine möglichst gute Platzierung in den Suchergebnissen erzielen können. Ein weiteres – wenn auch kostenpflichtiges – Mittel für eine gute Platzierung ist der Einsatz von Google AdWords.

Wenn Budget übrig ist: Google AdWords

Google AdWords sind, vereinfacht gesagt, kontextbezogene Anzeigen, die Sie online schalten. Die von Ihnen geschalteten Anzeigen erscheinen in den Suchergebnissen nur dann, wenn ein Nutzer – und damit im besten Fall ein potenzieller Kunde – von Ihnen vorher festgelegte Suchbegriffe in die Suchmaske eingibt.

Der große Vorteil daran ist, dass Sie mit Google AdWords ein Marketing- und Akquise-Instrument an der Hand haben, das sich sehr gezielt einsetzen lässt. Immerhin werden Ihre Anzeigen nur angezeigt, wenn ein Nutzer genau nach den von Ihnen festgesetzten Keywords sucht. So lässt sich sicherstellen, dass über diesen Weg nur Besucher auf Ihrer Seite landen, die sich mit sehr großer Wahrscheinlichkeit tatsächlich für Ihre Dienstungen interessieren.

ANZEIGEN ÜBER GOOGLE ADWORDS Bei Google AdWords zahlen Sie nicht für das Schalten der Anzeige selbst, sondern nur, wenn ein Nutzer auch auf Ihre Anzeige klickt. Darüber hinaus können Sie das von Ihnen eingesetzte Werbebudget beschränken. Legen Sie beispielsweise fest, dass Sie täglich ein Maximalbudget von zwei Euro haben, wird Ihre Anzeige einfach für den Rest des Tages nicht mehr angezeigt, wenn der von Ihnen festgelegte Betrag erreicht ist. Bei Google AdWords werden Preise mittels eines Bieterverfahrens festgelegt. Das bedeutet, dass Sie festlegen, wie hoch der Preis pro Klick maximal für einen Suchbegriff sein darf. Daraufhin wird Ihr Preis mit dem der Konkurrenz zu genau diesem Suchbegriff verglichen. Ist Ihr Maximalpreis zu niedrig, wird Ihre Anzeige in den Google-Ergebnissen nicht angezeigt.

KEYWORDS FESTLEGEN Aus diesem Grund sollten Sie genau überlegen, was die perfekten Keywords sind. Allgemeine Begriffe sollten Sie vermeiden, denn die Konkurrenz ist umso größer, je allgemeiner der Begriff ist. Für Sie relevante Suchbegriffe sollten möglichst speziell sein und genau auf Ihre Dienstleitungen passen.

Sind Sie beispielsweise Webdesigner in Hamburg und wollen regional auf Kundenfang gehen, wird das mit einem generischen Begriff wie »Webdesign Hamburg« über Google AdWords ein schwieriges Unterfangen. Wahrscheinlich konkurrieren Sie bei einer derartigen Keyword-Kombination direkt mit vielen anderen freiberuflichen Webdesignern und auch mit jeder Menge Agenturen.

KONZENTRIEREN SIE SICH BEI DER FEST-LEGUNG VON SUCH-BEGRIFFEN AUF IHRE ALLEINSTELLUNGS-MERKMALE.

Konzentrieren Sie sich bei der Festlegung von Suchbegriffen für eine AdWords-Kampagne auf Ihre Alleinstellungsmerkmale, und/oder stimmen Sie Ihre Keywords auf bestimmte Branchen ab, in denen Sie bereits erfolgreich Projekte umgesetzt haben. Sind Sie beispielsweise auf Webdesign für Rechtsanwaltskanzleien spezialisiert, schalten Sie eine Anzeige für das Keyword »Webdesign Hamburg Rechtsanwälte«.

No. 6

Wenn es Ihnen möglich ist, aufgrund besonderer Fähigkeiten oder Spezialisierungen sehr granulare Suchbegriffe zu formulieren, kann sich ein kleines Budget für Google AdWords durchaus auszahlen. Das ist dann nicht nur günstiger als eine Anzeige für allgemeine Suchbegriffe, sondern führt auch mit größerer Wahrscheinlichkeit dazu, dass Sie mit Hilfe dieses Werkzeugs tatsächlich neue Kunden und Aufträge generieren können.

No. 7

Rechtliche Aspekte

No. 7
RECHTLICHE ASPEKTE

Bei vielen Kreativen besteht bezüglich sozialer Medien und dem eigenen Online-Portfolio eine große Unsicherheit in Sachen rechtlicher Angelegenheiten. Sie müssen nicht zum Juristen werden, sollten sich aber in ein paar Bereichen auskennen.

Die Unsicherheiten bezüglich juristischer Stolpersteine, die jedem Nutzer online im Weg liegen, sind nicht gänzlich unbegründet. Immerhin hinkt die Gesetzgebung den rasanten Entwicklungen rund um das Internet hinterher. Dieser Umstand ist noch unangenehmer, wenn man selber eine Website – beispielsweise in Form eines Online-Portfolios – betreibt oder auch gewerblich auf soziale Medien setzt.

Auch wenn niemand von Ihnen verlangen kann, zum Profi für Online-Recht zu werden, sollten Sie sich ein Rechtsgefühl aneignen, das die Einschätzung potenzieller Probleme und Gefahren erleichtert. In einigen wenigen Bereichen wie Impressumspflicht oder auch Bildrechte sollten Sie sich als kreativ Tätiger auskennen. Darüber hinaus ist es wichtig, zu wissen, an wen man sich bei rechtlichen Fragen, die die eigene Kompetenz übersteigen, wenden kann. Behalten Sie bitte bei der Lektüre dieses Kapitels im Hinterkopf, dass alle Angaben ohne Gewähr sind und dass einige Informationen zu der Zeit, da Sie dies hier lesen, bereits veraltet sein können. Im Bereich Online-Recht kommt es genau wie in anderen Bereichen immer wieder zu neuen Richtersprüchen, neuen Gesetzen und neuen gesetzlichen Anforderungen. Genau aus diesem Grund wird der wichtigste Rat, den Sie beherzigen sollten, hier noch einmal wiederholt: Finden Sie heraus, wo Sie im Fall der Fälle rechtlichen Rat finden und wen Sie bei konkreten Fragen konsultieren können.

SIE SOLLTEN SICH EIN RECHTSGEFÜHL ANEIGNEN, DAS IHNEN BEI DER EINSCHÄTZUNG POTENZIELLER PROBLEME UND GEFAHREN HILFT.

RECHTLICHE STOLPERFALLEN BEIM ONLINE-MARKETING

Wenn Sie so sind wie die meisten anderen Menschen, gehört die Auseinandersetzung mit Rechtsfragen nicht zu ihren Lieblingtätigkeiten. Es hilft aber alles nichts – Sie werden nicht umhinkommen, sich ein rudimentäres Wissen darüber anzueignen, wo rechtliche Stolpersteine beim Online-Marketing lauern. Das Ganze wird noch dadurch erschwert, dass viele Nutzer davon ausgehen, dass rechtlichen Fragen bei der Nutzung von sozialen Medien und anderen Online-Angeboten weniger Bedeutung beigemessen wird. Dem ist nicht so! Auch wenn online immer alles schnell, spontan und ungezwungen ablaufen soll, gelten im Internet die gleichen rechtlichen Vorgaben, die auch offline greifen.

Es wurde bereits angesprochen, dass der Gesetzgeber den Entwicklungen im Internet hinterherhinkt. Als jemand, der sich regelmäßig online bewegt, werden Sie mit etwas Übung und Überlegung recht schnell ein Gespür dafür entwickeln, was rechtens ist und was nicht. Sie müssen keinesfalls jeden relevanten Paragraphen kennen, und Sie müssen auch keine rechtlichen Detailfragen beantworten können. Besonders wichtig ist für Sie aber, dass Sie lernen, wo Sie bei Bedarf detailliertere Informationen erhalten.

No. 7

Relevante Gesetze

Wenn es hart auf hart kommt, müssen Sie wissen, wo Sie nachschlagen oder wen Sie fragen können. Zum Grundwissen gehört auch, dass Sie von den folgenden Gesetzen zumindest schon einmal gehört haben, damit Sie bei Fragen gegebenenfalls nachschlagen können und einen ersten Anlaufpunkt haben.

> Im **Bürgerlichen Gesetzbuch** (BGB) werden u. a. rechtliche Beziehungen zwischen Privatpersonen untereinander und Beziehungen zu Unternehmen geregelt. Sie können das BGB als »Fallback«-Gesetz verstehen, das greift, wenn für Ihren Fall keine speziellen Regeln existieren.
> Im **Telemediengesetz** (TMG) finden sich diverse Vorschriften für soziale Netzwerke, Websites und andere Telemedien. Für Sie besonders relevant sind unter anderem die Regelungen für Ihr Impressum (Impressumspflicht) und Haftungsregelungen.
> **Gesetz über Urheberrecht und verwandte Schutzrechte** (UrhG): Das Urhebergesetz ist nicht ausschließlich für Personen relevant, die selber urheberrechtlich geschützte Werke erschaffen. Zwar sollten Sie dieses Gesetz kennen, um unter Umständen eigene Ansprüche durchzusetzen, aber Sie sollten es auch im Hinterkopf haben, wenn Sie fremde Texte, Videos oder Bilder verwenden.

> **Gesetz über den Schutz von Marken und sonstigen Kennzeichen** (MarkenG): Das Markengesetz ist für Sie besonders bei allen Fragen rund um Account-Namen relevant. Außerdem sollten Sie das Gesetz zum Beispiel nachschlagen, wenn Sie fremde Markenlogos (zum Beispiel bei Testimonials von Kunden in Ihrem Online-Portfolio) verwenden.

> Im **Bundesdatenschutzgesetz** (BDSG) wird, wie der Name schon verrät, der Schutz persönlicher Daten geregelt.

> Das **Designgesetz** (DesignG) regelt unter anderem die Definition des Begriffes »Design« und dessen Schutz. In der aktuellen Version wurde »Geschmacksmuster« als Name für das Schutzgut in »Design« geändert.

Zusätzliche Vorschriften und Plattform-Hausregeln

Darüber hinaus müssen Sie auch diverse Wettbewerbsvorschriften berücksichtigen. Das gilt sowohl für Ihr Online-Portfolio als auch für jede Art von Social-Media-Marketing. Sie können ein Gros der Abmahnfallen umgehen, indem Sie es unterlassen, sich mit Konkurrenzangeboten zu vergleichen oder sich zu öffentlichen Aussagen über Konkurrenten hinreißen zu lassen. Verwenden Sie auch keine Superlative bei der Beschreibung Ihrer Leistungen, denn damit vergleichen Sie sich aus juristischer Sicht im Zweifel direkt mit allen Ihren Konkurrenten gleichzeitig.

Bei Marketingmaßnahmen in sozialen Netzwerken müssen Sie darüber hinaus die jeweiligen Beschränkungen und Richtlinien der Plattform hinsichtlich Werbung berücksichtigen. Generell haben soziale Netzwerke und auch viele Portfolio-Plattformen ihre eigenen Hausregeln. Das heißt, dass Sie bei der Nutzung entsprechender Angebote und Dienste nicht nur deutsches Recht beachten müssen, sondern eben auch die jeweiligen Hausregeln von Facebook, Twitter, Instagram und anderen Plattformen. Sie finden die Hausregeln je nach Netzwerk an ganz unterschiedlichen Stellen. Prinzipiell sind Richtlinien, Nutzungsbedingungen, AGB und einige weitere Bereiche für Sie relevant.

SOZIALE NETZWERKE UND AUCH VIELE PORTFOLIO-PLATTFORMEN HABEN IHRE EIGENEN HAUSREGELN!

Im Bereiche soziale Medien muss außerdem darauf hingewiesen werden, dass das deutsche Gesetz verbietet, Nutzern ungefragt Werbenachrichten zu schicken. Das gilt auch für Nachrichten via Facebook, Twitter und andere Netzwerke, die Direktnachrichten zwischen Nutzern erlauben.

AGB, TERMS OF SERVICE, USER AGREEMENT UND GUIDELINES FÜR PLATTFORMEN UND SOCIAL MEDIA

Die relevanten Hausregeln für die meisten in Kapitel 5 vorgestellten Social Networks und Portfolio-Plattformen finden Sie im Folgenden. Suchen Sie sich einfach die für Sie in Frage kommenden Links zusammen, und machen Sie sich zumindest grob mit den wichtigsten Regeln vertraut.

Facebook
https://de-de.facebook.com/terms

Google+
www.google.com/intl/de_ALL/+/policy/content.html

Twitter
https://twitter.com/tos?lang=de

Instagram
https://help.instagram.com/478745558852511

Pinterest
https://about.pinterest.com/de/terms-service

Tumblr
www.tumblr.com/policy/en/terms-of-service

YouTube
www.youtube.com/static?gl=de&template=terms&hl=de

Vimeo
https://vimeo.com/terms

Snapchat
www.snap.com/en-US/terms

LinkedIn
www.linkedin.com/legal/user-agreement

XING
www.xing.com/terms

Dribbble
https://dribbble.com/terms

LoveDsgn
https://lovedsgn.uservoice.com/tos

Cargo
http://cargocollective.com/terms

Behance
www.behance.net/misc/terms

DeviantArt
https://about.deviantart.com/policy/service

Society6
https://society6.com/help/terms

Carbonmade
https://carbonmade.com/terms

Dropr
http://dropr.com/legal/terms

Krop
www.krop.com/terms

500 px
https://about.500px.com/terms

Flickr
https://policies.yahoo.com/us/en/yahoo/terms/utos/index.htm
www.flickr.com/help/guidelines

No. 7

IMPRESSUM UND DATENSCHUTZERKLÄRUNG: MUST-HAVES FÜR ONLINE-PORTFOLIO UND SOCIAL MEDIA

Egal ob Online-Portfolio oder Social-Media-Account – Sie sollten von Anfang an auf rechtliche Aspekte achten. Dabei müssen Sie nicht nur geltendes Recht für Online-Auftritte berücksichtigen, sondern auch Regeln der jeweiligen Plattform berücksichtigen. Das trifft besonders zu, wenn Ihr Portfolio und Ihre Social-Media-Aktivitäten kommerzieller Natur sein werden. In sozialen Netzwerken gibt es in manchen Fällen zum Beispiel besondere Accounts für die kommerzielle Nutzung, die sich von denen von Privatnutzern unterscheiden.

Das Impressum

Apropos Social Media: In Deutschland ist ein Impressum immer dann verpflichtend, wenn Sie als Betreiber des Profils nicht nur Inhalte einstellen, sondern auch gewerblich unterwegs sind. Wer mit seinen Nutzern kommuniziert – eine der Grundfunktionen jedes sozialen Netzwerks – und auch wirbt, muss ein Impressum haben. Das gilt in jedem Fall für bekannte Netzwerke wie Facebook, Twitter, YouTube und Google+. Im Zweifel sollten Sie bei jedem Social Network, das Sie nicht ausschließlich privat nutzen, davon ausgehen, dass Sie der Impressumspflicht unterliegen. So sind Sie auf der sicheren Seite.

IN DEUTSCHLAND IST EIN IMPRESSUM IMMER DANN VERPFLICHTEND, WENN SIE GEWERBLICH UNTERWEGS SIND.

Das gestaltet sich bei manchen sozialen Netzwerken allerdings schwierig, da diese Art von Information überhaupt nicht vorgesehen ist. Hier gilt es, je nach Plattform zu recherchieren, wie Sie die Impressumspflicht dennoch erfüllen können. Während Facebook mittlerweile eine offizielle Möglichkeit für ein Impressum bietet, muss man bei anderen Netzwerken kreativer vorgehen. Bei Twitter beispielsweise können Sie Ihr Impressum als Link zu Ihrer Webseite oder Ihrem Online-Portfolio in der Kurz-Bio integrieren. Prinzipiell müssen Sie das Impressum in sozialen Netzwerken nicht ausschreiben, sondern können einen Link, der auf die entsprechenden Inhalte zeigt, verwenden. Wichtig dabei ist allerdings, dass Sie diverse Regeln beachten. So muss der Besucher Ihres Profils beispielsweise sofort erkennen können, dass die URL auf Ihr Impressum verlinkt.

Egal ob Online-Portfolio oder Social-Media-Account – der Inhalt Ihres Impressums lässt sich nicht verallgemeinern. Was genau in ein Impressum gehört, hängt davon ab, wie genau sich Ihre Tätigkeit gestaltet. Gemäß Artikel 5 des Telemediengesetzes gehören mindestens Ihr Name, Ihre (Geschäfts-)Adresse,

Ihre geschäftliche E-Mail-Adresse und Ihre Umsatzsteuer-Identifikationsnummer hinein. Unter Umständen müssen Sie auch eine Telefonnummer nennen. Hier gab es in den vergangenen Jahren widersprüchliche Richtersprüche. Darüber hinaus können noch weitere Angaben fällig werden.

CHECKLISTE FÜR IMPRESSUM-LINKS

✓ **Sprechende Links verwenden**: Aus dem Link muss direkt erkennbar sein, dass er zu Ihrem Impressum führt. Unter einem sprechenden Link versteht man beispielsweise *http://design-freelancer-vorname-nachname.de/impressum*. Ist der Link nicht sprechend, stellen Sie einfach ein »Impressum:« vor den Link.

✓ **Link anklickbar aufführen**: Geben Sie Besuchern die Möglichkeit, den Link zu Ihrem Impressum tatsächlich anklicken zu können. Ist das technisch auf einer Plattform nicht möglich, weil die Betreiber Ihnen nicht die Möglichkeit geben, HTML zu verwenden, können Sie ausnahmsweise auf das Befolgen dieser Regel verzichten.

✓ **Erreichbar in zwei Klicks**: Der Link zu Ihrem Impressum muss immer in maximal zwei Klicks erreichbar sein.

✓ **Anbieterangaben müssen übereinstimmen**: Wenn Sie von irgendwo anders als von Ihrem Portfolio auf Ihr Impressum verlinken, müssen die Informationen an beiden Orten übereinstimmen. Sie müssen also den gleichen Namen, die gleiche E-Mail-Adresse etc. verwenden.

No. 7

In der Regel werden Sie online viele Tipps und vor allem auch ein Muster-Impressum finden, das auf Ihr Tätigkeitsfeld passt. Darüber hinaus können Sie Ihr Impressum leicht automatisch generieren lassen.

> Ein Beispiel dafür ist der Impressumsgenerator von Für-Gründer.de *www.fuergruender.de/wissen/unternehmen-gruenden/unternehmensstart/aussenauftritt/website-impressum/impressumgenerator*.

> Weiterführende Informationen zum Thema finden Sie unter anderem bei der Allianz deutscher Designer (AGD) *https://agd.de/handbuch/schutzrechte/impressum-internet*.

> Allgemeiner widmet sich Anbieterkennung.de *http://anbieterkennung.de* dem Thema.

Die Datenschutzerklärung

Zusätzlich zu einem Impressum müssen Sie, sofern Sie in irgendeiner Form Daten erheben – das können zum Beispiel über ein Kontaktformular gewonnene persönliche Informationen wie der Name und die E-Mail-Adresse sein –, auch eine Datenschutzerklärung abgeben, denn der Gesetzgeber verpflichtet jeden, der Online-Dienste anbietet, Nutzer darüber aufzuklären, welche Daten gesammelt werden. Auch Informationen bezüglich der Verwendung der Daten und bezüglich der Übermittlung an Dritte gehören dazu. Insgesamt sind die Anforderungen an den Inhalt der Datenschutzerklärung ungenauer formuliert als die Anforderungen an den Inhalt des Impressums.

Wer über seine Website Besucher »überwacht« und Daten sammelt, muss auch eine Datenschutzerklärung online stellen. (Foto: Scott Webb auf Unsplash)

Ebenfalls in eine rechtskonforme Datenschutzerklärung gehören Informationen darüber, dass Nutzer ein Auskunftsrecht haben und wie die Korrektur und Löschung von Daten erreicht werden kann. Sie müssen darüber hinaus Informationen bezüglich eingesetzter Cookies bereitstellen sowie auf Dienste anderer Anbieter hinweisen. Dazu gehört beispielsweise ein Hinweis auf Google Analytics, wenn Sie es verwenden (siehe Kapitel 8). Zusätzlich müssen Sie Besucher darauf hinweisen, wer wie zu kontaktieren ist, wenn Nutzer Ihre Rechte geltend machen wollen.

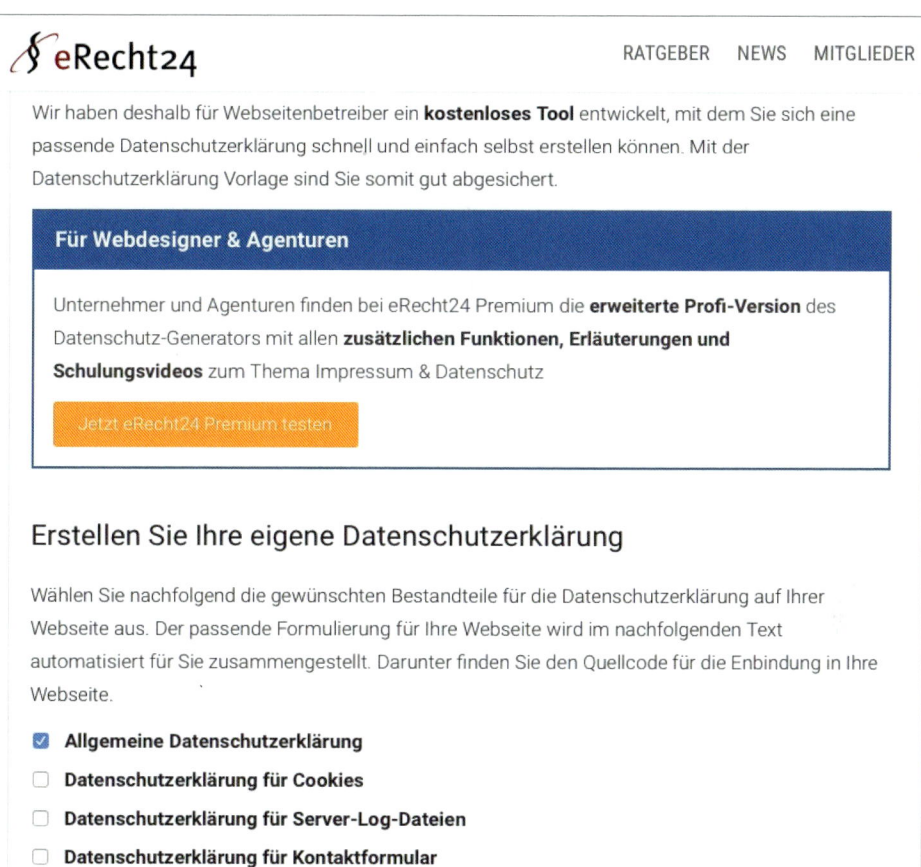

Datenschutzgeneratoren wie hier bei eRecht24.de, www.e-recht24.de/muster-datenschutzerklaerung.html, lassen sich teilweise kostenlos nutzen. Allerdings fallen für spezielle Situationen dann doch Kosten an.

Auch zu diesem Thema finden sich online diverse Generatoren, die Ihnen das Erstellen einer Datenschutzerklärung erleichtern werden. Sie werden beispielsweise bei eRecht24 (*www.e-recht24.de/muster-datenschutzerklaerung.html*) oder bei Dr. Schwenke, einem Rechtsexperten für Online-Recht, fündig (*https://datenschutz-generator.de*).

Nehmen Sie die Datenschutzerklärung ernst, denn auch an dieser Stelle drohen Abmahnungen und Bußgelder. Selbst wenn Sie die Wahrscheinlichkeit einer Abmahnung oder eines Bußgeldes – in der Regel zurecht – als gering einstufen, sollten Sie bedenken, dass eine Datenschutzerklärung heutzutage für viele aufgeklärte Nutzer einfach zum guten Ton gehört. Wer keine entsprechende Erklärung auf seiner Website hat, geht das Risiko ein, dass zumindest der ein oder andere potenzielle Kunde ihn für unprofessionell hält.

SOZIALE NETZWERKE KOMMERZIELL NUTZEN

Wenn Sie Ihre unterschiedlichen Social-Media-Accounts zum Beispiel für die Kundenakquise oder für andere kommerzielle Anwendungsfälle nutzen, gilt es, eine Reihe von Aspekten zu beachten. Berücksichtigen müssen Sie auch an dieser Stelle neben geltenden deutschen Gesetzen auch die Hausregeln der jeweiligen Plattform. Bei manchen Plattformen ist die geschäftliche Nutzung komplett untersagt, bei anderen ist sie kostenpflichtig und bei fast allen Netzwerken unterliegt sie gewissen Regeln.

In jedem Fall muss für jeden klar ersichtlich sein, dass es sich bei Ihrem Profil um einen kommerziell genutzten Account handelt. Wer hier zu ungenau ist, läuft unter anderem Gefahr, wegen Schleichwerbung belangt zu werden. In diesem Zusammenhang kommen gleich mehrere Gesetze zum Tragen, unter anderem das Telemediengesetz (siehe auch Kapitel 7). Verstöße können schnell teuer werden – wenn eine Abmahnung im Briefkasten landet, können Sie sich auf Kosten um die 1.000 Euro einstellen.

Unterschiede zwischen privaten und kommerziellen Profilen

Die Unterscheidung zwischen privatem Profil und kommerziell genutztem Account ist manchmal gar nicht so leicht, denn besonders Marketingmaßnahmen in sozialen Medien sind häufig eine Mischung aus sehr persönlicher und geschäftlicher Kommunikation. Selbst wenn Sie nicht ausdrücklich Kundenakquise betreiben und nur hin und wieder auf einige Arbeiten aus Ihrem Portfolio hinweisen, sollten Sie auf Nummer sicher gehen und Ihren Account als kommerziell auszeichnen. Das genaue Vorgehen für jedes Netzwerk würde den Rahmen dieses Buches sprengen. Weiter unten erfahren Sie exemplarisch, worauf Sie bei Facebook achten müssen. Für andere soziale Medien konsultieren Sie bitte einen Experten oder die Fachliteratur zum Thema. Im Zweifel wird nämlich jedes Gericht gegen Sie entscheiden. Das liegt in diesem Fall unter anderem daran, dass nach deutschem Recht ein Social-Media-Account unter anderem immer als kommerziell gilt, wenn er der Imagepflege dient. Selbst wenn Sie »nur« Arbeiten ausstellen, pflegen Sie damit als Freiberufler oder Unternehmer Ihr Image.

AUF NUMMER SICHER GEHEN SIE, WENN SIE IHREN ACCOUNT ALS KOMMERZIELL AUSZEICHNEN.

Viele Social Networks unterscheiden mittlerweile zwischen persönlichen Profilen und Unternehmensprofilen. Manche Plattformen gehen sogar noch weiter und unterscheiden zwischen privaten Profilen, Profilen für Künstler oder Freiberufler und Unternehmensprofilen. Bei Facebook läuft es beispielsweise so, dass eine herkömmliche Anmeldung weiterhin für persönliche Profile gilt. Unternehmen, die einen Firmen-Account anlegen, müssen sich dagegen für eine Fanpage registrieren.

Als Selbstständiger beziehungsweise Freiberufler sitzen Sie ein wenig zwischen den Stühlen. Sie können sowohl Ihr persönliches Profil nutzen als auch ein Unternehmensprofil anlegen. Entscheiden Sie sich für erstere Variante, bei der Sie Ihr privates Profil auch kommerziell nutzen, gelten trotzdem schärfere Regeln als bei einer rein privaten Nutzung. Dazu gehört unter anderem die bereits im vorangehenden Kapitel erwähnte Impressumspflicht. Sie benötigen immer dann ein Impressum, wenn Sie auch andere Personenkreise als Ihre Freunde und Familie ansprechen.

No. 7

Die Grenzen zwischen privat und geschäftlich können bei Social-Media-Profilen von Freiberuflern schnell verschwimmen. Sie sollten daher Ihre Profile eher geschäftlich sehen und entsprechend juristisch wasserdicht gestalten. (Foto: rawpixel.com auf Unsplash)

Tappen Sie an dieser Stelle nicht in die Falle, und gehen Sie nicht davon aus, dass Ihr Profil ja eigentlich privat ist, weil Sie in erster Linie über Ihr Privatleben posten und nur ab und an auf geschäftliche Aspekte eingehen. Selbst wenn Sie beispielsweise als Designer nur hin und wieder von für Ihre Tätigkeit relevanten Konferenzen berichten, kann das bereits als kommerzieller Kontext ausgelegt werden. Um sich in diesem Zusammenhang möglichst wenig den Kopf zerbrechen zu müssen, tun Sie sich den Gefallen und behandeln Sie Ihre Social-Media-Profile als kommerziell.

DIE GRENZEN ZWI-SCHEN PRIVAT UND GESCHÄFTLICH SIND BEI KREATIVEN OFT NICHT EINDEUTIG.

Die Grenzen zwischen privat und geschäftlich sind oft nicht eindeutig, und es wäre schade, wenn Sie deswegen im Fall der Fälle Zeit und Geld für eine rechtliche Klärung investieren müssten. Wer das begriffen hat und seinen Account entsprechend auszeichnet, kann ungeniert einen der ganz großen Vorteile von Social Media für das Marketing nutzen, nämlich die glaubwürdige und persönliche Kundenansprache.

Was beim Profilnamen zu beachten ist

Wollen Sie komplett auf der sicheren Seite sein und einen neuen, rein kommerziellen Account anlegen, sollten Sie von Anfang an einige rechtliche Aspekte berücksichtigen, denn wer hier Fehler macht oder bestimmte Dinge einfach nicht bedenkt, kann diese Versäumnisse später nur noch schwer ausbügeln. Dazu gehört besonders die Wahl des Profilnamens. Sie sollte auf jeden Fall geltendem Recht folgen.

Hier bietet es sich als Freiberufler an, seinen richtigen Namen zu verwenden. Das macht am wenigsten Probleme. Entscheiden Sie sich stattdessen für einen Fantasienamen, gibt es den ein oder anderen Stolperstein. Zum einen müssen Sie dann das Hausrecht der jeweiligen Plattform berücksichtigen, siehe den Abschnitt »Wissen, welche rechtlichen Stolperfallen es beim Online-Marketing gibt« auf Seite 285. Zum anderen sollte der von Ihnen gewählte Name keine Marken- oder Namensrechte verletzen. Hier bietet sich als erster Schritt an, eine Suchmaschine zu bemühen, um sicherzustellen, dass der von Ihnen gewählte Name nicht bereits von jemand anderem genutzt wird.

IHRE RECHTE AN BILDMATERIAL UND ANDEREN WERKEN

Sie müssen nicht nur selber geltendes Recht berücksichtigen, sondern haben selber Rechte, die Sie bei all Ihren Online-Aktivitäten schützen. Für viele Kreative gehören das Urheberrecht, Nutzungsrechte und Designschutz zu den wichtigsten geschäftlichen Schutzmaßnahmen.

Beim Urheberrecht geht es verallgemeinert darum, dass Sie als Schöpfer eines kreativen Werkes das Recht daran behalten und dass Sie das Recht zur Vervielfältigung haben. Sie dürfen Ihre Schöpfung ausdrücklich selber verwenden, wie Sie wollen. Sie dürfen ergo auch einen wirtschaftlichen Nutzen daraus ziehen.

Die Rechte am eigenen Bild sind nicht nur für Fotografen relevant. In diesem Bereich gibt es unterschiedliche Lizenzierungsmöglichkeiten, die Sie kennen sollten. (Foto: rawpixel.com auf Unsplash)

Wenn Sie Ihre Werke nicht unter eine Creative-Commons-Lizenz stellen (siehe Seite 303), sind sie urheberrechtlich geschützt. Das Urheberrecht dient in erster Linie dem Schutz geistiger und kreativer Arbeit. Aus diesem Grund sollten Sie sich in diesem Bereich auch auskennen. Zu urheberrechtlich geschützten Werken zählen neben Fotos, Bildern, Grafiken, Zeichnungen, Filmen, Videos, Musik und Texten unter anderem auch Kreationen wie künstlerische Installationen, andere Kunst, Software und architektonische Werke.

Grundsätzliches zum Urheberrecht und zu Nutzungsrechten

Alle Bestimmungen aus der Offline-Welt bezüglich des Urheberrechts gelten auch online. Allerdings gibt es im Internet einige Besonderheiten, die die gesetzliche Auslegung komplizieren.

Prinzipiell gilt: Andere Personen dürfen Ihre Werke lediglich ansehen. Sie als Urheber behalten alle Rechte an Ihrem Werk. Sie dürfen es nach Belieben verändern, verkaufen und löschen. Darüber hinaus können Sie anderen Personen Rechte an Ihrem Werk einräumen. Räumen Sie einer anderen Person Rechte an Ihrem Werk mittels einer Lizenz ein, bezeichnet man diese Person als Nutzungsberechtigten. Eine Besonderheit besteht dabei für angestellte Kreative. Auch sie gelten als Urheber von Werken, die sie als Angestellte erschaffen. Es ist nicht ungewöhnlich, dass ein Arbeitsvertrag eine Klausel enthält, in der der Kreative dem Arbeitgeber alle Nutzungsrechte abtritt (mehr dazu im nächsten Abschnitt).

KREATIVE GELTEN AUCH ALS URHEBER VON WERKEN, DIE SIE ALS ANGESTELLTE ERSCHAFFEN!

Ihre Werke sind automatisch vor Vervielfältigung geschützt. Das beinhaltet auch Vorschaubilder, den Download und Screenshots – selbst wenn es sich dabei lediglich um einen Ausschnitt Ihres Werks handelt.

Sie selbst müssen keine weiteren Schritte einleiten, um Ihre Kreationen urheberrechtlich zu schützen. Der Schutz entsteht automatisch bei der Kreation eines durch das Urheberrecht geschützten Werkes. Der Schutz selbst ist ab dem Tod des Urhebers in der Regel 70 Jahre gültig. Es ist jedoch wichtig, dass nicht automatisch jede kreative Leistung – besonders in Bezug auf Design – urheberrechtlich geschützt ist. Grundsätzlich gehören laut Artikel 2 des Urheberrechtsgesetzes zwar auch die Schöpfungen eines Designers zu den geschützten Werken, aber das Gesetz bietet besonders in diesem Fall Raum zur Interpretation.

PRAXISBEISPIEL: ERSTELLUNG EINER WEBSITE

Wie kompliziert sich die Beachtung des Urheberrechts online gestalten kann, wird ersichtlich, wenn man beleuchtet, was alles beachtet werden muss, wenn eine Website erstellt wird. Insgesamt kommen unter Urheberrechtsgesichtspunkten gleich drei Artikel aus dem UrhG zum Einsatz, die jeweils den Schutz der Inhalte, der Seite als »Computerprogramm« und gegebenenfalls eine an die Website angebundene Datenbank schützen.

Inhaltlich verhält es sich mit einer Website ebenso wie mit vergleichbaren Inhalten in konventionellen Medien. Egal ob Musik, Fotos, Videos, Grafiken oder Texte – jede Art von Content ist durch Artikel 2 des Urhebergesetzes geschützt. Auch die Website selbst ist komplett ohne Inhalte als »Computerprogramm« durch Artikel 69a des UrhG geschützt. Befindet sich hinter der Website eine Datenbank, kann auch diese durch das Urhebergesetz geschützt sein. Das regelt Artikel 4. Demnach ist es ausreichend, wenn Datensätze nach bestimmten Kriterien gespeichert und sortiert werden. Die Methodik dahinter muss nachweislich als »persönliche geistige Schöpfung« erkennbar sein.

Webdesigner können demnach darauf zählen, dass von ihnen gestaltete Webseiten urheberrechtlich geschützt sind. Daraus folgt, dass der Webdesigner prinzipiell auch ein Recht zur Vervielfältigung der Website hat. Das kann im Arbeitsalltag gleich eine ganze Reihe von Problemen mit sich bringen. Immerhin legt das Urhebergesetz fest, dass auch die Speicherung als Vervielfältigung zu sehen ist. Das ist unproblematisch, wenn der Webdesigner die Seite komplett eigenständig erstellt hat. Damit ist gemeint, dass er auch alle Texte auf der Website selbst geschrieben, alle Fotos selbst gemacht und alle Grafiken selbst gestaltet hat.

In der Praxis dürfte das aber eher die Ausnahme sein, denn in der Regel beinhaltet Webdesign die Arbeit für einen Auftraggeber, der unterschiedliche Agenturen und Kreative für einzelne Teilaufgaben beauftragt. Ein Webdesigner, der nicht alle Elemente einer Website selbst erstellt hat, darf gemäß Urheberrechtsgesetz also nicht einfach so die entsprechende Website auf einen anderen Server umziehen (auf diesem speichern). Sobald der Webdesigner fremde Inhaltselemente nutzt, muss er die Erlaubnis des entsprechenden Fotografen, Grafikers, Texters, Musikers und anderer beteiligter Kreativer einholen, um die Website zu speichern.

Aus diesem Grund lassen sich viele Auftraggeber bei derartigen Projekten das Vervielfältigungsrecht und andere Nutzungsrechte übertragen. Das muss allerdings nicht immer explizit geschehen, denn die Übertragung der Rechte kann sich auch ohne explizite Formulierung aus abgeschlossenen Verträgen ergeben. Kreative sollten daher darauf achten, dass sie gegebenenfalls die Nutzungsrechte genau im Vertrag definieren, um zu verhindern, dass die Übertragung dieser Rechte nicht zu ihren Ungunsten ausfällt. Weitere Informationen hierzu finden Sie im Abschnitt »Allgemeines zu Nutzungsrechten« auf Seite 300.

Wenn nicht sicher ist, ob ein Design urheberrechtlich geschützt ist, kann im Streitfall in der Regel nur ein Gericht zu einem Ergebnis kommen. Es ist gängige Praxis, dass eine kreative Schöpfung dem Urheberrecht unterliegt, wenn es sich um eine persönliche Kreation mit einem gewissen künstlerischen Wert handelt, die unverwechselbar ist. Für Kunstwerke gibt es bei einer derartigen Definition weit weniger Spielraum bei der Auslegung, als dies bei Designs der Fall ist.

Sie müssen Ihr Werk übrigens nicht einmal mit dem geläufigen Zeichen (einem »C« in einem Kreis) versehen. Mehr als auf den Urheberschutz hinweisende und abschreckende Wirkung hat der Copyright-Hinweis nicht. Wenn Sie sicherstellen wollen, dass Sie bemerken, wenn Ihr Urheberrecht online verletzt wird, können Sie auf unsichtbare Wasserzeichen setzen, die sich auf unterschiedliche Weise umsetzen lassen.

Grundsätzliches zum Designschutz

Der Designschutz greift nicht zwangsläufig wie das Urheberrecht automatisch. Stattdessen können Sie ein eingetragenes Design durch Beantragung für einen begrenzten Zeitraum schützen lassen.

Man muss beim Schutz generell zwischen den Begriffen »Marke« und »Design« unterscheiden. Während der Markenschutz stets für bestimmte Produkte oder Dienstleistungen gilt, greift der Designschutz über bestimmte Produkte und Dienstleistungen hinaus. Der Designschutz bezieht sich auf die Form und nicht auf das Produkt oder die Dienstleistung. So lässt sich beispielsweise das User Interface eines Smartphones als Design, nicht aber als Marke schützen. Seit einigen Jahren heißt das ehemals als »Geschmacksmusterrecht« bezeichnete Schutzrecht »Designrecht«. Es regelt den Designschutz von zweidimensionaler und dreidimensionaler Gestaltung. Im Detail geht es dabei um die ästhetische Gestaltung von Dienstleistungen und Produkten oder von deren Teilen. Ein eingetragenes Design schützt zusammengefasst die Gestaltung einer Fläche sowie die Gestaltung eines dreidimensionalen Gebildes.

MAN MUSS BEIM SCHUTZ GENERELL ZWISCHEN DEN BEGRIFFEN »MARKE« UND »DESIGN« UNTERSCHEIDEN.

Wichtige Charakteristika sind dabei neben verwendeten Werkstoffen und neben der Oberflächenstruktur auch, Farben, Linien, Konturen und ähnliche Aspekte. Das Design muss neu sein, wenn Sie es anmelden, es darf also kein identisches Design existieren. Ferner muss das anzumeldende Design sich von bereits existierenden Designs so stark unterscheiden, dass sich eine Eigenart attestieren lässt.

Die Eigenart und die Neuheit eines Designs, dessen Schutz man beantragt, wird allerdings nicht vom zuständigen Deutschen Patent- und Markenamt geprüft. Aus diesem Grund handelt es sich beim Designschutz um ein ungeprüftes Schutzrecht. Entsprechende Schutzvoraussetzungen werden demnach erst in einem Nichtigkeitsverfahren vor dem Deutschen Patent- und Markenamt oder vor Gericht geprüft. Aus diesem Grund sollten Sie gewissenhaft recherchieren, bevor Sie einen Designschutz beantragen.

Designschutz eintragen lassen

Für die Eintragung in das deutsche Register können Sie in der Datenbank DPMA-register, *https://register.dpma.de*, online alle seit dem 1. Juli 1988 eingetragenen Designs inklusive Daten, Bildwiedergabe und aktuellem Rechtsstand recherchieren. Den Designschutz können Sie bei einem Register eintragen lassen. Allerdings entsteht auch ein Schutz durch einfache Veröffentlichung als sogenanntes »nicht eingetragenes Design«.

> **Designschutz in Deutschland:** Für Deutschland ist das bereits erwähnte Deutsche Patent- und Markenamt zuständig, *www.dpma.de/design*. Die Schutzdauer beträgt ab dem Tag der Eintragung 25 Jahre. Ein nicht eingetragenes Design ist ab dem Tag der Veröffentlichung drei Jahre lang geschützt.

> **Designschutz international:** Wollen Sie Ihre Designs außerhalb der Bundesrepublik schützen, müssen Sie auf andere Ämter ausweichen. So können Sie einen Designschutz für die Europäische Union beantragen, indem Sie sich an das Harmonisierungsamt der EU (*www.oami.eu/geschmacksmuster)* in Alicante, Spanien, wenden. Hier müssen Sie ein sogenanntes Gemeinschaftsgeschmacksmuster beantragen, das dem Designschutz in Deutschland gleichzusetzen ist. Zusätzlich besteht die Möglichkeit, ein Design noch internationaler zu registrieren. Dafür wenden Sie sich an die Weltorganisation für geistiges Eigentum, *www.wipo.int*.

No. 7

Möchten Sie in Deutschland ein Design eintragen lassen, können Sie das entweder auf dem Postweg oder elektronisch erledigen. Um den Designschutz zu beantragen, benötigen Sie neben dem Antrag selbst auch Ihren Personalausweis zur Identifikation sowie einen Nachweis über das einzutragende Design. Am einfachsten weisen Sie Ihr Design mit Fotos nach. Wichtig ist in jedem Fall, dass auf dem Nachweis deutlich zu erkennen ist, wofür genau Sie das Schutzrecht beantragen. Ebenfalls sollten Sie mit Fotos oder Zeichnungen darlegen, was genau die Eigenart Ihres Designs ausmacht. Wenn Sie sich nicht sicher sind, ob Ihre Bilder ausreichend erklären, was genau Sie schützen wollen, können Sie Ihrem Antrag auch einen kurzen erklärenden Text beifügen.

ARTIKEL 39 DES DESIGNGESETZES Als Inhaber der Rechte an einem eingetragenen – aber auch an einem nicht eingetragenen – Design können Sie sich im Fall eines Rechtsstreits auf Artikel 39 des Designgesetzes berufen. Dieser besagt, dass die Rechtsgültigkeit des Designs vermutet wird. Ein Gericht wird daher prinzipiell davon ausgehen, dass Ihr Design sowohl neu ist als auch die nötige Eigenart aufweist. Die Beweislast liegt dann bei Ihrem Gegner, der nachweisen muss, dass Ihr Design nicht neu ist oder keine Eigenart aufweist. Wenn also jemand anders Ihr Design oder Teile dessen verwendet, wird er das bei Nichterbringen des Beweises künftig unterlassen müssen. Darüber hinaus würde Ihnen in einem derartigen Fall Schadenersatz zugesprochen, und Sie würden die Kosten des Gerichtsverfahrens von der Gegenseite ersetzt bekommen.

KOSTEN FÜR DESIGNSCHUTZ Wie bereits erwähnt, können Sie Ihr Design für 25 Jahre schützen lassen. Allerdings bezahlen Sie den Designschutz nicht einmalig für 25 Jahre, sondern müssen stattdessen alle fünf Jahre eine Aufrechterhaltungsgebühr entrichten. Bei der Erstanmeldung können Sie Geld sparen, wenn Sie den elektronischen Weg wählen. Die Kosten für den Designschutz finden Sie in der folgenden Tabelle (Stand: September 2017) oder unter *www.dpma.de/design/gebuehren*.

Kosten für Designschutz	
Erstanmeldung für einzelnes Design (Papier)	70 Euro
Erstanmeldung für einzelnes Design (elektronisch)	60 Euro
Erstanmeldung für mehrere Designs (Papier)	7 Euro je Design, mindestens aber 70 Euro
Erstanmeldung für mehrere Designs (elektronisch)	6 Euro je Design, mindestens aber 60 Euro
Aufrechterhaltung für das 6. bis 10. Schutzjahr	90 Euro
Aufrechterhaltung für das 11. bis 15. Schutzjahr	120 Euro
Aufrechterhaltung für das 16. bis 20. Schutzjahr	150 Euro
Aufrechterhaltung für das 21. bis 25. Schutzjahr	180 Euro

Allgemeines zu Nutzungsrechten

Kreative haben das Recht, Geld zu verdienen, indem Sie andere Ihre Designs nutzen lassen. Davon leben Sie schließlich unter anderem, denn wahrscheinlich stellen Sie Ihren Auftraggebern oft nicht nur die Gestaltung einer Kreation in Rechnung, sondern räumen ihnen auch Nutzungsrechte ein. Wie Sie in den vorausgehenden zwei Unterkapiteln gesehen haben, kann das aufgrund des Urheberrechts und des Designschutzes problematisch werden. In beiden Fällen haben andere Personen außer Ihnen selbst kein Recht dazu, Ihr Design zu nutzen.

In vielen Fällen werden Sie daher Ihrem Auftraggeber Nutzungsrechte an Ihren Kreationen einräumen müssen. Diese Lizenzrechte erlauben Ihrem Kunden, ein Design tatsächlich zu nutzen, es zu vervielfältigen und weiterzuentwickeln. Unter den Oberbegriff »Nutzungsrechte« fällt neben der Nutzungsart und der Nutzungsdauer auch der Nutzungsraum und der Nutzungsumfang.

KREATIVE HABEN DAS RECHT, GELD ZU VERDIENEN, INDEM SIE ANDERE IHRE DESIGNS NUTZEN LASSEN.

No. 7

NUTZUNGSRECHTE IM DETAIL

> **Nutzungsart:** Bei der Einräumung von Nutzungsrechten bezeichnet die Nutzungsart die Weise, in der Ihr Kunde Ihr Design nutzen darf. Die Nutzungsart bezeichnet, anders gesagt, in welcher Form Ihr Design veröffentlicht werden darf. Ein Beispiel für eine Einschränkung der Nutzungsart wäre, wenn ein Designer für einen Kunden eine Infografik gestaltet, die online zum Einsatz kommen soll, nicht aber in gedruckter Form wie zum Beispiel in Werbebroschüren.

> **Nutzungsdauer:** Wie der Name schon vermuten lässt, beschreibt die Nutzungsdauer den Zeitraum, in dem ein Design genutzt werden darf.

> **Nutzungsraum:** Der Nutzungsraum beschreibt bei der Einräumung von Nutzungsrechten, wo genau Ihr Design verwendet werden darf. Ein Beispiel dafür wäre, wenn ein Designer eine Grafik für einen international tätigen Konzern gestaltet, die nur in Deutschland genutzt werden darf. Beim Nutzungsraum muss es nicht immer nur um Ländergrenzen gehen. Es ist auch möglich, die Nutzung eines Designs innerhalb eines Landes regional oder überregional zu beschränken.

> **Nutzungsumfang:** Mit dem Nutzungsumfang definieren Sie, in welchem Umfang eine Kreation verwendet werden darf. Insbesondere sollten Sie hier darauf achten, ob Sie einem Kunden das Recht einräumen wollen, Ihr Werk an Dritte weiterzugeben. Das ist jedoch nur bei einem ausschließlichen Nutzungsrecht (siehe folgend) möglich.

Räumen Sie einem Kunden ein Nutzungsrecht an Ihrer Kreation ein, müssen Sie zwischen dem »einfachen Nutzungsrecht« und dem »ausschließlichen Nutzungsrecht« unterscheiden.

EINFACHES NUTZUNGSRECHT Es ist sinnvoll, einem Kunden ein einfaches Nutzungsrecht einzuräumen, wenn Sie beispielsweise Icons oder Templates designen. Räumen Sie einem Kunden ein einfaches Nutzungsrecht ein, behalten Sie selbst das Recht, das selbe Design auch anderen Kunden zu verkaufen.

AUSSCHLIESSLICHES NUTZUNGSRECHT Komplizierter verhält es sich mit dem ausschließlichen Nutzungsrecht, denn dieses sagt aus, dass Sie ausschließlich einem Auftraggeber das Recht einräumen, Ihre Kreation zu nutzen. Das bietet sich immer dann an, wenn Ihr Design stark auf einen bestimmten Auftraggeber ausgerichtet ist, denn in einem derartigen Fall werden Sie damit bei anderen Auftraggebern ohnehin nicht punkten können. Sie sollten die Einräumung der Nutzungsrechte beschränken und dabei gegebenenfalls sowohl die zeitliche Nutzung berücksichtigen als auch die inhaltliche und räumliche Nutzung.

Für die Einräumung eines einfachen Nutzungsrechts werden Sie in der Regel weniger verlangen als für ein ausschließliches Nutzungsrecht. Im Geschäftsalltag spielt die Vergütung von Nutzungsrechten nicht bei jedem Auftrag eine Rolle. Besonders wenn sich unter den Kunden viele kleine Unternehmen und Auftraggeber befinden, ist die Vergütung der Nutzungsrechte für viele Designer nicht unbedingt üblich.

FÜR DIE EINRÄUMUNG EINES EINFACHEN NUTZUNGSRECHTS WERDEN SIE IN DER REGEL WENIGER GELD VERLANGEN ALS FÜR EIN AUSSCHLIESSLICHES NUTZUNGSRECHT.

Sprechen Sie mit Ihrem Auftraggeber über die Nutzungsrechte. Immerhin verbleiben alle Rechte bei Ihnen, wenn Sie sie Ihrem Kunden nicht vertraglich einräumen. Dieser Fakt ist vielen Auftraggebern – aber auch einigen Kreativen – nicht bekannt, und es sollte für Sie als professionellem Kreativen zum guten Ton gehören, mit Ihren Kunden über dieses Thema zu sprechen.

VERGÜTUNG VON NUTZUNGSRECHTEN Sofern Sie selbstständig tätig sind, werden Sie das Problem kennen: Sie haben besonders zu Beginn Ihrer Selbstständigkeit vielleicht häufiger geringe Stundensätze vereinbart, um an Aufträge zu kommen. Ziemlich schnell merkt man nach diesen Anfangsfehlern, dass es sehr schwer ist, von einem niedrigen Stundensatz auf ein annehmbares Niveau zu kommen. Wiederkehrende Kunden zeigen wenig Verständnis für plötzlich höhere Kosten, und Ihr geringer Stundensatz hat sich vielleicht auch bei dem ein oder anderen Neukunden herumgesprochen.

Ähnlich gelagert ist das Problem mit der Vergütung von Nutzungsrechten. Viele Kreative verzichten darauf, was bei Kunden dazu führt, dass diese nicht gewohnt sind, nicht nur für die Gestaltung eines Designs zahlen zu müssen, sondern auch noch für die Nutzung. Sie sollten daher auf jeden Fall auf einer Vergütung für die Nutzungsrechte bestehen – nicht nur, wenn Sie für größere Unternehmen und Konzerne tätig werden. Die Vergütung der Nutzungsrechte sollte daher Teil sowohl Ihrer Angebote als auch Ihrer Verträge sein. Eine weitere Möglichkeit ist es, auf die Nutzungsrechte in den Allgemeinen Geschäftsbedingungen einzugehen.

VIELE KUNDEN SIND NICHT GEWOHNT, NICHT NUR FÜR DIE GESTALTUNG EINES DESIGNS SONDERN AUCH NOCH FÜR DESSEN NUTZUNG ZU ZAHLEN.

Abschließend sei darauf hingewiesen, dass besonders Großunternehmen, aber auch einige Agenturen, Ihnen hin und wieder eigene Verträge vorlegen, die ebenfalls Klauseln zum Nutzungsrecht beinhalten. Diese Klauseln sollten Sie genau lesen!

No. 7

CREATIVE-COMMONS-LIZENZEN

Besonders wenn Sie als Kreativer hauptsächlich digital tätig sind, wird Ihnen Creative Commons ein Begriff sein. Dennoch lohnt sich eine kurze Definition des Begriffes. Übersetzt bedeutet er »kreatives Gemeingut«, und die entsprechenden Lizenzen sollen eine einfache Möglichkeit bieten, kreative Schöpfungen zu nutzen und zur Verfügung zu stellen.

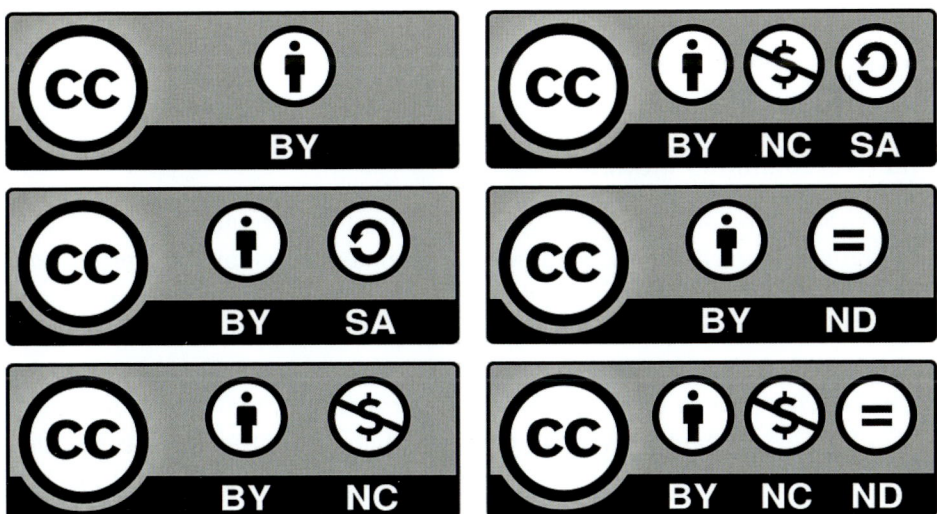

Creative-Commons-Lizenzen eignen sich für Kreative, die sich online präsentieren, aus unterschiedlichen Gründen. Die Lizenzen kommen in unterschiedlichen Ausprägungen und entsprechend mit verschiedenen Icons. (Grafik: Pixabay)

Creative Commons ist in Zeiten des Internet ein sinnvolles, ja nötiges Modell, da jeder Nutzer, der sich online bewegt, täglich mehrfach mit dem Urheberrecht in Berührung kommt. Mit dem traditionellen Urheberrecht wären viele Aspekte rund um Inhalte wie Bilder, Videos und Musik überaus umständlich.

Werke unter Creative-Commons-Lizenz bereitstellen

Als Kreativer werden Sie nicht nur ab und an selber die Werke anderer nutzen wollen, es gibt auch viele Gründe dafür, einige der eigenen Kreationen unter Creative-Commons-Lizenz anderen Nutzern zur freien Nutzung zur Verfügung zu stellen. Das lässt sich durchaus auch als Marketingmaßnahme verstehen, denn indem Sie ein paar qualitativ hochwertige Kreationen zur Verfügung stellen, können Sie Ihre Bekanntheit erhöhen.

Die gemeinnützige Gesellschaft Creative Commons erleichtert Ihnen dabei die Arbeit, denn Sie müssen nicht jedes Mal, wenn jemand eines Ihrer Werke nutzen möchte, über den Inhalt der entsprechenden Lizenz verhandeln. Vielmehr stellen Sie die Werke, die Sie zur Verfügung stellen wollen, einfach unter eine Standardlizenz, die genau festlegt, wie die Rahmenbedingungen der Nutzung aussehen. Das Ganze funktioniert nicht nur online für Bilder, Fotos, Videos, Musik, Texte und mehr, sondern auch offline. So können beispielsweise von Ihnen unter eine CC-Lizenz gestellte Werke in Büchern oder Broschüren verwendet werden. In dem Fall muss der Nutzer immer einen Link zur Quelle bereitstellen, sodass auch in diesem Fall dafür gesorgt ist, dass Sie als Urheber klar identifiziert werden.

Creative-Commons-Module

Bei Creative Commons handelt es sich nicht um eine einzelne Lizenz. Stattdessen gibt es unterschiedliche Module, die miteinander kombiniert werden können, um die gewünschte Lizenz mit den von Ihnen ausgewählten Bedingungen zu erstellen. Die vier Module setzen sich aus den Bausteinen »Namensnennung«, »Nicht Kommerziell«, »Keine Bearbeitung« und »Weitergabe unter gleichen Bedingungen« zusammen. Ein Blick auf die vier Bausteine gibt Aufschluss darüber, was genau es mit jedem einzelnen Modul im Detail auf sich hat.

CREATIVE COMMONS IST IN UNTERSCHIEDLICHEN MODULEN AUFGEBAUT.

BY (NAMENSNENNUNG) Das Modul BY (Namensnennung) ist für jede CC-Lizenz verpflichtend und besagt, dass der Nutzer eines Werks den Namen des Urhebers nennen muss, und zwar so, dass dieser exakt dem Namen, der neben dem Werk steht, entspricht. Handelt es sich um ein Video oder einen Musiktitel, muss auch der Titel des Werks genannt werden. Ein Link zum Werk ist ebenfalls verpflichtend. Hier reicht es aus, das CC-Icon mit dem entsprechenden Link zu versehen. Auch ein Link zur Lizenzbeschreibung darf nicht fehlen.

NC (NICHT KOMMERZIELL) Das optionale NC-Modul untersagt die kommerzielle Nutzung eines Werks. Das beinhaltet auch die Verwendung der Inhalte durch Unternehmen in sozialen Medien.

ND (KEINE BEARBEITUNG) Verwenden Sie dieses Modul, untersagen Sie Nutzern die Bearbeitung Ihres Werkes. Das heißt, dass keine Änderungen an Ihrer Kreation vorgenommen werden dürfen.

SA (WEITERGABE UNTER GLEICHEN BEDINGUNGEN) Das optionale SA-Modul können Sie auswählen, sofern Sie nicht das ND-Modul verwenden. Das SA-Modul besagt, dass ein Werk bearbeitet werden darf, dann aber nur unter derselben Lizenz weitergegeben werden darf. Der Hintergedanke dabei ist, dass die bearbeitete Version ansonsten urheberrechtlich geschützt wäre.

No. 7

Unterschiedliche Creative-Commons-Lizenzen

Insgesamt ermöglichen die vier Baukastenmodule sechs unterschiedliche Creative-Commons-Lizenzmodelle, die Sie im Überblick in der folgenden Tabelle nach absteigender Restriktion finden.

Module	Konditionen
› BY (Namensnennung) › NC (Nicht kommerziell) › ND (Keine Bearbeitung)	› Namensnennung und Links › kommerzielle Nutzung untersagt › Bearbeitung untersagt
› BY (Namensnennung) › NC (Nicht kommerziell) › SA (Weitergabe unter gleichen Bedingungen)	› Namensnennung und Links › kommerzielle Nutzung untersagt › Weitergabe unter derselben CC-Lizenz erlaubt › Bearbeitung erlaubt
› BY (Namensnennung) › NC (Nicht kommerziell)	› Namensnennung und Links › kommerzielle Nutzung untersagt › Bearbeitung erlaubt

Module	Konditionen
> BY (Namensnennung) > ND (Keine Bearbeitung)	> Namensnennung und Links > Bearbeitung untersagt > kommerzielle Nutzung erlaubt
> BY (Namensnennung) > SA (Weitergabe unter gleichen Bedingungen)	> Namensnennung und Links > Weitergabe unter derselben CC-Lizenz erlaubt > Bearbeitung erlaubt > kommerzielle Nutzung erlaubt
> BY (Namensnennung)	> Namensnennung und Links > Bearbeitung erlaubt > kommerzielle Nutzung erlaubt

EIGENE ANSPRÜCHE DURCHSETZEN

Es kann Ihnen passieren, dass jemand Ihre Rechte verletzt, gegen das Urheberrecht oder gegen ein von Ihnen gewährtes Nutzungsrecht verstößt oder dass sich jemand wettbewerbswidrig verhält. In diesen Fällen sollten Sie sich bewusst darüber sein, wie Sie dagegen vorgehen wollen.

Egal um welche Art von Rechtsverletzung es geht, sollten Sie als Erstes Beweise sichern. Fertigen Sie Screenshots an, überlegen Sie, Zeugen hinzuzuziehen, und notieren Sie sich Links, Namen und weitere relevante Informationen. Sie werden einen möglichen Rechtsverstoß nachweisen müssen, denn sobald die Gegenseite Ihren Ansprüchen widerspricht, liegt die Beweispflicht bei Ihnen.

Unterschiedliche Arten von Ansprüchen

Haben Sie alle nötigen Beweise gesichert, werden Sie in der Regel eine von drei Optionen haben. Zum einen können Sie einen Beseitigungsanspruch geltend machen, und zum anderen können Sie einen Unterlassungsanspruch geltend machen. Darüber hinaus gibt es unter Umständen noch die Option, Schadenersatz geltend zu machen.

UNTERSCHIEDLICHE ANSPRÜCHE

> **Beseitigung:** Machen Sie einen Beseitigungsanspruch geltend, verlangen Sie von der Gegenseite, dass eine anhaltende Rechtsverletzung unterlassen wird. Das kann zum Beispiel sinnvoll sein, wenn der Betreiber einer Website eines Ihrer Designs widerrechtlich verwendet.

> **Unterlassung:** Die Unterlassung ähnelt im Prinzip der Beseitigung – mit dem wichtigen Unterschied, dass die Gegenseite dazu aufgefordert wird, die Rechtsverletzung nicht zu wiederholen. So könnte der Websitebetreiber aus dem vorangehenden Beispiel sich dazu entschließen, Ihr Design zwar von seiner Website zu entfernen, es aber weiterhin auf Facebook zu verwenden. In dem Fall wäre es recht ärgerlich, wenn Sie ihn bei jeder wiederholten Rechtsverletzung mit demselben Gegenstand erneut zur Beseitigung auffordern müssten. Sie können daher einen Unterlassungsanspruch geltend machen, mit dessen Hilfe die Gefahr eines wiederholten Rechtsverstoßes beseitigt wird. Die Gegenseite kann mit der Zahlung einer Strafe belegt werden, wenn sie gegen Ihren Unterlassungsanspruch verstößt.

> **Schadenersatz:** Sofern Ihnen durch einen Rechtsverstoß ein Schaden entsteht, der sich in einem Gewinnausfall niederschlägt, können Sie Schadenersatz beanspruchen. Das Geltendmachen von Schadenersatz bietet sich immer dann an, wenn Ihre durch das Marken- oder Urheberrecht geschützten Werke widerrechtlich von der Gegenseite verwendet werden. Bezüglich der anzusetzenden Höhe des Schadenersatzes ist von Alleingängen abzuraten. Im besten Fall verfügen Sie über eine Rechtsschutzversicherung, sodass Sie einen Anwalt mit Ihrem Fall beauftragen können.

No. 7

Damit ist zwar geklärt, welche Art von Anspruch Sie geltend machen wollen, aber noch nicht, gegenüber wem Sie Ihren Anspruch durchsetzen wollen. Das ist manchmal gar nicht so leicht zu entscheiden.

Gegenseite identifizieren

Nimmt man beispielsweise den Fall, dass ein Fan einer bestimmten Seite auf Facebook eines Ihrer Werke postet, stellt sich die Frage, wer genau der richtige Ansprechpartner ist. Dabei ist natürlich davon auszugehen, dass Sie das Teilen dieses bestimmten Inhaltes explizit unterbinden wollen. In der Regel ist gegen einen von Ihrer Arbeit begeisterten Fan, der für Sie kostenlos »Werbung« betreibt, nichts einzuwenden.

Wollen Sie aber partout nicht, dass eine bestimmte Kreation geteilt wird, wer ist dann der richtige Ansprechpartner? Facebook selbst? Der Seitenbetreiber? Oder doch der einzelne Nutzer, der den Beitrag gepostet hat? Die Antwort auf diese Frage wird im Übrigen in manchen Fällen auch beeinflussen, welche Art von Anspruch Sie überhaupt geltend machen können. Nehmen wir einmal an, der Nutzer hat Ihr Werk trotz Klarnamenpflicht auf Facebook unter einem Pseudonym gepostet. In dem Fall kann es sich als schwierig erweisen, die Identität des Nutzers in Erfahrung zu bringen.

Damit erscheint es wenig zielführend, den Nutzer in die Pflicht zu nehmen, wenn er die Bitte zur Entfernung des Inhalts einfach ignoriert. Auch die Möglichkeit, den Anspruch direkt gegenüber dem Plattformbetreiber, also gegenüber Facebook, geltend zu machen, wäre in dem Fall unter Umständen die falsche Entscheidung. Die **DIE DURCHSETZUNG EINER FORDERUNG KANN SEHR ZEITAUFWÄNDIG UND KOSTENINTENSIV SEIN.** Durchsetzung einer Forderung gegenüber einem großen Konzern mit Sitz in den USA kann sich als sehr zeitaufwändig und kostenintensiv herausstellen. Den Betreiber der Seite auf Facebook hingegen werden Sie identifizieren und in den meisten Fällen auch schneller greifen können als den Plattformbetreiber. Den Seitenbetreiber bezeichnet man in diesem Fall auch als »mittelbar Haftenden«.

Das Beispiel zeigt die Komplexität der Frage auf, wer die eigentliche Gegenseite bei einer Rechtsverletzung ist.

Vorgehen planen

Sie können in vielen Fällen entweder selbst – mit oder ohne Anwalt – gegen einen Rechtsverstoß vorgehen oder aber sich dafür entscheiden, einen Verstoß zu melden. Gehen Sie selbst gegen eine Rechtsverletzung vor, geschieht das entweder formlos, in Form einer Abmahnung oder in einem Gerichtsverfahren (dazu in den folgenden Unterkapiteln mehr). Dieser Weg ist in den meisten Fällen die erfolgversprechendste Variante, denn Sie behalten alle Fäden bezüglich des Vorgehens in der eigenen Hand. Im Gegensatz zur Meldung eines Rechtsverstoßes können Sie beim eigenen Vorgehen Strafen zu Ihren Gunsten und Schadenersatzansprüche durchsetzen.

Sie sollten sich jedoch auch bewusstmachen, dass das Risiko beim eigenen Vorgehen besteht, dass Ihnen erhebliche Kosten verursacht werden. Dabei ist es egal, ob Sie einen Anwalt bemühen.

Entscheiden Sie sich für eine Meldung, kommt es ganz auf den Tatbestand an, wer Ihr Ansprechpartner ist und worum genau es geht. So könnten Sie beispielsweise einen Strafantrag stellen, ein Bußgeldverfahren anstreben, gegen einen Plattformbetreiber vorgehen oder Verstöße gegen das Wettbewerbsrecht bei Wirtschaftsverbänden melden.

Handlungsoptionen beim Vorgehen gegen Rechtsverstöße

Insgesamt stehen Ihnen drei Eskalationsstufen zur Verfügung, wenn Sie gegen Rechtsverstöße vorgehen wollen – von einem formlosen Hinweis, über eine Abmahnung bis hin zum Gerichtsverfahren.

FORMLOSES VORGEHEN In fast allen Fällen bietet es sich an, nicht gleich die juristische Keule zu schwingen, sondern erst mal vernünftig mit der Gegenseite zu kommunizieren. Besonders bei Urheberrechtsverletzungen ist es nicht unüblich, dass diese unwissentlich geschehen. Natürlich schützt Unwissenheit vor Strafe nicht, Sie werden jedoch in derartigen Fällen meist einfach darauf aus sein, dass die Gegenseite ein widerrechtlich verwendetes Werk von Ihnen aus einem fremden Online-Angebot entfernt. Die Chancen stehen gut, dass die Gegenseite nach einem höflichen Hinweis auf den Rechtsverstoß reagiert und die Sache damit schnell erledigt ist.

No. 7

Selbst wenn Sie eigentlich die nächste Eskalationsstufe, nämlich eine Abmahnung, präferieren, sollten Sie in vielen Fällen vorher einen formlosen Hinweis an die Gegenseite schicken. Dabei sollten Sie beachten, dass Sie den Rechtsverstoß in Ihrem Anschreiben möglichst detailliert darlegen. Auf diese Weise beweisen Sie nicht nur, dass Sie wissen, wovon Sie sprechen, die Gegenseite wird bei einer Eskalation auch nicht argumentieren können, sie hätte nichts von einem Rechtsverstoß gewusst. Setzen Sie der Gegenseite zudem eine angemessene Frist zur Beseitigung des Rechtsverstoßes. Bedenken Sie aber in jedem Fall, dass ein formloses Vorgehen Ihnen keinerlei Rechtssicherheit bietet.

ABMAHNUNG Reagiert die Gegenseite nicht auf Ihren formlosen Hinweis, sollten Sie eine Abmahnung in Erwägung ziehen. Im Gegensatz zur gerichtlichen Aufforderung, einen Rechtsverstoß zu beseitigen und künftig zu unterlassen, ist die Abmahnung der schnellere und meist kostengünstigere Weg. Abmahnberechtigt sind Sie immer dann, wenn Sie der Rechteinhaber des jeweiligen Gegenstands sind. Geht es um Verstöße gegen das Wettbewerbs-

ABMAHNUNGEN SIND OFT DER SCHNELLERE UND MEIST KOSTENGÜNSTIGERE WEG.

recht, sind zusätzlich auch entsprechende Verbände sowie Industrie- und Handelskammern berechtigt, eine Abmahnung auszusprechen.

INHALT DER ABMAHNUNG

> **Berechtigung:** Sofern es sich um eine Urheberrechtsverletzung dreht, müssen Sie nachweisen, dass Sie der Urheber sind. Bei Verstößen gegen das Wettbewerbsrecht müssen Sie dagegen begründen, dass Sie sich mit der Gegenseite in einem Wettbewerbsverhältnis befinden.

> **Erklärung:** Beschreiben sie prägnant, aber ausreichend detailliert, was genau Sie beanstanden und wie das Beanstandete zu einem Rechtsverstoß geführt hat.

> **Beschreibung:** Sie müssen dem Abgemahnten genau beschreiben, wie er sich falsch verhalten hat und wie der Rechtsverstoß zu beseitigen ist.

> **Unterlassungserklärung:** Mit einer sogenannten strafbewehrten Unterlassungserklärung sichert der Abgemahnte Ihnen zu, dass er den Rechtsverstoß künftig nicht wiederholen wird. Diesem Umstand wird nur dann Rechnung getragen, wenn der Abgemahnte sich dazu verpflichtet, Ihnen im Fall des wiederholten Rechtsverstoßes eine Vertragsstrafe zu zahlen. Es reicht nicht aus, wenn der Abgemahnte Ihnen »verspricht«, den Rechtsverstoß nicht zu wiederholen.

> **Androhung:** Sie sollten explizit darauf hinweisen, dass Sie gerichtliche Schritte einleiten, wenn der in der Abmahnung beschriebene Rechtsverstoß nicht beseitig wird.

> **Frist:** Sie müssen Ihre Abmahnung mit einer Frist versehen, die festlegt, in welchem Zeitraum der Abgemahnte den Rechtsverstoß zu beseitigen und eine Unterlassungserklärung abzugeben hat. Die Länge der Frist hängt dabei vom Fall ab. Bei Urheberrechtsverletzungen ist eine Frist von rund sieben Tagen üblich.

Selbst wenn Sie ein Gerichtsverfahren anstreben, sollten Sie eine vorausgehende Abmahnung in Erwägung ziehen, denn lenkt die Gegenseite vor Gericht direkt ein, gewinnen Sie zwar das Verfahren, bleiben dann aber selber auf den Kosten für das Gerichtsverfahren sitzen. Der Grund dafür ist, dass das deutsche Rechtssystem der Maxime folgt, dass die Durchsetzung von Ansprüchen möglichst kostengünstig zu erfolgen hat. Gerichtsverfahren sind in der Regel die kostenintensivste Variante. Sowohl im Urheberrecht als auch im Wettbewerbsrecht finden sich Hinweise darauf, dass eine Abmahnung einem angestrebten Gerichtsverfahren vorausgehen sollte. Der Inhalt einer Abmahnung muss gewissen Regeln Rechnung tragen, die Sie im folgenden Kasten finden.

GERICHTSVERFAHREN In einem Gerichtsverfahren machen Sie dieselben Ansprüche geltend wie in einer Abmahnung. Das Ganze ist jedoch deutlich zeit- und kostenintensiver als eine Abmahnung. So kann ein Gerichtsverfahren mehrere Monate dauern und ein Vielfaches einer Abmahnung kosten. Zusätzliche Kosten kann der Anwaltszwang verursachen.

RECHTSANWALT BEAUFTRAGEN Niemand möchte, dass es dazu kommt. Wenn Sie dennoch dazu gezwungen sind, sich gegen eine Abmahnung oder Anschuldigungen zur Wehr zu setzen, aber auch wenn Sie selber Ansprüche geltend machen, stellt sich die Frage: Sollte ich einen Rechtsanwalt beauftragen, sich um meine Belange zu kümmern? Dabei spielen sowohl Erwägungen bezüglich anfallender Gebühren und Kosten als auch in Bezug auf die Rechtssicherheit eine Rolle. Pauschal lässt sich nicht sagen, ob Sie im Fall eines Rechtsstreits einen Anwalt beauftragen sollten. Diese Frage stellt sich aber eigentlich auch nur dann, wenn es um formlose Kommunikation mit der Gegenseite geht. Auch hier kann die Beauftragung eines Anwalts durchaus sinnvoll sein.

No. 7

Geht es jedoch um ein drohendes Verfahren vor Gericht oder auch um eine Abmahnung, sollten Sie definitiv einen Anwalt hinzuziehen. Das liegt einfach daran, dass in beiden Fällen viele Details zu beachten sind. Selbst die wissentliche oder unwissentliche Missachtung eines kleinen juristischen Details kann große Auswirkungen haben. Die Vorteile eines Rechtsanwalts liegen auf der Hand. Zum einen weiß der Anwalt, wo sich Fallstricke befinden und kennt sich im Regelfall auch mit rechtlichen Spitzfindigkeiten aus. Er wird versuchen, für Sie das Beste herauszuschlagen, was möglich ist. Dabei ist es egal, ob es beispielsweise um die Senkung von Kosten durch eine Abmahnung oder um einen Vergleich geht. Auf der anderen Seite haftet der Rechtsanwalt, wenn er formale Fehler begeht.

ANWALTSGEBÜHREN KÖNNEN BESONDERS DAS BUDGET VON FREIBERUFLERN SCHNELL SPRENGEN.

Das Ganze ist naturgemäß nicht kostenlos, und Anwaltsgebühren können besonders das Budget von Freiberuflern schnell sprengen. Rechtsanwaltsgebühren berechnen sich auf Basis von gesetzlich geregelten Sätzen, die wiederum auf dem jeweiligen Streitwert basieren. Um die zu erwartenden Kosten in einem speziellen Fall zu ermitteln, können Sie auf einen Prozesskostenrechner setzen, den Sie online finden.

Geht es nicht um ein Verfahren vor einem Gericht, sind im Übrigen auch Pauschalgebühren und Stundensätze üblich. Hier lassen sich keine allgemeingültigen Aussagen treffen. Ein Betrag von rund 200 Euro pro Stunde ist für die meisten Fälle ein guter Mittelwert, aber am Ende des Tages basiert der Stundensatz eines Anwalts sowohl auf dessen Expertise und der Größe der Kanzlei als auch auf dem Haftungsrisiko, das Ihr Fall mit sich bringt, sowie dem Rechtsgebiet. Verschiedene Anwälte sind auf verschiedene Rechtsgebiete spezialisiert – beachten Sie das bei der Suche nach einem geeigneten Rechtsanwalt ebenfalls.

CHECKLISTE RECHT

Auch wenn es ein Ding der Unmöglichkeit ist, jeden einzelnen juristischen Stolperstein aufzuführen, der Ihnen online droht, gibt es ein paar besonders häufige Probleme. In der folgenden Checkliste finden Sie daher lediglich einen Überblick über die häufigsten Fehler, die Sie vermeiden sollten. Die Liste erhebt keinerlei Anspruch auf Vollständigkeit und bietet nur einen ersten Einstieg in die Thematik. Details zu den einzelnen Punkten und darüber hinausgehende Stolpersteine erfordern eine tiefergehende Auseinandersetzung mit der Thematik, die dieses Buch nicht leisten kann.

CHECKLISTE JURISTISCHE STOLPERSTEINE

✔ **Name:** Der Name Ihrer Website und Ihrer Social-Media-Profile darf keine Namens- oder Markenrechte verletzen. Außerdem sollte der Name von Profilen auf Plattformen konform mit den jeweiligen Hausrechten sein.

✔ **Kommerzielle Absichten anzeigen:** Machen Sie deutlich, dass es sich bei Ihren Tätigkeiten um ein kommerzielles Angebot handelt. Das gilt auch und insbesondere für Ihre Social-Media-Aktivitäten.

✔ **Nutzungsbedingungen:** Sofern Sie eine Portfolio-Plattform oder ein soziales Netzwerk benutzen, müssen Sie prüfen, ob eine kommerzielle Nutzung erlaubt ist. Informieren Sie sich über entsprechende Regeln zur geschäftlichen Nutzung und darüber, welche Rechte Sie dem Betreiber an Ihren eigenen Inhalten einräumen.

✔ **Impressum:** Sie benötigen ein Impressum, in dem Sie alle vom Gesetzgeber geforderten Informationen bereitstellen. Das Impressum muss sofort als solches zu erkennen und leicht erreichbar sein.

- ✓ **Datenschutzerklärung:** In vielen Fällen benötigen Sie eine Datenschutzerklärung, die alle vom Gesetzgeber geforderten Inhalte enthält.
- ✓ **Wettbewerbsrecht:** Vermeiden Sie Vergleiche mit und Meinungen über Konkurrenten.
- ✓ **Wahrheitstreue:** Behauptungen, Tatsachen und Kommentare sollten der Wahrheit entsprechen.
- ✓ **Links:** Veröffentlichen und teilen Sie keine Links zu rechtswidrigen Inhalten.
- ✓ **Fremde Inhalte:** Verwenden Sie keine fremden Inhalte ohne ausdrückliche Erlaubnis des Urhebers.
- ✓ **Lizenzbedingungen:** Halten Sie sich bei der Verwendung fremder Inhalte stets an die Lizenzbedingungen.

No. 7

NICHT VON RECHTLICHEN ASPEKTEN EINSCHÜCHTERN LASSEN

Auch wenn Sie nach der Lektüre dieses Kapitels unter Umständen verunsichert sind – lassen Sie sich nicht von möglichen juristischen Stolpersteinen verunsichern. Nur weil Sie Ihre Arbeiten in einem Online-Portfolio präsentieren und online sowie in sozialen Medien auf Kundenfang gehen, müssen Sie keinen eigenen Anwalt beschäftigen. Wie bereits erwähnt müssen Sie auch nicht jedes einzelne Gesetz in all seinen Details kennen. Wenn es Ihnen gelingt, ein Bewusstsein für mögliche juristische Stolpersteine, die auf Ihrem Weg zum Online-Erfolg liegen, zu entwickeln, werden Sie die meisten Probleme vermeiden. Sofern Sie wissen, wo Sie im Zweifel nach Antworten auf Ihre rechtlichen Fragen suchen können, ist viel gewonnen.

ALS KREATIVER KANN ES NICHT SCHADEN, EINE RECHTSCHUTZVERSICHERUNG ABZUSCHLIESSEN.

Dennoch kann es nicht schaden, als Kreativer eine Rechtschutzversicherung abzuschließen. Damit minimieren Sie das Risiko hoher Kosten, falls Sie sich doch einmal in einen Rechtsstreit verwickelt sehen. Das kann zum Beispiel auch dann nötig sein, wenn Sie selber gegen eine Urheberrechtsverletzung vorgehen wollen. Bei Freiberuflern kommt es, ebenso wie bei Unternehmen, auch vor, dass ein Kunde gegen Sie vorgeht, weil Sie seiner Ansicht nach ein Projekt nicht wie vereinbart abgeschlossen haben, sodass er sich weigert, die Rechnung zu bezahlen.

Verfügen Sie über eine Rechtschutzversicherung, vermeiden Sie, dass Sie selber viel Geld in die Hand nehmen müssen, um einen Anwalt zu konsultieren. Die Versicherung übernimmt in vielen Fällen dann die Anwaltskosten. Bei der Entscheidung für oder gegen eine bestimmte Rechtschutzversicherung sollten Sie sich genau über die Leistungen und Konditionen informieren. Außerdem sollten Sie die Monatsbeiträge unterschiedlicher Anbieter vergleichen und auch darauf achten, wie hoch Ihre Selbstbeteiligung ausfällt.

No. 8

Erfolge messen

No. 8

ERFOLGE MESSEN

Online-Marketing ist ein anhaltender Vorgang. Kreative sollten ihre Profile sowie ihr Portfolio stets im Auge behalten und pflegen. Die Website-Analyse und das Social-Media-Monitoring bieten viele nützliche Werkzeuge, mit denen sich der Erfolg der eigenen Online-Bemühungen messen lässt.

Wenn Sie alle der in diesem Buch beschriebenen Maßnahmen umgesetzt haben, können Sie sich nicht einfach zurücklehnen. Selbst wenn Sie eine perfekt an den Bedürfnissen potenzieller Kunden ausgerichtete Website aufgesetzt haben, ein aussagekräftiges und beeindruckendes Online-Portfolio zusammengestellt haben, möglicherweise ein informatives Blog in Ihre Seite integriert haben und sich umfassende Gedanken über Ihre Content-Strategie sowie über Ihre Bemühungen in sozialen Medien gemacht haben, ist Ihr Online-Auftritt kein Selbstläufer.

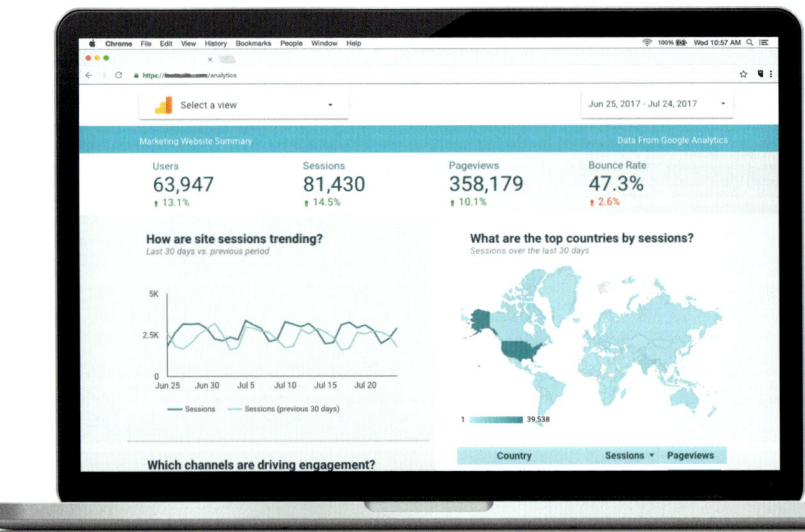

Das Monitoring der eigenen Website ist nicht nur nötig, um Geschäftsziele sinnvoll zu verfolgen, es ermöglicht auch das Identifizieren von geeigneten Maßnahmen, um mehr Aufträge zu generieren. Hier sehen Sie Google Analytics: www.google.com/analytics/ analytics/features.

Sie finden allerdings nur heraus, ob etwas – und wenn ja was – schiefläuft, wenn Sie sowohl Ihre Social-Media-Profile als auch Ihre Website überwachen. Ein regelmäßiges Monitoring erlaubt es Ihnen, zeitnah auf sich verändernde Marktbedingungen zu reagieren. Zu diesem weiten Feld gehört sowohl das Monitoring von Erwähnungen und Reaktionen auf Ihre Beiträge in sozialen Medien als auch das Überwachen von Keywords, Besucherströmen und Nutzerverhalten auf Ihrer Website.

MONITORING LOHNT SICH Ohne ein zumindest rudimentäres Monitoring wird es Ihnen schwerfallen, zu erkennen, ob Sie die Ziele erreichen, die Sie sich selbst gesteckt haben. Scheuen Sie daher den Aufwand und das Mehr an Arbeit nicht, denn das Überwachen Ihrer Website und Ihrer sozialen Profile ist eine überaus wichtige regelmäßige Aufgabe, die fest zu Ihrer Arbeit als kreativer Dienstleister gehören sollte.

Neben dedizierten Social-Media-Monitoring-Tools bietet auch Google Analytics einige Auswertungen für soziale Netzwerke: www.google.com/analytics.

Auf den ersten Blick mag es überwältigend klingen, regelmäßig gleich mehrere Netzwerke wie Twitter, XING und Facebook sowie Ihre Website und Suchbegriffe im Auge zu behalten. Allerdings brauchen Sie keine Angst davor haben, dass Sie sich fortan mit langen und komplexen Excel-Tabellen herumschlagen müssen. Online finden sich unzählige Monitoring-Tools, die Ihnen das Überwachen der für Sie wichtigsten Kennzahlen stark erleichtern.

Da die beiden Themenkomplexe Web-Analyse und Social-Media-Monitoring dennoch recht umfangreich sind, sei an dieser Stelle darauf verwiesen, dass das abschließende Kapitel Ihnen nur einen groben Einstieg in die Materie geben kann.

==MONITORING-TOOLS HELFEN IHNEN GLEICH MEHRERE NETZWERKE WIE TWITTER, XING UND FACEBOOK SOWIE IHRE WEBSITE UND SUCHBEGRIFFE IM AUGE ZU BEHALTEN.==

Eine umfassende Behandlung des Themas würde den Rahmen dieses Buches sprengen. Nehmen Sie das letzte Kapitel dieses Buches also als Ausgangspunkt für weitere Recherchen. Sie finden mit einer einfachen Suchanfrage online unzählige Artikel und Anleitungen für den Einstieg in Analytics und Social-Media-Monitoring. Darüber hinaus finden sich auch in der Fachliteratur diverse empfehlenswerte Bücher.

> Ein umfassender Einstieg in die Einrichtung und Nutzung von Google Analytics findet sich beispielsweise unter *https://onlinemarketing.de/news/google-analytics-hands-on-site-search-einrichtung-analyse*.
> Informationen zum datenschutzkonformen Einsatz von Google Analytics finden sich bei t3n.de: *http://t3n.de/news/google-analytics-deutschland-822104*.
> Eine Einführung zum Social-Media-Monitoring bietet unter anderem das Upload Magazin: *https://upload-magazin.de/blog/17931-einfuehrung-social-media-monitoring*.
> Einen Praxisleitfaden inklusive geeigneter Tool-Tipps finden Sie unter folgender URL: *www.fuer-gruender.de/wissen/unternehmen-fuehren/marketing/pr/social-media-monitoring*.

Scheuen Sie den Einstieg in tiefergehende Texte nicht, denn Sie werden definitiv davon profitieren, wenn Sie dem Monitoring mit Interesse entgegentreten – versprochen!

ERFOLG MESSEN: WEBSITE-ANALYSE

In den grauen Zeiten des Internets war die Web-Analyse der IT großer Unternehmen vorbehalten. Das änderte sich spätestens 2005 als Google Analytics auf den Markt kam. Plötzlich gewann der Bereich der Web-Analyse dank vereinfachter User-Interfaces und einer leichteren Implementierung auch für das Marketing Bedeutung. Heute kommt eigentlich kein Unternehmen mehr ohne Monitoring aus – auch wenn Web-Analyse von vielen Firmen noch unterschätzt wird.

Es ist leider nicht damit getan, einfach ein Analyse-Tool nach dem Motto »mal sehen was passiert« aufzusetzen. Ein aussagekräftiges Monitoring bedarf jeder Menge Vorarbeit und planvollen Vorgehens. Nur wer sich Gedanken dazu gemacht hat, was für Ziele er mit seiner Website erreichen will, was er genau messen will und welche Kennzahlen von Bedeutung sind, wird einen Vorteil aus der Analyse seiner Website ziehen und wissen, welche Reaktionen sich aus den gewonnen Erkenntnissen ableiten lassen.

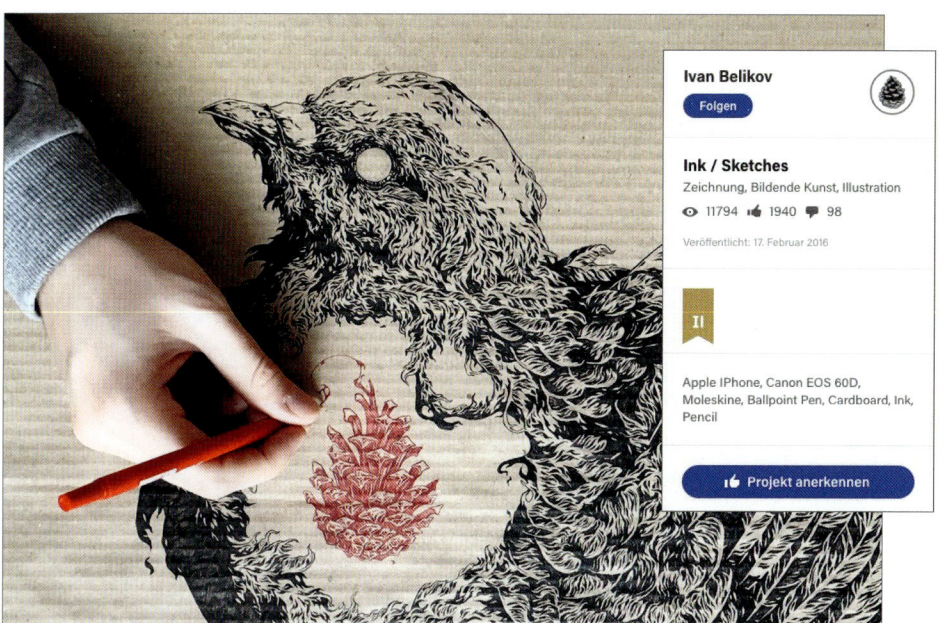

No. 8

Dieser Post von Ivan Belikov erfreut sich auf behance.net mit insgesamt fast 12.000 Views, fast 2.000 Likes und rund 100 Kommentaren einer großen Beliebtheit.

DARUM LOHNT SICH DIE WEBSITE-ANALYSE

> Sie erfahren, wie viele Nutzer Ihre Website besuchen.

> Sie erfahren, über welche Kanäle die meisten Nutzer Sie besuchen.

> Sie erfahren, mit Hilfe welcher Suchbegriffe Nutzer Sie finden.

> Sie können einschätzen, ob sich Besucher auf Ihrer Website zurechtfinden.

> Sie lernen etwas über die Bedürfnisse Ihrer Besucher/Kunden.

> Sie erkennen schnell, wenn ein Bereich Ihrer Website nicht so funktioniert, wie er soll.

> Sie erkennen, durch welche Änderungen Ihrer Navigation und bereitgestellter Informationen Sie mehr Aufträge generieren können.

> Sie erkennen, welche sozialen Netzwerke und welche geteilten Inhalte Ihnen die meisten Besucher bescheren.

> Sie erkennen, welche Kampagnen und Werbemaßnahmen auf welchen Kanälen am erfolgreichsten sind.

> Sie erhalten wichtige Informationen für Ihre Akquise.

Sie sollten Sich klarmachen, dass es bei der Website-Analyse nicht allein darum geht, den Traffic – also die Zahl der Besucher auf Ihrer Seite – zu messen, sondern auch um die Qualität und Herkunft dieses Traffics. Sie können umsatzsteigernde Maßnahmen ergreifen, wenn Sie sich darüber im Klaren sind, über welche Wege (z. B. über einen direkten Aufruf über einen Klick auf ein Suchergebnis zu einem bestimmten Suchbegriff, über einen Link in einem Blog oder über einen Post auf Facebook) Besucher auf Ihre Seite gelangen.

BEI DER WEBSITE-ANALYSE WIRD NICHT NUR DIE ZAHL DER BESUCHER GEMESSEN, SONDERN AUCH DIE QUALITÄT UND HERKUNFT DIESES TRAFFICS.

Ohne entsprechendes Monitoring wissen Sie nicht, ob sich überhaupt jemand Ihr Portfolio oder Ihre Website ansieht. www.google.com/analytics.

Darüber hinaus ermöglicht Ihnen die Website-Analyse auch Erkenntnisse darüber, ob die Navigation Ihrer Website den Gewohnheiten von Nutzern entspricht, ob Sie die richtigen Keywords besetzen und welche Keywords am häufigsten zur Generierung neuer Aufträge führen.

Website-Analyse: Eine kurze Zusammenfassung

Selbst der Betreiber der allerersten Website dürfte sich eine Frage gestellt haben, die Sie ebenfalls umtreibt: Schaut sich überhaupt irgendjemand die Inhalte an, die ich online stelle? Heutzutage lässt sich diese Frage leicht beantworten. Nicht ganz so offensichtlich sind aber die Antworten auf Fragen wie:

> Wie viele Nutzer besuchen Ihre Seite eigentlich täglich?
> Über welche Wege finden Besucher zu Ihnen?
> Mittels welcher Suchanfragen werden Besucher auf Ihre Seite aufmerksam?

> Wie lange verweilen diese Nutzer durchschnittlich auf Ihrer Website?
> Welche Unterseiten und Inhalte erfreuen sich besonderer Beliebtheit?
> Wie viele Unterseiten klickt der durchschnittliche Besucher an?

Das alles sind Fragen, die sich mit der Website-Analyse beantworten lassen.

Monitoring-Lösugen zeigen nicht nur, wie viele Nutzer eine Website besuchen, sondern auch, über welche Kanäle die Besucher auf die Website gelangen. www.google.com/analytics.

Dazu gewährt Ihnen das Monitoring aber auch Erkenntnisse über den *Return on Investment* (ROI) unterschiedlicher Maßnahmen. Sie können mit den richtigen Messpunkten herausfinden, warum beziehungsweise an welchen Stellen Besucher Ihre Seite wieder verlassen, ohne dass diese Ihre Dienstleistung anfragen. Sie können ebenso herausfinden, welche Ihrer Kampagnen auf welchen Kanälen am erfolgreichsten sind. Sie nutzen also die Tatsache, dass im Internet eigentlich nichts geheim ist. Es ist ein Leichtes, herauszufinden, wer wann und wie lange auf welche Inhalte zugreift. Das alles lässt sich mit entsprechenden Analyse-Tools herausfinden, auf die ich noch in diesem Kapitel eingehen werde.

Viele dieser Tools setzen auf das sogenannte *Page Tagging*. Dabei integrieren Sie in jede der Unterseiten Ihrer Website einen kleinen Code-Schnipsel, der dafür verantwortlich ist, sowohl die Seitenaufrufe als auch das Verhalten der Besucher zu messen und zu protokollieren. Mittels der gesammelten Informationen präsentieren Ihnen Analyse-Tools dann grafisch aufbereitete Auswertungen.

Für Sie sind bei der Nutzung von Analyse-Tools primär fünf Hauptbereiche von Bedeutung: Inhalt, Besucherzahl, Quelle, Region und technische Informationen.

BEREICHE DER WEBSITE-ANALYSE

Inhalt

Bei diesem Bereich der Website-Analyse geht es darum herauszufinden, welche Unterseiten wie häufig besucht werden und wie lange Besucher auf der jeweiligen Seite verweilen. Außerdem fällt in diesen Bereich auch die Information, auf welcher Unterseite der Besucher Ihr Webangebot wieder verlässt. Mit den gesammelten Informationen können Sie unter anderem herausfinden, welche Ihrer Inhalte besonders gut ankommen und welche nicht.

Besucherzahl

Dieser Bereich ist fast schon selbsterklärend. Es geht einfach darum, wie viele Besucher eigentlich Ihre Seite ansteuern. Zwar kommt es auch auf die Qualität der Besucher an, denn nicht jeder Besucher ist auch ein potenzieller Kunde, aber unter dem Strich gilt hier: je mehr, desto besser.

Quelle

Sie können viele wichtige Erkenntnisse erlangen, wenn Sie wissen, über welche Wege Besucher auf Ihre Website gelangen. Dieser Bereich gehört zum Standard-Repertoire von Analyse-Tools. Hier gilt es, zwischen direkten Besuchen, also wenn ein Nutzer die URL Ihrer Website direkt in seinen Browser eingibt, und anderen Quellen wie einem externen Link auf einer anderen Website, auf sozialen Netzwerken oder von einer Suchmaschine zu unterscheiden. Gelangt ein Besucher über eine Suchmaschine auf Ihre Website, werden Sie auch darüber informiert, mittels welches Keywords der Besucher Sie gefunden hat – eine wertvolle Information! Mit Hilfe dieser Informationen können Sie beispielsweise auch sehen, wie erfolgreich Ihre Social-Media-Aktivitäten sind.

Region

Besonders für Sie als kreativer Dienstleister ist der Bereich »Region« nicht zu unterschätzen, denn hier erfahren Sie ziemlich genau, von wo genau Besucher Ihre Seite besuchen. Diese Information ist besonders für Ihre Akquise von Bedeutung. Bewerben Sie sich beispielsweise auf eine Projektausschreibung eines Unternehmens in Hamburg und verzeichnen in den folgenden Tagen ungewöhnlich viele Zugriffe aus dieser Stadt, können Sie davon ausgehen, dass Ihre Unterlagen gelesen wurden und Interesse geweckt haben. Ebenso können Sie mit den gesammelten Informationen erkennen, wenn in einer bestimmten Region der Bedarf an bestimmten Dienstleistungen besonders hoch ist, und dann können Sie entsprechend reagieren.

Technische Informationen

Analyse-Tools versorgen Sie auch mit technischen Informationen wie den von Besuchern verwendeten Browsern und deren Spracheinstellungen. Verzeichnen Sie beispielsweise viele Zugriffe von Browsern mit einer anderen Spracheinstellung, könnte es Sinn ergeben, dass Sie Ihre Website mit einer englischen Version erweitern, sofern Sie bisher nur eine deutsche Version anbieten.

Trotz der Fülle an Informationen, die Sie durch Analyse-Tools erhalten, sollten Sie das Ganze immer auch kritisch hinterfragen. Durch die professionelle Auswertung, die diese Tools bieten, kann man schnell dem Irrtum unterliegen, dass die erhobenen Daten in Stein gemeißelt sind. Wie bei allen Messmethoden müssen Sie aber auch bei der Website-Analyse von einer gewissen Unschärfe ausgehen.

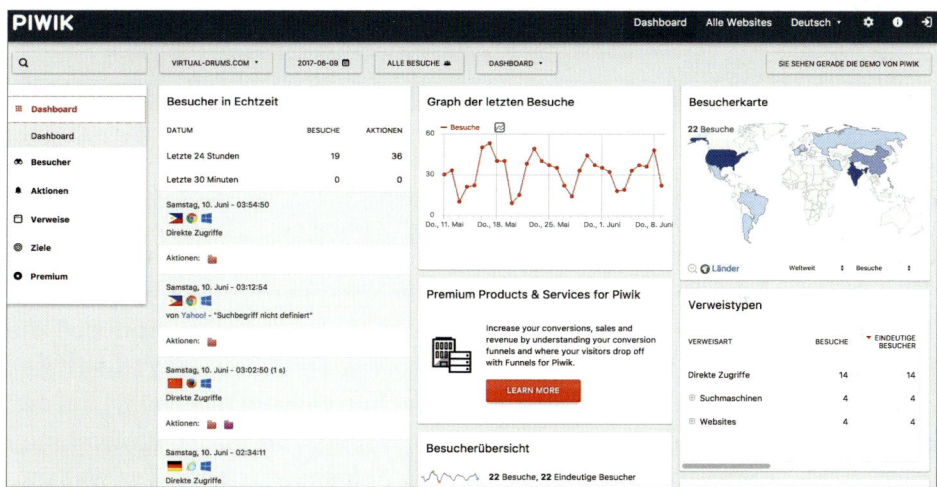

Auch wenn Analyse-Tools wie Piwik, demo.piwik.org, jede Menge Daten für Sie sammeln, müssen Sie die Informationen selber auswerten.

Sie können beispielsweise nicht sicher sein, dass tatsächlich jeder Besucher gemessen wird. Ihre Website wird darüber hinaus auch von automatisierten Crawlern besucht, die Suchmaschinen einsetzen, um Websites zu indexieren. Manche Besucher werden auch über einen Proxy auf Ihrer Website landen und/oder ihre Herkunft verschleiern. Das sind nur ein paar Beispiele für mögliche Ungenauigkeiten bei den Messergebnissen in den Bereichen »Besucherzahl« und »Quelle«.

IHRE WEBSITE WIRD AUCH VON AUTOMATISIERTEN CRAWLERN BESUCHT, DIE SUCHMASCHINEN EINSETZEN, UM WEBSITES ZU INDEXIEREN.

In jedem Fall nehmen Ihnen Analyse-Tools die Deutung der erhobenen Daten nicht ab. Das ist ein Lernprozess, in den Sie hineinwachsen werden, sodass Sie nach und nach bei der Interpretation der Messergebnisse besser werden.

Analyse-Tools gewähren Ihnen wertvolle Einblicke in die Entwicklung Ihrer Online-Bemühungen. (Foto: Carlos Muza auf Unsplash)

Wenn Sie sich dafür entscheiden, Ihre Website zu analysieren – und das sollten Sie unbedingt –, dann müssen Sie das regelmäßig tun. Es bringt nichts, wenn Sie ein entsprechendes Tool einmalig aufsetzen und sich die Ergebnisse ansehen. Genauso wie Sie regelmäßig in sozialen Netzwerken aktiv auftreten und Ihre Website regelmäßig auf den neuesten Stand bringen sollten, sollten Sie auch das Monitoring Ihrer Website als regelmäßige Aufgabe verstehen. Zur Website-Analyse gehören das dauerhafte Messen, das regelmäßige Interpretieren der gesammelten Daten, das Gegenüberstellen der Interpretation mit den gesetzten Zielen und gegebenenfalls das Vornehmen von Optimierungen auf Basis der gesammelten Erkenntnisse.

==ES IST WICHTIG, DASS SIE IHRE WEBSITE REGELMÄSSIG ANALYSIEREN.==

Google Analytics und andere Analysesysteme

Der Markt für Analyse-Tools und entsprechende Dienstleistungen ist riesig. Unterschiedliche Anbieter setzen auf unterschiedliche Technologien und Methoden, aber unter dem Strich liefern alle Marktteilnehmer eine detaillierte Aufschlüsselung zur Nutzung Ihrer Website.

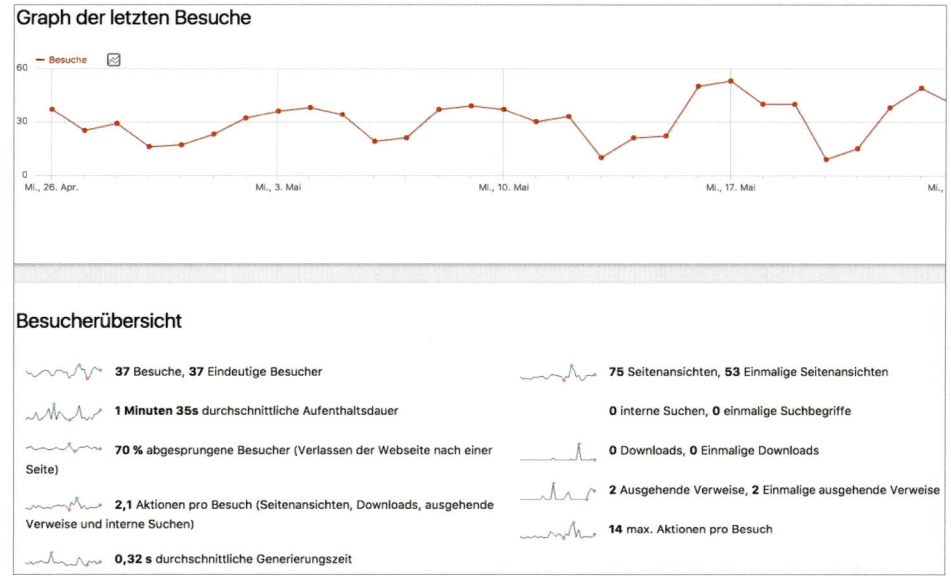

Analyse-Tools wie Piwik, demo.piwik.org, bieten einen ergiebigen Pool an wertvollen Informationen, die Sie für die Optimierung Ihrer Online-Aktivitäten nutzen können.

Sofern Sie noch keine Analytics-Lösung im Einsatz haben, ist es unwahrscheinlich, dass Sie bereits vor der Entscheidung für einen Anbieter wissen, welche Metriken und Kennzahlen Sie erheben wollen. Für den Start sollten Sie sich für eine kostenlose Lösung wie Piwik oder Google Analytics entscheiden. Auf diese Weise können Sie ein wenig ausprobieren, ohne gleich Geld in die Hand nehmen zu müssen.

Sie werden schnell erkennen, dass die Informationen, die Ihnen die Tools bieten, wertvoll sind. Sollten Sie nach einiger Zeit erkennen, dass Sie noch zusätzlich Informationen benötigen, die nicht von den kostenlosen Vertretern geboten werden, können Sie immer noch ohne Scherereien auf ein kostenpflichtiges Angebot wechseln. Sie haben zwar auch die Möglichkeit, ein entsprechendes Tool selbst aufzusetzen und zu hosten, aber das ist eigentlich nur eine Option, wenn Sie sich technisch sehr gut auskennen oder über eine eigene IT-Abteilung verfügen.

Egal ob Sie sich für den Anfang für Google Analytics oder Piwik entscheiden, werden Sie sehen, dass die Anmeldung und Einrichtung des Tools kein Hexenwerk und schnell erledigt ist. Lassen Sie das Analyse-Tool ein bis zwei Wochen Daten sammeln, und schauen Sie sich diese dann ausführlich an. Wenn Sie sich ein wenig Zeit dafür nehmen und sich über die Ziele, die Sie mit Ihrer Website erreichen wollen, bewusst sind, werden Sie herausfinden, ob Ihnen wichtige Metriken fehlen. Sollte das der Fall sein, können Sie sich immer noch nach einer professionelleren Lösung umsehen.

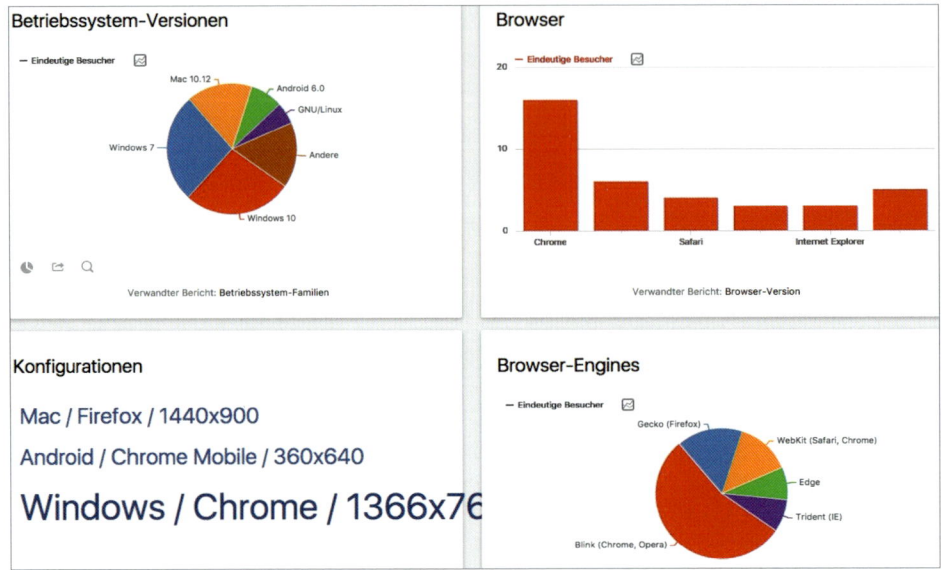

Bereiche wie die von Besuchern verwendeten Geräte und Browser erlauben Ihnen die Optimierung Ihrer Website, sodass zumindest die relevantesten Konfigurationen Ihre Website korrekt anzeigen. piwik.org.

Rechtliches beachten

Wenn Sie Google Analytics oder einen anderen Dienst für Ihr Monitoring einsetzen, sollten Sie übrigens ein paar Aspekte beachten, um mit Ihrer Website rechtskonform zu bleiben. Exemplarisch geht es im Folgenden um wichtige Aspekte bezüglich des Einsatzes von Google Analytics:

> **Vetrag abschließen:** Sie müssen einen Vertrag über die Verarbeitung der erhobenen Daten mit Google abschließen. Einen Vertrag, der mit der Datenschutzaufsichtsbehörde abgestimmt ist, können Sie unter *http://static. googleusercontent.com/media/www.google.com/de//analytics/terms/de.pdf* downloaden.

> **IP-Adressen anonymisieren:** Darüber hinaus müssen Sie die IP-Adressen Ihrer Besucher anonymisieren. Das erreichen Sie durch eine einmalige Einstellung des Google-Analytics-Tracking-Codes, mit dessen Hilfe die getrackten IP-Adressen sowohl anonymisiert als auch gekürzt werden. Wie das funktio-

niert erfahren Sie unter *https://developers.google.com/analytics/devguides/collection/analyticsjs/ip-anonymization*.

> **Möglichkeit zum Widerspruch:** Weiterhin müssen Sie Ihren Besuchern auf Ihrer Website die Möglichkeit geben, dem Tracking zu widersprechen. Dazu müssen Sie auf ein Browser-Plugin für den Opt-out von Google Analytics verlinken: *https://tools.google.com/dlpage/gaoptout*. Beim Opt-out geben Sie dem Nutzer die Möglichkeit, dem Tracking zu widersprechen. Standardmäßig wird jeder Besucher getrackt.

> **Widerspruch mit nur einem Klick:** Darüber hinaus müssen Sie auch einen aussagekräftigen Link auf Ihrer Website integrieren, der es Besuchern mit nur einem Klick erlaubt, sich für den Opt-out zu entscheiden. Hierfür müssen Sie, wie bereits bei der Anonymisierung von IP-Adressen, eine kleine Änderung im Tracking-Script vornehmen, deren Umsetzung Sie unter folgendem Link erfahren: *https://developers.google.com/analytics/devguides/collection/analyticsjs/user-opt-out*.

> **Datenschutzerklärung:** Schließlich müssen Sie Ihre Besucher noch in einer Datenschutzerklärung über die Verarbeitung anonymisierter Daten durch Google Analytics aufklären. Der Hinweis auf die Möglichkeit, dieser Erhebung und Verarbeitung zu widersprechen, gehört ebenfalls dazu. Google selbst schlägt für Ihre Datenschutzerklärung folgenden Text vor, der von datenschutzbeauftragter-info.de ergänzt wurde:

No. 8

DATENSCHUTZERKLÄRUNG FÜR GOOGLE ANALYTICS

Diese Website benutzt Google Analytics, einen Webanalysedienst der Google Inc. (»Google«). Google Analytics verwendet sog. »Cookies«, Textdateien, die auf Ihrem Computer gespeichert werden und die eine Analyse der Benutzung der Website durch Sie ermöglichen. Die durch den Cookie erzeugten Informationen über Ihre Benutzung dieser Website werden in der Regel an einen Server von Google in den USA übertragen und dort gespeichert. Im Falle der Aktivierung der IP-Anonymisierung auf dieser Website, wird Ihre IP-Adresse von Google jedoch innerhalb von Mitgliedstaaten der Europäischen Union oder in anderen Vertragsstaaten des Abkommens über den Europäischen Wirtschaftsraum zuvor gekürzt. Nur in Ausnahmefällen wird die volle IP-Adresse an einen Server von Google in den USA übertragen und dort gekürzt. Im Auftrag des Betreibers dieser Website wird Google diese Informationen benutzen, um Ihre Nutzung der Website auszuwerten, um Reports über die Websiteaktivitäten zusammenzustellen und um weitere mit der Websitenutzung und der Internetnutzung verbundene Dienstleistungen gegenüber dem Websitebetreiber zu erbringen. Die im Rahmen von

Google Analytics von Ihrem Browser übermittelte IP-Adresse wird nicht mit anderen Daten von Google zusammengeführt. Sie können die Speicherung der Cookies durch eine entsprechende Einstellung Ihrer Browser-Software verhindern; wir weisen Sie jedoch darauf hin, dass Sie in diesem Fall gegebenenfalls nicht sämtliche Funktionen dieser Website vollumfänglich werden nutzen können. Sie können darüber hinaus die Erfassung der durch den Cookie erzeugten und auf Ihre Nutzung der Website bezogenen Daten (inkl. Ihrer IP-Adresse) an Google sowie die Verarbeitung dieser Daten durch Google verhindern, indem Sie das unter dem folgenden Link verfügbare Browser-Plugin herunterladen und installieren: *http://tools.google.com/dlpage/gaoptout?hl=de*.

Sie können die Erfassung durch Google Analytics verhindern, indem Sie auf folgenden Link klicken. Es wird ein Opt-Out-Cookie gesetzt, der die zukünftige Erfassung Ihrer Daten beim Besuch dieser Website verhindert:

```
<a href="javascript:gaOptout()">Google Analytics deaktivieren</a>.
```

Nähere Informationen zu Nutzungsbedingungen und Datenschutz finden Sie unter *http://www.google.com/analytics/terms/de.html* bzw. unter *https://www.google.de/intl/de/policies*. Wir weisen Sie darauf hin, dass auf dieser Website Google Analytics um den Code »anonymizeIp« erweitert wurde, um eine anonymisierte Erfassung von IP-Adressen (sog. IP-Masking) zu gewährleisten.

Die wichtigsten Metriken bei der Website-Analyse

Keine Website-Analyse ohne Metriken. Unter einer Metrik versteht man eine messbare Eigenschaft wie zum Beispiel die Anzahl von Website-Besuchern. Es handelt sich bei einer Metrik also um eine quantifizierbare Information, mit deren Hilfe sich eine Aussage treffen lässt, ohne diese direkt zu bewerten.

Metriken lassen sich in die zwei unterschiedlichen Typen »Anzahl« und »Verhältnis« aufteilen. Bei einer Metrik des Typs »Anzahl« handelt es sich um eine absolute Zahl, während eine Metrik des Typs »Verhältnis« zwei oder mehr Metriken des Typs »Anzahl« in Relation stellt. Darüber hinaus lassen sich auch alle Metriken mit unterschiedlichen Attributen versehen. Das heißt zum Beispiel, dass Sie die Anzahl aller Besucher mit dem Attribut »Land« versehen können und somit aufschlüsseln, in welchem Verhältnis nationale und internationale Besucher zu einander stehen. Zu den geläufigsten Metriken bei der Website-Analyse zählen Page Impressions (PI), Visits und Unique Visitors.

Der Einstieg in die Website-Analyse kann überwältigend wirken. Überlegen Sie, ob es in Ihrem Netzwerk nicht Kunden oder Mitstreiter gibt, die Ihnen dabei helfen können. (Foto: Štefan Štefančík auf Unsplash)

PAGE IMPRESSIONS (SEITENAUFRUFE) Bei den Page Impressions handelt es sich um die Seitenaufrufe. In diese Metrik fällt jede von einem Besucher angezeigte Unterseite Ihrer Website. Diese Metrik eignet sich, um sich ein schnelles und allgemeines Bild über die Beliebtheit Ihrer Website zu machen. Steigen die Seitenaufrufe, nachdem Sie eine Kampagne gestartet oder einen bestimmten Inhalt über soziale Medien geteilt haben, plötzlich merklich an, können Sie davon ausgehen, dass Ihre Maßnahme zumindest kurzfristig erfolgreich war. Bricht die Zahl der Seitenaufrufe dagegen plötzlich ein, liegt die Vermutung nah, dass es technische Probleme mit Ihrer Website oder Ihrem Hoster gibt.

> **UM SICH EIN SCHNELLES UND ALLGEMEINES BILD ÜBER DIE BELIEBTHEIT IHRER WEBSITE ZU MACHEN, SOLLTEN SIE SICH DIE PAGE IMPRESSIONS ANSCHAUEN.**

VISITS (BESUCHE) Bei der zweiten der drei Standard-Metriken handelt es sich um die Visits. Dabei handelt es sich um Besuche Ihrer Website. Während ein Nutzer Ihre Website besucht, kann er mehrere Seiten Ihres Angebots aufrufen, sodass ein Besuch mehr als nur eine Page Impression zur Folge haben kann. Steigt diese Metrik, kann das entweder heißen, dass mehr Nutzer Ihre Website besuchen, oder dass dieselben Nutzer Ihre Website häufiger oder regelmäßiger besuchen. Wollen Sie zwei unterschiedliche Zeiträume miteinander vergleichen, sollten Sie darauf achten, die gleichen Wochentage oder Monate miteinander zu vergleichen. Andernfalls können die Ergebnisse Sie zu falschen Schlüssen verleiten. Sie werden merken, dass es bestimmte Tageszeiten, Wochentage, oder Monate gibt, in denen die Zahl der Besuche im Vergleich besonders hoch ist. Diese Informationen können Ihnen wichtige Erkenntnisse bezüglich Ihrer Zielgruppe liefern.

UNIQUE VISITORS (INDIVIDUELLE BESUCHER) Bei Unique Visitors handelt es sich schließlich um eine Metrik, die sich der Anzahl der individuellen Besucher widmet. Jeder individuelle Besucher kann einer Website natürlich mehr als nur einen Besuch abstatten. Diese Metrik eignet sich von den drei hier kurz vorgestellten am besten dafür, die Reichweite Ihrer Website zu quantifizieren.

Auswerten, woher Ihre Besucher kommen

Das Internet lebt davon, dass unterschiedliche Seiten miteinander über Links verbunden sind. Sofern Sie einigen der Ratschläge in diesem Buch folgen, werden Sie nicht nur eine eigene Website haben, sondern vielleicht auch ein angeschlossenes Blog und diverse Profile in unterschiedlichen sozialen Netzwerken. Schon allein aus diesem Grund wird es Sie interessieren, wie genau ein Besucher auf Ihrer Website oder Ihrem Online-Portfolio landet.

DAS INTERNET LEBT DAVON, DASS UNTERSCHIEDLICHE SEITEN MITEINANDER ÜBER LINKS VERBUNDEN SIND.

Stellen Sie zum Beispiel fest, dass andere Blogger aufgrund eines Beitrags in Ihrem eigenen Blog auf Sie verlinken und auf diesem Weg plötzlich sehr viele Besucher auf Ihrer Website landen, dann könnte es sich anbieten, mehr Energie in die Pflege Ihres Blogs zu stecken. Haben Sie dagegen kaum Besucher, die über Facebook zu Ihrer Seite finden, sollten Sie entweder Ihre Strategie überdenken oder gar in Erwägung ziehen, Facebook durch ein anderes Netzwerk zu ersetzen.

Darüber hinaus können Sie mittels Monitoring wichtige Einblicke in das Suchverhalten Ihrer Besucher und potenziellen Kunden erlangen. Welche Keywords geben Besucher beispielsweise bei Google ein, die dann auf Ihrer Website landen?

Die Quellen Ihres Traffics lassen sich grob in die beiden Bereiche »direkt« und »extern« unterteilen. Bei Direktzugriffen können Sie davon ausgehen, dass der Besucher die Adresse Ihrer Website entweder selbst in seinen Browser eintippt oder Ihre Website in seinen Lesezeichen gespeichert hat. Der externe Traffic hingegen lässt sich nochmals aufschlüsseln in Links auf anderen Websites, Suchmaschinen-Traffic und soziale Netzwerke. Diese vier Teilbereiche werden im Folgenden kurz zusammengefasst.

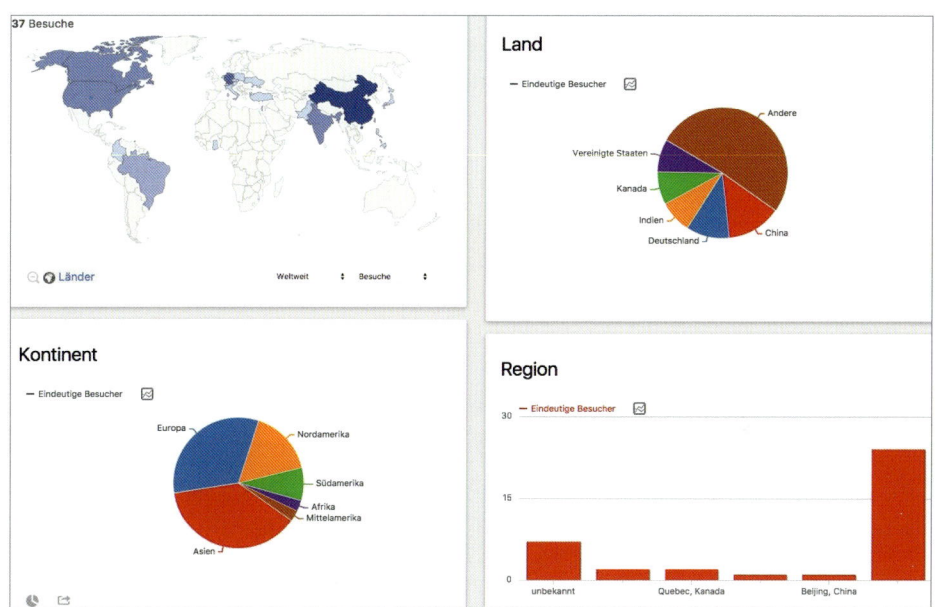

Zu wissen, woher genau die meisten Ihrer Besucher kommen, kann Ihnen bei Ihrer künftigen Akquiseplanung helfen und die Frage beantworten, ob Sie eher sehr regional oder sogar international auf Kundenfang gehen sollten (demo.piwik.org).

DIREKTZUGRIFF Bei Besuchern die via Direktzugriff auf Ihre Website gelangen, können Sie in den meisten Fällen davon ausgehen, dass es sich dabei um Menschen handelt, die Ihre Seite bereits kennen oder zumindest wissen, was Sie erwartet. Egal ob es sich um regelmäßige Besucher handelt oder um jemanden, der die URL Ihrer Seite in das Adressfeld seines Browsers eintippt – verstehen Sie das ruhig als Lob. Entweder gefällt Ihre Seite der entsprechenden Person so gut, dass sie regelmäßig wiederkommt, oder es handelt sich vielleicht um eine Person, der Sie von einem Ihrer Bestandskunden empfohlen wurden.

LINKS VON WEBSITES Interessanter dürften für Sie dennoch externe Traffic-Quellen sein. Handelt es sich bei der Quelle um Links von anderen Websites, spricht das ebenfalls für Ihre Website, denn es zeigt in der Regel, dass jemand die von Ihnen bereitgestellten Inhalte weiterempfiehlt. Dass kann beispielsweise ein Tech-Nachrichten-Portal sein, das einen Artikel über besonders gelungene Online-Portfolios veröffentlicht hat und Ihre Seite als positives Beispiel hervorhebt. Vielleicht kommen die Besucher aber auch zu Ihrer Seite über einen Link in einem Blog-Beitrag. In jedem Fall sind diese Verweise von anderen Websites Gold wert, denn sie sorgen für eine bessere Auffindbarkeit Ihrer Website in den Treffern bei Suchmaschinen. Google verknüpft die Relevanz eines Treffers nämlich unter anderem mit der Anzahl an auf der Webseite eingehenden Links. Je mehr Websites auf Ihre Seiten verlinken, desto besser ranken Sie. Das ist einer der Gründe dafür, dass es sich schnell auszahlen kann, ein eigenes fachrelevantes Blog zu führen.

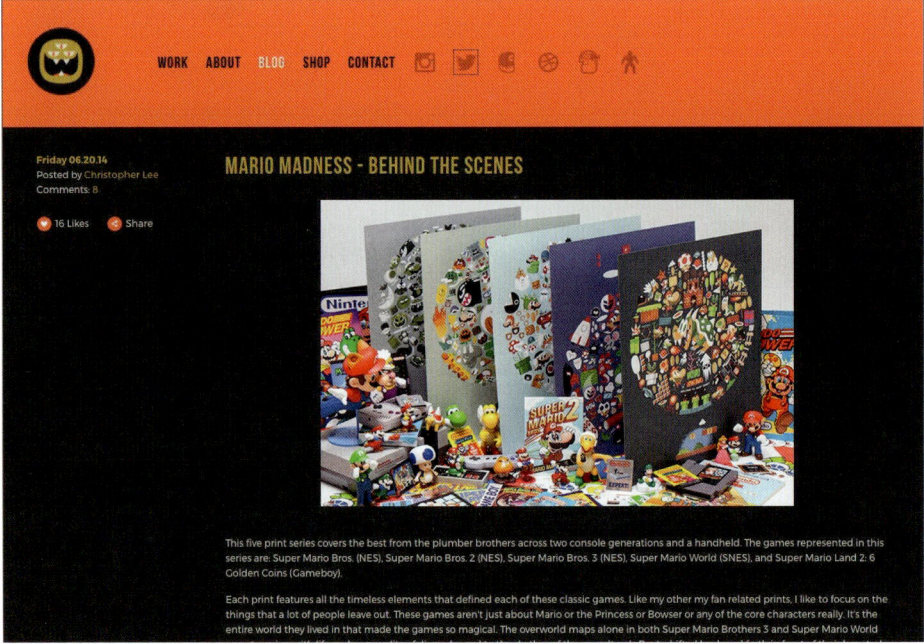

Wenn Sie, wie Christopher Lee, ein Blog mit Ihrem Portfolio verknüpfen, profitieren Sie im besten Fall auch von einem besseren Ranking in Suchmaschinen.

SUCHMASCHINEN Kommen Besucher über Suchmaschinen auf Ihre Website, sollten Sie sich besonders dafür interessieren, welche Suchbegriffe eingegeben wurden. Glücklicherweise zeigen Analyse-Tools wie Google Analytics das in vielen Fällen an. Mittels entsprechendem Monitoring lassen sich so Rückschlüsse auf die Suchmaschinenoptimierung und damit letztendlich auch auf Ihren ganz persönlichen Umsatz ziehen. Mittlerweile ist das allerdings nicht mehr ganz so einfach, weil die Suchbegriffe aufgrund von gesicherten Verbindungen und Privatsphäre-Einstellungen beim Nutzer häufig nicht mehr mit übergeben werden. Das spiegelt sich in Analyse-Tools an der Häufigkeit des Keywords »not provided« wieder. Dennoch sollten Sie regelmäßig die Top-Keywords Ihrer Besucher im Auge behalten.

SOZIALE NETZWERKE Die letzte Traffic-Quelle ergibt sich aus den unterschiedlichen sozialen Medien – jenen, die Sie selbst aktiv nutzen, und allen anderen Netzwerken. Mittels dieser Kennzahlen können Sie zum Beispiel erkennen, welche Arten von geteilten Inhalten besonders gut funktionieren, zu welchen Zeiten Sie Inhalte in welchem Netzwerk teilen sollten, ob eine Ihrer Kreationen sich viral verbreitet oder auch einfach, welche Netzwerke sich besonders gut eignen, um Besucher auf Ihre Website zu locken. Soziale Medien sind mindestens genauso wichtig wie Ihre Website, und auch der Erfolg Ihrer Aktivitäten im Social Web lässt sich messen und überwachen.

==WENN BESUCHER VOR ALLEM VON SUCHMA-SCHINEN AUF IHRE WEB-SITE KOMMEN, SOLLTEN SIE SICH BESONDERS DIE GENUTZEN SUCH-BEGRIFFE ANSCHAUEN!==

ERFOLG MESSEN: SOCIAL-MEDIA-MONITORING

No. 8

Generell bietet das Social-Media-Monitoring viele unterschiedliche Anwendungsfälle, und das Monitoring Ihrer Social-Media-Aktivitäten sollte ein wichtiger Teil Ihres Arbeitsalltags sein. Zum einen können Sie überprüfen, ob Sie für das Erreichen Ihrer Ziele auf dem richtigen Weg sind, und zum anderen wissen Sie so jederzeit, wie es um Ihren Ruf im Web steht.

Social-Media-Monitoring-Tools wie Hootsuite (hootsuite.com/de), geben wichtige Einblicke in den Erfolg Ihrer Bemühungen in sozialen Netzwerken.

In der Offline-Welt ist es oft schwierig, herauszufinden, was Ihre Kunden wirklich von Ihnen, der Qualität Ihrer Arbeit und Ihrer Dienstleistung halten. Umso wichtiger, dass Sie online die Ohren offenhalten und soziale Medien diesbezüglich als Chance verstehen. Auch zum Thema Social-Media-Monitoring finden sich online und in der Fachliteratur umfassende Leitfäden und Ratgeber. So können Sie beispielsweise als Leseprobe das Kapitel »Social Media Monitoring und Online Reputation Management« aus dem Rheinwerk-Titel »Follow Me!« als 39seitiges PDF kostenlos herunterladen: *https://allfacebook.de/wp-content/uploads/2017/02/ social-media-monitoring-und-online-reputation-management.pdf*.

Auf den folgenden Seiten erhalten Sie eine kurze Einführung in die Thematik, sodass Sie wissen, welche Art von weiterführender Literatur für Ihren ganz persönlichen Fall Sinn ergibt.

Social-Media-Monitoring lohnt sich

Wie bereits kurz angerissen, eignet sich Social-Media-Monitoring sowohl zur Erfolgskontrolle als auch zur Überwachung der eigenen Online-Reputation. Darüber hinaus lässt sich das Monitoring aber auch für die Planung einer Social-Media-Strategie, für die Beobachtung der Mitbewerber, für Themenfindung, fürs Erkennen von Trends, für einen aktiven Kundendienst oder fürs Auffinden wichtiger Multiplikatoren einsetzen.

EINSATZZWECKE FÜR SOCIAL-MEDIA-MONITORING

> Erfolgskontrolle der eigenen Ziele
> Überwachung der eigenen Online-Reputation
> Planung der Social-Media-Strategie
> Beobachtung von Mitbewerbern
> Themenfindung
> Erkennung von Trends
> Aktiver Kundenservice
> Erkennen von Multiplikatoren und Influencern

Im Folgenden geht es allerdings ausschließlich um die Erfolgskontrolle mittels Social-Media-Monitoring. Andere Bereiche, wie zum Beispiel die initiale Recherche für Ihre eigene Social-Media-Strategie, wurden immer wieder in den anderen Kapiteln dieses Buches gestreift.

Die Erfolgskontrolle lässt sich dabei nicht ausschließlich für Ihre Dienstleistung und Ihr Engagement in sozialen Netzwerken einsetzen, sie ist fast genauso sinnvoll, um den Wettbewerber im Auge zu behalten. Mit den gleichen Methoden, mit denen Sie wichtige Einblicke zu Ihrer Tätigkeit gewinnen können, können Sie auch überwachen, wie sich Ihre direkten Mitbewerber schlagen. Die so gewonnenen Einblicke lassen sich darüber hinaus gut miteinander vergleichen, sodass Sie ein Gefühl dafür bekommen, wie Sie in Ihrem direkten Marktumfeld positioniert sind.

BEHALTEN SIE AUCH IMMER IHRE WETT- BEWERBER IM AUGE!

Messwerte, Kennzahlen und KPIs

Eine Erfolgskontrolle ohne entsprechende Kennzahlen ist beim Monitoring fast nicht möglich. Zwar können Sie durchaus ein gewisses Gefühl dafür entwickeln, ob Sie auf dem richtigen Weg sind, Ihre gesteckten Ziele zu erreichen, aber belastbare Zahlen sind in diesem Zusammenhang die bessere Wahl. Für Sie relevant sind sowohl Messwerte und Kennzahlen als auch Key Performance Indicators (KPIs). Bei einem KPI handelt es sich um eine Kennzahl, die eine Erfolgsmessung eines Ziels ermöglicht.

No. 8

EIN PAAR MÖGLICHE MESSWERTE FÜR DAS SOCIAL-MEDIA-MONITORING

> Gesamtzahl aller Follower und/oder Fans
> Durchschnittsalter der Follower
> Reichweite
> neue Follower
> Anzahl der Beiträge
> Anzahl grafischer Beiträge
> Anzahl der Kommentare
> Anzahl negativer Kommentare
> Anzahl positiver Kommentare
> Anzahl der Likes
> Anzahl aller Interaktionen/Reaktionen
> Anzahl der Erwähnungen
> Anzahl der Impressions

MESSWERT Unter einem *Messwert* versteht man einen zählbaren Wert wie zum Beispiel die Anzahl Ihrer Follower, die Anzahl neuer Follower, die Anzahl von Interaktionen, Impressions, Erwähnungen durch andere Nutzer und so weiter. Die Erhebung von Messwerten gehört beim Social-Media-Monitoring zu den einfachsten Schritten. So einfach es ist, gewisse Messwerte zu definieren, so schwer ist es, Rückschlüsse nur auf Basis von Messwerten zu ziehen. Es bringt beispielsweise nur wenig, wenn Sie die Anzahl all Ihrer Follower als Erfolg oder Misserfolg werten. Betrachten Sie Messwerte lieber als Grundlage für das Monitoring. Wirklich aussagekräftig wird das Ganze nämlich erst, wenn Sie einen Messwert in Beziehung zu etwas anderem setzen.

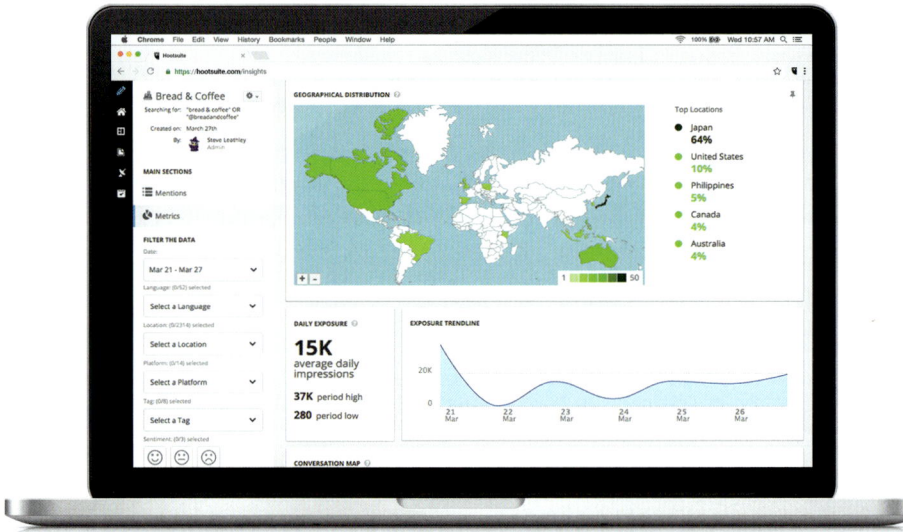

Viele Tools wie z. B. Hootsuite, hootsuite.com/de, ermöglichen den Vergleich unterschiedlicher Metriken mit Hilfe von Filtern. (Bild: Hootsuite)

KENNZAHL Setzen Sie zwei unterschiedliche Messwerte in ein Verhältnis zueinander, spricht man von einer *Kennzahl*. Sie können sowohl zwei Ihre Aktivitäten betreffende Messwerte in Relation setzen als auch einen Sie betreffenden Messwert und einen Messwert, der einen Mitbewerber betrifft.

KPI (KEY PERFORMANCE INDICATOR) Ein *KPI* ist einer Kennzahl recht ähnlich, bringt allerdings stets einen Messwert mit einem Ziel in ein Verhältnis. KPI steht für »Key Performance Indicator« und beschreibt eine Kennzahl, die eine Erfolgsmessung oder Fortschrittsmessung eines Ziels ermöglicht. KPIs eignen sich damit zur Prozesskontrolle und –bewertung. Ihre KPIs stehen in direkter Relation zu Ihren Social-Media-Zielen (siehe dazu Kapitel 6.3.1). Wollen Sie also wissen, ob Ihre Aktivitäten in unterschiedlichen Netzwerken zielgerichtet sind, benötigen Sie individuelle KPIs. Anfangs ist es gar nicht so leicht, herauszufinden, was sinnvolle KPIs für Sie persönlich sein können.

Überlegen Sie daher stets, was als Erfolg für das Erreichen jedes Ihrer Ziele gilt. Machen Sie sich daraufhin Gedanken darüber, was genau Sie dafür in welchen sozialen Netzwerken messen müssen und vor allem, welche Messwerte sich dafür eignen. Haben Sie das herausgefunden, überlegen Sie, welche Kennzahlen Sie aus den in Frage kommenden Messwerten ableiten können. Dabei sollten Sie auch stets bedenken, dass einzelne Messwerte für Ihr Monitoring einen höheren Wert haben können als andere.

Im Marketing gibt es ganz unterschiedliche theoretische Ansätze, die Ihnen dabei helfen können, die für Sie relevanten KPIs abzuleiten. Darüber hinaus finden Sie auch diverse Leitfäden zum Thema – so zum Beispiel »Erfolgsmessung in Social Media« von der Fokusgruppe Social Media im Bundesverband Digitale Wirtschaft (BVDW) e.V., den Sie unter folgender Adresse als PDF herunterladen können: *www.bvdw.org/mybvdw/media/download/bvdw-leitfaden-social-media-erfolgsmessung.pdf?file=3889*.

No. 8

Weiterhin ist es hilfreich, wenn man sich die geläufigsten KPIs für das Social-Media-Monitoring ansieht, denn daraus lassen sich häufig ganz individuelle KPIs ableiten.

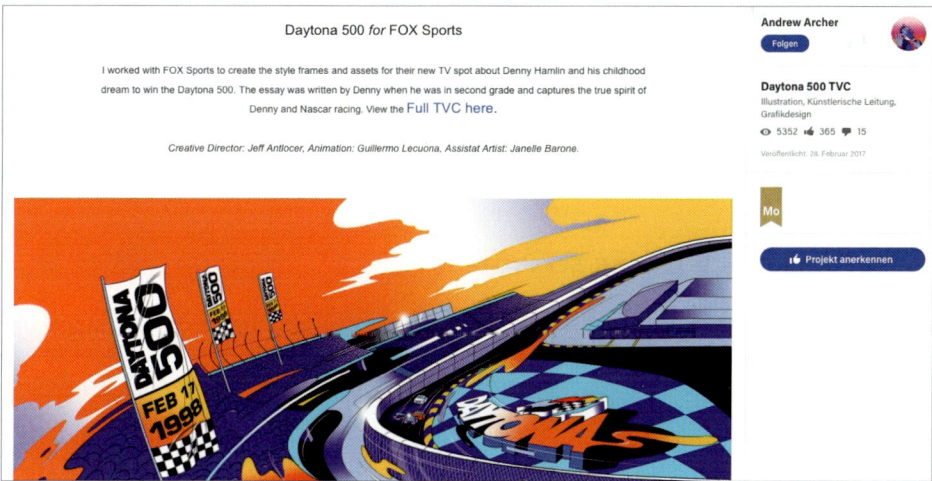

Behance gibt Nutzern von Haus aus einige Zahlen an die Hand. So kann sich Andrew Archer bei diesem Post beispielsweise über 5.352 Views sowie 380 Interaktionen (365 Likes plus 15 Kommentare) freuen.

BEISPIELE FÜR GELÄUFIGE KPIS

Reichweite

Bei der Reichweite geht es schlicht um die Anzahl von Nutzern, die einen Ihrer Beiträge beispielsweise in der Facebook-Timeline angezeigt bekommen. Dieser KPI ist unter anderem relevant, wenn Ihr Ziel »Reichweite erhöhen« lautet.

Social-Buzz

Unter Social-Buzz versteht man die Anzahl an Beiträgen, die Sie in einem bestimmten Zeitraum nennen. Dieser KPI eignet sich zum Beispiel, wenn Sie sich als Ziel gesetzt haben, über soziale Medien neue Kunden durch Empfehlung zu akquirieren.

Stimmungsbild

Wenn der Social-Buzz hoch ist, muss das nicht immer ein gutes Zeichen sein. Es könnte theoretisch sein, dass ein ausgewachsener Shitstorm aufzieht. Aus diesem Grund sollten Sie auch immer den Ton und Inhalt von Beiträgen im Auge haben, in denen über Sie oder Ihre Dienstleistung gesprochen wird. Indem Sie bei diesem KPI positive und negative Nennungen in Relation zueinander setzen, könne Sie erkennen, ob ein plötzlicher Anstieg beim Social-Buzz Fluch oder Segen ist. Dieser KPI eignet sich aber beispielsweise auch, um alle Nennungen in ein Verhältnis zu Weiterempfehlungen Ihrer Dienstleistung zu setzen.

Engagement

Das Engagement beschreibt das Verhältnis zwischen Reaktionen auf Ihre Beiträge und Ihrer Reichweite. Reaktionen können dabei zum Beispiel Kommentare, Likes oder Retweets sein. Hat einer Ihrer Facebook-Beiträge zum Beispiel eine Reichweite von 1.000 und erhält 10 Kommentare und 20 Likes, erreichen Sie mit diesem Beitrag ein Engagement von 3 Prozent (30 : 1.000 = 0,03).

Social-Media-Monitoring als Prozess

Social-Media-Monitoring ist ein anhaltender Prozess, der sich in drei Phasen unterteilen lässt: Datenerhebung, Analyse und Interpretation.

Die Phase der Datenerhebung beinhaltet nicht nur das Sammeln der relevanten Daten, sondern auch die Bereinigung und Aufbereitung der gesammelten Daten. Häufig werden Sie nicht zu wenige Daten zur Hand haben, sondern zu viele. Sie sollten sich daher ausreichend Zeit nehmen, um vor der zweiten Phase des Monitoring-Prozesses einen sauberen Datenbestand zur Hand zu haben.

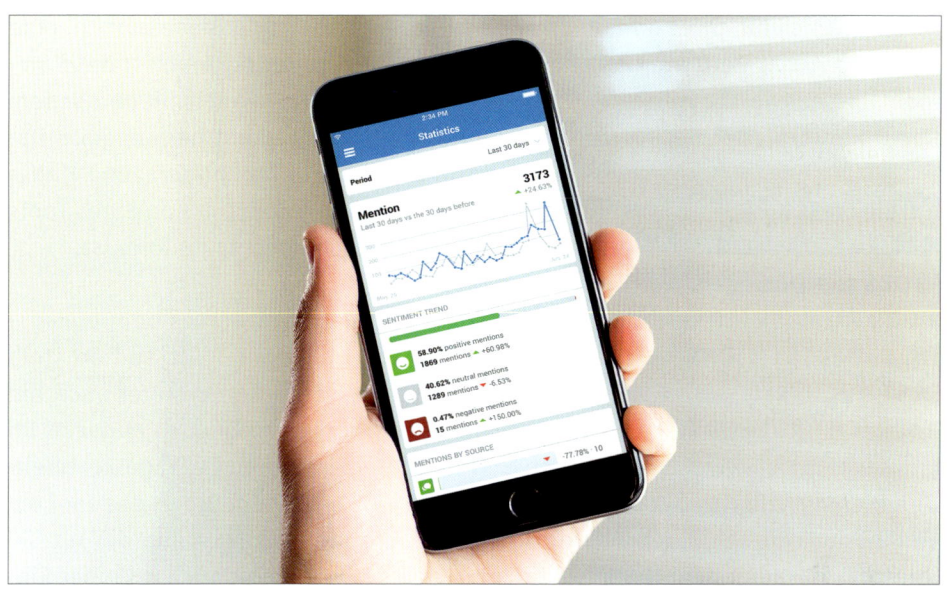

Besonders die Analyse qualitativer Daten wie zum Beispiel der Tonalität von Beiträgen über Ihre Dienstleistung ist sehr zeitintensiv. Tools wie Mention helfen dabei. https://mention.com/en.

No. 8

Noch aufwändiger gestaltet sich häufig die Analyse-Phase, denn neben der quantitativen Analyse lassen sich die aufbereiteten Daten auch qualitativ betrachten. Geht es bei der quantitativen Analyse um zählbare Aspekte, widmen Sie sich mit einer qualitativen Analyse eher den Informationen, die sich nicht so leicht in Zahlen fassen lassen. Beispiele für eine qualitative Analyse sind Trends oder auch der Tonfall in Beiträgen. Auch wenn mittlerweile Tools und Dienste die qualitative Analyse zum Beispiel in Bezug auf Trends oder bestimmte Themen in vielen Fällen automatisiert anbieten, ist das in anderen Bereichen noch nicht möglich. So kommen Sie beispielsweise nicht umhin, jeden in der ersten Phase gesammelten Beitrag manuell zu bewerten, wenn es Ihnen darum geht, die Stimmung in Beiträgen, in denen Sie genannt werden, zu erfassen.

Im letzten Schritt müssen Sie die Ergebnisse des Social-Media-Monitorings interpretieren, denn nur so wissen Sie, welche Maßnahmen sich daraus unternehmerisch ergeben.

Tools und Dienste

Wie bereits angesprochen, müssen Sie das Monitoring nicht ohne Unterstützung angehen. Viele Tools und Dienste erleichtern viele Schritte des Prozesses.

Bevor Sie sich für eines oder mehrere Tools entscheiden und diese nutzen, eine Warnung vorab: Der Zweck fast aller Social-Media-Monitoring-Tools ist das Sammeln und Auswerten von Daten. Dabei ist nicht jeder Dienst auch mit deutschem Recht konform. Bei der Nutzung müssen Sie in Deutschland herrschende Datenschutzverordnungen berücksichtigen, und daher sollten Sie vor der Nutzung jeder Funktion eines Tools erst prüfen, ob deren Einsatz rechtskonform ist.

ACHTUNG: DER ZWECK FAST ALLER SOCIAL-MEDIA-MONITORING-TOOLS IST DAS SAMMELN UND AUSWERTEN VON DATEN. DABEI IST NICHT JEDER DIENST AUCH MIT DEUTSCHEM RECHT KONFORM!

Egal ob es darum geht, ein kostenloses oder ein kostenpflichtiges Tool zu evaluieren – Sie sollten stets als Erstes darauf achten, dass der Anbieter auch die für Sie relevanten Netzwerke und Quellen abdeckt. Im nächsten Schritt sollten Sie einen in Frage kommenden Dienst bezüglich der angebotenen Funktionen bewerten. Bietet das Tool die Funktionen, die Sie für Ihre Erfolgsmessung und die Beantwortung der für Sie relevanten Fragen benötigen? Versuchen Sie sich möglichst auch an einer Einschätzung der Filtermöglichkeiten. Achten Sie dabei besonders auf die Möglichkeiten, spezielle Kriterien zu definieren, Suchbegriffe miteinander zu kombinieren und bestimmte Netzwerke von einer Suche auszuschließen. Das alles wird Ihnen viel Arbeit bei der Datenerhebung und Bereinigung sparen.

GRUNDSÄTZLICHE TIPPS FÜR DEN EINSATZ VON MONITORING-TOOLS

✔ Datenschutzverordnung beachten und auf die Rechtskonformität jeder einzelnen Funktion achten
✔ Nicht auf die Ergebnisse eines einzigen Tools verlassen
✔ Wählen Sie Tools mit deutschsprachiger Unterstützung, um Keywords adäquat auswerten zu können.

Erst nachdem Sie in Frage kommende Dienste anhand der vorangehenden Faktoren für sich bewertet haben, sollten Sie Aspekte wie Kosten und Support in Erwägung ziehen. Schauen Sie sich abschließend auf jeden Fall auch das User Interface an, und entscheiden Sie, ob Sie damit arbeiten können und wollen.

WIE VIELE TOOLS SOLLTEN SIE EINSETZEN? Generell sollten Sie in jedem Fall Daten mit mehr als nur einem Tool erheben und auswerten. Verlassen Sie sich nur auf einen Anbieter, riskieren Sie, dass Sie wichtige Aspekte übersehen oder mit zu ungenauen Daten arbeiten. Sie sollten ebenfalls darauf achten, sich wenn möglich für Dienste zu entscheiden, die deutschsprachige Konversationen in sozialen Netzwerken auswerten können. Das ist besonders wichtig, wenn Sie nicht nur Zahlen, sondern auch die Tonalität von Beiträgen auswerten wollen.

In der Praxis hat sich herausgestellt, dass eine Kombination aus kostenlosen Diensten und kostenpflichtigen Tools gut funktioniert. Aus diesem Grund finden Sie in den folgenden zwei Unterkapiteln auch einige Vertreter aus beiden Kategorien. Für den Start spricht allerdings nichts dagegen, einfach mit zwei bis drei kostenlosen Tools zu starten.

MEIST FUNKTIONIERT DIE KOMBINATION AUS KOSTENLOSEN DIENSTEN UND KOSTENPFLICHTIGEN TOOLS SEHR GUT.

Ein Nachteil der meisten kostenlos nutzbaren Dienste ergibt sich daraus, dass Sie damit kein plattformübergreifendes Monitoring realisieren können. Auch bei den Filtermöglichkeiten müssen Sie häufig Einschränkungen in Kauf nehmen. Schließlich ist ein automatisierter Export der gesammelten Daten nicht immer gewährleistet, sodass Sie zusätzlich Zeit investieren müssen.

No. 8

Kostenlose Tools

Die im Folgenden aufgelisteten kostenlosen Tools stehen exemplarisch für eine ganze Reihe an Monitoring-Lösungen. Eine vollständige Auflistung aller erhältlichen Dienste würde den Rahmen dieses Buches sprengen. Die folgenden Monitoring-Werkzeuge bieten Ihnen eine gute Möglichkeit, den Erstkontakt zum komplexen Feld des Social-Media-Monitorings herzustellen. Keines der Tools kann es aber mit den professionellen Enterprise-Lösungen aufnehmen.

In der Übersichtstabelle finden Sie auch einige Vertreter, die sich mit eingeschränktem Funktionsumfang kostenlos nutzen lassen oder die eine kostenlose Testversion anbieten, für alle Features aber zur Kasse bitten. Sie finden in der Tabelle auch Tools, die sich in erster Linie für die Keyword-Recherche und die Überwachung von Trends eignen.

Monitoring-Tool	Website
Audiense	*https://audiense.com*
Buzzsumo	*http://buzzsumo.com*
Google Alerts	*www.google.de/alerts*
Hootsuite	*https://hootsuite.com/de*

Monitoring-Tool	Website
HowSociable	*http://howsociable.com*
Meltwater	*www.meltwater.com/de*
Mention	*https://mention.com/en*
quintly	*www.quintly.com*
Social Mention	*www.socialmention.com*
Social Searcher	*www.social-searcher.com/social-buzz*
Simply Measured Twitter Follower Analysis	*https://simplymeasured.com/freebies/twitter-follower-analytics*
Simply Measured Instagram User Analysis	*https://simplymeasured.com/freebies/instagram-analytics*
Simply Measured Facebook Fan Page Analysis	*https://simplymeasured.com/freebies/facebook-fan-page-analytics*
Simply Measured Facebook Insights Analysis	*https://simplymeasured.com/freebies/facebook-insights*
Simply Measured Facebook Competitive Analysis	*https://simplymeasured.com/freebies/facebook-competitive-analysis*
Simply Measured Facebook Content Analysis	*https://simplymeasured.com/freebies/facebook-content-analysis*
Simply Measured Twitter Customer Service Analysis	*https://simplymeasured.com/freebies/twitter-customer-service-analysis*
Socialbakers	*www.socialbakers.com/suite/social-media-analytics-and-reporting*
SumAll	*https://sumall.com*
Talkwalker	*www.talkwalker.com/de*
TrueSocialMetrics	*www.truesocialmetrics.com*
Twazzup	*http://new.twazzup.com*

Kostenpflichtige Tools

Auch wenn für fast jeden Anwendungsfall ein kostenloses Monitoring-Tool angeboten wird, werden Sie in manchen Fällen nicht um eine kostenpflichtige Lösung herumkommen. Das liegt unter anderem daran, dass die professionellen Tools häufig genauere und tiefergehende Analysen ermöglichen als ihre kostenlosen Pendants.

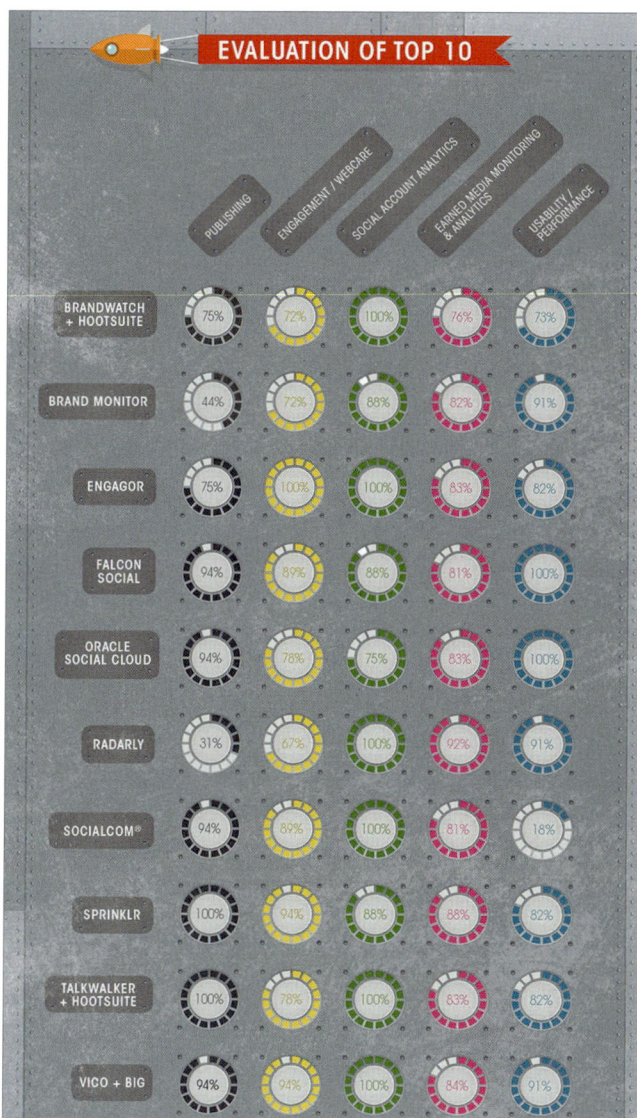

EVALUATION OF TOP 10

	PUBLISHING	ENGAGEMENT / WEBCARE	SOCIAL ACCOUNT ANALYTICS	EARNED MEDIA MONITORING & ANALYTICS	USABILITY / PERFORMANCE
BRANDWATCH + HOOTSUITE	75%	72%	100%	76%	73%
BRAND MONITOR	44%	72%	88%	82%	91%
ENGAGOR	75%	100%	100%	83%	82%
FALCON SOCIAL	94%	89%	88%	81%	100%
ORACLE SOCIAL CLOUD	94%	78%	75%	83%	100%
RADARLY	31%	67%	100%	99%	91%
SOCIALCOM®	94%	89%	100%	81%	18%
SPRINKLR	100%	94%	88%	88%	82%
TALKWALKER + HOOTSUITE	100%	78%	100%	83%	82%
VICO + BIG	94%	94%	100%	84%	91%

Goldbach Interactive veröffentlicht jährlich den »Social Media Monitoring Report«, in dem unterschiedliche Tools bewertet werden. Wollen Sie sich einen Überblick über professionelle Lösungen verschaffen, ist der Report ein guter Anfang: www.goldbachinteractive.ch/insights/fachartikel/social-media-toolreport-2016.

Kostenpflichtige Dienste bieten im Vergleich zu den kostenlosen Tools in der Regel einen deutlich größeren Funktionsumfang sowie bessere Möglichkeiten, Daten zu Filtern. Dazu kommt, dass die im Folgenden aufgelisteten Tools häufig die gesammelten Daten wesentlich besser aufbereiten und dank professioneller Statistiken auch die Analyse deutlich erleichtern. Sollten Sie feststellen, dass Sie mit einer Auswahl an kostenlosen Tools irgendwann an die Grenzen stoßen, sollten Sie sich auf dem Markt der professionellen Social-Media-Monitoring-Tools umsehen.

Monitoring-Tool	Website
BrandsEye	*www.brandseye.com*
Brandwatch	*www.brandwatch.com/de*
Buzzcapture	*www.buzzcapture.com/de*
BuzzRank	*buzzrank.de*
CX Social	*http://cxsocial.clarabridge.com*
Falcon.io	*https://www.falcon.io*
Hootsuite Professional	*https://hootsuite.com/de/tarife/professional*
Oracle Social Cloud	*https://cloud.oracle.com/social-cloud*
Radarly	*https://linkfluence.com/de/produkte-und-services/radarly-plattform*
Socialbakers	*www.socialbakers.com*
SocialCom	*www.socialcom.de/de/produkt*
Sprinklr	*www.sprinklr.com*
Synthesio	*www.synthesio.com*
Sysomos Listen	*https://sysomos.com/platform/listen*
uberMetrics	*www.ubermetrics-technologies.com/de*
VICO Analytics	*www.vico-research.com/web-intelligence*

INDEX